***ACCESO GRATIS** a la Lectura en la Nube*

Para visualizar el libro electrónico en la nube de lectura envíe junto a su nombre y apellidos una fotografía del código de barras situado en la contraportada del libro y otra del ticket de compra a la dirección:

ebooktirant@tirant.com

En un máximo de 72 horas laborales le enviaremos el código de acceso con sus instrucciones.

RESTRICCIONES A LA COMPETENCIA MEDIANTE ALGORITMOS EN MERCADOS DIGITALES

RESTRICCIONES A LA COMPETENCIA MEDIANTE ALGORITMOS EN MERCADOS DIGITALES

María Pastrana Espárraga

tirant lo blanch
Valencia, 2025

La aceptación de la presente obra ha tenido en consideración la evaluación y calificación otorgada por los expertos componentes del tribunal calificador de la tesis doctoral en la que se basa, cumpliendo con el criterio correspondiente de los revisores externos y ofreciendo la calidad debida a la presente edición.

© TIRANT LO BLANCH
EDITA: TIRANT LO BLANCH
C/ Artes Gráficas, 14 - 46010 - Valencia
TELFS.: 96/361 00 48 - 50
FAX: 96/369 41 51
Email: tlb@tirant.com
www.tirant.com
Librería virtual: www.tirant.es
DEPÓSITO LEGAL: V-4803-2025
ISBN: 978-84-1095-839-5

Si tiene alguna queja o sugerencia, envíenos un mail a: *atencioncliente@tirant.com*. En caso de no ser atendida su sugerencia, por favor, lea en *www.tirant.net/index.php/empresa/politicas-de-empresa* nuestro procedimiento de quejas.

Responsabilidad Social Corporativa: http://www.tirant.net/Docs/RSCTirant.pdf

PROYECTO CODIG-IA
(PID2021-122536OB-I00)

PROYECTO COMEDI
(ProyExcel_00665)

A mi abuelo, Juan.

Este trabajo se ha realizado gracias al apoyo económico del Proyecto "Marco jurídico para la competencia dinámica en mercados digitales y para la innovación a través de Inteligencia Artificial (CODIG-IA)", ref. PID2021-122536OB-I00 (IP Eugenio Olmedo Peralta), financiado por MICIU/AEI/10.13039/501100011033 y por la Unión Europea "NextGenerationEU"/PRTR; del Proyecto "Consumidores y pequeños profesionales en la contratación en Mercados Digitales: prácticas anticompetitivas, desleales y explotación de dependencia económica (CoMeDi)", Ref. ProyExcel_00665. Proyectos de Excelencia, Programa de Ayudas a la I+D+i, en régimen de concurrencia competitiva, Plan Andaluz de Investigación, Desarrollo e Innovación (PAIDI V2020) (IPs: Olmedo Peralta / Benavides Velasco); y del Grupo de Investigación SEJ263 – "Legislación aplicable a las empresas turísticas de Andalucía. El derecho mercantil en un entorno cambiante".

Índice

BLOQUE II.
PRÁCTICAS ANTICOMPETITIVAS MEDIANTE EL USO DE ALGORITMOS

BLOQUE III.
RESPUESTA NORMATIVA Y REMEDIOS ANTE LAS PRÁCTICAS ANTICOMPETITIVAS COMETIDAS MEDIANTE EL USO DE ALGORITMOS

Abreviaturas

ACCO:	Autoridad Catalana de la Competencia.
ACM:	Association for Computer Machinery.
AEPD:	Agencia Española de Protección de Datos.
AGCM:	Autorità Garante de la Concorrenza e del Mercato.
BOE:	Boletín Oficial del Estado.
CE:	Comisión Europea.
CMA:	Competition Markets Authority.
CNMC:	Comisión Nacional de los Mercados y la Competencia.
DMA:	Digital Markets Act.
DOUE:	Diario Oficial de la Unión Europea.
DSA:	Digital Services Act.
EEE:	Espacio Económico Europeo.
FRAND:	Fair, Reasonable and Non-Discriminatory.
FTC:	Federal Trade Comission.
GAFAM:	Google, Apple, Facebook, Amazon, Microsoft.
IA:	Inteligencia Artificial.
IoT:	Internet de las cosas (Internet of Things).
LCD:	Ley de Competencia Desleal.
LDC:	Ley de Defensa de la Competencia.

LOPD: Ley Orgánica de Protección de Datos.

M2M: Machine-to-machine.

OCDE: Organización para la Cooperación y el Desarrollo Económicos.

RCNMC: Resolución de la Comisión Nacional de los Mercados y la Competencia.

RGPD: Reglamento General de Protección de Datos.

RTDC: Resolución Tribunal de Defensa de la Competencia.

SICA: Sistema de Informantes de Competencia Anónimos.

SSNIP: Small but Significant Non-Transitory Increase in Price.

STCE: Sentencia del Tribunal de Justicia de la Comunidad Europea.

STJUE: Sentencia del Tribunal de Justicia de la Unión Europea.

TDC: Tribunal de Defensa de la Competencia.

TFUE: Tratado de Funcionamiento de la Unión Europea.

TICS: Tecnologías de la Información y la Comunicación.

TJCE: Tribunal de Justicia de la Comunidad Europea.

TJUE: Tribunal de Justicia de la Unión Europea.

TS: Tribunal Supremo.

UE: Unión Europea.

UIE: Unidad de Inteligencia Económica.

UPSCAM: Undertarkings with a Paramount Significance for Competition Across Markets.

Introducción

La aplicación de la informática y del procesamiento de datos en la práctica totalidad de las actividades humanas ha traído consigo la transformación digital de los diferentes sectores económicos, fenómeno que se conoce como Cuarta Revolución Industrial[1]. Los datos, o -mejor dicho- su acumulación y combinación en lo que se ha dado en llamar Big Data, forman la piedra central del sistema. En torno a ella, se han desarrollado una serie de tecnologías y técnicas de procesamiento que han permitido extraer la máxima utilidad a la información que contienen y aplicarla a los procesos productivos y de comercialización de productos y servicios. Entre tales, destacan el procesamiento algorítmico de los datos, el desarrollo de las diferentes formas de inteligencia artificial, la transmisión de datos a través de cadenas de bloques o *blockchain* o tecnologías como las basadas en el Internet de las Cosas (IoT) o la robótica. La transformación digital ha permitido importantes beneficios para empresas y consumidores, desde la creación de nuevas ventajas competitivas hasta la mejora de los procesos y de la productividad. También ha impulsado la innovación, el desarrollo de nuevos productos y servicios y ha permitido mejorar la calidad de estos. De forma paralela, la reducción de costes derivada de la utilización de estas tecnologías ha permitido que un mayor número de consumidores pueda acceder a servicios que hasta hace poco no eran asequibles. Sin embargo, estas tecnologías evolucionan a pasos agigantados, lo que causa

---

1 No ignoramos que la expresión no está exenta de controversia. En todo caso, por todos véase SCHWAB, K., *The Fourth Industrial Revolution: what it means, how to respond,* disponible en https://www.weforum.org/agenda/2016/01/the-fourth-industrial-revolution-what-it-means-and-how-to-respond/.

que nos encontremos ante constantes cambios para los cuales puede que aún no estemos lo suficientemente preparados. El Derecho, siempre a la zaga de la realidad social, acusa en este ámbito un gap mayor, dado el vertiginoso avance de los cambios tecnológicos.

La transformación digital, junto con la crisis de la Covid-19, ha provocado que no sólo haya cambiado el modo de actuar de las empresas y de los procesos productivos, sino también las propias preferencias de los usuarios finales y los modos de relacionarse con otras personas, con las administraciones públicas y con las empresas. Estos cambios son tan relevantes que provocan que se haga referencia a la existencia de una nueva economía digital.

En este sentido, el procesamiento de cantidades masivas de datos generados a tiempo real (*big data*) a través de algoritmos ha desencadenado un cambio significativo en el modo en que actúan las empresas en el mercado. Gracias a los avances de la inteligencia artificial, se han podido desarrollar algoritmos con estructuras más complejas, llegando a permitir que el propio programa aprenda por sí mismo a detectar y corregir errores, así como definir sus propios patrones de comportamiento. Es lo que conocemos como "algoritmos de aprendizaje", que están en la base del desarrollo de la inteligencia artificial, cada vez más incorporada en la actividad ordinaria de las empresas. Este tipo de algoritmos permiten un aprendizaje más rápido y profundo a partir de los datos y procesos analizados. Paralelamente, las empresas de los distintos sectores están invirtiendo cada vez más recursos a la recopilación de todo tipo de información de sus usuarios. El *big data* implica la recopilación masiva de datos procedentes de fuentes diversificadas, su combinación y procesamiento a tiempo real. La dimensión, variedad y actualidad de tales datos resultará crítica para su valor. Por ello, las estrategias comerciales recientes de las grandes empresas tecnológicas se han dirigido a hacerse con el dominio de las principales fuentes de datos y articular mecanismos para combinar la información procedente de fuentes diversas. Esta información será analizada posteriormente a través de sistemas informáticos y las conclusiones que se extraigan de su análisis resultarán determinantes para definir su actividad empresarial.

El empleo de estas herramientas de procesamiento informático de datos posibilita la toma automatizada de decisiones, permitiendo a las empresas llevar a cabo estrategias empresariales más innovadoras y eficaces. Al poder integrar un mayor número de variables en el análisis, se desprecian los posibles errores y la potencialidad de aumentar la productividad y los beneficios se incrementa. Así, esta automatización del procesamiento de datos ha permitido la optimización de procesos, reduciendo los costes empresariales y mejorando la productividad. Además, el análisis del *big data* recopilado mediante algoritmos cada vez más precisos permite a las empresas conocer mejor las preferencias y comportamientos de sus clientes, facilitando la oferta de productos o servicios adaptados a las circunstancias de cada consumidor.

A pesar de que el uso de algoritmos, *big data* e inteligencia artificial produce muchos beneficios, también plantea importantes desafíos jurídicos desde distintas perspectivas, entre las que pueden destacarse sus repercusiones desde la óptica del Derecho de la competencia, la protección de datos y la protección del consumidor. Algunos de ellos serán abordados a lo largo de nuestro trabajo, en concreto, la posible aparición de nuevas prácticas anticompetitivas, siendo nuestro objetivo analizar su impacto sobre la competencia en los mercados, así como determinar si es necesario proceder a su regulación y, en su caso, en qué parámetros ha de basarse esta.

En este sentido, dado que nos dedicaremos al estudio del impacto de estas tecnologías y cambios en el comportamiento concurrencial de las empresas desde la perspectiva del Derecho de la competencia, será preciso analizar las distintas formas en que se pueden utilizar para llevar a cabo prácticas que pueden suponer colusiones anticompetitivas (prohibidas por los arts. 101 TFUE y 1 LDC) o conductas de abuso de posición de dominio (arts. 102 TFUE y 2 LDC).

El uso de algoritmos por parte de las empresas ha favorecido la celebración e implementación de acuerdos anticompetitivos. Las nuevas colusiones perpetradas a través de estas nuevas técnicas de procesamiento presentan una estructura y un modo de ejecución que los hacen más difícilmente detectables por las autoridades de competencia. Piénsese, por ejemplo, en el establecimiento de un sistema automático de compensación de ganancias y pérdidas entre socios en un acuerdo anticompetitivo que permite la liquidación de posiciones a medida que estas se van ejecutando. O, a mayor abundamiento, la ejecución de tales contratos a través de tecnología *blockchain*. Varias son las conductas que plantearemos a lo largo de nuestra investigación, pero, sin duda, aquellas que más preocupan a las autoridades es la facilitación de los cárteles mediante la utilización de estas nuevas herramientas tecnológicas. En la actualidad, no es fácil detectar este tipo de conductas, lo que puede resultar aún más complicado si estos acuerdos son llevados a cabo mediante o por algoritmos.

La generalización del uso de algoritmos, *big data* e inteligencia artificial ha acelerado el desarrollo de plataformas digitales, que han ido ganando poder de mercado a una velocidad vertiginosa y que han transformado las dinámicas de funcionamiento del mercado digital. Esta transformación ha llevado a que surjan fallos de mercado significativos, que requieren de una intervención normativa. Estas plataformas han transformado la forma en que vivimos, trabajamos o nos relacionamos, permitiendo la creación, distribución y consumo de contenidos de manera digital. Como ejemplo de estas nuevas plataformas podemos destacar las redes sociales, los servicios de *streaming* o los motores de búsqueda en línea. Su aparición ha generado una serie de ventajas tanto para los consumidores como para las empresas, favoreciendo la innovación y el desarrollo de nuevas estrategias empresariales. La digitalización ha permitido, además, la aparición de nuevos mercados y modelos de negocio, como la economía colaborativa o los servicios en nube. La actuación de las empresas en estos mercados ha de ser más ágil para poder mimetizarse en cada momento con las circunstancias cambiantes del mercado.

Las plataformas juegan un papel esencial en los nuevos mercados digitales. Estas han cambiado, evolucionado y mejorado a lo largo del tiempo, del mismo modo que lo ha hecho su poder de mercado. La mayoría de estas plataformas operan en mercados bilaterales o multilaterales, lo que les permite ofrecer diferentes productos y servicios a distintos grupos de usuarios. La estructura de estos tipos de mercado y los diferentes grupos que en ellos interactúan genera un valor añadido, más allá de la mera función de intermediación de la plataforma.

Sin embargo, el surgimiento de las plataformas digitales también ha dado lugar a la aparición de ciertos problemas que afectan directamente al Derecho de la competencia. Los gigantes tecnológicos, principalmente Google, Amazon, Apple, Meta y Microsoft, han acumulado un gran poder de mercado gracias a las políticas comerciales que han llevado a cabo y a los efectos de red -tanto directos como indirectos- de los que disfrutan. Además de ello, el crecimiento de estas grandes plataformas digitales también se ha extendido hacia nuevos mercados o mercados vecinos en los que antes no operaban.

Las autoridades se encontrarán aquí ante una primera dificultad, la determinación del mercado relevante. En todo análisis del Derecho de la competencia, el análisis del poder de mercado que pueda tener una empresa se hace partir de la delimitación del mercado en el que actúan. Dado que los precios en estos mercados, en numerosas ocasiones, no representan el valor del bien o servicio para los consumidores ni para las empresas -pensemos, por ejemplo, en las redes sociales-, resulta mucho más complicado medir en ellos el poder de mercado. En este sentido, será fundamental considerar que la venta a precio cero o la prestación de servicios gratuitos por parte de las plataformas digitales también forman parte del mercado y, en consecuencia, deberán tenerse en cuenta para delimitar el mercado relevante.

Además del factor precio, la delimitación del mercado relevante se dificulta dadas las múltiples conexiones que se dan entre los distintos grupos de usuarios y las posibilidades que tienen las empresas de pasar de unos a otros con gran facilidad.

A esta problemática se une la dificultad de discernir cuándo verdaderamente estas plataformas están abusando de dicho poder de mercado o si este no es más que un recurso que les permite seguir invirtiendo e innovando en ese u otros nuevos mercados. Es decir, no es fácil determinar cuándo nos encontramos ante una práctica anticompetitiva y cuándo nos encontraremos ante el aprovechamiento lícito por parte de las empresas de su posición en el mercado y de la incorporación de procesos tecnológicos en su actuación. Una aproximación demasiado sesgada en este punto puede implicar un freno al desarrollo tecnológico y la innovación.

Todo ello hace cuestionarnos si los instrumentos y mecanismos de aplicación de que dispone el Derecho de la competencia son adecuados para abordar con éxito las nuevas realidades. En concreto, si pueden encajar las nuevas conductas dentro de las teorías del daño actualmente manejadas en este.

Nuestro trabajo se dividirá en tres bloques y estos, a su vez, en cinco capítulos. Finalmente, se expondrán las principales conclusiones extraídas de nuestra investigación.

En el capítulo primero comenzaremos analizando un conjunto de conceptos necesarios para llevar a cabo nuestra investigación, en concreto, el *big data*, los algoritmos y la inteligencia artificial. Si bien desde hace unos años, son nociones utilizadas con frecuencia en numerosas investigaciones, es de suma importancia conocer qué son, cómo funcionan y cómo afectan estas nuevas tecnologías a la actividad empresarial. Por ejemplo, las empresas utilizan diferentes tipos de algoritmos en función de cuál sea el objetivo perseguido. Por ello, es necesario partir de la delimitación de cada uno de ellos para determinar los problemas o riesgos particulares que puedan ocasionar desde un punto de vista jurídico.

Por otro lado, adoptando la perspectiva de las autoridades de competencia encargadas de detectar y sancionar las conductas anticompetitivas, analizaremos de qué modo pueden valerse también de las nuevas tecnologías para el desarrollo de su misión. No sólo es importante centrarse en el mayor riesgo de comisión de conductas anticompetitivas que deriva del uso de algoritmos o de inteligencia artificial, sino que también se ha de considerar de qué modo las autoridades pueden beneficiarse de ellas y utilizarlas para hacer frente a las conductas ilícitas.

Finalmente, realizaremos un breve repaso de la reciente normativa aprobada por la Comisión Europea, así como aquella que aún se encuentra en tramitación. Todas estas normas son resultado de la Estrategia Digital de la UE y de la Estrategia Europea de Datos, puestas en marcha por la Comisión con el objetivo de hacer frente a los nuevos desafíos planteados en la era digital. Si bien, adelantamos que no será hasta el último capítulo donde analicemos en profundidad algunas de estas normas que resultan esenciales para prevenir las prácticas anticompetitivas estudiadas en los capítulos tercero y cuarto.

Una vez delimitado el concepto, las características y las consecuencias derivadas del uso de *big data*, algoritmos e inteligencia artificial, delimitaremos el ámbito subjetivo de nuestro estudio, considerando las características de las plataformas digitales como nueva forma de organización empresarial[2] que lleva a cabo actuaciones en el mercado y que inciden con su comportamiento sobre su estructura y funcionamiento. Como señalamos, los precios juegan un rol diferente cuando hablamos de mercados digitales y, por lo tanto, será necesario analizar si la actual normativa sobre determinación del mercado relevante que coloca el precio como centro de análisis del sistema por influencia de la Escuela de Chicago, debe ser revisada para adaptarla a los cambios que ha traído consigo la digitalización. Tras eliminar el precio como punto de base nos preguntaremos cómo se deberá aplicar el test "Small but Significant Non-Transitory Increase in Price" (SSNIP), siendo necesario considerar otros criterios de análisis más adecuados en el caso de los mercados digitales.

A continuación, abriremos un segundo bloque dedicado a las prácticas anticompetitivas llevadas a cabo mediante el uso de algoritmos informáticos. Para abordar esta cuestión estudiaremos, por un lado, de qué modo se utilizan los algoritmos para el desarrollo de colusiones anticompetitivas, así como para la ejecución de estos acuerdos y, por otro lado, las conductas de abuso de posición de dominio que pueden tener lugar mediante el uso de algoritmos e inteligencia artificial.

El capítulo tercero empieza con el planteamiento de los modos en que se pueden utilizar los algoritmos informáticos para poner en práctica un acuerdo anticompetitivo, en particular, centrando nuestra atención en aquellas prácticas consistentes en la colusión en precios. Para ello, consideramos esencial partir de la definición de prácticas colusorias construida a partir de la normativa comunitaria como nacional y la doctrina y la jurisprudencia. Una vez estudiados estos conceptos estaremos en disposición de analizar si los acuerdos celebrados mediante

---

2 *Vid.* MOORE, J.F., "Business ecosystems and the view from the firm", *The Antitrust Bulletin*, vol. 51, nº1, 2006, pp. 31 y ss.

el uso de algoritmos pueden encuadrarse dentro de esa noción o si han dado lugar a nuevas formas de colusión que requieran el desarrollo de nuevas teorías del daño. Si bien es necesario señalar que, aunque nos centremos en su análisis en los mercados digitales, este tipo de prácticas pueden ser llevadas a cabo también fuera de ellos.

En concreto, a lo largo de este capítulo tercero nos centraremos en determinar si el uso de algoritmos para coordinar comportamientos empresariales puede ser considerado un caso de colusión tácita o bien como una conducta conscientemente paralela. La línea de separación de estas conductas es muy fina, siendo posible, en algunas ocasiones, considerar el encuadre de este tipo prácticas bajo ambas categorías. Para dar respuesta a esta cuestión, en primer lugar, estudiaremos la colusión tácita, partiendo de la noción de acuerdo en el Derecho de la competencia y analizando un conjunto de casos que darán lugar a la aparición de nuevas conductas restrictivas, desde la celebración de acuerdos entre empresas para utilizar el mismo algoritmo hasta la alineación automática de los propios algoritmos. Así, podemos adelantar que serán estos últimos los que mayores riesgos y problemas planteen en la práctica. En segundo término, dado que las conductas conscientemente paralelas tan sólo se encuentran recogidas en nuestra normativa nacional de competencia[3], estudiaremos cómo estas han evolucionado en el tiempo, así como las consecuencias de encuadrar estos nuevos comportamientos anticompetitivos bajo dicha noción.

Por otro lado, una vez constatada la existencia de una práctica anticompetitiva mediante el uso de algoritmos, plantearemos la posibilidad de que esta pueda acogerse a la exención general prevista en el art. 101.3 TFUE o en el art. 1.3 LDC o

---

[3] A pesar de que el art. 101 TFUE no aluda a ellas expresamente, sí se encuadran conductas similares bajo su ámbito de aplicación.

beneficiarse de la aplicación de algún Reglamento de exención por categorías. Partiendo de los casos ya analizados previamente por las autoridades de competencia, esta parece no ser posible, sin embargo, tras el análisis de los requisitos exigidos por la norma, intentaremos dilucidar si fuera posible, en algún caso, la exención de las colusiones algorítmicas.

Todo ello nos hará formularnos la siguiente pregunta, clave para el objetivo de nuestro trabajo: ¿es necesario llevar a cabo una reforma de la normativa existente para dar cabida a las nuevas colusiones ejecutadas mediante el uso de algoritmos informáticos? No es nuestra intención aventurar aquí los resultados de nuestra investigación, si bien para responder a esta cuestión, plantearemos una serie de medidas que podrían dar solución a las prácticas colusorias analizadas a lo largo de dicho capítulo, sin perder de vista los problemas que podrían surgir de su total prohibición.

En el capítulo cuarto de nuestro trabajo abordaremos las prácticas prohibidas por los arts. 102 TFUE y 2 LDC, es decir, las conductas de abuso de posición dominante, en este caso, mediante el uso de algoritmos e inteligencia artificial. La captación masiva de datos y su procesamiento mediante algoritmos y nuevas técnicas de inteligencia artificial ha favorecido que estas plataformas afiancen su posición dominante en los mercados digitales, existiendo la posibilidad de que lleven a cabo prácticas abusivas de explotación o de exclusión.

Partiendo de esta premisa, a lo largo de este capítulo analizaremos la posibilidad de considerar el *big data* como una *essential facility*, es decir, si debería ser considerado como un recurso esencial para competir en el mercado y, en consecuencia, ser objeto del edificio doctrinal y jurisprudencial desarrollado para considerarlo una conducta de abuso exclusionaria y someterla a un deber de acceso o licencia. Para ello, comenzaremos estudiando la doctrina de las *essential facilities*, dónde tiene su origen, qué requisitos se han de cumplir y cuál es el tratamiento jurisprudencial de la misma. Sin embargo, debido a los riesgos que para la inversión y la innovación en los mercados digitales puede suponer su aplicación, paralelamente estudiaremos otras medidas como son el derecho a la portabilidad e interoperabilidad de los datos, previstas en el Reglamento de Datos de la UE (Data Act). De este modo, pretendemos dilucidar cuál sería la mejor solución jurídica para superar el fallo de mercado derivado de la excesiva concentración de poder en manos de las plataformas dominantes en datos y la posibilidad de que estas lleven a cabo conductas exclusionarias.

Tras analizar los riesgos derivados del poder de mercado en la nueva era digital, así como su posible consideración como recurso esencial, abordaremos el estudio de un conjunto de prácticas muy frecuentes en los mercados digitales. Por un lado, las conductas de *market leveraging* y, por otro lado, las prácticas de discriminación mediante la aplicación de precios personalizados.

Al hablar de conductas de abuso en mercados conexos o *market leveraging* nos referimos a aquellas prácticas por las cuales una empresa, que ostenta posición de dominio en un determinado mercado, hace uso de ese poder de mercado para irrumpir en un nuevo mercado próximo al primero o conectado de algún modo con él. A causa de los múltiples usos alternativos del *big data* y a su procesamiento mediante algoritmos cada vez más sofisticados, estas prácticas abusivas tendrán lugar con mayor facilidad en los mercados digitales, siendo fundamental su consideración por parte de las autoridades de competencia. Para determinar si nos encontramos ante una conducta abusiva, de nuevo, haremos hincapié en la necesidad de delimitar previamente el o los mercados relevantes afectados, dada su importancia en los mercados digitales. En estos últimos años, plataformas como Amazon o Google, han aprovechado su poder de mercado para expandirse hacia nuevos mercados en los que antes no operaban, siendo necesario analizar si esto ha dado lugar al levantamiento de nuevas barreras de entrada en estos mercados, a la exclusión de competidores, etc. Estas conductas que, a priori, pueden formar parte de una estrategia empresarial lícita de estas grandes plataformas, deben ser examinadas para evitar que constituyan una práctica abusiva.

Finalmente, abordaremos las prácticas de discriminación mediante la aplicación de precios personalizados. Gracias al uso de algoritmos y a la gran cantidad de datos que captan las empresas de sus usuarios, cada vez resulta mucho más sencillo conocer cuáles son sus gustos y preferencias, qué bienes y servicios están comprando, cuándo, a qué precio, desde qué lugar, etc. Es decir, permite conocer una gran cantidad de variables que pueden favorecer la aplicación de precios personalizados en función del perfil de cada consumidor, precios que pueden llegar a considerarse discriminatorios. Para analizar esta cuestión partiremos de los diferentes grados y categorías de discriminación existentes y, a continuación, estudiaremos si estas conductas pueden suponer una infracción del Derecho de la competencia, así como posibles medidas para prevenir su comisión.

Una vez analizadas las nuevas prácticas anticompetitivas que tienen lugar en los mercados digitales, es el momento de abordar cuál ha sido la respuesta normativa que se ha ofrecido, así como los remedios que pueden aplicarse para evitar que estas se desarrollen. A esto dedicaremos el tercer y último bloque de nuestro trabajo, compuesto por el capítulo quinto. Este constará de tres partes, la primera de ellas dedicada al estudio de los remedios estructurales y conductuales aplicados en el Derecho de la competencia; la segunda compuesta del análisis de los diferentes Reglamentos aprobados por la Comisión Europea para dar una respuesta *ex ante* de la problemática, prohibiendo a ciertas empresas -las designadas como *gatekeepers*- el desarrollo de ciertas conductas o la imposición de ciertas obligaciones; y, por último, una tercera parte en la que abordaremos la responsabilidad ante las infracciones cometidas mediante algoritmos.

La Comisión Europea ha dejado clara su preocupación por este tipo de prácticas en los mercados digitales, dando como resultado la aprobación de un conjunto de normas cuyo objetivo es regular *ex ante* la conducta de las empresas. Entre ellas destacamos el Reglamento de Mercados Digitales, el Reglamento de Servicios Digitales y el Reglamento sobre Gobernanza de Datos. En concreto, analizaremos con mayor profundidad el Reglamento de Mercados Digitales, dada su importancia para nuestra investigación. En este sentido, comenzaremos señalando los criterios establecidos por la norma para que una plataforma sea considerada guardián de acceso, así como los diferentes procedimientos de designación establecidos por la Comisión. Continuaremos abordando las obligaciones y prohibiciones aplicadas a los guardianes de acceso y su relación con algunos casos previamente analizados por las autoridades de competencia, así como qué ocurre en caso de incumplimiento por parte de la plataforma. Y, por último, destacaremos algunas críticas realizadas al nuevo Reglamento.

Junto a este, señalaremos brevemente la implicación del nuevo Reglamento sobre Gobernanza de Datos y el Reglamento de Datos, esenciales en materia de portabilidad e interoperabilidad. Ambos tienen como objetivo mejorar la utilización e intercambio de datos generando un verdadero mercado en el que haya circulación de estos.

Solo una vez concluido este análisis, estaremos en disposición de tener una visión completa de cómo funcionan los mercados digitales y cuáles son los riesgos para el Derecho de la competencia derivados del uso de algoritmos, *big data* e inteligencia artificial en la práctica empresarial. Es indudable que nos encontramos ante nuevos retos en la era digital, derivados de la aparición de nuevas formas de ejecutar prácticas anticompetitivas facilitadas por el uso de algoritmos, así como el refuerzo de otras ya existentes. Sin embargo, el uso de estas herramientas tecnológicas no ha de verse únicamente como un peligro o una amenaza para los mercados y la competencia, sino que se han de valorar también los beneficios generados para el mercado, así como el fomento de la innovación y el progreso tecnológico.

BLOQUE I.
CARACTERIZACIÓN JURÍDICA DE LA COMPETENCIA EN EL ENTORNO DIGITAL: NUEVOS VECTORES Y CONDICIONANTES PARA LA COMPETENCIA

Capítulo I.

Cuestiones preliminares

1. *BIG DATA*: DEFINICIÓN Y CARACTERÍSTICAS

En el mercado global hiperconectado y ultratecnológico actual las empresas invierten cada vez más recursos en la recopilación de datos sobre sus usuarios. Esta práctica es compartida por las empresas de todos los sectores, que desarrollan procedimientos para captar datos de la más variada índole, pues de ellos se puede derivar un valor económico directo o una ventaja competitiva -real o potencial- frente a sus rivales.

La agregación y procesamiento de estos datos puede generar una información muy valiosa para las empresas, lo que se ha dado en llamar *big data*[4]. La enorme cantidad de datos que cada segundo se recopila y se acumula, se procesa a tiempo real a través de potentes sistemas informáticos que permiten obtener información útil y tempestiva sobre el comportamiento de la demanda en el mercado, así como sobre el comportamiento de la oferta, en particular, de la actuación de empresas

---

4 En el año 1989 el periodista Erik Larson ya hacía referencia a este término en un artículo publicado sobre marketing y uso de datos. Sin embargo, fue en el año 2005 cuando Roger Mougalas, de la agencia O'Reilly Media, acuñaría por primera vez el término *big data* tal y como hoy lo conocemos. Una primera aproximación a su concepto la encontramos en MAHRT, M. / SCHARKOW, M., "The Value of Big Data in Digital Media Research", *Journal of Broadcasting & Electronic Media*, vol. 57, nº1, 2013, pp. 20-33.

competidoras o complementarias[5]. Además, permite adaptar las estrategias comerciales de la empresa a dichos indicadores de mercado.

El *big data* se puede describir como el uso de un gran volumen de datos, tanto estructurados como no estructurados[6]. Pero los datos desestructurados y desordenados no tienen, por sí mismos, valor alguno, ni siquiera cuando se encuentran clasificados u ordenados. Es preciso un trabajo de procesamiento de estos para transformarlos en información que pueda ser utilizada en la actividad empresarial. Dicho procesamiento se lleva a cabo aplicando técnicas informáticas basadas en el uso de algoritmos. Simplificando mucho puede afirmarse que un algoritmo no es otra cosa que un conjunto ordenado de operaciones sistemáticas que permite hacer un cálculo y hallar la solución de un tipo de problemas, aportando un procesamiento de la información para obtener una decisión. Estos algoritmos pueden acumularse y complementarse entre sí dando lugar a sistemas más complejos que generan lo que se conoce como una inteligencia artificial (IA). Gracias a este procesamiento algorítmico de las informaciones captadas, las empresas pueden analizar una gran cantidad de datos, que, a la postre, no son más que la expresión del comportamiento tipificado de los agentes en el mercado. Su interpretación permite a las

---

5 En este sentido, el *big data* no sólo es relevante respecto del comportamiento de consumidores y clientes, sino también respecto de otros agentes del mercado en el lado de la oferta, bien de competidores directos, bien de otras empresas cuya actuación en el mercado es relevante para la nuestra. De este modo, estos datos pueden definir las iniciativas de construir alianzas estratégicas con operadores de otros niveles de la cadena de producción o distribución.

6 *Vid.* ARCILA-CALDERÓN, C. / BARBOSA-CARO, E. / CABEZUELO-LORENZO, F., "Técnicas big data: análisis de textos a gran escala para la investigación científica y periodística", *El profesional de la información*, vol. 25, nº4, 2016, pp. 623-631.

empresas optimizar sus procesos de toma de decisiones a nivel estratégico.

La singularidad de la noción de *big data* es que se refiere a una gran cantidad – millones y millones – de bytes[7] de información. La información, por sí misma, tiene carácter inmaterial. Para que el proceso de obtención, almacenamiento, análisis, interpretación y adopción de decisiones pueda llevarse a cabo, es necesaria una base material y tecnológica: dispositivos electrónicos o informáticos que permitan la captación y procesamiento de dichos datos. La naturaleza de estos puede ser muy diversa, desde teléfonos móviles, relojes inteligentes (*smartwatches*), tablets o cualquier dispositivo que permita la captación de información[8].

A mayor cantidad de información y cuanto más relevante sea esta información para la empresa en concreto, mayor podrá ser la oportunidad que represente la misma y que pueda implicar una ventaja comparativa en su desarrollo económico. Así, una explotación agraria estará interesada en la captación de información medioambiental que permita construir mode-

---

7 El byte es la unidad de medida utilizada en informática y telecomunicaciones. Un byte es un conjunto de 8 bits, siendo estos últimos la mínima cantidad de información procesada (que sólo puede ser 1 o 0). En este sentido, MATÉ JIMÉNEZ, C., "Big data. Un nuevo paradigma de análisis de datos", *Anales de mecánica y electricidad*, noviembre/diciembre 2014, pp. 10-16. Disponible en https://repositorio.comillas.edu/xmlui/bitstream/handle/11531/4873/IIT-14-153A.pdf?sequence=1&isAllowed=y.

8 Piénsese, a modo de ejemplo, en un sensor colocado en un determinado lugar que mida el flujo de personas que acuden a dicho lugar -v. gr. que entran en una tienda o pasan por una calle- o que permita identificar ciertos datos antropométricos sobre estas (género, edad aproximada, altura, etc.). En esta captación de datos están jugando un papel muy relevante los dispositivos electrónicos conectados a Internet de las Cosas (Internet of Things, IoT).

los que pronostiquen las condiciones climáticas que puedan tener influencia sobre una cosecha; esta información no será relevante, en cambio, para una empresa prestadora de servicios digitales. En ambos casos estaremos, sin embargo, ante la misma situación: el uso de procedimientos informáticos para la captación de información sobre el entorno -proceda esta información del comportamiento de agentes o del medio natural-, su interpretación y transformación en información valiosa para la adopción de decisiones empresariales y la definición de tales estrategias.

Son muchos los autores[9] que han dado una definición y han señalado las características de este fenómeno, pudiendo destacar, entre otras definiciones, las siguientes:

En primer lugar, se considera que el *big data* es la cantidad de datos que supera la capacidad de la tecnología para almacenar, gestionar y procesar de forma eficiente[10]. Con posterioridad, se señala que se trata de un término que define la alta tecnología, la alta velocidad, el volumen, los datos complejos y multivariados para capturar, almacenar, distribuir, gestionar y analizar la información[11]. Como vemos, esta definición va más

---

9 Entre ellos, *vid.* ANDOMI, A. / HAIDER, M., "Beyond the hype: Big data concepts, methods, and analytics", *International Journal of Information Management*, vol. 35, nº2, 2015, pp. 137-144.

10 *Vid.* MANYIKA, J. / CHUI, M. / BROWN, B. / BUGHIN, J. / DOBBS, R. / ROXBURGH, C. / HUNG BYERS, A., "Big data: The next frontier for innovation, competition, and productivity", *McKinsey Global Institute*, 2011. Los autores señalan que «Big Data is the amount of data beyond the ability of technology to store, manage and process efficiently». Disponible en: https://www.mckinsey.com/~/media/mckinsey/business%20functions/mckinsey%20digital/our%20insights/big%20data%20the%20next%20frontier%20for%20innovation/mgi_big_data_full_report.pdf.

11 TECHAMERICA FOUNDATION'S FEDERAL BIG DATA COMMISSION, "Demystifying big data: A practical guide to transforming the

allá, incluyendo, además, las características propias del término. Del mismo modo, otros autores lo definen como activos de información de gran volumen, alta velocidad y/o gran variedad, añadiendo que estos requieren nuevas formas de procesamiento para permitir una mejor toma de decisiones, descubrimiento de conocimientos y optimización de procesos[12]. En último lugar, podemos señalar aquella definición según la cual se considera que las tecnologías de *big data* son tecnologías de nueva generación que fueron diseñadas para extraer valor de un conjunto de datos multivariados, de gran volumen y de manera eficiente, proporcionando alta velocidad de captura, descubrimiento y análisis[13].

Con base en dichas definiciones podemos considerar que el *big data* es un conjunto de datos caracterizados por su velocidad, variedad y volumen, cuya captura, almacenamiento, gestión y tratamiento mediante nuevas formas de procesamiento permite una mejora en la toma de decisiones. Este gran volumen de datos representa una nueva frontera en materia de innovación, competitividad y productividad. Aunque desde

---

business of Government", 2012. Disponible en: http://www.techamerica.org/Docs/fileManager.cfm?f=techamericabigdatareport-final.pdf. Se define como «Big Data is a term which defines the hi-tech, high speed, high-volume, complex and multivariate data to capture, store, distribute, manage and analyze the information».

12 GARTNER IT Glossary, *What is Big Data?*, disponible en http://www.gartner.com/it-glossary/big-data/. El autor considera que «Big data is high volume, high velocity, and/or high variety information assets that require new forms of processing to enable enhanced decision making, insight discovery and process optimization».

13 *Vid.* GANTZ, J. / REINSEL, D., "Extracting value from chaos", *IDC iview*, junio 2011, pp. 9-10. Definen el término como «Big Data Technologies are new generation technologies and architectures which were designed to extract value from multivariate high-volume data sets efficiently by providing high speed capturing, discovering and analyzing».

la perspectiva técnica y de inversión en I+D supone un gran desafío, al mismo tiempo genera nuevas oportunidades que pueden ser aprovechadas por las empresas para mejorar su actuación, ser más competitivas, ofrecer mejores productos y, en suma, ganar una mayor cuota de mercado. De este modo, el *big data* puede ser considerado como una nueva tendencia en el avance de la tecnología, tendencia que implica un nuevo paradigma para la comprensión y toma de decisiones sobre la actuación de las empresas en los mercados.

En función de la fuente a partir de la cual pueden ser captados y procesados por las empresas, los datos se pueden categorizar en distintos grupos teniendo en cuenta su origen. Así, los datos pueden proceder de contenido web o información obtenida de redes sociales (por ejemplo, Facebook, Twitter o LinkedIn); obtenerse a partir de la comunicación *machine-to-machine* o tratarse de datos generados por los propios clientes o consumidores a través de diversos medios (una nota de voz, un correo electrónico o una llamada telefónica, entre otros).

Al hablar de *machine-to-machine* (M2M) nos referimos a una nueva tecnología de comunicación mediante la cual una gran cantidad de dispositivos pueden comunicarse entre sí de manera autónoma, intercambiar y enviar datos, sin que sea necesaria la intervención humana para que se produzca dicho intercambio[14]. Esta forma de intervención se encuentra muy relacionada con el *Internet of Things* (IoT), pues se trata de dos tecnologías que se complementan. En ocasiones, ambos términos se utilizan sin distinción, sin embargo, no son exactamente lo mismo. En el caso del IoT, la característica más importante

---

14 *Vid.* KUMAR VERMA, P. *et. al.*, "Machine-to-Machine (M2M) communications: a survey", *Journal of Network and Computer Applications*, vol. 66, 2016, pp. 83-105.

será la información que se nos ofrece, cómo se puede combinar y presentar, así como tomar decisiones con base en ella[15].

Un claro ejemplo de lo que se consideraría M2M lo encontramos en los *smartwatches* o relojes inteligentes. Estos cuentan con unos sensores que son capaces de medir, entre otros, nuestro ritmo cardiaco, nuestra temperatura corporal o el número de pasos que damos en un día. Gracias a la tecnología M2M, toda esta información es enviada a nuestro teléfono móvil.

De las distintas nociones que se han considerado a lo largo del tiempo sobre el término *big data*[16], pueden extraerse sus cinco características más relevantes y que permiten definir el concepto[17].

El concepto de *big data* se aplica a toda la información que no puede ser procesada o analizada utilizando herramientas o procesos tradicionales. De este modo, el desafío consiste en capturar, almacenar, buscar, compartir y agregar valor a los datos poco utilizados o que no eran accesibles hasta el momento. Es de gran importancia el valor que pueden alcanzar dichos datos una vez convertidos en información, valor que sólo se puede explotar gracias a las nuevas tecnologías, como el procesamiento informático mediante algoritmos o la inteligencia artificial.

---

15 *Vid.* KUMAR VERMA, P. *et. al.*, "Machine-to-Machine (M2M) communications: a survey", *op. cit.*, p. 84.

16 Como vemos, son muchos los autores que han dado una definición y han señalado las características de este fenómeno, pudiendo destacar, entre otras definiciones, la propuesta por TechAmerica Foundation (2014): «Big Data is a term which defines the hi-tech, high speed, high-volume, complex and multivariate data to capture, store, distribute, manage and analyze the information». Disponible en http://www.techamerica.org/Docs/fileManager.cfm?f=techamericabigdatareport-final.pdf

17 *Vid.* PUYOL MORENO, J., "Una aproximación a Big Data", *Revista de Derecho UNED*, nº 14, 2014, pp. 471-505.

Figura 1. Características del Big Data

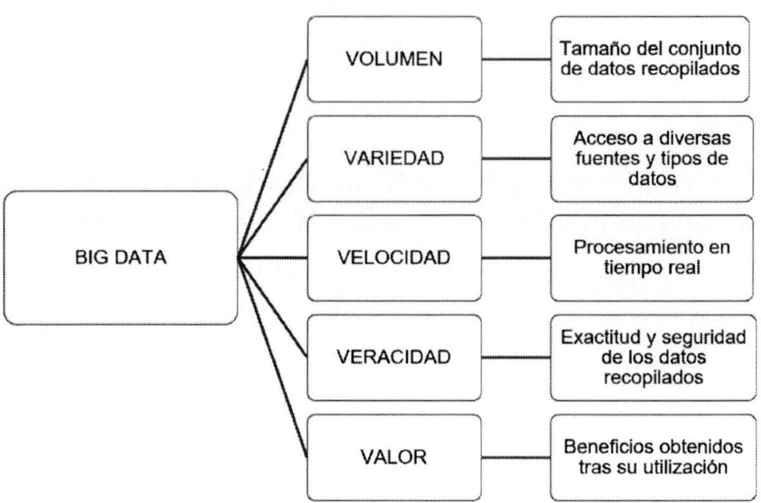

Fuente: elaboración propia.

En primer lugar, hay que considerar el volumen de información, es decir, el tamaño del conjunto de datos recopilados. El *big data* implica cantidades masivas de datos, que, además, continúan creciendo de forma exponencial por su carácter cumulativo. A mayor cantidad de datos, mayor calidad tendrá la información que pueda obtenerse de su procesamiento y permitirá -a través de su análisis informatizado- generar predicciones más acertadas que permitan definir estrategias empresariales más exitosas. A medida que aumenta la cantidad de información disminuye la entropía[18], permitiendo adoptar estrategias empresariales con un mayor grado de certidumbre

[18] En un entorno de toma de decisiones, la entropía es la magnitud que permite medir la incertidumbre del entorno dada la información y los datos disponibles para adoptar una decisión -en nuestro caso, empresarial-. La información obtenida tras el procesamiento del *big data* permitirá acotar o reducir -e, incluso, eliminar- dicha incertidumbre.

y minimizando los costes de la adopción de decisiones desacertadas. Y es que las aplicaciones prácticas del *big data* abarcan los procesos de decisión de las empresas de diversa naturaleza: desde los más simples -como la gestión logística o de inventarios-, hasta los más complejos basados en la publicidad personalizada o el *placement* del producto en los puntos en que es más probable que se adopte la decisión de compra.

La segunda nota característica del *big data* es su variedad. Gracias a la gran diversidad de fuentes y tipos de datos a los que puede acceder una empresa, esta dispondrá de diferentes recursos en la toma de decisiones tanto a nivel interno como externo. La entropía disminuirá también a medida que más amplia sea la variedad de fuentes de obtención de datos y conforme estos se refieran a diversas magnitudes. Así, al multiplicarse los canales de interacción con clientes, proveedores, empleados y otros agentes la información que la empresa puede recopilar será cada vez mayor[19]. Combinándose estos datos de distinto carácter y con orígenes múltiples en función de su tipología, se generará una información de mayor calidad que permita la adopción de estrategias en un entorno más favorable.

En función del modo en que se disponen, los datos se pueden organizar de forma estructurada, semiestructurada o no estructurada. Esta característica implica que nos encontremos ante diferentes tipos y fuentes de datos. En primer lugar, cuando hablamos de datos estructurados nos referimos, por ejemplo, a una ficha de un cliente (fecha de nacimiento, nombre,

---

19 Pero no sólo, las empresas, haciendo uso de dispositivos electrónicos pueden obtener también datos que no hayan sido originados del comportamiento de otros sujetos -personas físicas o jurídicas- sino que vengan determinados por otros factores, tales como las condiciones medioambientales, los flujos de mercancías, el tráfico urbano, marítimo o aéreo... Todos estos datos, debidamente procesados e interpretados pueden generar una información con valor decisional relevante para las empresas.

dirección, puntos de compra, etc.) o el destinatario y el tema de un correo electrónico. En segundo término, los datos semiestructurados serían, por ejemplo, el cuerpo del mensaje de dicho correo electrónico. Por último, los datos no estructurados serían aquellos que fluyen persona a persona (comunicaciones en las redes sociales), persona a máquina (comercio electrónico, ordenadores, tablets, móviles, etc.) o máquina a máquina (como los sensores, dispositivos GPS o cámaras de seguridad)[20]. Por ello, las empresas necesitan analizar y estructurar los datos recogidos a partir de fuentes de diversa índole, y que pueden tener su origen tanto dentro como fuera de la propia empresa. Es más, los datos que pueden procesar y transformar en información las empresas pueden no haber sido en exclusiva generados por esta, sino tomarse a partir de una fuente indirecta de información. Piénsese, a modo de ejemplo, en la combinación de los datos captados por una empresa de sus clientes con los datos oficiales generados para un determinado territorio por alguna institución pública de estadística, como pudiera ser el Instituto Nacional de Estadística. La confrontación de los datos propios obtenidos de manera directa con los datos elaborados y procesados por estas instituciones permite extraer nuevas fuentes de información con valor para la empresa.

La tercera característica del *big data* es la velocidad a la que se genera la información. Así, el procesamiento informático de los datos favorece su producción, recopilación, utilización e interpretación en tiempo real, lo que permite adoptar decisiones informatizadas a tal velocidad que den lugar una adaptación tempestiva a las condiciones cambiantes del mercado. De la capacidad de reaccionar rápido a las circunstancias variables del mercado deriva una mayor utilidad del *big data* y una mayor efectividad de los instrumentos utilizados en su interpretación.

---

20 MATÉ JIMÉNEZ, C., "Big data. Un nuevo paradigma de análisis de datos", *op. cit.*, p. 12.

La acumulación, combinación, procesamiento y análisis de los datos es cada vez mayor. Desde cada fuente de información -como puede ser un usuario, el comportamiento de otra empresa en la fijación de sus precios, las condiciones atmosféricas o el tráfico en una determinada zona- se generan datos de forma continua, a una velocidad que impedía su captación, almacenamiento y análisis por medio de sistemas tradicionales. Las nuevas tecnologías sí permiten tal actividad a tiempo real, gozando de un mejor tratamiento de los datos constantemente generados. No en vano, a estas tecnologías se las denomina TICs, tecnologías de la información y la comunicación.

En este punto resulta importante incidir sobre un concepto muy relacionado con la velocidad, el de latencia. En redes informáticas de datos, este término se refiere al período de tiempo que transcurre entre el momento en que sucede un evento y la posibilidad de hacer uso de este[21] o, mejor dicho, de emplear la información que se construye a partir de los datos del mismo. La noción de latencia se puede aplicar a tres períodos de generación y procesamiento de los datos, permitiendo distinguir la latencia en el almacenamiento del dato, en su análisis y en la acción[22]. Cuando hablamos de latencia en el almacenamiento del dato nos estamos refiriendo al tiempo que transcurre entre que el dato se genera y se almacena. En segundo lugar, el tiempo que existe entre que el dato se analiza y se convierte en información útil, es lo que conocemos como latencia en el análisis. Y, por último, latencia en la acción, siendo esta el tiempo entre que se tiene la información analizada y se lleva a cabo la toma de decisiones

---

21 *Vid.* ANTÓN JUÁREZ, I., "Marketplaces que personalizan precios a través del big data y de los algoritmos: ¿esta práctica es legal en atención al derecho de la competencia europeo?", *Cuadernos de Derecho Transnacional*, vol. 13, nº1, 2021, pp. 42-69 (en concreto *vid.* p. 46).

22 *Vid.* ANTÓN JUÁREZ, I., "Marketplaces que personalizan precios a través del big data y de los algoritmos...", *op. cit.*, p. 46.

De la velocidad de disposición de los datos una vez generados, dependerá la velocidad con la que se puedan adoptar decisiones, bien considerado cuanto más oportuna sea la decisión, mayor capacidad tendrá de generar valor. Por ello, la aplicación tecnológica a la captación de datos ha de dirigirse a minimizar la latencia.

La cuarta característica esencial de los datos es la veracidad, es decir, su exactitud y la seguridad que son capaces de generar. Para generar información valiosa y útil para la actuación empresarial es necesario que los datos recolectados tengan un nivel alto de fiabilidad, siendo de suma importancia la recogida de datos de alta calidad, a pesar de que esto no siempre sea posible. En este sentido, la planificación y el reconocimiento de la incertidumbre será otro de los objetivos que poco a poco se irá consiguiendo con el uso de estas nuevas tecnologías. La combinación de datos de esta o de distintas fuentes permite también su confrontación. Este enfrentamiento y contrastación de datos permitirá su verificación o falseamiento, profundizando en la calidad de los datos de que se dispone. Los datos que se demuestren falsos se descartarán y no se considerarán de cara a la adopción de decisiones; los verificados, en cambio, recibirán un tratamiento privilegiado. De este modo, podrá garantizarse la adopción de decisiones sobre una base certera que evite desviaciones por error de información.

La última característica destacada es el valor ya que el resultado debe enriquecer el proceso para el cual sean utilizados. Es decir, del uso del *big data* han de derivar beneficios significativos para la actuación de la empresa que lo genera e interpreta. Tales beneficios pueden ser de muy diversa índole redundando, por ejemplo, en la reducción de costes, en mejoras en la configuración del producto, su oferta o la posición de la empresa en el mercado, en el aprovechamiento de mayores eficiencias, etc. El valor del *big data* dependerá de la calidad de la información que incorpore. Para mejorar esta información y aumentar la calidad del análisis realizado resulta fundamental aplicar algoritmos perfeccionados, adecuados y bien diseñados que, como veremos a continuación, serán los responsables del procesamiento de los datos recopilados.

El *big data* ha supuesto una transformación de la forma en que las empresas se relacionan con su entorno. Así, ha modificado el modo en que estas interactúan con sus clientes y ofrecen sus servicios, toda vez que promueve una transformación de tales empresas – y de sus productos o servicios-, e incluso la mejora del funcionamiento del mercado (o de ciertos sectores de este). Estas mejoras sólo han sido posibles a partir del procesamiento algorítmico del *big data.*

Antes de la aparición del *big data,* para analizar un fichero de datos era necesario establecer una hipótesis, es decir, decidir tanto aquello que se quería estudiar como aquello que se esperaba encontrar, con el objetivo de realizar una búsqueda e identificar los datos relevantes en cada caso concreto. Gracias a la aparición de las nuevas tecnologías, de nuevas formas de análisis y recogida de datos, en concreto el *big data,* la información obtenida puede volver a introducirse en los algoritmos utilizados para recabar dicha información, logrando así búsquedas más exactas. Con ello, los resultados anteriores ayudan a perfeccionar el funcionamiento del algoritmo y el sistema aprende, obteniendo cada vez mejores resultados. A este proceso se le conoce como *machine learning* o aprendizaje de las máquinas. Gracias a él, se pueden identificar nuevos problemas, pero también nuevas oportunidades, antes desconocidos, que pueden, ahora, ser analizados, comprendidos y estudiados mediante estas nuevas técnicas de procesamiento.

Todo lo anterior justifica las importantes oportunidades que la captación de datos, su procesamiento y utilización genera para las empresas. Así, gracias al uso de estas tecnologías se puede obtener cada vez mayor y mejor información de todo tipo que nos ayude a conocer mejor la demanda, realizar segmentaciones mucho más ajustadas de la oferta de cada bien o servicio, mejorar la prestación de estos, así como hacerlos más innovadores y eficientes. Se podrán, también, conocer mejor las reacciones del mercado ante las actitudes de los agentes económicos y la incidencia de factores exógenos. Pero, a su vez, las empresas pueden utilizar la información y su procesamiento para llevar a cabo conductas irregulares contrarias al funcionamiento competitivo del mercado y que puedan suponer colusiones, conductas de abuso de posición de dominio o prácticas desleales que puedan falsear el correcto funcionamiento de las fuerzas del mercado. Por ello, se ha de incorporar el análisis sobre el uso del *big data* como un elemento a ser tenido en cuenta a la hora de enjuiciar los efectos anticompetitivos de las conductas empresariales o a la hora de enmarcar el ámbito de análisis de una operación de concentración notificada a los efectos de valorar su compatibilidad con las normas de competencia.

2. ALGORITMOS INFORMÁTICOS

2.1. La noción de algoritmo y su uso empresarial

Aún no se ha formulado una definición única y consensuada sobre qué ha de entenderse por algoritmo en las decisiones empresariales[23]. En nuestra opinión[24], es considerar que

---

23 OECD, *Algortithms and Collusion. Competition Policy in the Digital Age*, 2017. Disponible en www.oecd.org/competition/algorithms-collusion-competition-policy-in-the-digital-age.htm, p. 8. Una nueva versión actualizada del documento la encontramos en OECD, *Algorithmic Competition*, OECD Competition Policy Roundtable Background Note, 2023, disponible en https://www.oecd.org/daf/competition/algorithmic-competition-2023.pdf.

24 Seguimos a WILSON, R.A. / KEIL, F.C., *The MIT Encyclopedia of the Cognitive Sciences*, MIT Press, 1999, p.11. Disponible en:

un algoritmo es un listado de operaciones simples aplicadas mecánica y sistemáticamente a un conjunto de datos[25]. Así, un algoritmo «no es más que una secuencia ordenada y finita de instrucciones que ha de ser aplicada a un número finito de datos para llevar a cabo una tarea específica»[26]. Es decir, se trata de ciertas operaciones que siguen una serie de instrucciones para resolver un problema[27]. De este modo, permiten a los ordenadores resolver problemas complejos, hacer predicciones y tomar decisiones con mayor eficiencia que los humanos, alcanzando nuevas formas de inteligencia[28]. Por ello, cada vez adquieren más importancia para las empresas y, en consecuencia, para la sociedad.

El valor que tiene este procesamiento de la información hace que el número de empresas que utilizan algoritmos para procesar los datos que obtienen crezca de manera constante. Por este motivo se ha acuñado el concepto de "Algorithmic Business" para referirse al uso de complejos algoritmos para mejorar las decisiones empresariales a través de las predicciones de análisis y la optimización de procesos en la empresa, con el objetivo de lograr la automatización de estos últimos para una

---

http://www.aiai.ed.ac.uk/project/oplan/documents/1999/1999-MITECS.pdf.

25 OECD, *Algortithms and Collusion. Competition Policy…*, *op. cit.*, p. 8.

26 *Vid.* ROBLES MARTÍN-LABORDA, A., "Cuando el cartelista es un robot. Colusión en mercados digitales mediante algoritmos de precios", *Actas de Derecho Industrial y Derecho de Autor*, nº38, 2018, p. 1-32, véase p. 4.

27 *Vid.* HICKMAN, L., "How algorithms rule the world", *The Guardian*, nº1, 2013, p.2. Disponible en: https://www.theguardian.com/science/2013/jul/01/how-algorithms-rule-world-nsa; BANICEVIC, A. / KOHLMEIER, G. Z. A. / PECHERSKY, D. / HOWLETT, A., "Algorithms: challenges and opportunities for *antitrust* compliance", *Antitrust Law*, 2018, pp.1-22, véase p.4.

28 OECD, *Algortithms and Collusion. Competition Policy…*, *op. cit.*, p. 9.

mayor diferenciación competitiva[29]. En este sentido, hablaremos de algoritmos de precios cuando estos sean utilizados para monitorizar los precios del mercado y recomendar o establecer los precios de la empresa que los utiliza, con el objetivo de predecir el precio óptimo que maximice el beneficio de esta[30].

Sin embargo, a pesar de encontrarnos ante una definición aparentemente comprensible, no es fácil conocer cómo trabajan los algoritmos, cómo deciden qué quieren mostrarnos y qué no, provocando que nuestras decisiones se basen en las suyas[31]. En el ámbito comercial, el empleo de algoritmos puede influir así, de forma notable sobre las dos vertientes del mercado, afectando tanto al comportamiento de la oferta como de la demanda[32]. De ello pueden derivarse prácticas o conductas que afecten al funcionamiento normal de los mercados y que caigan, por tanto, en el ámbito de actuación del Derecho de la competencia.

Por lo que respecta a la oferta, el empleo de algoritmos está permitiendo a las empresas reducir sus costes de producción gracias a una mejor asignación de los recursos y un aumento de la calidad, influyendo en gran medida sobre las operaciones llevadas a cabo por las compañías como son el planeamiento,

---

[29] *Vid.* EZRACHI, A. / STUCKE, M.E., *Virtual Competition: The Promise and Perils of the Algorithm-Driven Economy,* Harvard University Press, United States, 2016.

[30] *Vid.* ROBLES MARTÍN-LABORDA, A., "Cuando el cartelista es un robot: colusión mediante algoritmos de precios", *Almacén de Derecho,* 2018, disponible en: https://almacendederecho.org/cuando-el-cartelista-es-un-robot-colusion-mediante-algoritmos-de-precios.

[31] Bundeskartellamt 18th Conference on Competition, Berlin, marzo, 2017.

[32] *Vid.* DI PORTO, F. / GHIDINI, G., "Big data between privacy and competition: dominance by exploitation? Which remedies?", *International Scientific Conference EKOB,* 2018, pp. 1-30.

el área comercial y la logística[33]. Esto se podría proyectar en la reducción de costes y precios o en mejores productos y servicios. En el caso de los algoritmos de precios, estos permiten optimizar la toma de decisiones combinando diferentes criterios o inputs de información, como son el stock disponible o la demanda anticipada. Como resultado de ello -y como se analizará en profundidad más adelante- los precios pueden ser más dinámicos, diferenciados, e incluso, personalizados[34]. Un claro ejemplo puede apreciarse en el comercio online ámbito en el que es frecuente el uso de nuestro historial de búsqueda e información personal para recomendarnos otros artículos que nos pueden interesar[35].

Sobre la base del estudio elaborado por la OECD sobre algoritmos y colusión, podemos diferenciar distintos tipos de algoritmos en función de la estrategia que las empresas persiguen con ellos. Este criterio permite diferenciar cuatro categorías de algoritmos, a saber: *monitoring algorithms*, *parallel algorithms*, *signalling algorithms* y, por último, *sealf-learning algorithms*. Este último tipo es el que más interés genera por los problemas que su uso puede generar en la práctica, dado que su empleo depende cada vez de una menor intervención humana.

2.2. Algoritmos de supervisión (monitoring algorithms)

La primera categoría, formada por los llamados *monitoring algorithms* o algoritmos de monitorización o supervisión, cum-

---

[33] OECD, *Algortithms and Collusion. Competition Policy…*, *op. cit.*, p. 15.

[34] THE ECONOMIST, "Flexible Figures, A Growing Number of Companies are Using `Dynamic´ Pricing", 28 de enero de 2016. Disponible en: https://www.economist.com/business/2016/01/28/flexible-figures; OECD, "Algorithms and Collusion. Competition Policy…", *op. cit.*, p. 16.

[35] *Vid. Infra.* Capítulo IV, epígrafe 4.

ple la misión principal de vigilar, supervisar o controlar las acciones de los competidores. Esta función puede incluir la recopilación de información sobre las decisiones comerciales de los competidores, el análisis de datos para detectar posibles desviaciones en ellas y, finalmente, la programación de comportamientos inmediatos como reacción a tales informaciones. Aunque podríamos pensar que esto es posible gracias a la transparencia del mercado, no tiene por qué ser así. Aunque ciertos datos se encuentren disponibles y sean accesibles con facilidad para el público en general, como los precios, esto no significa que el mercado sea transparente. Para poder calificar un mercado de transparente, es necesario que la información compartida sea, además, útil, amplia y fiable.

Este tipo de algoritmos, mediante la monitorización o supervisión de la actuación del competidor, podría favorecer la colusión en el mercado. Gracias a su funcionamiento resultaría mucho más sencilla la detección de posibles desviaciones respecto del acuerdo colusorio adoptado.

Los datos recopilados mediante esta metodología se pueden monitorear y combinar con un algoritmo de precios que, de manera automática, adopte represalias ante las desviaciones de los competidores partícipes en el acuerdo restrictivo con respecto al precio acordado. En este estudio se pone como ejemplo que las empresas puedan programar algoritmos de fijación de precios para ejecutar de manera eficaz estrategias de activación, consistentes en establecer el precio acordado siempre que todos los rivales lo hagan, resultando una guerra de precios cuando una de ellas se desvíe. De este modo, se eliminarán los incentivos de las empresas para desviarse del precio acordado.

En este supuesto es necesario señalar que la empresa predisponente del algoritmo de colusión y que fije los medios para detectar la desviación del acuerdo y, en su caso, adoptar medidas de represión de la desviación, actuaría como instigador del cártel o de la práctica colusoria y, por tanto, estaría expuesta a una sanción mayor (ya sea por una multa mayor, por la aplicación de una circunstancia agravante o por no poder acogerse al programa de clemencia)[36].

2.3. Algoritmos de coordinación (parallel algorithms)

En segundo lugar, encontramos los *parallel algorithms* o algoritmos de coordinación o de comportamiento paralelo. Este tipo de algoritmos facilita la coordinación en la adopción de ciertas decisiones (por ejemplo, la fijación de precios) por parte de las empresas partícipes en el acuerdo, de modo que estas puedan comportarse de forma paralela sin necesidad de una comunicación explícita entre ellas. Esta función de los algoritmos permite mimetizar el comportamiento de las empresas, adaptándolo a tiempo real a los continuos cambios que sufre el mercado, tanto por el lado de la oferta como por el de la demanda, articulando de forma automática una redefinición de las condiciones de ejecución del acuerdo prácticamente al mismo tiempo que suceden esos cambios. Se trata de algoritmos dinámicos, necesarios para hacer frente a dichas negociaciones.

Una de las mayores dificultades ante las cuales se encuentran las empresas a la hora de implementar un cártel en mercados muy dinámicos es el hecho de que los continuos cambios en la oferta y la demanda necesitan ajustes frecuentes de precios, de producción y de otras condiciones comerciales. Una solución para evitar su detección sería automatizar el proceso de decisión para que los precios reaccionen de manera automática y se adapten de una manera adecuada a cualquier cambio en el mercado. Por ejemplo, como señala el citado informe, esto ha

---

36 Sobre los criterios para determinar el importe de las sanciones *vid.* art. 64 LDC.

sido utilizado por aerolíneas, servicios de reserva de hoteles, empresas de transporte, etc.

2.4. Algoritmos de señalización (signalling algorithms)

Otra categoría de algoritmos es la que se conoce como *signalling algorithms*, es decir, aquellos algoritmos encargados de la señalización y el anuncio de precios unilaterales. De este modo, si una empresa aumenta el precio con la expectativa de que sus competidores también lo hagan, y lo hacen, el comportamiento de la primera se puede conceptualizar como la oferta unilateral de acuerdo colusorio que el resto de empresas acepta al elevar sus precios[37]. De este modo, la empresa proponente de los precios actuaría como instigadora de la colusión.

Para evitar la comunicación directa o explícita, las empresas pueden intentar revelar su intención de coludir y de coordinar estrategias mediante la señalización o anuncios de

---

37 El seguimiento de precios respecto a la conducta de una empresa no siempre se ha identificado de forma clara como una conducta anticompetitiva. En este sentido, el principal precedente en la materia sería la Sentencia del TJCE (Sala Quinta), de 31 de marzo de 1993, asuntos acumulados C-89/85, C-104/85, C-114/85, C-116/85, C-117/85, C-125/85 a C-129/85, *A. Ahlström Osakeythtiö y otros c. Comisión,* ECLI:EU:C:1993:120, fj. 64 y 65, en la cual el Tribunal señala que «en el presente caso, las comunicaciones consisten en los anuncios de precios que se hicieron a los usuarios. Dichas comunicaciones no constituyen, de por sí, una actuación en el mercado que pueda reducir la incertidumbre de cada empresa sobre la actitud que adoptarán sus competidores. En efecto, en el momento en que cada empresa efectúa tales comunicaciones, no tiene ninguna seguridad acerca del comportamiento que adoptarán las demás. En consecuencia, procede considerar que el sistema de anuncios trimestrales de precios, vigente en el mercado de la pasta, no constituye, en cuanto tal, una infracción del apdo. 1 del art. 85 del Tratado».

precios unilaterales. Sin embargo, es difícil establecer cómo tratar dicha señalización en el marco de la normativa de competencia ya que los posibles efectos anticompetitivos de dicha conducta obligan a las agencias de competencia a evaluar si, en su conjunto, son o no eficientes. Por un lado, una mayor transparencia en el mercado puede provocar una mejora de la eficiencia en el mismo, pero también puede producir efectos anticompetitivos. Por ejemplo, puede facilitar la colusión o proporcionar a las empresas un punto central en torno al cual alinear su comportamiento si la transparencia solo beneficiase a los proveedores.

Si bien, debemos diferenciar esta situación de aquella en la que se produce una adaptación oportunista de la estrategia de las empresas de forma reactiva al comportamiento de otra u otras empresas en el mercado. Esta, a priori, no es una conducta sancionable si no se puede demostrar la existencia de un acuerdo entre las empresas. Es decir, nos referimos aquí al denominado efecto paraguas de un cártel (*umbrella effects* o *umbrella pricing*). En este caso, nos encontramos ante un grupo de empresas que acuerdan un cártel y, como consecuencia, se produce una subida generalizada de los precios en el mercado. Ante esto, otra empresa no participante en el cártel decide aumentar sus precios dentro del margen de los efectos de este. Para poder determinar aquí si nos encontramos ante una conducta anticompetitiva será necesario analizar los factores que influyen en la subida de precios de la empresa no participante en el cártel, ya que esta puede ser resultado de una reacción lógica en el mercado[38].

---

38 Sobre el efecto paraguas de un cártel o *umbrella pricing*, *vid.* OLMEDO PERALTA, E., "Daños derivados de la subida de precios bajo el paraguas de un cartel (umbrella pricing): Una lectura jurídica del nuevo paso en la aplicación del Derecho de la Competencia", *Revista de Derecho de la Competencia y Distribución*, nº15, 2014, pp. 107-130.

2.5. Algoritmos de aprendizaje automático (self-learning algorithms)

Por último, nos encontramos con aquellos algoritmos basados en el aprendizaje automático, también conocidos como *self-learning algorithms.* El funcionamiento de estos es más complejo y sutil. Estos algoritmos se caracterizan por un aprendizaje basado en la experiencia, mejorando sus decisiones de manera automática sin que sea necesario ser programados de forma explícita[39]. Así, estos algoritmos pueden favorecer la colusión mediante el uso de nuevas tecnologías de aprendizaje automático y aprendizaje profundo (*deep learning*)[40]. Pueden permitir la colusión y un comportamiento unívoco de las empresas, incluso sin que sean los competidores quienes programen de un modo directo los algoritmos. En este sentido, este tipo de algoritmos están caracterizados por una gran capacidad predictiva, de aprender y readaptarse de manera constante a las acciones pasadas, presentes y futuras de otros actores del mercado, ya se trate de seres humanos o de agentes artificiales, desprendiéndose de ello un alto riesgo de colusión. Este tipo de algoritmos son los que más problemas plantean en la actualidad ya que consiguen que cada vez resulte menos necesaria la intervención humana. Y es justo esta posibilidad de prescindir del elemento humano lo que hace que sea más

---

39 Más información disponible en: https://azure.microsoft.com/es-es/resources/cloud-computing-dictionary/what-is-machine-learning-platform/.

40 *Vid.* ANITHA, P. / KRITHKA, G. / CHOUDHRY, M.D., "Machine Learning Techniques for learning features of any kind of data: A Case Study", *International Journal of Advanced Research in Computer Engineering & Technology*, vol. 3, nº12, diciembre 2014, pp. 4324-4331; CALVANO, E. / CALZOLARI, G. / DENICOLÒ, V. / PASTORELLO, S., "Algorithmic Pricing: What Implications for Competition Policy?", 2018, disponible en https://ssrn.com/abstract=3209781.

difícil encuadrar estas conductas dentro de las normas del Derecho de la competencia.

Aún no parece estar muy claro cómo estos algoritmos de aprendizaje automático pueden alcanzar este acuerdo[41], pero una vez que se afirma que las condiciones del mercado son propensas a la colusión, es probable que los algoritmos que aprenden más rápido que los humanos también puedan alcanzarlo a base de prueba y error[42].

2.6. Uso de algoritmos en la práctica empresarial

Sin embargo, los algoritmos no sólo pueden ser utilizados de manera oportunista por las empresas, sino que también pueden emplearse favoreciendo al consumidor y facilitándole la toma de decisiones. Por ello, se ha identificado el concepto de "Algorithmic consumers"[43]. En tal sentido, los algoritmos serían utilizados para comparar precios y calidades de los productos y servicios ofertados, predecir las tendencias del

---

41 Para intentar plasmar cómo la inteligencia artificial puede aprender y tomar decisiones como un humano, en el año 2016, el campeón del mundo de Go jugó varias partidas contra un ordenador. Este último, gracias al aprendizaje profundo consiguió ganar cuatro de las cinco partidas jugadas entre ambos. Todo el proceso, así como la partida completa, se encuentra disponible en un documental de la plataforma Netflix, "AlphaGo".

42 Algunos estudios ya han analizado las diferentes estrategias que puede tomar un algoritmo con el objetivo de alcanzar un acuerdo cooperativo. En este sentido, *vid.* HINGSTON, P. / KENDALL, G., "Learning Versus Evolution in Iterated Prisoner's Dilemma", *Proceedings of the Congress on Evolutionary Computation* (CEC'04), 2004. Disponible en http://www.cs.nott.ac.uk/~pszgxk/papers/cec2004ph.pdf.

43 *Vid.* GAL, M. S. / ELKIN-KOREN, N., "Algorithmic Consumers", *Harvard Journal of Law and Technology*, nº 30, 2017, pp. 309-353, véase p. 313.

mercado y tomar mejores decisiones con mayor rapidez[44]. Este análisis de la oferta no se realiza, por regla general, por los consumidores de manera directa, sino que tiene lugar de forma mediata a través de la participación de otros empresarios que actúan como intermediarios ofreciendo servicios de la sociedad de la información. Así, existen numerosas páginas web y aplicaciones móviles dedicadas a ello como son, por ejemplo, *Trivago, Booking, TripAdvisor* o *Skyscanner,* entre otras. A través de ellas el consumidor puede comparar las características de los diferentes servicios ofertados por las empresas, comparar sus precios e incluso acceder a las opiniones y valoraciones de las experiencias de otros usuarios. Además, algunas de estas aplicaciones, utilizando inteligencia artificial, permiten predecir la evolución futura de los precios, llegando a recomendar a los usuarios cuándo es el momento idóneo para la adquisición de los bienes o servicios.

Esta mayor transparencia desde la perspectiva de los consumidores puede dar lugar a nuevas realidades en las que puedan generarse nuevas conductas contrarias a la competencia, como pudiera ser la aplicación de precios personalizados por parte de las empresas o la diferenciación de calidades en función del perfil de cada consumidor. Esto tendría como objetivo

---

44 *Ibidem,* p. 314. Como indican los autores, existen numerosas plataformas -Kayak, TripAdvisor o Expedia-en las cuales el consumidor puede adquirir información relevante que les ayude a tomar una decisión informada. Además de su utilización para la comparación de precios, algunos autores consideran que el uso de algoritmos aportará otros beneficios a la sociedad. En este sentido, *vid.* DI PORTO, F., "Good Algorithms, Better Rules: How Algorithmic Tools Could Revive Disclosure Regulation", *Rivista Trimestrale Diritto Pubblico,* nº1, 2022, pp. 117-138; DI PORTO, F. / ZUPPETTA, M., "Co-regulating algorithmic disclosure for digital platforms", *Policy and Society,* vol. 40, nº2, 2021, pp. 272–293.

la fidelización del cliente o la maximización del beneficio que pueda extraerse de sus decisiones.

A través de los precios personalizados[45] se estaría produciendo una discriminación de los consumidores permitiendo presentar diferentes ofertas en función de sus preferencias o la disponibilidad a pagar. Para ello, es necesaria la utilización de algoritmos que nos ayuden a identificar las necesidades del consumidor, así como cuánto estarían dispuestos a pagar en cada caso (por ejemplo, saber identificar cuándo se está buscando un billete de avión para un viaje de ocio, familiar o de trabajo y, en función de ello, ofrecer unos u otros precios). Un claro ejemplo de ello lo encontramos en su utilización en el ámbito asegurador. Dado que el precio del seguro se fijará en función del riesgo, este podrá adaptarse con mayor precisión a cada cliente gracias a la gran cantidad de datos que se encuentran a disposición de la aseguradora. Sin embargo, ofertar un precio personalizado puede implicar efectos discriminatorios, llegando incluso a no permitir el acceso a su contratación debido a su elevado coste[46].

Este tipo de algoritmos, entre otros métodos, hace uso de un árbol de decisión predeterminado donde se asignan pesos a distintos parámetros de decisión para así sugerir la opción óptima dado un conjunto particular de datos y circunstancias en cada consumidor, analizando los aspectos más relevantes, estableciendo y comparando las opciones de compra en diversas situaciones. Dichos parámetros de decisión y sus respectivas ponderaciones se diseñan para conseguir optimizar las decisio-

---

45 *Vid. Infra.* Capítulo IV, apartado cuarto.

46 Sobre la aplicación del *big data* en este ámbito, entre otros *vid.* MAYORGA TOLEDANO, M.C., "Limitaciones legales de la analítica predictiva y el *big data* en el ámbito asegurador", en PÉREZ-SERRABONA GONZÁLEZ, J.L. (dir.), *Derecho de seguros: nuevas realidades y nuevos retos,* Marcial Pons, Madrid, 2021, pp. 313-327.

nes de los usuarios. En este sentido, como hemos visto, los algoritmos más avanzados se basan en un aprendizaje automático, es decir, el propio algoritmo aprende de sus propios análisis de datos anteriores para redefinir sus nuevos parámetros de decisión, liberando al algoritmo de las preferencias predefinidas: desactivando aquellas que conducen a resultados erróneos y reforzando las que maximizan la utilidad de la elección. Por ejemplo, según las acciones pasadas del consumidor, un algoritmo puede concluir que a este le gusta comprar productos similares a los que compraron sus amigos cercanos y cambiar, así, los parámetros de decisión utilizados[47].

Este uso de los algoritmos para establecer precios personalizados[48] en función de las características o circunstancias de cada usuario puede plantear problemas en el Derecho de la competencia ya que puede incrementar el riesgo de llevar a cabo prácticas prohibidas en los mercados gracias a la existencia de una mayor transparencia e interacción en los mismos[49] (abusos explotativos de posición de dominio consistentes en la discriminación de usuarios o la vinculación de productos, por ejemplo). Del mismo modo, será importante plantear si compartir la información procesada y los mecanismos de aprendizaje integrados en los algoritmos de distintas compañías podría suponer una práctica de colusión en el Derecho de la competencia.

---

47 *Vid.* GAL, M. S. / ELKIN-KOREN, N., *op. cit.*, pp. 5-9.

48 *Vid. Infra.* Capítulo IV, apartado cuarto.

49 OECD, *Personalised pricing in the digital era,*–Note by Portugal, Portugal, 28 November 2018, pp. 10-11.

3. INTELIGENCIA ARTIFICIAL

Las nuevas posibilidades tecnológicas derivadas del procesamiento de datos y de las tecnologías de la comunicación y la computación han producido un impacto notable en múltiples aspectos de la economía en general. Así, en la actualidad, nos encontramos conectados por un gran número de redes a través de Internet, estableciéndose numerosos nexos en diferentes sitios del planeta. La economía digital ha aportado numerosos beneficios a la sociedad como, por ejemplo, el incremento de la conectividad y un mayor y mejor acceso a la información, así como al comercio online por parte de millones de usuarios[50]. Al mismo tiempo, las nuevas tecnologías basadas en los datos permiten la oferta de productos y servicios mejores, más innovadores o personalizados de los que se derivan mayores beneficios tanto para los consumidores como para las empresas.

A pesar de encontrarnos ante un fenómeno que puede aportar grandes beneficios a la sociedad, también es importante conocer cómo los agentes económicos y las organizaciones empresariales hacen uso de esas nuevas tecnologías, y si esto afecta, y de qué manera, a la innovación y la competencia entre ellas, así como, en última instancia, al bienestar social.

Entre los cambios más revolucionarios a este respecto se debe destacar lo que conocemos como Inteligencia Artificial (AI en su acrónimo inglés). Con este término[51] nos referimos al desarrollo y evolución sufridos por los softwares y ordenadores, caracterizados por su capacidad de autoaprendizaje y comportamiento inteligente. Gracias a la inteligencia artificial

---

50 *Vid.* GAWER, A., "Big data: bringing competition policy to the digital era", DAF/COMP/WD(2016)74, 2016, p. 3.

51 *Vid.* EZRACHI, A. / STUCKE, M.E., "Artificial Intelligence & Collusion: When Computers Inhibit Competition", *University of Illinois Law Review*, nº5, 2017, pp. 1775-1810 (en concreto, véase p. 1777).

es posible la creación de una gran cantidad de algoritmos que llevan aparejados miles de estrategias a través de las cuales las empresas pueden guiar su comportamiento orientado a la maximización de sus beneficios y utilidades y que, en algunas ocasiones, favorece la protección del consumidor. Gran parte de estas estrategias están basadas en comportamientos pasados y capaces de adaptarse en tiempo real a los constantes cambios y necesidades que experimenta la realidad económica[52]. Estos procesamientos informáticos se encuentran en situación de cambio permanente, que permite mejorar su potencialidad para optimizar la toma de decisiones. Sin embargo, este tipo de estrategias y algoritmos pueden dar lugar a la aparición de nuevas prácticas anticompetitivas en forma de colusión o de abuso de posición de dominio. La detección de estas infracciones no resulta siempre sencilla, sobre todo en aquellos casos en que la ejecución de tales conductas deja de estar controlada de manera directa por los humanos[53].

La IA está llamada a desempeñar un papel fundamental en la transformación digital de la sociedad y su rápido avance traerá aún más cambios en diferentes áreas de la vida cotidiana como son el trabajo, las empresas, las finanzas, la sanidad, etc.

Cuando hablamos de inteligencia artificial nos estamos refiriendo a una combinación de tecnologías formadas por datos, algoritmos y capacidad informática. En el desarrollo de la inteligencia artificial juega un papel fundamental el aumento constante de los datos accesibles, así como su disponibilidad[54].

---

52 *Vid.* BALLARD, D.I. / NAIK, A.S., "Algorithms, Artificial Intelligence and Joint Conduct," *Antitrust Chronicle,* vol. 2, spring 2017, pp. 1-6.

53 *Vid.* EZRACHI, A. / STUCKE, M.E., "Artificial Intelligence & Collusion…", *op. cit.,* pp. 1775-1809.

54 *Vid.* BANICEVIC, A. / KOHLMEIER, G. Z. A. / PECHERSKY, D. / HOWLETT, A., "Algorithms: challenges and opportunities…", *op.*

A pesar de que en Europa aún nos encontramos en una cierta desventaja competitiva en relación con el acceso a los datos, es decir, en relación con las aplicaciones de consumidores y plataformas en línea, se están llevando a cabo importantes cambios en el valor y utilización de los datos que ya disponemos, en los distintos sectores del mercado[55].

Sin embargo, aunque la inteligencia artificial puede ofrecer muchas ventajas, también puede generar numerosos riesgos, tanto materiales como inmateriales[56]. En concreto, nos referimos a aquellos relacionados con la protección de datos personales, la privacidad, la discriminación o la responsabilidad civil derivada de los daños que se puedan ocasionar. Por ello, debemos centrarnos en estudiar cómo minimizar dichos riesgos.

Para hacer frente a estos retos, es imprescindible garantizar un buen funcionamiento del mercado, evaluando con la mayor precisión posible los beneficios y los riesgos ante los cuales nos encontramos. En este sentido, la Comisión Europea, con fecha 21 de abril de 2021, publicó una propuesta de regulación en materia de inteligencia artificial, con el objeto de garantizar la protección de los derechos fundamentales y la seguridad de

---

cit., p.4. Tal y como destaca la Comisión Europea, Europa posee un gran potencial tecnológico e industrial lo que puede favorecer su posición como líder mundial de la innovación en la nueva economía de los datos. COMISIÓN EUROPEA, *Libro Blanco sobre la inteligencia artificial – un enfoque europeo orientado a la excelencia y la confianza,* Bruselas, 2020, COM(2020) 65 final, p.2.

55 COMISIÓN EUROPEA, *Libro Blanco sobre la inteligencia artificial…, op. cit.*, p.4.

56 Por ejemplo, en relación con los materiales, podemos hablar de riesgos para la seguridad, la salud de las personas o para su patrimonio. Por otro lado, hablamos de riesgos inmateriales como aquellos que afectan a la privacidad, a los derechos y libertades, discriminación, etc.

todos los usuarios[57] ante el uso de inteligencia artificial. Finalmente, esta fue aprobada el pasado 21 de mayo de 2024[58].

Como punto de partida, encontramos en su artículo 3 una serie de definiciones muy necesarias para entender el marco de aplicación de la normativa. Entre otras, qué debe entenderse por sistema de IA, proveedor o usuario. Otro aspecto importante que destaca el documento en su artículo 5.1. es la prohibición de ciertas prácticas de inteligencia artificial.

Es importante señalar que la Comisión basa su planteamiento en la existencia de cuatro niveles de riesgo: riesgo inadmisible, alto riesgo, riesgo limitado y riesgo mínimo[59]. En primer

---

57 Propuesta de Reglamento del Parlamento Europeo y del Consejo por el que se establecen normas armonizadas en materia de inteligencia artificial (Ley de Inteligencia Artificial) y se modifican determinados actos legislativos de la Unión, Bruselas, 2021, COM/2021/206 final. Tal y como establece la propuesta, el marco regulatorio establecido afectará a agentes públicos y privados (de dentro y fuera de la Unión Europea) siempre que el sistema de inteligencia artificial se introduzca o utilice en el mercado interior afecte a personas establecidas en ella. Un análisis de esta y su implicación en el Derecho de la competencia es realizado por VILLALOBOS PORTALÉS, J., "La propuesta comunitaria de ley de inteligencia artificial y la defensa de la competencia: ¿oportunidad o riesgo de un "invierno legislativo"?", en ROBLES MARTÍN-LABORDA, A. / ZURIMENDI ISLA, A. (dirs.), *Estudios de la Red Académica de Defensa de la Competencia (RADC) 2022*, Aranzadi, Cizur Menor, 2022, pp. 217-237.

58 Reglamento (UE) 2024/1689 del Parlamento Europeo y del Consejo de 13 de junio de 2024 por el que se establecen normas armonizadas en materia de inteligencia artificial y por el que se modifican los Reglamentos (CE) nº 300/2008, (UE) nº 167/2013, (UE) nº 168/2013, (UE) 2018/858, (UE) 2018/1139 y (UE) 2019/2144 y las Directivas 2014/90/UE, (UE) 2016/797 y (UE) 2020/1828 (Reglamento de Inteligencia Artificial) (TOL10.092.026).

59 Así lo aclara la propia Comisión tras la publicación de la propuesta. Disponible en https://ec.europa.eu/commission/presscorner/detail/es/qanda_21_1683.

lugar, al hablar de riesgo inadmisible se refiere a limitados usos especialmente perjudiciales de la inteligencia artificial que son contrarios a los derechos fundamentales. En segundo término, se entiende que nos encontramos ante un riesgo alto cuando los sistemas de inteligencia artificial tienen un impacto negativo bien en la seguridad de las personas, bien en sus derechos fundamentales. Los artículos 6 y siguientes de la propuesta recogen una clasificación de qué debe considerarse, a priori, conductas de alto riesgo[60]. Además, la Comisión habla de riesgo limitado. Este tiene lugar cuando existe un riesgo de manipulación del usuario y, por lo tanto, se imponen obligaciones específicas de transparencia. Por último, todos aquellos sistemas de inteligencia artificial que se ajusten a la legislación vigente y no supongan un mayor riesgo para los usuarios, serán los que la Comisión define como de riesgo mínimo.

El texto concluye con la determinación de un régimen sancionador ante el incumplimiento de estas normas. En este caso serán los Estados miembros los que deberán establecer las sanciones necesarias, así como comunicarlas a la Comisión. Sin embargo, el Reglamento fija unos límites que deben ser tenidos en cuenta a la hora de fijar la cuantía de la sanción[61].

---

[60] Se establecen también ciertos requisitos obligatorios para todos los sistemas de inteligencia artificial que sean clasificados como de alto riesgo. Por ejemplo, la Comisión hace referencia a la calidad de los datos utilizados, la transparencia y divulgación de información, la supervisión humana o la ciberseguridad, entre otros. Tanto la clasificación de un sistema de alto riesgo como los requisitos exigidos podrán ser objeto de revisión en un futuro para adaptarlos a la evolución sufrida en función de los casos ante los cuales nos encontremos.

[61] *Vid.* art. 99 del Reglamento (UE) 2024/1689 del Parlamento Europeo y del Consejo de 13 de junio de 2024 por el que se establecen normas armonizadas en materia de inteligencia artificial y por el que se modifican los Reglamentos (CE) nº 300/2008, (UE) nº 167/2013, (UE) nº 168/2013, (UE) 2018/858, (UE) 2018/1139

Todo lo mencionado con anterioridad no son más que requisitos generales que establece el Reglamento para hacer frente a los posibles riesgos que traiga consigo el uso de la inteligencia artificial. Sin embargo, el cumplimiento de estos requisitos no exime del cumplimiento de otras normas que puedan afectar a los comportamientos empresariales como, por ejemplo, en materia de protección de datos o en su uso por Administraciones Públicas, así como la normativa aplicable en el sector en concreto en el cual se aplique el sistema de inteligencia artificial[62].

En conclusión, gracias al uso de los diferentes tipos de algoritmos existentes, del *big data* y de la IA, así como su influencia en el mercado, las empresas pueden llevar a cabo nuevas prácticas comerciales que amplían el marco de conductas que, de manera tradicional, eran consideradas por las normas de defensa de la competencia. Corresponde, por tanto, reflexionar sobre en qué consisten estas nuevas prácticas, el efecto que pueden producir sobre el comportamiento competitivo de los mercados, así como, en su caso, su eventual calificación como conductas anticompetitivas. Para ello, a continuación, analizaremos las implicaciones que puedan derivarse del uso de estas nuevas tecnologías desde la óptica del Derecho de la competencia, considerando en particular la responsabilidad por tales conductas.

---

y (UE) 2019/2144 y las Directivas 2014/90/UE, (UE) 2016/797 y (UE) 2020/1828 (Reglamento de Inteligencia Artificial).

62 *Vid.* HUERGO LORA, A., *El proyecto de Reglamento sobre la Inteligencia Artificial,* 17 de abril 2021. Disponible en https://almacendederecho.org/el-proyecto-de-reglamento-sobre-la-inteligencia-artificial. La Propuesta de Reglamento se encuentra disponible en https://eur-lex.europa.eu/legal-content/ES/TXT/?uri=celex%3A52021PC0206.

4. CONSECUENCIAS DE SU APLICACIÓN EN LA ACTIVIDAD EMPRESARIAL

A la hora de considerar las conductas desarrolladas en la industria digital que pudieran implicar restricciones a la competencia el análisis ha de partir de una ponderación de los efectos positivos y negativos que las distintas actuaciones de los agentes de esta industria pueden producir sobre la innovación, los mercados, los consumidores y los trabajadores, es decir, sobre el sistema económico en su totalidad[63].

En primer lugar, las nuevas tecnologías han propiciado un reforzamiento de las barreras de entrada y el levantamiento de otras nuevas, al mismo tiempo que han facilitado el acaparamiento por parte de pocos agentes de recursos –que, en ciertos casos, pueden considerarse *esenciales*[64]– en el mercado. Estas circunstancias dan lugar a que potenciales nuevos entrantes, contando con unos recursos más limitados o sin una cartera relevante previa de datos analizados e incorporados en algoritmos, no pueden acceder al mismo tipo de datos que las empresas que ya dominan dicho mercado. La disposición y el análisis masivo de datos se convierte así en el recurso esencial para competir en estos mercados.

En el caso del *big data,* se pueden identificar barreras de entrada en relación con la recolección de los datos, su alma-

---

63 *Vid.* BAMBERGER, K./ LOEBEL, O., "Platform market power", *Berkeley Tech Law Journal,* n°32, 2017, pp. 1051-1092 (en concreto, *vid.* p. 1053).

64 Sobre esta materia, *vid.* CALVO CARAVACA, A. L., / RODRÍGUEZ RODRIGO, J., *La doctrina de las infraestructuras esenciales en Derecho antitrust europeo,* La Ley, Madrid, 2012; VILLAR ROJAS, F.J., *Las instalaciones esenciales para la competencia: un estudio de Derecho público económico,* Comares, Granada, 2004.

cenamiento, análisis y uso. En este sentido, un primer aspecto a tener en cuenta sería el coste de desarrollo de un sistema o plataforma que nos permita recolectar dichos datos. Por regla general, como suele suceder en el ámbito del software, su desarrollo no demanda grandes inversiones, que puedan llevar a considerar dicha inversión o costes hundidos (*sunk costs*) como una barrera de entrada al mercado. Sin embargo, las empresas más competitivas en el sector digital suelen disponer de capacidad y capital suficientes para recolectar dichos datos, así como para invertir en el desarrollo de algoritmos y la aplicación de las nuevas tecnologías que sean necesarios para conseguir extraer valor de los datos. De este modo, la posesión o el acceso al *big data* podrían constituir una barrera de entrada, afectando en unos mercados más que en otros, ya que existirán compañías que no tengan poder suficiente como para recolectar y analizar los datos, ni tendrán acceso a fuentes de información que puedan proporcionárselos.

En relación con el uso del *big data* en los mercados digitales, podemos considerar que existen importantes barreras de entrada y de expansión debido a la existencia de grandes potencias -como pueden ser Google o Facebook- con un fuerte poder de mercado, como consecuencia, entre otros, de los efectos de red directos e indirectos de los que disfrutan. Por ejemplo, aplicaciones como Uber o Cabify están basadas en sistemas con la capacidad de recoger de manera continua y constante información de sus usuarios, analizar dicha información, predecir determinados comportamientos y reaccionar o adaptarse a ellos en tiempo real. Es decir, generan un gran volumen de datos, lo que les permite expandir sus actividades, mejorar su eficiencia, diferenciarse de sus rivales y, en suma, mejorar su posición en el mercado, consiguiendo con ello una mayor competitividad.

En segundo lugar, y muy relacionado con el punto anterior, las nuevas tecnologías pueden contribuir a una mayor transparencia de los mercados, redundando en un mejor funcionamiento de estos. Así, consumidores y empresas pueden beneficiarse de una mayor transparencia de la información que les permitirá comparar más con mayor facilidad precios y características de los bienes y servicios. A pesar de que, como hemos señalado con anterioridad, el procesamiento automatizado de la información pueda aumentar las barreras de entrada al mercado, en algunas ocasiones, puede, en cambio, facilitarse la entrada de nuevos competidores. Esto es así gracias a que los potenciales entrantes pueden disponer de más información sobre las necesidades de los consumidores y las condiciones del mercado, gracias a las posibilidades que les ofrecen las nuevas tecnologías.

Por último, el uso del *big data* puede incidir sobre el desarrollo de prácticas concertadas. Las empresas pueden utilizar el análisis y procesamiento del *big data* para coludir, de forma expresa o tácita, con el consiguiente efecto restrictivo de la competencia que se deriva de estas conductas. A modo de ejemplo, se puede favorecer la colusión cuando las empresas utilizan la información más transparente y completa integrada en el *big data* para coordinar sus precios a través del uso de algoritmos informáticos. De este modo, los algoritmos pueden utilizarse para reducir la incertidumbre y adelantarse a la reacción de los competidores gracias a experiencias pasadas de variación de precios y acciones llevadas a cabo por el resto de empresas competidoras. En este sentido, la colusión tácita puede ser el resultado de sofisticadas técnicas de aprendizaje. En un segundo momento, una vez iniciada la colusión, el uso de *big data* y su procesamiento informatizado pueden servir para fortalecer el acuerdo anticompetitivo, propiciando, de un lado, que las empresas integrantes del acuerdo no se desvíen del mismo -y, en su caso, adoptando medidas para sancionar estas posibles desviaciones-; de otro lado, haciendo más complejas las formas en que se ejecutan los acuerdos de colusión, de modo que estos devienen más difícilmente detectables para las autoridades de competencia[65].

---

65 Las nuevas tecnologías basadas en el uso de datos y su procesamiento informatizado no sólo pueden propiciar que las empresas puedan llegar a acuerdos -anticompetitivos o no- basados en el análisis inmediato de la información, sino que además diversas tecnologías pueden emplearse para la ejecución de estos mismos acuerdos. Es el caso del uso de las tecnologías de registro distribuido o Blockchain. El punto de unión entre este nuevo sistema tecnológico y el Derecho de la competencia se encuentra en el hecho de que el blockchain, como mecanismo que sirve para crear entornos seguros de interacción comercial, no es inmune a la puesta en práctica de conductas anticompetitivas, en concreto a la colusión en precios o las conductas exclusionarias, ya que puede existir la posibilidad de que los participantes mantengan acuerdos ocultos que se materialicen en algún eslabón de la cadena, como puede ser, antes de formalizar el consenso de reglas. Además, al encontrarnos en un entorno de mayor confianza es posible que los diferentes agentes del mercado celebren un mayor número de transacciones, aumentando con ello las posibilidades de que se incurra en prácticas ilícitas en la perfección de estas. Sobre estas cuestiones, *vid.*, entre otros, SCHREPEL, T., "Collusion by Blockchain and Smart Contracts", *Harvard Journal of Law and Technology*, nº33, 2019, pp. 117-166; SCHREPEL, T., "Is Blockchain the Death of Antitrust Law? The Blockchain Antitrust Paradox", *Georgetown Law Technology Review*, nº281, 2019, pp. 281-338; BEDNARZ, S., "Prácticas colusorias y otras anticompetitivas a través del blockchain: ¿necesidad de nuevas soluciones legales?", *Actas de Derecho Industrial y Derecho de Autor*, nº39, 2018-2019, pp. 305-320; IBÁÑEZ JIMÉNEZ, J. W., *Blockchain: primeras cuestiones en el ordenamiento español*, Dykinson, Madrid, 2018; IBÁÑEZ JIMÉNEZ, J. W., *Derecho de Blockchain y de la Tecnología de Registros Distribuidos*, Aranzadi, Cizur Menor, 2018; CIACCAGLIA, M., "Blockchain y Smart contracts entre la normativa europea y el Código civil español", *Revista Aranzadi de Derecho y Nuevas Tecnologías*, nº 51, 2019, BIB 2019\9355; JIMÉNEZ SERRANÍA, V., "La Blockchain como medio de protección del diseño: "Design blockchain by design"", *Centro de Estudios en Diseño y Comunicación*, nº 106, 2021, pp. 181-199; BEDNARZ, S., "Retos y oportunidades de la aplicación de la tecnología blockchain

Se sostiene que, en los mercados digitales, el *big data* puede actuar como un facilitador de la colusión e incluso puede permitir la aparición de nuevas formas de coordinación no conocidas hasta el momento[66]. Por ello, se hace necesario delimitar las conductas ilícitas que puedan suponer infracciones de la normativa de defensa de la competencia, distinguiéndolos de otros usos de estas nuevas posibilidades tecnológicas que, en cambio, no deban merecer el juicio de reprochabilidad al tratarse de comportamientos lícitos. Así, a modo de ejemplo, si las nuevas tecnologías facilitan una mayor transparencia sobre el comportamiento de los competidores en el mercado, será lícito el uso de esta información para desarrollar la estrategia de comportamiento de la empresa, en reacción a las prácticas de sus rivales. Para deslindar unas y otras conductas resultará

---

a la actividad aseguradora", en PÉREZ-SERRABONA GONZÁLEZ, J.L. (dir.), *Derecho de seguros; nuevas realidades y nuevos retos,* Marcial Pons, Madrid, 2021, pp. 289-302.

En este sentido, además de su implicación para el Derecho de la competencia, este será de gran relevancia en otros ámbitos del Derecho, como es el Derecho de sociedades y su utilización en las juntas generales. Sobre esta cuestión, que excede el objeto de nuestro trabajo, por todos véase PEINADO GRACIA, J.I. / BEDNARZ, Z., "Cuestionando las bondades de la «blockchain» en las juntas generales", *Revista de Derecho de sociedades,* nº61, 2021, pp. 135-189; PEINADO GRACIA, J.I., "Las juntas generales en blockchain: un apunte de gobierno corporativo", en ALONSO LEDESMA, C. / MUÑOZ PÉREZ, A.F. / DE RÁBAGO MARÍN, J. / MARTÍNEZ GARRIDO, S. / IBERDROLA. / INSTITUTO CATÓLICO DE ARTES E INDUSTRIAS (coords.), *Digitalización de Sociedades,* Wolters Kluwer, Madrid, 2021, pp. 69-87.

66 MACEDO, L., "Economía digital y competencia", en FACUSE ANDREUCCI, V. / MONTOYA SQUIF, A., (eds.), *Desafíos de la libre competencia en Iberoamérica,* Santiago de Chile, 2019, pp. 285-306; BANICEVIC, A. / KOHLMEIER, G. Z. A. / PECHERSKY, D. / HOWLETT, A., "Algorithms: challenges and opportunities...", *op. cit.,* p.4.

imprescindible el estudio de la tecnología utilizada en este tipo de prácticas y conocer cuál puede ser el alcance de su uso.

Además, el uso de las nuevas tecnologías, como la inteligencia artificial y el *big data,* está propiciando el desarrollo de nuevos modelos de negocio. Las prácticas colusorias que afectan a la competencia en estos nuevos mercados están cambiando debido al uso de algoritmos creados y desarrollados a partir de estos nuevos recursos que influyen en una gran cantidad de variables y generan cambios en las conductas que llevan a cabo las empresas. En este sentido, consideramos importante analizar cómo afecta el uso de algoritmos en el mercado, así como comprender cómo pueden afectar al funcionamiento de los mercados desde la óptica del Derecho *antitrust.*

5. CUANDO LA TECNOLOGÍA DE LOS DATOS ES UTILIZADA POR LAS AUTORIDADES DE COMPETENCIA PARA LA DETECCIÓN DE PRÁCTICAS ANTICOMPETITIVAS

Si bien las nuevas tecnologías referidas en páginas anteriores pueden favorecer la realización de conductas ilícitas en el mercado – en concreto las prácticas anticompetitivas –, dichas herramientas pueden y deben ser utilizadas también por las autoridades para detectar y sancionar dichas conductas[67]. De este modo, se neutralizaría su efecto sobre la aplicación normativa y se disuadiría del empleo de estos medios para la puesta en práctica de tales conductas.

---

67 *Vid.* BROOKE, F., "AI For the Antitrust Regulator", disponible en https://www.promarket.org/2023/06/06/ai-for-the-antitrust-regulator/.

La prevención y detección de las prácticas analizadas a lo largo de este trabajo es un aspecto importante en el cual se ha de incidir ya que, si se cuenta con sistemas eficientes e inteligentes que nos permitan detectarlas en una fase temprana, se podrán evitar muchas de sus consecuencias en los mercados.

En primer lugar, con respecto a la regulación y prevención de este tipo de conductas, ya han sido planteadas posibles soluciones que se pueden considerar ante el posible incumplimiento derivado del uso de algoritmos informáticos en la puesta en práctica de conductas y estrategias empresariales. Entre ellas, se sugiere la creación de un regulador digital global, una agencia central e independiente que sería la encargada de coordinar y supervisar los datos e información que se encuentren en Internet[68], un cambio en las estructuras del mercado que faciliten la colusión o la creación de reglas en relación con el diseño de los algoritmos[69]. Con respecto a este último, algunos autores consideran necesario aplicar los principios básicos que protegen la libre competencia desde el diseño del propio algoritmo[70]. Esta posible solución debe entenderse como una precaución, para evitar que la conducta sea considerada anti-

---

68 *Vid.* GAWER, A., "Competition Policy and Regulatory Reforms for Big Data: Propositions to Harness the Power of Big Data while Curbing Platforms' Abuse of Dominance", note submitted to the Hearing on Big Data of the 126th meeting of the OECD Competition Committee, 2016, DAF/COMP/WD, 74, pp. 1-18, en concreto *vid.* p. 15. Disponible en: https://one.oecd.org/document/DAF/COMP/WD(2016)74/en/pdf.

69 OECD, *Algorithms and Collusion. Competition Policy…, op. cit.*, pp. 42-52.

70 *Vid.* MEHRA, S.K, "*Antitrust* and the Robo-Seller: Competition in the Time of Algorithms", *Minnesota Law Review*, nº 100, 2015, pp. 1323-1375, en concreto *vid.* 1366-1373; ROMÁN, B. / SUDEROW, J., "Antritust and design: los algoritmos y la libre competencia", *Antitrust enforcement*, octubre, 2017. Disponible en https://www.osservatorio*antitrust*.eu/es/*antitrust*-by-design-los-algoritmos-y-la-libre-competencia/.

competitiva, pudiendo incluirse, incluso, dentro de los programas *antitrust compliance* de las sociedades[71].

El empleo de las nuevas posibilidades tecnológicas por parte de autoridades supervisoras produce la ventaja de permitir una importante reducción de riesgos, una mayor información para el fabricante, un mayor valor añadido para el producto, así como un aumento de la transparencia, afectando todo a ello de manera positiva a una buena reputación tanto del producto como de la empresa. Sin embargo, la regulación mediante el diseño del algoritmo también podría plantear la carga adicional a las autoridades de competencia de supervisar si las empresas cumplen con las reglas de manera efectiva, un aspecto negativo que no podemos olvidar.

Algunos países, como Estados Unidos, ya han sido conscientes de la necesidad de dar una respuesta más adecuada y actualizada a este tipo de conductas y, por ello, se ha presentado al Senado un proyecto de Ley de responsabilidad algorítmica (*Algorithmic Accountability Act*[72]) con el objetivo de obligar a las empresas que apliquen técnicas de toma de decisiones automatizada a estudiar, corregir y evaluar el uso que

---

71 *Vid.* SUDEROW, J. / SIGUAN CERVERA, V. / AGUIRRE DE LA CAVADA, I., "La nueva guía de compliance de la CNMC: contexto y análisis", *La Ley compliance penal,* nº4, 2021, LA LEY 3356/2021; PÉREZ FERNÁNDEZ, P., "La importancia de los programas de cumplimiento -compliance programmes- en las políticas sancionadoras de las autoridades de competencia", *Revista de Derecho Mercantil,* nº 292, 2014, pp. 297-332; PÉREZ FERNÁNDEZ, P., "Competition law compliance", *Cuaderno electrónico de estudios jurídicos,* nº 1, 2013, pp. 151-176.

72 Disponible en: https://www.wyden.senate.gov/imo/media/doc/Algorithmic%20Accountability%20Act%20of%202019%20Bill%20Text.pdf

puedan hacer de estos sistemas para evitar resultados lesivos en los consumidores[73].

En el ámbito de la detección y sanción, las autoridades de competencia, de manera generalizada, siguen invirtiendo sus principales recursos y esfuerzos a la detección de los cárteles, al tratarse estos de las conductas anticompetitivas más graves y susceptibles de producir los mayores efectos adversos, tanto para la economía como para los consumidores y el propio funcionamiento de los mercados[74]. Si con carácter general la detección de los cárteles, por su carácter secreto, es uno de los principales retos a los que han de enfrentarse las autoridades de competencia, la dificultad de identificación de tales prácticas se hace aún mayor cuando se han perfeccionado o ejecutado a través del uso de algoritmos informáticos -incorporados o no a *smart contracts*-. En estos casos, las pruebas materiales del acuerdo ilícito son más difíciles de obtener, toda vez que la ejecución informatizada de las conductas permite su puesta en práctica en un modo que dificulta aún en mayor medida la verificación de que se está produciendo un funcionamiento anormal en el mercado.

---

73 Más información disponible en http://diariolaley.laley.es/home/NE0001901360/20190416/Se-presenta-en-los-Estados-Unidos-un-proyecto-de-Ley-de-responsabilidad-algoritm. El proyecto, presentado en el año 2019, fue actualizado en el año 2022 por los senadores Ron Wyden y Cory Booker y la congresista Yvette Clarke. El proyecto incluye numerosas mejoras, pero sigue manteniendo los objetivos previstos en su inicio. En él se recogen una serie de requisitos para la realización de evaluaciones de impacto por parte de aquellas empresas que utilicen sistemas de decisión automatizados, así como la publicación de un informe anual en los términos establecidos en su artículo sexto.

74 OECD, *Algorithms and Collusion. Competition Policy…*, *op. cit.*, pp. 51-52.

En este plano de la detección, la única herramienta a disposición de las autoridades de competencia para la detección de cárteles es el conocido como programa de clemencia[75], el cual ya había sido puesto en práctica con éxito con anterioridad en Estados Unidos y la Unión Europea[76]. Este programa concede un importante incentivo a las empresas que forman parte de un cártel para ponerlo en conocimiento de la autoridad de competencia, facilitando el conocimiento de la existencia y la investigación de este. De este modo, las empresas informantes que colaboren con la autoridad y ofrezcan información suficiente que aporte valor añadido sobre la existencia del cártel tendrán derecho a una exención en el pago de la multa que pudiera corresponderle o una reducción de su importe si la autoridad ya tuviese, con carácter previo, conocimiento de su existencia. Es de vital importancia para las empresas la diligencia a la hora de presentar sus solicitudes de clemencia debido a que la exención tan sólo se concede a la primera empresa que informe de ello y a que las reducciones de la sanción sólo se conceden cuando la colaboración y aportación de información por parte de los posteriores confesantes aporta un valor añadido a la autoridad. Aquellas empresas que se acojan al programa de clemencia en segun-

---

75 Sobre el programa de clemencia, *vid.* DE LA VEGA GARCÍA, F.L., *La clemencia (leniency) en el derecho de la competencia (antitrust): exención o reducción de multa en caso de cártel*, Dykinson, Madrid, 2017.

76 El primer programa de clemencia fue desarrollado en la Comunicación de la Comisión relativa a la no imposición de multas o a la reducción de su importe en los casos de cárteles del 18 de julio de 1996. El 19 de febrero de 2002, la Comisión publicó una segunda Comunicación que incorporaba una serie de modificaciones en el procedimiento y requisitos exigidos. Finalmente, la última Comunicación de la Comisión está vigente desde el 8 de diciembre de 2006. Disponible en https://eur-lex.europa.eu/legal-content/es/ALL/?uri=celex:52006XC1208(04).

do y ulteriores lugares se les aplicará una reducción cada vez menor del importe de la multa.

En los últimos años, un buen número de cárteles han sido detectados y sancionados gracias al programa de clemencia. En los siguientes gráficos se pueden observar hasta un total de 19 casos sancionados por la Comisión Nacional de los Mercados y la Competencia (CNMC), en el período de 2014 a 2023; así como un total de 35 sancionados por la CE en este mismo período.

Gráfico 1. Cárteles sancionados con clemencia por la CNMC en el período 2014-2023

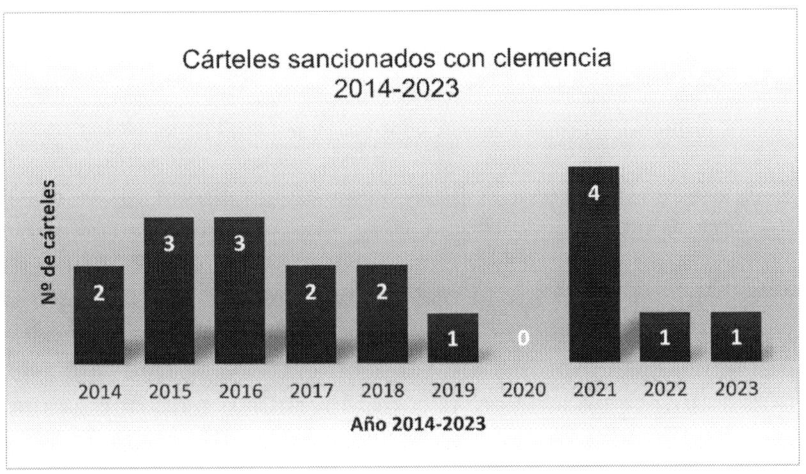

Fuente: elaboración propia con base en las memorias anuales publicadas por la CNMC.

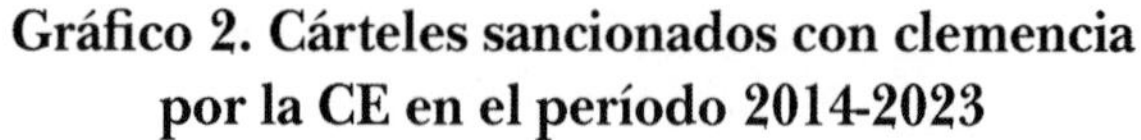

Gráfico 2. Cárteles sancionados con clemencia por la CE en el período 2014-2023

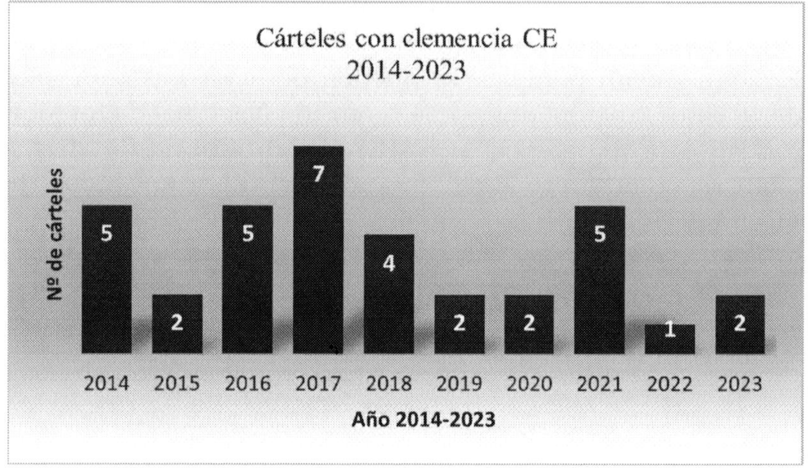

Fuente: elaboración propia con base en los datos publicados por la CE.

Un aspecto clave a la hora de diseñar y poner en práctica los programas de clemencia -así como cualquier otro instrumento que favorezca la detección y tramitación de infracciones, como pueden ser el procedimiento de cooperación o la transacción[77]- es la identificación de los factores que pueden disuadir a las empresas a formar un cártel o, si este ya existe, qué factores pueden actuar como incentivos para que alguno de los miembros del mismo lo denuncie –entre otros, la eficacia de las autoridades administrativas responsables de su persecución, la cuantía de las sanciones y el propio diseño del programa de clemencia–[78]. Sin embargo, puede que este no sea

---

77 Cfr. OLMEDO PERALTA, E., *Las transacciones (settlements) en el derecho antitrust*, Aranzadi, Cizur Menor, 2021.

78 *Vid.* VARELA GONZÁLEZ, J.A., "Características y situación actual de la política de clemencia", *Cuadernos Europeos de Deusto*, 38, 2008, pp. 203 -247.

suficiente para hacer frente a las nuevas conductas prohibidas cometidas mediante algoritmos e IA.

Al igual que el uso de las nuevas tecnologías ha favorecido un cambio en el comportamiento de las empresas y de los consumidores en los mercados digitales, su empleo por las autoridades de competencia también puede ofrecer nuevas y más eficaces posibilidades de detección de las conductas prohibidas[79], a través del desarrollo de una suerte de "inteligencia económica"[80]. En este sentido, el incremento de colusión en los mercados puede ir acompañado de un aumento de la probabilidad de que su comportamiento coordinado sea detectado, siempre y cuando las autoridades de competencia tengan a su alcance las herramientas adecuadas para ello y las empleen de modo adecuado. El uso de análisis económicos y econométricos que llevan a cabo puede ser más preciso y exhaustivo si también se utilizan los algoritmos de aprendizaje automático para detectar las posibles infracciones, siendo necesario comprobar la existencia y el sentido de las comunicaciones entre los competidores para la adopción de la conducta prohibida[81].

---

79 OECD, *Algorithms and Collusion. Competition Policy…*, *op. cit.*, pp. 42-52.

80 La Inteligencia Económica es una ingeniería de la información también conocida como Inteligencia Competitiva o de los negocios, lo que conocemos por *Business Intelligence*. Se basa, en mayor medida, en la información y su transformación en conocimiento. Tal y como la define la Escuela de Inteligencia Económica de la Universidad Autónoma de Madrid, la «iE es una ingeniería de la recolección, interpretación, análisis, valoración, y difusión de la información estratégicamente útil. Para ello, utiliza todos los recursos de las tecnologías de la información y la comunicación, los recursos humanos, y de su influencia, para dar a las empresas y organizaciones los medios de ser más competitivas y eficaces». Para mayor profundización en el tema *vid.* https://escuela-inteligencia-economica-uam.com/que-es-la-inteligencia-economica/.

81 OECD, *Algorithms and Collusion* – Note from the United Kingdom, 2017.

Dado que estos acercamientos se producen cada vez más de una forma desmaterializada y etérea, será cada vez más difícil la detección de estos. De hecho, en gran medida, su forma de ejecución está dejando de basarse en acuerdos expresos para pasar a adoptar las formas de colusiones tácitas o conductas conscientemente paralelas.

Sin embargo, antes de llevar a cabo cualquier actuación por parte de las autoridades de competencia, es importante analizar los riesgos que estas intervenciones conlleven ya que podrían levantar nuevas barreras de entrada y podrían reducir los incentivos de las empresas para invertir en un futuro en algoritmos de calidad, algo que está aportando un gran valor a la sociedad. Es preciso, por tanto, introducir medidas de detección y de disuasión al empleo de estas tecnologías para perpetrar conductas anticompetitivas, sin que ello suponga un freno a la innovación en materia algorítmica[82]. En este sentido, la OECD recomienda evaluar el impacto de las regulaciones del mercado, haciendo hincapié en que «la evaluación de la competencia de las políticas públicas propuestas debe integrarse en el proceso de formulación de políticas en una etapa temprana»[83].

Por todo ello, para lograr una mayor detección de este tipo de prácticas colusorias alcanzadas mediante la ejecución de algoritmos informáticos, resulta imprescindible la especialización en el ámbito tecnológico de las autoridades de competencia para poder, de este modo, comprender, localizar y hacer frente a las posibles infracciones cometidas.

---

82 *Vid.* VEZZOSO, S., "Next-Generation Antitrust Policy in an AI-Driven World", disponible en https://www.promarket.org/2023/07/25/next-generation-antitrust-policy-in-an-ai-driven-world/.

83 OECD, *Algorithms and Collusion. Competition Policy…*, *op. cit.*, pp. 42-52.

La CNMC emitió nota de prensa donde comunicaba que esta junto a la Autoridad Catalana de la Competencia[84], realizaban una contribución conjunta a la consulta del Libro Blanco de Inteligencia Artificial[85] planteada por la Comisión Europea. Dicha contribución se basa, en primer lugar, en la propuesta de adaptar la normativa existente para que las autoridades de competencia puedan utilizar la IA en la detección de conductas ilícitas. De este modo, en sus investigaciones, las autoridades de competencia podrían supervisar el código de los algoritmos empleados, acceder a la información disponible en soporte informático o electrónico, a las bases de datos y a las diferentes aplicaciones. Por último, propugnan la colaboración de dichas autoridades con otras administraciones, autoridades de protección de datos y centros de investigación o universidades.

Todo ello conformaría el objetivo de la reciente Unidad de Inteligencia Económica (UIE), adscrita a la Dirección de

---

84 En adelante, ACCO. La comunicación es de 30 de septiembre de 2020. Más información disponible en: https://www.cnmc.es/prensa/cnmc-acco-contribucion-libro-blanco-inteligencia-artificial-CE-20200930.

85 Recordemos que, el pasado 19 de febrero de 2020, la Comisión Europea presentó el Libro Blanco sobre Inteligencia Artificial (AI). Se presenta una sociedad europea impulsada por soluciones digitales, caracterizada por nuevas oportunidades para las empresas e impulsando el desarrollo de una tecnología fiable que promueva una sociedad más abierta, así como una economía más dinámica y sostenible. Nos encontramos en un mundo dominado por los datos y, por ello, se busca la creación de un auténtico espacio europeo de datos. Dicho espacio debe caracterizarse por un mercado único de datos, permitiendo que fluyan con libertad por toda la UE, beneficiando a empresas, investigadores, administraciones públicas y consumidores. Para ello, la CE propondrá la creación de un marco regulador común en materia de gestión de datos que ayude a cumplir los objetivos propuestos.

competencia de la CNMC, puesta en marcha en el año 2018[86]. De este modo, la UIE se encuentra formada por perfiles con amplia experiencia en la materia -económicos, jurídicos, matemáticos e informáticos- y es la encargada de aplicar avanzadas técnicas estadísticas e inteligencia artificial con el objetivo de mejorar la detección de oficio de las prácticas anticompetitivas[87]. Además, se encarga de analizar aquellos comportamientos que tienen lugar en esta nueva era digital, como la colusión algorítmica, y dar soporte a la toma de decisiones de la Dirección de Competencia mediante la aplicación de técnicas de *bussiness intelligence*[88].

A pesar de los riesgos antes mencionados, la aplicación de inteligencia artificial y otras técnicas estadístico-econométricas puede ser de vital importancia en el campo de la competencia

---

86 CNMC, *La CNMC refuerza el uso de algoritmos y del "big data" en la detección de cárteles y conductas anticompetitivas* (nota de prensa). Disponible en https://www.cnmc.es/prensa/sistema-informantes-competencia-anonimos-sica-chat-cifrado-cnmc-20210301. Más información sobre la Unidad de Inteligencia Económica disponible en https://www.cnmc.es/ambitos-de-actuacion/competencia/unidad-de-inteligencia-economica.

87 *Vid.* CAMPUZANO FERNÁNDEZ, S. / VEGA VICENTE, P., "Riesgos y oportunidades de la inteligencia artificial desde la perspectiva de la competencia. Un análisis desde la CNMC", *Boletín Económico de ICE,* nº3137, julio 2021, pp. 43-55. En concreto, véase p. 51.

88 Entre otros, *vid.* VEGA, P., "La utilización del big data y la inteligencia artificial para la. Detección de ilícitos de competencia", en COTINO HUESO, L. (coord.), *Explotación y regulación del uso del big data e inteligencia artificial para los servicios públicos y la ciudad inteligente,* Tirant lo Blanch, Valencia, 2022, pp. 217-235; GARCÍA RODRÍGUEZ, M.J. / MONTES LUNA, J.C., "Detección de licitaciones irregulares en España mediante el análisis masivo de datos y la inteligencia artificial", en VESTRI, G. (dir.), *La disrupción tecnológica en la Administración Pública: retos y desafíos de la inteligencia artificial,* Thomson Reuters, Cizur menor, 2022, pp. 219-233.

y despierta un gran interés su implementación por parte de las autoridades de competencia, en concreto, en nuestro caso, de la CNMC. La obtención de datos adquiere un papel muy relevante y, en relación con las fuentes para su recopilación, cabe señalar la obtención de información a través de los informantes, la colaboración interadministrativa y con fuerzas y cuerpos de seguridad del Estado, la búsqueda a través de diferentes fuentes abiertas, etc. Con todo ello, la CNMC puede construir su propia base de datos[89].

En la actualidad, la CNMC ya está aplicando nuevas técnicas de detección de prácticas anticompetitivas a partir de inteligencia artificial. Por ejemplo, la aplicación de técnicas de análisis de redes a datos de contratación pública con el objetivo de identificar determinadas pautas en las relaciones entre empresas que pueden formar parte de un cártel, la aplicación de diferentes métodos de *machine learning* o el uso de algoritmos que buscarían patrones de ilícitos de competencia determinados, como el reparto de lotes en una licitación. Sin embargo, aunque estos instrumentos permitan una mayor detección de colusiones que pudieran implicar la existencia de cárteles, la apertura de estos expedientes no sólo se puede confiar a esta iniciación de oficio con soporte informático, sino que será precisa su combinación con otras políticas e instrumentos[90], como la clemencia o el *whistleblowing*[91]. Ade-

---

89 *Vid.* CAMPUZANO FERNÁNDEZ, S. / VEGA VICENTE, P., *op. cit.*, p. 52.

90 *Ibidem*, p. 53.

91 Se trata de un canal o sistema de denuncias para comunicar aquellas irregularidades que se estén llevando a cabo en su actividad laboral. En este sentido, el art. 5.9. de la Directiva (UE) 2019/1937 del Parlamento Europeo y del Consejo de 23 de octubre de 2019 relativa a la protección de las personas que informen sobre infracciones del Derecho de la Unión, disponible en https://www.boe.es/doue/2019/305/L00017-00056.pdf., define dicho contexto laboral

más, estos informantes o denunciantes podrán haber tenido conocimiento de la existencia de prácticas anticompetitivas mediante el uso de sus propios sistemas algorítmicos o de inteligencia artificial. Así, un competidor no participante en un cártel o conducta anticompetitiva puede haber tenido noticia de su existencia al analizar y procesar -de manera lícita- los comportamientos de sus competidores utilizando para ello sus propios sistemas predictivos.

La CNMC, además, ha habilitado un nuevo sistema para informantes, confidencial y anónimo, conocido como SICA[92]. Tal y como señala la CNMC, para que las comunicaciones dirigidas a SICA puedan ser tenidas en consideración, estas deberán cumplir tres requisitos. En primer lugar, deben describir lo más detallado posible las circunstancias del caso que se está comunicando; en segundo lugar, proporcionar todos los indicios objetivos y documentación disponible que pueda facilitar su estudio; y, por último, considerar que la información proporcionada tiene una transcendencia especial en materia de de-

«como las actividades de trabajo presentes o pasadas en el sector público o privado a través de las cuales, con independencia de la naturaleza de dichas actividades, las personas pueden obtener información sobre infracciones y en el que estas personas podrían sufrir represalias si comunicasen dicha información».

92 Sistema de Informantes de Competencia Anónimos (SICA). Más información disponible en: https://www.cnmc.es/novedad/sica. Su funcionamiento se asimila al de un chat cifrado y cualquier empresa o particular – sin riesgo de ser identificado – puede enviar información sobre prácticas que puedan o estén dañando a la competencia y perjudiquen al mercado, siendo la encargada de gestionar dichos mensajes la UIE (buzón anónimo). En lo que respecta a su funcionamiento, cuando el ciudadano/empresa introduce una información en el sistema, este obtiene un código alfanumérico a través del cual se llevarán a cabo las conversaciones. No es necesario introducir ningún dato personal, pero, si lo hace, tan sólo estará disponible para la UIE, sin llegar a ser revelado en ningún momento.

fensa de la competencia o puede ayudar a evitar el fraude en la contratación pública[93]. Por lo tanto, no se tramitarán ninguna comunicación que se encuentre basada en opiniones personales, no fundamentadas o que, de manera notoria, sean falsas[94].

Además, las autoridades de competencia pueden utilizar dentro de estos canales de denuncia anónima medios algorítmicos o de inteligencia artificial con el objetivo de valorar tanto la importancia de la denuncia como la priorización a la hora de tramitar los casos según su importancia.

Por su parte, la Autoridad Catalana de la Competencia se encuentra desarrollando una nueva herramienta informática (ERICCA)[95] que, mediante el uso de algoritmos de inteligencia artificial, facilitará la detección de cárteles en materia de concursos públicos. En concreto, en lo referido al reparto de las licitaciones públicas. Esta nueva herramienta será la encargada de analizar los datos que encuentra en la web de la Plataforma de Contratación para detectar irregularidades como, por ejemplo, los acuerdos y pactos sobre presupuestos o el reparto de ofertas[96].

---

93 Más información disponible en la web de la CNMC: https://edi.cnmc.es/buzones-anonimos/sica.

94 Si simulamos el alta de una nueva colaboración, lo datos solicitados por la CNMC serán: la descripción de la comunicación, un alias para el informante, seleccionar la naturaleza de los hechos (cártel de empresas, abuso de posición dominante, reparto de mercados, etc.) y, por último, el nombre de la empresa o empresas involucradas en el asunto.

95 AUTORITAT CATALANA DE LA COMPÈTENCIA, *Programa anual de actuaciones de promoción de la competencia*, 2022. Disponible en http://acco.gencat.cat/web/.content/80_acco/documents/arxius/actuacions/20220405_programa_anual_2022_esp.pdf.

96 Para más información, véase http://acco.gencat.cat/ca/detall/article/20211228_mr_entrevista_catradio;https://www.ccma.cat/catra-

6. ENTORNO REGULATORIO

Con el objetivo de hacer frente a los nuevos retos planteados en la era digital, analizados a lo largo de este capítulo, se ha puesto en marcha la conocida como *Estrategia Digital de la UE*[97]. Entre los diferentes ámbitos de actuación de esta Estrategia, en relación con la cuestión que aquí nos ocupa, podemos destacar los siguientes:

Por un lado, el 23 de enero de 2023, se publicó la *Declaración Europea sobre los Derechos y Principios Digitales para la Década Digital*[98], con el objetivo de hacer hincapié en los derechos más importantes en la era de la transformación digital. Uno de los principales derechos que nos recuerda la Declaración es la libertad del usuario[99], en concreto, ante la interacción con algoritmos o sistemas de inteligencia artificial. Todos los usuarios han de beneficiarse de las ventajas que ofrecen estas nuevas tecnologías y, por ello, se deben crear sistemas fiables, éticos, seguros y que no den lugar a discriminación. Del mismo modo, especial interés cobra el derecho a la privacidad y protección

---

dio/alacarta/popap/la-generalitat-aplica-intelligencia-artificial-per-detectar-fraus-als-concursos-publics/audio/1120567/.

97 *Vid.* Decisión (UE) 2022/2481 del Parlamento Europeo y del Consejo de 14 de diciembre de 2022 por la que se establece el programa estratégico de la Década Digital para 2030, DOUE-L-2022-81885. Sobre esta cuestión, *vid.* OLMEDO PERALTA, E., "Fallos en el mercado de intercambio de datos entre empresas (B2B) y medidas para abordarlos desde la regulación y los remedios de competencia: Una perspectiva europea de lege lata y de lege ferenda", *Revista Jurídica Digital UANDES*, vol. 7, 2, 2023, pp. 31-60, en concreto, pp. 35 y ss.

98 *Vid.* Declaración Europea sobre los Derechos y Principios Digitales para la Década Digital (2023/C 23/01), disponible en https://eur-lex.europa.eu/legal-content/ES/TXT/PDF/?uri=CELEX:32023C0123(01).

99 *Vid infra*, capítulo III.

de los datos personales de los usuarios, quienes han de poder decidir con libertad cómo y con quién comparten sus datos[100].

Por otro lado, debe destacarse el paquete de servicios digitales[101], formado por el Reglamento de Servicios Digitales[102] y el Reglamento de Mercados Digitales[103]. A través de su aplicación se pretende apoyar y proteger tanto la innovación en los mercados digitales, así como a sus usuarios.

Junto a lo anterior, con el objetivo de crear un mercado único de datos en el cual se fomente el intercambio de datos entre diferentes sectores, la Comisión ha propuesto una *Estrategia Europea de Datos*[104], siendo uno de sus principales pilares el Reglamento de Gobernanza de Datos[105]. Su principal objetivo es regular y establecer los requisitos necesarios para que pueda tener lugar dicho intercambio, así como la reutilización de datos en el sector público. Además, para complementar lo esta-

---

[100] *Vid infra,* Capítulo V.

[101] Ambos Reglamentos serán analizados con mayor detenimiento en páginas posteriores. *Vid. infra.* Capítulo V.

[102] *Vid.* Reglamento (UE) 2022/2065 del Parlamento Europeo y del Consejo de 19 de octubre de 2022 relativo a un mercado único de servicios digitales y por el que se modifica la Directiva 2000/31/CE (Reglamento de Servicios Digitales) (TOL9.264.851).

[103] *Vid.* Reglamento (UE) 2022/1925 del Parlamento Europeo y del Consejo de 14 de septiembre de 2022 sobre mercados disputables y equitativos en el sector digital y por el que se modifican las Directivas (UE) 2019/1937 y (UE) 2020/1828 (Reglamento de Mercados Digitales) (TOL9.248.680).

[104] Sobre esta, *vid.* RODRÍGUEZ AYUSO, J.F. / MONTERO PASCUAL, J.J., La nueva regulación de los datos, Aranzadi, Cizur menor, 2023.

[105] *Vid.* Reglamento (UE) 2022/868 del Parlamento Europeo y del Consejo de 30 de mayo de 2022 relativo a la gobernanza europea de datos y por el que se modifica el Reglamento (UE) 2018/1724 (Reglamento de Gobernanza de Datos), DOUE-L-2022-80835. *Vid. infra.* Capítulo V.

blecido en dicho texto, se ha publicado el Reglamento de Datos (*Data Act*)[106], en el cual se recoge de manera expresa cómo ha de llevarse a cabo el tratamiento de los datos, así como, en concreto, la portabilidad e interoperabilidad de estos. Como analizaremos en páginas posteriores[107], ambas medidas cobran especial importancia al analizar el carácter esencial de los datos en la nueva era digital, así como la interacción entre la normativa que regula el Derecho de la competencia y aquella sobre la protección de datos personales y privacidad de los usuarios.

Por último, se aprobó el ya mencionado Reglamento sobre Inteligencia Artificial[108], el cual fue publicado el día 12 de julio de 2024.

La aplicación de estas normas, junto con la normativa ya existente en materia de competencia, protección de datos personales o privacidad, permitirá hacer frente a las nuevas prácticas empresariales llevadas a cabo mediante la utilización de algoritmos informáticos, *big data* o inteligencia artificial. De este modo, se intentará evitar, detectar y sancionar todas aquellas conductas que sean o puedan ser consideradas anticompetitivas.

---

106 Reglamento (UE) 2023/2854 del Parlamento Europeo y del Consejo, de 13 de diciembre de 2023, sobre normas armonizadas para un acceso justo a los datos y su utilización, y por el que se modifican el Reglamento (UE) 2017/2394 y la Directiva (UE) 2020/1828 (Reglamento de Datos) (TOL10.307.048).

107 Sobre la portabilidad e interoperabilidad de los datos, *vid.* infra. Capítulo IV, apartado segundo.

108 *Vid. supra.* Capítulo I, apartado tercero.

Capítulo II.

Plataformas digitales y derecho de la competencia: determinación del mercado relevante

1. SUJETOS: LAS PLATAFORMAS DIGITALES

Las plataformas son entornos digitales donde se lleva a cabo la interacción, negociación y conclusión de contratos, así como el desarrollo de actividades de muy diversa índole entre los usuarios. Todo ello de acuerdo con un conjunto de reglas y políticas internas de base y origen contractuales. De este modo, una plataforma se constituye así sobre un entramado de relaciones obligacionales entre el operador de la plataforma y los usuarios, y los usuarios entre sí[109]. Una plataforma puede alojar mercados, redes sociales, financiación participativa,

---

109 *Vid.* RODRÍGUEZ DE LAS HERAS BALLEL, T., "Las plataformas: nuevos actores (y reguladores) de la actividad económica", *Anuario de la Facultad de Derecho de la Universidad Autónoma de Madrid,* 2021, pp. 403-417 (en concreto, *vid.* p. 406 y ss). Además, sobre la naturaleza jurídica de las plataformas, *vid.* ZURIMENDI ISLA, A. / FERNÁNDEZ GARCÍA DE LA YEDRA, A., "Naturaleza jurídica de las plataformas digitales", *Revista General de Derecho de los Sectores Regulados,* nº6, 2020, pp. 1-54; MÁRQUEZ LOBILLO, P., "Las plataformas de comercialización de contenidos o servicios digitales y sus usuarios profesionales (aclarando conceptos)", en MIRANDA SERRANO, L.M. / PAGADOR LÓPEZ, J. (coords.), *Contratación mercantil: digitalización y protección del cliente-consumidor,* Marcial Pons, Madrid, 2023, pp. 497-515.

actividades de economía colaborativa, diversas etapas de la cadena de suministro, espacios creativos o contratación pública, por ejemplo. Las plataformas digitales pueden ofrecer diversos servicios como motores de búsqueda en Internet (Google o Yahoo), mercados en línea (eBay, Asos, Amazon), plataformas para compartir vídeos (Vimeo, Youtube), plataformas de música y vídeo (Deezer, Spotify, Netflix), redes sociales (Facebook, Twitter), etc[110].

No son pocas las conductas anticompetitivas que llevan a cabo las plataformas digitales y la gravedad de las mismas es muy significativa. Y es que cada vez más, las plataformas se sirven para consolidar sus posiciones de mercado de la gran cantidad de datos que recopilan, junto con la aplicación de algoritmos e inteligencia artificial. Algunos de estos usos pueden entrar en conflicto con la normativa aplicable, ya sea la disciplinadora del funcionamiento del mercado, la relativa a la protección de datos o la de propiedad intelectual, entre otras. Estas plataformas son los sujetos a través de los cuales se llevan a cabo las posibles nuevas conductas anticompetitivas que no se conocían hasta el momento[111], siendo de vital importancia tanto su análisis como las soluciones que se puedan adoptar.

---

110 *Vid.* CUENA CASAS, M., "La contratación a través de plataformas intermediarias en línea", *Cuadernos de Derecho Transnacional*, nº2, octubre, 2020, pp. 283-348.

111 Si bien, las plataformas no son los únicos agentes que pueden cometer estas conductas. Es decir, nos referimos a la existencia de empresas, que no sean plataformas, que puedan desarrollar un algoritmo de seguimiento y aprendizaje fijándose en los precios y condiciones de los contratos que van estableciendo y ganando sus competidores para determinar de manera ilícita su conducta.

Numerosos estudios[112] han abordado el análisis de los efectos económicos derivados de la plataformización de los mercados. En concreto, podemos destacar[113]:

- Intermediación necesaria. Dicha intermediación es necesaria para poder conectar a los usuarios de los diferentes lados del mercado multilateral.
- Indisputabilidad del mercado. Una vez que la plataforma haya alcanzado el dominio del mercado, será muy complicado disputar tal posición. El funcionamiento del mercado favorecerá el refuerzo de su posición en él y facilitará que se lleven a cabo conductas que podrían considerarse, por ejemplo, abusivas.
- Economías de escala y alcance y dominio de datos. Esto les permite tomar decisiones que refuercen su posición de dominio en el mercado e incluso extenderlo a otros mercados en los que ya operen o puedan operar.
- Tendencia natural de estos mercados al monopolio, es decir, en numerosas ocasiones, se ha considerado más eficiente su funcionamiento en situaciones de monopolio que la existencia de competencia entre plataformas.

---

112 Entre otros, en Estados Unidos el informe del CENTER STIGLER, *Stigler Committee on Digital Platforms: Final Report. Stigler Center*, 2019; y, en la UE, el informe denominado *Competition Policy for the Digital Era*, 2019, elaborado por Crémer, de Montjoye y Schweitzer.

113 *Vid.* OLMEDO PERALTA, E., "Redefiniendo el ámbito de aplicación de la Ley de Mercados Digitales: ¿a quién? ¿cómo? ¿para qué?", en TATO PLAZA, A. / COSTAS COMESAÑA, J. / FERNÁNDEZ CARBALLO-CALERO, P. / TORRES PÉREZ, F.J. / LOUREDO CASADO, S. (dirs.), *Nuevas tendencias en el derecho de la competencia y de la propiedad industrial III*, Comares, Granada, 2022, pp. 87-116 (en concreto, *vid.* pp. 90 y ss).

Las plataformas juegan un papel central en la intermediación entre agentes en los mercados digitales. A lo largo de las últimas décadas han cambiado y mejorado de manera radical, y lo siguen haciendo día tras día. Su configuración, pretensiones, servicios que ofrecen y, también, poder de mercado, se han ido transformando. Como ha señalado la Comisión Europea, las plataformas en línea son claves para el comercio digital. En la actualidad, más de un millón de empresas de la UE comercializan a través de plataformas en línea para llegar a sus clientes, y se estima[114] que en torno a un 60% del consumo privado y del 30% del consumo público de bienes y servicios relacionados con la economía digital total se realizan a través de intermediarios en línea[115].

A lo largo del tiempo, estas plataformas han recibido distintas denominaciones, siendo consideradas como «*Undertarkings with a Paramount Significance for Competition Across Markets*» (UPSCAM), «*structuring platforms*», «*very large platforms*» u «*online platforms with significant/strategic market status*».

La primera de ellas, «*Undertarkings with a Paramount Significance for Competition Across Markets*» (UPSCAM) o «empresas con una importancia primordial para la competencia en los mercados», es el término utilizado en la reforma de la Ley de competencia alemana, de 18 de enero de 2021. Tal y como se

---

114 *Vid.* CRÉMER, J. / DE MONTJOYE, Y.A. / SCHWEITZER, H., *Competition policy for the digital era,* Bruselas, 2019, p. 54. A lo largo de este Informe, la Comisión reflexiona acerca de la aplicación del Derecho de Defensa de la Competencia en los nuevos mercados digitales.

115 Esta creciente intermediación de transacciones a través de plataformas en línea, «combinada con fuertes efectos de red indirectos que pueden ser alimentados por las ventajas de las plataformas en línea impulsadas por los datos, lleva a una mayor dependencia de las empresas de las plataformas en línea como "guardianes" de los mercados y consumidores». *Vid.* CRÉMER, J. / DE MONTJOYE, Y.A. / SCHWEITZER, H., *Competition policy for the digital era, op. cit.*, p. 54.

señala en el borrador de dicha reforma, la determinación de una importancia primordial para la competencia entre mercados solo se podrá hacer para unas pocas empresas y, por lo tanto, la norma tendrá un círculo de destinatarios muy limitado (quedando claro su referencia a las GAFAM)[116].

En segundo lugar, el término «*structuring platforms*», hace referencia a aquellas plataformas que intervienen en la estructuración del mercado. Las economías de escala y los efectos de red han favorecido la aparición de estos nuevos gigantes digitales, así como una mayor concentración en los mercados digitales. De este modo, estas grandes empresas digitales tienden a organizarse en forma de conglomerados mediante el desarrollo de nuevos productos o servicios en su propio ecosistema o la adquisición de nuevas empresas, reduciendo la competencia en el mercado. Estos modelos de negocio, junto al uso de la tecnología y los datos dan lugar a prácticas anticompetitivas ya conocidas y favorecen otras nuevas. Por ello, dichas plataformas representan un desafío para la política de competencia[117].

Por último, aquellas plataformas conocidas como online «*platforms with significant/strategic market status*». Los expertos sugieren que los nuevos enfoques también deben tener en cuenta las repercusiones sociales y políticas más amplias en el ecosistema de las plataformas en línea a la hora de identificar si una plataforma en línea tiene un estatus de mercado estratégico/significativo. Dada la interdependencia sistémica entre las

---

116 *Vid.* PODSZUN, R. / BRAUCKMANN, F., "Germany´s Pressing Ahead: The Proposal for a Reformed Competition Act", *Competition Policy International*, noviembre, 2019. Disponible en https://www.competitionpolicyinternational.com/germanys-pressing-ahead-the-proposal-for-a-reformed-competition-act/.

117 *Vid.* BOURREAU, M. / PERROT, A., "Digital platforms: regulate before it´s too late", *Notes du Conseil D´analyse Économique*, vol. 6, nº 6, junio, 2020, pp. 1-12.

plataformas en línea, es poco probable que un único enfoque emergente por sí solo sea eficaz en la práctica[118].

Estas plataformas digitales operan en mercados de dos o más lados. Cuando hablamos de mercados bilaterales o multilaterales nos referimos a aquellos mercados en los que una o varias plataformas permiten la interacción entre dos partes, es decir, entre proveedores y usuarios finales[119]. Los precios en los mercados bilaterales están determinados por consideraciones estándar, incluidas las elasticidades de la demanda y la competencia de la plataforma para cada uno de los mercados afectados. En este sentido, las plataformas digitales operan en estos mercados bilaterales o multilaterales, ofreciendo productos o servicios a grupos distintos de usuarios. Podemos tomar como ejemplo el caso del popular motor de búsqueda Google, donde nos encontramos ante un modelo de negocio consistente en una plataforma de varios lados: por un lado, los usuarios del motor de búsqueda, esenciales para el desarrollo del negocio y a los cuales, sin embargo, no se les cobra nada por el uso del servicio; y, por otro lado, los anunciantes y las empresas, que son quienes ofrecen sus servicios a través del buscador. A estas, sin embargo, sí se les cobra por anunciarse o aparecer en la plataforma. Ambos grupos son diferenciados, pero al mismo tiempo son fundamentales para el negocio. Entre ellos existe una clara interdependencia ya que el valor del bien y su disponibilidad a pagar variará en función del número de usuarios que exista en la plataforma[120]. En último lugar, la plataforma

---

118 OBSERVATORY ON THE ONLINE PLATFORM ECONOMY (EUROPEAN COMMISSION), *Study on `Support to the Observatory for the Online Platform Economy´, Analytical Paper #4: Online platforms with significant/strategic market status,* RAND Europe, enero, 2021.

119 *Vid.* ROCHET, J.C. / TIROLE, J., "Two-Sided Markets: A Progress Report", *The RAND Journal of Economics,* vol. 37, Nº 3, 2006, pp. 645-667.

120 *Vid.* DÍEZ ESTELLA, F. "La aplicación del Derecho de la competencia en la era digital (Casos Google, Facebook, Apple/Shazaam, y el

capta los datos de sus clientes relacionados con sus búsquedas, geolocalización, etc., con el objetivo de bien utilizarlos de manera directa bien vendérselos a terceros.

Tras el surgimiento de grandes plataformas, como son Google, Amazon, Facebook, Apple y Microsoft (GAFAM), se observa la necesidad de regular los mercados digitales. Esto es así debido a que nos encontramos ante plataformas de gran tamaño, que acumulan un gran poder de mercado y que pueden abusar de este en numerosas ocasiones. Dicho poder de mercado es el resultado del conjunto de características citadas con anterioridad, es decir, de la propia estructura del mercado y la existencia de potentes efectos de red[121]. Por ello, el continuo crecimiento de estas plataformas en el mercado, así como en mercados vecinos o adyacentes[122], preocupa a las autoridades de competencia de numerosos países, las cuales ya han adoptado medidas desde el punto de vista de la regulación.

Informe de la Comisión Europea de abril 2019)", en RECUERDA GIRELA, M.A. (dir.), *Anuario de Derecho de la Competencia 2019*, Madrid, 2019, pp. 231-262.

121 *Vid.* MONTERO PASCUAL, J.J. / FINGER, M., "La regulación de las plataformas digitales como industrias en red", *Revista General de Derecho de los Sectores Regulados*, nº9, 2022, pp. 1-27. En concreto, véase p. 4; GHIDINI, G. / AREZZO, E., "On the Intersection of IPRS and Competition Law with Regard to Information Technology Markets", en ELHERMAN, C.D. / ATANASIU, I. (eds.), *European Competition Law annual 2005: the relationship between competition law and intellectual property law*, Hart Publishing, 2006, pp. 1-15 (en concreto, véase pp. 3 y 4).

122 *Vid.* RODILLA MARTÍ, C., "Los mercados de plataformas digitales: entre el derecho de la competencia y la regulación", *Revista General de Derecho de los Sectores Regulados*, nº8, 2021, pp. 1-23. En concreto, véase p. 4.

En el artículo 2, apartado segundo, del Reglamento (UE) 2022/1925 del Parlamento Europeo y del Consejo, de 14 de septiembre de 2022, sobre mercados disputables y equitativos en el sector digital (Reglamento de Mercados Digitales)[123], publicado el 12 de octubre de 2022, podemos encontrar una única clasificación de las diferentes plataformas que son consideradas como *gatekeepers*. En concreto, la Comisión señala que, a los efectos de dicha norma, se entenderá por "servicio básico de plataforma" cualquiera de los siguientes elementos:

a) Servicios de intermediación en línea, como pueden ser los comparadores de precios (por ejemplo, Trivago).

b) Motores de búsqueda en línea, por ejemplo, Google o Yahoo.

c) Servicios de redes sociales en línea, tales como Facebook o Twitter.

d) Servicios de plataforma de intercambio de vídeos como, por ejemplo, Youtube.

e) Servicios de comunicaciones interpersonales independientes de la numeración

f) Sistemas operativos

g) Servicios de computación en nube

h) Servicios de publicidad, incluidas las redes de publicidad, los intercambios publicitarios y cualquier otro servicio de intermediación publicitaria, prestados por un proveedor de cualquiera de los servicios básicos de plataforma enumerados en las letras a) a g).

---

[123] La cual analizaremos en profundidad más adelante. *Vid. infra.* Capítulo V, apartado segundo.

En relación con las características que definen a estas plataformas digitales, podemos destacar las siguientes: en primer lugar, tienen capacidad para crear y modelar nuevos mercados, desafiando a aquellos más tradicionales, así como llevar a cabo nuevas formas de recogida, tratamiento y elaboración de grandes cantidades de datos. De estos obtienen parte de su retribución y los utilizan, además, para construir y diseñar nuevos modelos de negocio. En segundo término, actúan en mercados plurifacéticos y se benefician de los efectos de red, tanto directos como indirectos[124]. Además, se apoyan en las TIC para llegar a un mayor número de usuarios y cada vez con menos esfuerzo. En este sentido, los usuarios de un lado de la plataforma generan valor para los usuarios del otro lado de esta. Por ejemplo, pensemos en plataformas como Uber, donde, por un lado, los pasajeros atraen más conductores y, por otro lado, la existencia de un mayor número de conductores y, en consecuencia, la prestación de un servicio más rápido atrae a un mayor número de pasajeros. Por último, las plataformas en línea tienen un papel fundamental en la creación de valor digital, gracias, por ejemplo, a la gran acumulación de datos que permite, facilitando nuevos proyectos empresariales o creando nuevas dependencias estra-

---

124 *Vid.* XIE, J. / ZHU, W./ WEI, L. / LIANG, L., "Platform competition with partial multi-homing: when both same-side and cross-side network effects exist", *International Journal of Production Economics,* nº233, 2021, pp. 1-17; DA SILVA, F. / NÚÑEZ, G., "La era de las plataformas digitales y el desarrollo de los mercados de datos en un contexto de libre competencia", *Documentos de Proyectos* (LC/TS.2021/173), Santiago, CEPAL, 2021, pp. 1-47; LOUREDO CASADO, S., "La creación de barreras de entrada por las plataformas de e-commerce a partir de los datos de los usuarios", en ZURIMENDI ISLA, A. / ROBLES MARTÍN-LABORDA, A. (dirs.), *Estudios de la Red Académica de Defensa de la Competencia (RADC) 2022,* Aranzadi, Cizur menor, 2022, pp. 121-141.

tégicas[125]. El éxito de estas plataformas -y lo que justifica su existencia- es que consiguen aportar un valor añadido más allá de la mera intermediación entre agentes situados a uno y otro lado del mercado.

Las plataformas digitales adoptan una posición de recursos esenciales[126] para la competencia en el mercado digital ya que las empresas dependen en gran medida de estas para poder ofrecer sus productos o servicios a los consumidores. Es decir, resultan imprescindibles para operar en el mercado digital. Además, ofrecen, tanto a empresas de nueva creación como a aquellas ya consolidadas en el mercado, importantes oportunidades de innovación para desarrollar nuevas estrategias o modelos de negocio. De ahí, la importancia de establecer medidas para garantizar que los operadores de uno y otro lado puedan acceder a las mismas en condiciones de igualdad y sin obstáculos injustificados. En este sentido, la Comisión considera fundamental la aplicación de condiciones iguales para servicios comparables con el objetivo de garantizar una competencia leal, la existencia de una conducta responsable por parte de las plataformas para no vulnerar valores o derechos fundamentales, así como la existencia de mayor transparencia y de mercados abiertos, no discriminatorios[127]. En relación con este último objetivo, la existencia de mercados abiertos favorecerá la reducción de costes de cambio, la libre circulación

---

125 COMISIÓN EUROPEA, Comunicación de la Comisión al Parlamento Europeo, al Consejo, al Comité Económico y Social europeo y al Comité de las regiones, *Las plataformas en línea y el mercado único digital Retos y oportunidades para Europa*, Bruselas, 2016, disponible en https://eur-lex.europa.eu/legal-content/ES/TXT/?uri=CELEX%3A52016DC0288.

126 *Vid.* KHAN, L.M., "Sources of tech platform power", *Georgetown Law Technology Review*, vol. 2.2, 2018, pp. 325-334, en concreto, véase p. 326.

127 *Idem.*

de datos, adquiriendo gran importancia aquí la portabilidad e interoperabilidad de los datos[128] , factores fundamentales en el mercado único digital.

Por último, es interesante traer a colación varios casos recientes sobre plataformas, en concreto, los casos *Google Shopping*[129],

---

128 *Vid. Infra,* Capítulo IV, apartado segundo.

129 *Vid.* Decisión de la Comisión Europea, asunto AT.39740, *Google Search (Shopping),* 2017. Disponible en: https://ec.europa.eu/competition/*antitrust*/cases/dec_docs/39740/39740_14996_3.pdf y Resolución TGUE, (Sala Novena ampliada), de 10 de noviembre de 2021, asunto T-612/17, *Google and Alphabet c. Commission (Google Shopping)* (TOL8.635.586), disponible en https://curia.europa.eu/juris/liste.jsf?num=T-612/17. En el año 2017 la Comisión Europea impuso una multa de más de 2.400 millones de euros por favorecer esta plataforma a su propio servicio de comparación de precios sobre los de sus competidores. Esta conducta, según la Comisión, proporcionaba a *Google* una ventaja ilícita e indisputable sobre los mismos. El 10 de noviembre de 2021, el Tribunal General de la Unión Europea ha dado la razón a la Comisión y ha fallado en contra del gigante tecnológico, confirmando la multa impuesta con carácter previo por dicha autoridad. Sobre este asunto, la comisaria Vestager afirmó que «*Google* nos ha traído numerosos productos y servicios innovadores que han supuesto un gran cambio en nuestras vidas y eso es algo positivo. Pero la estrategia de *Google* para su servicio de compras comparativas no se limita a atraer clientes ofreciendo un producto que sea mejor que los de sus rivales, sino que *Google* ha abusado de su posición dominante como motor de búsqueda situando en mejor lugar su propio servicio de compras comparativas dentro de sus resultados de búsqueda y colocando en peor situación los de sus competidores. Lo que *Google* ha hecho es ilegal según la legislación *antitrust* de la UE, pues ha denegado a otras empresas la posibilidad de innovar y de competir según sus méritos. Y lo que es más importante, ha denegado a los consumidores europeos una auténtica oferta de servicios y todas las ventajas de la innovación».

Android[130] y *Google AdSense*[131], en los que la Comisión Europea declara la infracción de la normativa *antitrust* de la Unión

---

130 Decisión de la Comisión Europea, asunto AT.40099, *Google Android*, 2018. Disponible en: https://ec.europa.eu/competition/*antitrust*/cases/dec_docs/40099/40099_9993_3.pdf. Comunicado de prensa disponible en https://ec.europa.eu/commission/presscorner/detail/es/IP_18_4581. En este asunto, la Comisión impuso en el año 2018 una multa de más de 4.300 millones de euros por llevar a cabo conductas que restringían la competencia, en concreto, la preinstalación de aplicaciones de Google en los móviles que usan el sistema operativo Android. En este caso se entiende que Google ha utilizado Android «como vehículo para consolidar el dominio de su motor de búsqueda», privando a sus competidores de la posibilidad de innovar y competir en función de sus méritos. Según la comisaria, con dicha conducta «se ha impedido a los consumidores europeos beneficiarse de una competencia efectiva en un ámbito tan importante como el móvil».

131 Decisión de la Comisión Europea, asunto AT.40411, *Google Search (AdSense)*, 2019. Disponible en: https://ec.europa.eu/competition/*antitrust*/cases/dec_docs/40411/40411_1619_11.pdf. En el año 2019, la Comisión impuso a Google una multa de unos 1.500 millones de euros por la práctica de conductas contrarias a la competencia consistentes en abuso de posición de dominio en el mercado de la publicidad online relacionada con las búsquedas, ya que se habían impuesto algunas restricciones a las páginas web de terceros que se anunciaban en el portal del conocido buscador. En primer lugar, Google impuso una prestación de suministro en exclusiva la cual impidió a los competidores colocar anuncios de búsqueda en los sitios web más importantes desde el punto de vista comercial. Con posterioridad, introdujo lo que denominaba su estrategia de "exclusividad relajada", mediante la que se reservaba las posiciones más valiosas para sus propios anuncios de búsqueda y se controlaban los resultados de los anuncios de la competencia. En este caso nos encontramos ante un abuso de posición dominante de *Google* en el mercado de la intermediación de publicidad de búsqueda en línea al impedir la competencia basada en los méritos. Google en ningún momento demostró que las cláusulas impuestas generaran eficiencias que pudieran justificar su conducta.

Europea y pone de manifiesto la necesidad de una mayor o mejor regulación de los mercados mediante la adopción de medidas positivas, con la adaptación de la normativa vigente o la creación de nuevas normas. En el primero de ellos, por ejemplo, el Tribunal afirma que, al favorecer su propio servicio de comparación de precios a través de una visualización y posicionamiento favorables, relegando los resultados de la competencia mediante algoritmos de clasificación, Google se apartó de la competencia basada en los méritos. Es decir, favoreció su propio servicio de comparación por encima de la competencia en lugar de compartir los mejores resultados[132]. De este modo, la plataforma utilizó su posición indisputable en los servicios de búsqueda en Internet para extender tal dominio a un mercado secundario, como es el de los servicios electrónicos de comparación de precios. Estas conductas de *market leveraging* en el ámbito digital son cada vez más frecuentes y constituyen una de las principales formas de abuso que llevan a cabo las plataformas[133].

---

132 Así lo señalan en la nota de prensa que se encuentra disponible en https://curia.europa.eu/jcms/upload/docs/application/pdf/2021-11/cp210197en.pdf. «The General Court considers that an undertaking's dominant position alone, even one on the scale of Google's, is not a ground of criticism of the undertaking concerned, even if it is planning to expand into a neighbouring market. However, the General Court finds that, by favouring its own comparison shopping service on its general results pages through more favourable display and positioning, while relegating the results from competing comparison services in those pages by means of ranking algorithms, Google departed from competition on the merits. On account of three specific circumstances, namely (i) the importance of the traffic generated by Google's general search engine for comparison shopping services; (ii) the behaviour of users, who typically concentrate on the first few results; and (iii) the large proportion of 'diverted' traffic in the traffic of comparison shopping services and the fact that it cannot be effectively replaced, the practice at issue was liable to lead to a weakening of competition on the market».

133 *Vid. Infra.* Capítulo IV, apartado tercero.

2. DEFINICIÓN TRADICIONAL DE MERCADO RELEVANTE

Los análisis de conductas desde la óptica del Derecho de la competencia se construyen por regla general a partir de una definición primera del mercado relevante o de referencia, tanto geográfico como de producto, en el que se produce la práctica en cuestión. Sólo a partir de tal definición se procede a la valoración del carácter competitivo o anticompetitivo de las conductas[134]. Aunque aquí abordemos su importancia en rela-

[134] Al menos, esta es la posición dogmática (*vid.* ALTZELAI ULIONDO, I., "Algunas cuestiones del análisis *antitrust*: delimitación del mercado de referencia y efectos sobre el comercio intracomunitario, *Revista de Derecho de la Competencia y la Distribución*, nº9, julio-septiembre 2011, pp. 1-23, versión digital; PODSZUN, R., "The arbitrariness of market definition and an evolutionary concept of markets", *The Antitrust Bulletin*, vol. 61, nº1, marzo 2016, pp. 121-132; MARCOS, F., "A vueltas con la definición del mercado relevante: U.S. v. Bazaarvoice", *Actas de Derecho Industrial y Derecho de Autor*, nº34, 2013-2014, pp. 640-643) puesto que existen voces autorizadas que cuestionan la utilidad de la definición del mercado relevante o que, incluso, este se define de forma oportunista una vez que se ha decidido sobre el fondo del asunto para fundamentar lo acertado de la decisión. A este respecto, baste mencionar la llamada «falacia de los desdentados» construida a partir de la definición del mercado relevante en el asunto United Brands (Sentencia TJUE, de 14 de febrero de 1978, asunto 27/76, *United Brands Company y United Brands Continental c. Comisión*, ECLI:EU:C:1978:22). En este sentido, *vid.* KAPLOW, L., "Why (ever) define markets?", *Harvard Law Review*, nº124, 2010, pp. 438-517; KAPLOW, L., "Market definition: impossible and counterproductive", *Antitrust Law Journal*, vol. 79, nº1, 2013, pp. 361-379; EBEN, M. / NOTES, A., "The *antitrust* market does not exist: pursuit of objectivity in a purposive process", *Journal of Competition Law & Economics*, vol. 17, nº 3, septiembre, 2021, pp. 586-619; MARKOVITS, R.S., "On the inevitable arbitrariness of market definitions", *The Antitrust Bulletin*, vol. 47, nº4, 2002, pp. 571-601.

ción con las nuevas plataformas digitales, somos conscientes de que esta no es una cuestión reciente[135].

Una de las primeras sentencias del Tribunal de Justicia en la cual podemos encontrar un análisis en profundidad del mercado relevante o mercado de referencia es la Sentencia del asunto *United Brands*[136]. Para determinar si la empresa en cuestión ocupaba una posición dominante en el mercado de los pláta-

135 Un interesante y profundo análisis sobre la definición de mercado relevante en el Derecho de la competencia lo encontramos en: SOUSA FERRO, M., *Market definition in EU Competition law,* Edward Edgar, 2019. Ya en la sentencia del caso *Europemballage and Continental Can c. Comisión* se señaló que «la definición de mercado relevante tiene un significado esencial, ya que las posibilidades de competencia sólo pueden ser juzgadas en relación a aquellas características de los productos en cuestión por las cuales esos productos son especialmente aptos para satisfacer una necesidad inelástica y son intercambiables con otros productos sólo hasta cierto punto» (STJCE, de 21 de febrero de 1973, asunto 6/72, *Europemballage Corporation y Continental Can Company Inc. c. Comisión,* ECLI:EU:C:1973:22, p. 215). Más tarde, en la decisión del caso ECS/AKZO, se afirmaba que el mercado relevante «constituye el área de negocio en la que se tiene que juzgar vis-à-vis el poder económico de la empresa en cuestión con el de sus competidores», así como que «el objetivo de la delimitación del mercado es definir un área de comercio en la que evaluar las condiciones de la competencia y el poder de mercado de la empresa dominante» (Decisión de la Comisión, de 14 de diciembre de 1985, asunto IV/30.698, *ECS/AKZO,* D.O.C.E. L374/1, de 31.12.1985.).

136 STJCE, asunto *United Brands, op. cit.* En el presente caso, la sociedad United Brands Company (UBC) solicitaba la anulación de la Decisión de la Comisión de 17 de diciembre de 1975, en cuyo art. 1 se hacía constar que dicha empresa había infringido el art. 86 del Tratado por los siguientes motivos: prohibir la reventa de plátanos verdes a sus distribuidores establecidos en Alemania, Dinamarca, Irlanda, Países Bajos y en la Unión económica belgo-luxemburguesa (UEBL); aplicar precios desiguales por prestaciones equivalentes en la venta de plátanos Chiquita; aplicar precios de venta no equitati-

nos era necesario delimitar con carácter previo dicho mercado, tanto desde el punto de vista del producto como desde el punto de vista geográfico.

Por un lado, en relación con el mercado de producto, el Tribunal, al igual que la Comisión, considera que el mercado del plátano constituye un mercado diferenciado del de las demás frutas frescas. Esto es así ya que los plátanos tienen una demanda diferente de la de las demás frutas frescas, los precios o cantidades disponibles de las otras frutas influyen en muy pequeña medida sobre los precios o cantidades de plátano en el mercado de referencia, la maduración del plátano tiene lugar durante todo el año con independencia de la estación y las características propias de dicha fruta permite satisfacer las necesidades constantes de una categoría importante de la población compuesta por niños, personas de edad o enfermos. Por todo ello, no podría tratarse de productos sustitutivos[137].

Una vez determinado el mercado relevante, el Tribunal de Justicia analiza la posición que ocupa la empresa en dicho mercado. Según la Comisión, la empresa ocupa una posición dominante en el mismo, con base en los siguientes factores: su cuota de mercado, la variedad de sus fuentes de abastecimiento, la calidad homogénea de su producto, la organización de su producción y de sus transportes, su sistema de comercialización y su actividad publicitaria, la diversificación de sus actividades y su integración vertical.

Tal y como señala el Tribunal, al hablar de posición dominante nos referimos a la «posición de poder económico de

---

vos en sus ventas de plátanos Chiquita a algunos de sus clientes; y, negar el suministro de plátanos a otra sociedad.

137 STJCE, asunto *United Brands, op. cit.*, FJ 12 y ss. Por otro lado, del mismo modo el Tribunal considera como mercado geográfico la República Federal de Alemania, Dinamarca, Irlanda, los Países Bajos y la UEBL.

una empresa que le permite obstaculizar el mantenimiento de una competencia efectiva en el mercado de referencia, al darle la posibilidad de actuar en buena medida con independencia de sus competidores, de sus clientes y en definitiva de los consumidores»[138]. En este sentido, tras analizar la estructura de la empresa, así como la situación de la competencia, se considera que esta ostenta una posición dominante en el mercado de referencia.

Unos años más tarde, el Tribunal Supremo ha señalado que la definición del mercado relevante o de referencia (*relevant market*) – tanto desde el punto de vista del producto o servicio afectado como de su dimensión geográfica – constituye un requisito sustancial imprescindible para determinar el poder de mercado de una empresa, con el objetivo de «analizar si se ha producido una conducta de abuso de posición de dominio [...], y también constituye un elemento o factor pertinente para evaluar la entidad y alcance real de una conducta restrictiva de la competencia, a los efectos de poder fijar la sanción que procede imponer [...], en cuanto permite identificar a los competidores reales de las empresas afectadas que pueden limitar el comportamiento de estas o impedirles actuar de forma independiente»[139].

Por ello, el objetivo que se persigue al definir el mercado de referencia es el de identificar a aquellos competidores reales de las empresas afectadas que puedan limitar su comportamiento o incluso impedirles actuar con independencia de cualquier presión que resulta de una competencia efectiva[140].

---

138 STJCE, asunto *United Brands, op. cit.*, FJ 65.

139 STS Sala de lo Contencioso, de 6 de noviembre de 2013, recurso 2736/2010, ECLI:ES:TS:2013:5343, FJ 2.

140 *Vid.* DÍEZ ESTELLA, F., "Algunas consideraciones en torno a la *Comunicación sobre Definición de Mercado Relevante de la Comisión Europea* y las *Merger Guidelines* del Departamento de Justicia de EEUU",

En el año 1997, la Comisión Europea publicó la *Comunicación relativa a la definición de mercado de referencia a efectos de la normativa comunitaria en materia de competencia (97/C 372/03)*. En su apartado segundo se establece que «la definición de mercado permite determinar y definir los límites de la competencia entre empresas, así como establecer el marco dentro del cual la Comisión aplica la política de competencia». Como vemos, esta definición va mucho más allá del área en el cual se venden los productos o del sector al que pertenecen las empresas ya que, como apunta la propia Comisión, la definición del mercado relevante tiene con frecuencia una influencia decisiva en la valoración de un caso de competencia[141].

Para establecer la definición del mercado de referencia es necesario identificar, en primer lugar, tanto el mercado de productos como el mercado geográfico. Por un lado, el mercado de producto está formado por la totalidad de productos y servicios que los consumidores consideren intercambiables o sustituibles en función de sus características, de su precio o del uso que se pueda hacer de ellos. Por otro lado, el mercado geográfico comprendería la zona en la que las empresas afectadas desarrollan actividades de suministro de los productos y de prestación de los servicios de referencia, en la que las condiciones de competencia son lo suficiente homogéneas y que puede distinguirse de otras zonas geográficas próximas ya que las condiciones de competencia en ella prevalecientes son distintas a aquéllas[142]. De este modo, el mercado de referencia se

---

Anuario de la Competencia, nº1, 2000, pp. 321-344, en concreto véase p. 324.

141 Comunicación de la Comisión relativa a la definición de mercado de referencia a efectos de la normativa comunitaria en materia de competencia (97/C 372/03), 1997, DO C 372 de 9.12.1997, párrafo 4.

142 *Idem*, párrafos 7 y 8.

determina combinando ambas vertientes, el mercado de producto y el mercado geográfico.

Dos son los principales criterios que se aplicarán para determinar el mercado relevante: la sustituibilidad de la demanda y la sustituibilidad de la oferta. En relación con el primero, la sustituibilidad de la demanda, con ella se analizarán los productos que el consumidor considere sustitutivos. El TJCE, en su sentencia del caso *Hoffmann-La Roche & Co. AG c. Comisión*, afirmaba que «el concepto de mercado relevante implica que de hecho puede haber una competencia efectiva entre los productos que forman parte del mismo y ello presupone que hay un grado suficiente de intercambiabilidad entre todos los productos que forman parte de un mismo mercado en la medida en que ello se refiera a un uso específico de tales productos»[143]. Antes de la publicación de la citada Comunicación, existía cierta inseguridad jurídica y económica debido a que no existía un test preciso para determinar el grado de intercambiabilidad de los productos[144]. Sin embargo, en ella se reconoce la aplicación del SSNIP-test[145]. Este consiste en observar si un pequeño incremento no transitorio en el precio de un producto, en torno al 5%-10%, provocaría que los consumidores de dicho

[143] STJCE, de 13 de febrero de 1979, asunto 85/76, *Hoffmann-La Roche & Co. AG c. Comisión*, ECLI:EU:C:1979:36, p. 461, párrafo 28. Del mismo modo, en las Directrices sobre Restricciones Verticales (D.O.C.E. C291, de 13 de octubre de 2000), se define el mercado relevante de producto como «cualesquiera bienes o servicios que el consumidor considera intercambiables en razón de sus características, precio o uso».

[144] *Vid.* DÍEZ ESTELLA, F., "Algunas consideraciones en torno a la *Comunicación sobre Definición de Mercado Relevante de la Comisión Europea...*", *op. cit.*, p. 13.

[145] De sus siglas en inglés "Small but Significant Non-Transitory Increase in Price". Comunicación de la Comisión relativa a la definición de mercado de referencia..., *op. cit.*, párrafo 17.

producto dejaran de comprarlo o empezaran a comprar otro producto diferente. Es decir, si este incremento en el precio reduciría o no los beneficios de la empresa. Como vemos, se trata de un test basado en el precio lo que, como analizaremos más adelante[146], puede no ser útil en los nuevos mercados digitales en los que, en ocasiones, se ofrece un servicio "gratuito" o a precio cero.

En segundo lugar, es importante analizar la sustituibilidad de la oferta, es decir, si los proveedores pueden pasar a fabricar los productos de referencia y comercializarlos a corto plazo, sin incurrir en costes o riesgos adicionales significativos, en respuesta a pequeñas variaciones de los precios relativos[147].

Los criterios hasta el momento utilizados para la definición del mercado relevante se basan en ciertas premisas de mercado que no se cumplen de forma tan clara en los mercados digitales. Así, los condicionantes del precio y la separación tajante entre mercados han ido cambiando, de modo tal que los mercados están cada vez más interconectados y, en muchos casos, el modelo de negocio de los operadores no se basa en el precio, sino en la obtención de datos para su posterior utilización en el mismo o en otros mercados. Por ello, se hace preciso repensar y actualizar los criterios fijados para la definición del mercado relevante, adaptándolos a las nuevas dinámicas de estos mercados. La Comisión Europea está en la actualidad trabajando en este proceso de revisión de la comunicación del mercado relevante.

---

146 *Vid. Infra.* Capítulo II, apartado tercero.

147 *Vid.* DÍEZ ESTELLA, F., "Algunas consideraciones en torno a la *Comunicación sobre Definición de Mercado Relevante de la Comisión Europea...*", *op. cit.*, p. 16.

3. DETERMINACIÓN DEL MERCADO RELEVANTE EN LAS NUEVAS PLATAFORMAS DIGITALES

En el sector digital resulta más complicado delimitar el mercado de referencia ya que en él se mezclan de manera constante los productos y servicios con los datos[148]. En este tipo de mercados, al existir efectos de red, tanto directos como indirectos, rendimientos crecientes a escala y una gran cantidad de datos, los precios no representan de manera necesaria el valor del bien o del servicio para los consumidores, así como para las empresas que los comercializan, lo que refuerza la dificultad de medir en ellos el poder de mercado[149].

Cuando nos encontramos ante efectos de red, los precios juegan un rol diferente y esto tiene importantes consecuencias a la hora de definir el mercado. En los mercados de dos o más lados no existe un único precio y, por lo tanto, el beneficio obtenido por la plataforma no depende en exclusiva de él. Además, esto también provoca que sea más difícil medir los cambios en la calidad de los productos y servicios que ofrecen debido a que el aumento de la calidad en uno de los lados aumentará de forma indirecta el bienestar de los integrantes del otro lado del mercado[150].

En estas nuevas plataformas en numerosas ocasiones se ofrecen servicios a precio cero, lo que no implica, en absoluto, que su prestación sea gratuita ni mucho menos que las plataformas no obtengan retribución por su actividad. Esto forma parte de

---

148 *Vid.* RODRÍGUEZ RODRIGO, J., "Big data, poder de mercado y abuso de posición de dominio", en GARCÍA VIDAL, A. (dir.), *Big data e internet de las cosas: nuevos retos para el Derecho de la competencia y de los bienes inmateriales*, Tirant lo Blanch, Valencia, 2020, pp. 306-357, en concreto, véase p. 316.

149 COMISIÓN EUROPEA, *Competition policy…, op. cit.*, p. 48.

150 *Ibidem*, p. 43.

la estrategia de este tipo de plataformas dedicadas a la prestación de servicios «gratuitos», como servicios de búsqueda, juegos, aplicaciones para la reproducción de música vía *streaming*, etc. Sin embargo, el hecho de no aplicar un precio monetario a los consumidores por la utilización de sus servicios no significa que la plataforma no esté obteniendo beneficios por ello ya que, por ejemplo, podría considerarse como tal la disposición de los datos de los usuarios[151]. Se tratará, en todo caso, de contratos sinalagmáticos en los que ambas partes realizan prestaciones. Por lo tanto, la venta a precio cero o la prestación de servicios gratuitos también forma parte del mercado y hay que tenerla en cuenta a la hora de definir el mismo. Por lo tanto, considerar que sólo pueden formar parte del mercado relevante aquellos servicios que tiene una contraprestación o remuneración es un planteamiento que comienza a estar desfasado ante los nuevos modelos y estructuras de negocios en los mercados digitales.

En este sentido, la autoridad de competencia alemana (*Bundeskartellamt*) ya ha señalado que, en términos económicos, el precio cero también debe considerarse un precio. La competencia en precios no se basa solo de la existencia de un pago monetario, sino también en las condiciones que el otro lado del mercado tiene en cuenta cuando elige un servicio y evalúa la contraprestación exigida. Incluso un precio bajo o un precio cero puede tener efectos indirectos en competencia de precios y posibles diferenciaciones del modelo de negocio[152].

---

151 Aunque no es objeto de estudio en este trabajo, es de suma importancia que las diferentes plataformas cumplan con la normativa vigente en protección de datos, ya que no pueden recabar sin más los datos de sus usuarios, sino que necesitan llevar a cabo una serie de pasos para ello.

152 BUNDESKARTELLAMT, Resolución de 6 de febrero de 2019, asunto B6-22/16, *Facebook*, p. 107. Disponible en https://www.bundeskartellamt.de/SharedDocs/Entscheidung/EN/

En este punto, cabe plantearse cómo se analizaría, por ejemplo, la sustituibilidad de la demanda cuando no tenemos un precio como referencia y no podemos aplicar el test SSNIP. La respuesta a esta cuestión es esencial para poder delimitar el mercado de referencia y determinar el poder de mercado en aquellos casos en los que los clientes no tienen que pagar de manera directa un precio y, por lo tanto, no son susceptibles de una prueba basada en estos[153].

La Comisión Europea considera que la política de competencia debe analizar todos los lados existentes en dichas plataformas, así como tener en cuenta las diferentes formas en que interactúan. Como señala esta, «la importancia de la definición del mercado y las metodologías desarrolladas para identificarlo se desarrollaron teniendo en cuenta bienes y servicios estándar, siendo menos claro que se pueda identificar una correcta definición de mercado en la nueva era digital. De este modo, la interdependencia de los mercados se convierte en una parte crucial del análisis, entendiendo la Comisión que, más que centrarse en la definición del mercado como tal, habría que dar mayor importancia a la identificación de las estrategias en el mismo, así como a las teorías del daño causado»[154]. Sin embargo, en los casos en los que queremos dilucidar si existe o no posición de dominio por parte de la empresa, es necesario determinar con carácter previo la definición de mercado relevante, ya que en este caso no tiene sentido sustituirla por la teoría del daño[155].

Entscheidungen/Missbrauchsaufsicht/2019/B6-22-16.pdf?__blob=publicationFile&v=5.

153 *Vid.* PODSZUN, R., "The arbitrariness of market definition...", *op. cit.*, pp. 121-132.

154 COMISIÓN EUROPEA, *Competition policy...*, *op. cit.*, p. 46.

155 *Vid.* SOLEK, L., "Need to Revise or Apply the Concept of Market Definition with a View to `Zero-Price´ and Overarching Markets", *Journal of European Competition Law & Practice*, vol. 12, nº8, octubre

Llegamos entonces a la conclusión de que en los mercados digitales no existe un único parámetro que permita a las autoridades de competencia identificar el mercado relevante ante, por ejemplo, un posible caso de abuso de posición de dominio, sólo llevar a cabo una definición aproximada. Por ello, se viene recomendando realizar cambios significativos en la definición de mercado relevante, incluso estudiar la necesidad de redactar una nueva propuesta legislativa[156].

Varios son los informes que se han centrado en esta cuestión, analizando cómo deben delimitarse los mercados relevantes, así como el papel que desempeña en el análisis de la competencia[157], teniendo en cuenta las características específicas de estos mercados. Por ejemplo, en el *Informe sobre Derecho de la Competencia 4.0* encargado por el gobierno alemán, se recomienda a la Comisión Europea elaborar orientaciones específicas sobre cómo definir y establecer el poder de mercado en los nuevos mercados digitales[158]. El *Informe Furman*, por su parte, reconoce los retos ante los cuales nos encontramos, pero, sin embargo, no propone ninguna solución[159]. En el *In-*

2021, pp. 593-603; ESTEVAN DE QUESADA, C., "Desequilibrios de poder en los mercados digitales: Plataformas y dependencia", *Actas de Derecho Industrial y Derecho de Autor*, nº22, 2022, pp. 57-79.

156 Entre otros, véase ROBERTSON, V. H. S. E., "A new era for *antitrust* market definition", *Competition Law Review*, nº1, 2021, pp. 84-92 y PODSZUN, R., "The arbitrariness of market definition...", *op. cit.*, pp. 121-132.

157 *Vid.* ROBERTSON, V. H. S. E., "A new era for *antitrust* market definition", *op. cit.*, pp. 84-92.

158 *Vid.* SCHALLBRUCH, M. / SCHWEITZER, H. / WAMBACH, A., "A new competition framework for the digital economy", *The Antitrust Chronicle*, vol. 3, nº2, 2019, pp. 33-38.

159 *Vid.* FURMAN, J. / COYLE, D. / FLETCHER, A. / MCAULEY, D. / MARSDEN, P., "Unlocking digital competition: Report of the digital competition expert panel", *UK government publication, HM Treasury*, 2019.

forme Stigler se admite que «la complejidad [de los mercados digitales] puede hacer que la definición de mercado sea otro obstáculo para la aplicación efectiva»[160]. Por ello, es de gran importancia conocer cómo funciona el mercado y por qué los mercados de precio cero pueden constituir mercados de referencia a efectos de defensa de la competencia. Por último, nos referimos al Informe realizado por la Cámara de Representantes de EE.UU. sobre las grandes tecnológicas, en el cual se sugiere que no es necesaria una definición previa del mercado para constatar una violación de la ley *antitrust*[161].

Cada vez con mayor frecuencia las autoridades de competencia y judiciales se enfrentan a asuntos en los que es necesario abordar nuevos aspectos en relación con la definición del mercado relevante en entornos digitales y sus implicaciones en el análisis *antitrust*. En este sentido, en el caso *Steetmap.Eu LTD c. Google Inc. y Otros*, el Tribunal Supremo inglés consideró que los dos mercados involucrados eran mercados multilaterales, que eran mercados separados pero entrelazados y que no se podían definir con mayor precisión, considerando, sin embargo, que no era necesario para resolver la cuestión objeto de litigio[162]. En el caso *Google Shopping*, al que hicimos referencia en el apartado anterior, la Comisión concluyó que existían dos mercados de referencia, a saber, el mercado de servicios de

---

160 CENTER STIGLER, *Stigler Committee on Digital Platforms…, op.cit.* Disponible en: https://www. chicagobooth. edu/-/media/research/stigler/pdfs/digital-platforms—committee-report—stigler-center. pdf.

161 JUDICIARY COMMITTEE, *Investigation of Competition in Digital Markets: Majority Staff Report and Recommendations*, US House of Representatives, 2020. Disponible en: https://judiciary.house.gov/uploadedfiles/competition_in_digital_markets.pdf?utm_campaign=4493-519.

162 England and Wales High Court, de 12 de febrero de 2016, *Steetmap. Eu LTD c. Google Inc. y otros*. Disponible en: https://www.casemine.com/judgement/uk/5a8ff75360d03e7f57eab4dc.

búsqueda general y el mercado de servicios de compras comparativas[163]. El problema de estos casos es que, pese a tratarse de dos mercados diferenciados, se producen múltiples conexiones y sinergias entre ellos, de los que se derivan importantes efectos para la competencia que no pueden resultar ajenos al análisis *antitrust*.

Desde otra perspectiva, la cuestión de la definición del mercado relevante en estos casos complejos en los que se involucran varios mercados fue también analizada en el asunto *AMEX*[164]. En él la Corte Suprema de Estados Unidos señaló que, cuando nos encontramos ante mercados bilaterales o multilaterales que presentan un componente transaccional, hay que definir un único mercado relevante y no tantos mercados como lados (o demandas) existan. Sin embargo, en un voto

---

163 Decisión de la Comisión Europea, asunto AT.39740, *Google Search (Shopping)*, 2017. Como señala la Comisión, la prestación de servicios de búsqueda general constituye un mercado de productos diferenciado, puesto que: i) constituye una actividad económica; ii) existe una escasa sustituibilidad de la demanda y una escasa sustituibilidad de la oferta entre servicios de búsqueda general y otros servicios en línea, y iii) esta conclusión no varía si se consideran los servicios de búsqueda general en dispositivos estáticos frente a dispositivos móviles. Por su parte, la prestación de servicios de compras comparativas constituye un mercado de productos de referencia distinto. Esto se debe a que los servicios de compras comparativas no son intercambiables con los servicios ofrecidos por: i) los servicios de búsqueda especializados en distintos ámbitos (como, por ejemplo, vuelos, hoteles, restaurantes o noticias); ii) las plataformas de publicidad de búsqueda en línea; iii) los minoristas de comercio electrónico; iv) las plataformas comerciales, y v) las herramientas de comparación de precios fuera de línea. Un análisis más detallado del caso lo podemos encontrar también en DELGADO ECHEVARRÍA, M., "Los remedios en el `Caso Google´", *Actualidad Jurídica Aranzadi*, nº934, 2017, BIB 2018\8400.

164 Decisión de la Corte Suprema de Estados Unidos, de 25 de junio de 2018, asunto *Ohio v. American Express Co.*, 138 S. Ct. 2274.

particular de la minoría en dicha decisión, se consideró que la calificación de una plataforma como transaccional no debe ser determinante a la hora de delimitar el mercado relevante y, por lo tanto, que hay que definir dos mercados diferentes, de bienes vinculados entre sí.

Otro caso más reciente de especial transcendencia es la demanda interpuesta por la *Federal Trade Commission* (FTC, por sus siglas en inglés) contra la plataforma tecnológica Facebook, por un posible abuso de posición de dominio[165]. En este caso, el juez ha considerado que la FTC no argumentaba su afirmación de que la plataforma tenía una posición dominante en el mercado, al superar una cuota de mercado del 60%. Además, señala que no hay indicación alguna sobre el método utilizado para calcular la participación de Facebook en el mercado.

En conclusión, el hito central al que hemos de enfrentarnos en este punto de la definición del mercado relevante ocupado por las plataformas digitales es el de discernir si nos encontramos ante mercados de referencia independientes para cada lado de la plataforma o si la plataforma en sí (con sus múltiples lados) constituye un único mercado relevante. Siendo esto de gran importancia para determinar si la plataforma en cuestión tiene o no un poder de mercado suficiente como para distorsionar la competencia.

Como podemos observar, no encontramos ni en la práctica ni en la literatura una visión de consenso a la hora de definir el mercado relevante en relación con estos nuevos mercados. De ello se derivan importantes consecuencias a la hora de evaluar las posibles conductas contrarias al Derecho de la competencia,

---

165 Disponible en https://www.ftc.gov/system/files/documents/cases/051_2021.01.21_revised_partially_redacted_complaint.pdf.

así como los efectos provocados por dichas conductas[166]. Aunque hasta el momento parece que el Derecho de la competencia se ha ido adaptando a las circunstancias cambiantes, puede que sea necesario ajustar la normativa – y la *Market Definition Notice* de la Comisión – a las nuevas realidades del mercado[167].

Así, se ha de afrontar con ambición una revisión en profundidad de la Comunicación de la Comisión sobre la definición del mercado relevante. Desde finales del año 2019, la Comisión Europea ha estado trabajando en una posible actualización de este texto debido a la necesidad de adaptarla a los nuevos mercados digitales, en los que se producen nuevos efectos de red directos e indirectos, con la existencia de estructuras de mercados multilaterales, mercados de precio cero y donde los datos cobran un papel fundamental[168]. La Comisión «tendrá que encontrar un punto intermedio entre proporcionar orientaciones lo suficientemente detalladas para delimitar los mercados pertinentes en entornos digitales específicos y, al mismo tiempo, permitir orientaciones lo suficientemente generales para que sigan siendo pertinentes cuando cambien las circunstancias del mercado»[169]. Al mismo tiempo, además de dicha

---

166 *Vid.* GREENE, E. / MORDOJ, B., "Mercado relevante en plataformas: el caso Ohio v. Amex", *Investigaciones CeCo,* febrero, 2020. Texto disponible en https://centrocompetencia.com/wp-content/uploads/2020/02/Greene_Mordoj-Mercado-relevante-en-plataformas_el-caso-Ohio_v_Amex.pdf.

167 *Vid.* ROBERTSON, V. H. S. E., "A new era for *antitrust* market definition", *op. cit.,* p. 91.

168 Para llevar a cabo la revisión la *Market Definition Notice,* la Comisión tiene en cuenta una serie de criterios: eficacia, eficiencia, relevancia y coherencia. Todo ello promoviendo siempre el mercado único entre los Estados miembros de la Unión Europea.

169 *Vid.* ROBERTSON, V. H. S. E., "A new era for *antitrust* market definition", *op. cit.,* p. 87.

revisión, este nuevo escenario hace plantearnos si es necesaria una nueva propuesta legislativa.

La comunicación de 1997 se ha mantenido sin cambios durante más de 23 años, a pesar de que han surgido nuevos problemas en la definición del mercado y las técnicas utilizadas para abordarlos también han evolucionado. Por ello, con fecha 12 de julio de 2021 la Comisión Europea abrió el proceso de consultas de cara a una modificación de la normativa publicando el documento de trabajo sobre el que se llevará a cabo la evaluación del estado actual de las directrices y se procederá a identificar las necesidades de reforma. El propósito de esta consulta, tal y como indica la propia Comisión, es valorar el funcionamiento de la *Market Definition Notice*, valorando si es necesario derogarla, revisarla o introducirle los cambios que se consideren pertinentes. Todo ello con el objetivo de garantizar que la política y las normas de competencia de la Unión Europea resulten adecuadas para analizar los retos de la era digital[170].

En este sentido, la Comisión pretende evaluar si los objetivos de la Comunicación siguen siendo adecuados (principio de pertinencia), si ha cumplido sus objetivos durante el período de aplicación (principio de eficacia), si los beneficios asociados a su aplicación han sido positivos (principio de eficiencia), si existe un buen funcionamiento por parte de la jurisprudencia de los tribunales de la UE y otras políticas de la misma (principio de coherencia) y, por último, si dicha Comunicación ha aportado un valor añadido a la UE[171].

---

170 COMISIÓN EUROPEA, *Commission Staff Working Document. Evaluation of the Commission Notice on the definition of relevant market for the purposes of Community competition law of 9 December 1997*, Bruselas, Julio, 2021, SWD/2021/0199 final, p. 2.

171 *Idem.*

Para llevar a cabo esta evaluación, la Comisión analiza en profundidad la Comunicación sobre la definición del mercado relevante, desde la necesidad por la cual se publica la misma hasta el impacto que esta genera, pasando por los objetivos, actividades y resultados de su aplicación.

Tras un extenso análisis, en sus conclusiones, la Comisión señala que veintitrés años después la Comunicación sigue siendo una herramienta muy útil para definir el mercado relevante. Esto es así ya que, según el Informe, se facilita la aplicación y el cumplimiento de las normas en la UE. Sin embargo, también considera la Comisión que, a pesar de seguir siendo de gran utilidad, no se refleja el desarrollo que ha tenido lugar en relación con la definición de mercado desde su publicación hasta hoy[172].

La Comisión ya ha publicado el texto definitivo de la *Comunicación de la Comisión relativa a la definición de mercado de referencia a efectos de la normativa de la Unión en materia de competencia*[173]. Su objetivo es aclarar la forma en que la Comisión aplica el concepto de mercado de referencia y cuál es el proceso llevado a cabo para definir los mercados. Además de definir dicho proceso desde un enfoque general, la Comisión introduce una serie de cambios, abordando la definición de mercado ante circunstancias específicas como, por ejemplo, la existencia de discriminación de precios o la presencia de plataformas multilaterales o ecosistemas digitales. En este sentido, por ejemplo, cuando tenga lugar una discriminación de precios y esta esté basada en la ubicación de los clientes, esta variable ha de ser tenida en cuenta para determinar el mercado geográfico del caso concreto.

---

172 *Ibidem*, p. 66 y ss.

173 *Comunicación de la Comisión relativa a la definición de mercado de referencia a efectos de la normativa de la Unión en materia de competencia*, DOUE-Z-2024-70010.

Una de las cuestiones abordadas por la Comisión es el suministro de un producto a un precio monetario cero por parte de las plataformas multilaterales. ¿Cómo se determina en este caso el mercado de referencia? Los precios monetarios cero forman parte de la estrategia empresarial de estas plataformas y, por lo tanto, que un producto se suministre a precio cero no implica que no exista un mercado relevante para dicho producto.

Cuando nos encontremos ante un precio cero, los elementos no relacionados con este ganaran especial importancia para llevar a cabo la evaluación de la sustitución. Entre otros, la funcionalidad del producto, su uso previsto, los costes derivados de la interoperabilidad con otros productos, etc[174]. Además, la Comisión podrá valorar alternativas en relación con el test SSNIP, sustituyendo en este la variable precio por calidad, es decir, se evaluará el comportamiento de sustitución de los clientes en respuesta a un aumento pequeño, pero significativo y no transitorio, de la calidad, como ocurrió en el caso *Google Android*[175].

4. UNA ALTERNATIVA A LOS PROBLEMAS DE COMPETENCIA EN LOS MERCADOS DIGITALES: ABORDAR LA PROBLEMÁTICA DEL PODER DE MERCADO DESDE LA REGULACIÓN

El 15 de diciembre de 2020 la Comisión Europea publicó la Propuesta de Reglamento sobre mercados disputables y equitativos en el sector digital, conocida como Ley de Mercados

---

174 Borrador Proyecto de Comunicación de la Comisión relativa a la definición de mercado de referencia a efectos de la normativa de la Unión en materia de competencia, p. 39.

175 Disponible en https://ec.europa.eu/commission/presscorner/detail/en/IP_18_4581.

Digitales (DMA, por sus siglas en inglés, *Digital Markets Act*[176]), aprobada en el mes de octubre de 2022. Esta norma tiene como principal objetivo abordar las consecuencias negativas que se derivan del comportamiento de aquellas plataformas que actúan como "guardianes de acceso" (*gatekeepers*) en el mercado[177].

El análisis llevado a cabo hasta ahora en aplicación de la normativa *antitrust* suponía el desarrollo de un control *ex post,* es decir, basado en la constatación de una conducta anticompetitiva y en la imposición de una sanción con el objetivo de acabar con estas conductas prohibidas. En ciertos casos, además, era frecuente que el problema no se solucionase a través de una decisión de prohibición (art. 7 del Reglamento 1/2003), sino a través de una decisión de compromisos (art. 9 Reglamento 1/2003)[178].

Frente a ello, y en aras a evitar los riesgos que supone la adopción tardía de una decisión, se ha optado por una solución regulatoria, que implica un control *ex ante* con el objeto de impedir que dichas conductas se lleven a cabo. De este modo, se pretende dar solución a estas conductas anticompetitivas antes de que sea demasiado tarde, bien porque se haya expulsado a los competidores del mercado, bien porque su posición de dominio se haya reforzado de tal modo que resulte incuestionable. Por este mismo motivo, la necesidad de conseguir una aplicación más rápida y ágil del Derecho de la competencia se

---

176 En adelante, DMA. Se estudiará en profundidad en un capítulo posterior. *Vid. Infra.* Capítulo V, apartado segundo.

177 Texto disponible en https://eur-lex.europa.eu/legal-content/ES/TXT/PDF/?uri=CELEX:52020PC0842 &from=es.

178 A modo de ejemplo, *vid.* Decisión de la Comisión Europea, asunto AT.40153, *E-book MFNs and related matters,* 2017, disponible en https://ec.europa.eu/competition/*antitrust*/cases/dec_docs/40153/40153_4392_3.pdf.

ha fomentado en los últimos años el uso de medidas cautelares, así como una reforma integral del Reglamento 1/2003.

El uso de este tipo de plataformas trae consigo importantes beneficios para sus usuarios, brindando nuevas opciones a los consumidores, así como la creación de nuevas oportunidades de negocio en el mercado, facilitando el comercio transfronterizo, mejorando su eficiencia y su competitividad. Sin embargo, como destaca la Comisión Europea, algunas de estas grandes plataformas han asumido un rol mucho más importante en el mercado, convirtiéndose en auténticos guardianes de acceso entre los usuarios profesionales y los usuarios finales, gozando «de una posición afianzada y duradera, a menudo debida a la creación de ecosistemas de conglomerados en torno a sus servicios de plataformas básicas, lo que refuerza las barreras de entrada existentes»[179]. Insiste la Comisión en que «estos guardianes de acceso están afianzados y tienen una gran repercusión en los mercados digitales, así como un control sustancial sobre el acceso a los mismos, lo que conduce a que muchos usuarios profesionales dependan significativamente de estos guardianes de acceso y, en ciertos casos, da lugar a que se llevan a cabo prácticas desleales respecto de dichos usuarios profesionales»[180].

Hasta ahora, la legislación existente en la Unión Europea y a nivel interno en los Estados miembros no ha sido suficiente para abordar de forma adecuada la nueva problemática que surge a raíz de la construcción de mercados digitales orbitantes en torno a la figura de una plataforma. Para hacer frente al principal riesgo, el de una aplicación tardía de la normativa y la consolidación de posiciones de dominio incuestionables, se

---

179 Exposición de motivos Propuesta DMA, disponible en https://eur-lex.europa.eu/legal-content/ES/TXT/PDF/?uri=CELEX:52020PC0842.

180 *Idem.*

considera imprescindible la intervención pública para poder garantizar un funcionamiento equitativo y abierto a la competencia en estos mercados. Para ello, la reciente normativa aprobada introduce un régimen jurídico completo basado en imponer una serie de obligaciones *ex ante* a las plataformas que merezcan la calificación de guardianes de acceso.

Sin embargo, se ha de partir de una diferenciación entre distintos tipos de plataformas, en función de su dimensión, alcance y el papel que jueguen en el mercado. Así, la DMA aclara que el hecho de que nos encontremos ante un servicio básico de plataforma no implica que existan de manera necesaria problemas de disputabilidad y prácticas desleales respecto de cada proveedor de estos servicios. De hecho, si la plataforma actúa como intermediaria en mercados en los que hay competencia y se ve sometida a la presión de otras plataformas rivales, será menos probable que se lleven a cabo conductas abusivas, en tanto que los agentes de uno y otro lado del mercado que la plataforma organiza abandonarán este y optarán por otras plataformas en el caso de que las condiciones o su funcionamiento resulte anticompetitivo.

Por ello es relevante delimitar de un modo adecuado qué plataformas merecen la consideración de guardianes de acceso y cuáles no. Así, como señala el art. 3.1. de la DMA, los proveedores de servicios de plataformas básicas pueden considerarse guardianes de acceso si: i) tienen un impacto significativo en el mercado interior[181], ii) operan una o más puertas de acceso

---

[181] En este sentido se sigue la concepción de UPSCAM: *Undertakings with Paramount Significance for Competition Across Markets*, que se siguió en el proceso de reforma de la Gesetz gegen Wettbewerbsbeschränkungen (GWB) alemana y que llevaría a la introducción del nuevo parágrafo 19a. Sobre esta reforma *vid.* ESTEVAN DE QUESADA, C., "Desequilibrios de poder en los mercados digitales: Plataformas y dependencia", *op. cit.*, pp. 68 y 69.

importantes entre profesionales y usuarios finales y, por último, iii) tienen o es previsible que vayan a tener una posición afianzada y duradera en sus operaciones en un futuro próximo. A continuación, la normativa establece una serie de presunciones sobre cuándo se entiende que se encuentran cumplidos tales prerrequisitos, al mismo tiempo que articula un procedimiento de designación directa como guardianes de acceso de aquellas plataformas que, pese a no superar dichos umbrales, sí cumplan los criterios mencionados[182]. En este sentido, el apartado segundo del mismo artículo establece los requisitos necesarios para que se cumplan dichas condiciones. En primer lugar, un proveedor de servicios básicos de plataforma tendría una repercusión significativa en el mercado interior cuando «la empresa a la que pertenece consiga un volumen de negocios anual en el EEE igual o superior a 6.500 millones de euros en los tres últimos ejercicios, o cuando la capitalización bursátil media o el valor justo de mercado equivalente de la empresa a la que pertenece ascienda como mínimo a 65.000 millones de euros en el último ejercicio, y preste un servicio básico de plataforma en al menos tres Estados miembros»[183]. En segundo término, se consideraría que opera un servicio básico de plataforma que sirve como puerta de acceso cuando «proporcione un servicio básico de plataforma que cuente con más de 45 millones de usuarios finales activos mensuales establecidos o situados en la Unión y más de 10.000 usuarios profesionales activos anuales establecidos en la Unión en el último ejercicio económico»[184]. Por último, el guardián de acceso tendrá una posición afianzada y duradera en el mercado «cuando se hayan

---

[182] *Cfr.* Art. 3.6 DMA

[183] *Cfr.* Art. 3.2.a) DMA

[184] *Cfr.* Art. 3.3.b) DMA. A los efectos del párrafo primero, el número de usuarios finales activos mensuales será el número medio de usuarios finales activos mensuales durante la mayor parte del último ejercicio financiero.

cumplido los umbrales establecidos en la letra b) en cada uno de los tres últimos ejercicios»[185].

Además, en su capítulo tercero, se recogen aquellas prácticas de los guardianes de acceso que limitan la disputabilidad o son desleales, estableciéndose sus obligaciones, así como la forma de dar cumplimiento a las mismas.

Por lo tanto, el principal objetivo de esta novedosa Ley de Mercados Digitales es «permitir que las plataformas liberen todo su potencial abordando a escala de la UE las incidencias más destacadas de prácticas desleales y de poca disputabilidad, de modo que tanto los usuarios finales como los usuarios profesionales puedan aprovechar al máximo los beneficios de la economía de plataformas y la economía digital en general, en un entorno disputable y equitativo»[186].

Se espera que, gracias a esta nueva regulación, las empresas puedan acceder a determinados datos que tan sólo se encuentren en poder de los guardianes de acceso y elegir entre diferentes plataformas a la hora de ofrecer sus productos o servicios. Se pretende también facilitar la competencia entre plataformas, permitiendo que los usuarios profesionales y finales puedan cambiar de plataforma con mayor facilidad, así como combinar servicios si lo necesitan. En suma, a través de estas nuevas medidas se pretende ofrecer una mayor seguridad jurídica a las empresas y favorecer el funcionamiento de mercados más competitivos, en los que haya más y mejor información, se facilite el la creación y el crecimiento de nuevas empresas, aumente la competencia, la innovación y el avance tecnológico y, en consecuencia, se favorezca un mayor crecimiento económico.

---

185 *Cfr.* Art. 3.2.c) DMA

186 Exposición de motivos Propuesta DMA, disponible en https://eur-lex.europa.eu/legal-content/ES/TXT/PDF/?uri=CELEX:52020PC0842.

BLOQUE II.

PRÁCTICAS ANTICOMPETITIVAS MEDIANTE EL USO DE ALGORITMOS

Capítulo III.

El uso de algoritmos informáticos para la celebración o facilitación de prácticas colusorias

1. CUESTIONES PRELIMINARES

En este capítulo analizaremos el empleo de algoritmos informáticos para la práctica de conductas colusorias o acuerdos anticompetitivos. También podrán utilizarse estos algoritmos, en el ámbito ya de la implantación de los acuerdos ilícitos, como instrumento para la ejecución coordinada de la colusión o como mecanismo para dificultar su detección por parte de las autoridades de competencia. Entre estas formas de colusión llevadas a cabo utilizando las posibilidades informáticas de los algoritmos, tendrá especial interés las conductas consistentes en la colusión en precios.

Para centrar nuestro objeto de estudio es necesario analizar con brevedad aquellas conductas que pueden resultar anticompetitivas en el Derecho de la competencia, en concreto, las consistentes en acuerdos restrictivos de la competencia en los mercados.

Tanto los arts. 101 y 102 TFUE como la Ley española de Defensa de la Competencia[187], en sus arts. 1, 2 y 3, recogen las denominadas *conductas prohibidas* en el Derecho de la compe-

---

[187] Ley 15/2007, de 3 de julio, de Defensa de la Competencia (TOL1.082.683) (en lo sucesivo, LDC).

tencia. Estas normas tipifican las conductas anticompetitivas, a saber: prácticas colusorias, conductas de abuso de posición de dominio y falseamiento de la libre competencia por actos desleales[188]. En este capítulo nos centraremos en el análisis de aquellas conductas que generan colusión en los mercados, establecidas en los artículos 1 LDC y 101 TFUE.

En primer lugar, tal y como las define el art. 101 TFUE se trata de «[...] todos los acuerdos entre empresas, las decisiones de asociaciones de empresas y las prácticas concertadas que puedan afectar al comercio entre los Estados miembros y que tengan por objeto o efecto impedir, restringir o falsear el juego de la competencia dentro del mercado interior [...]». Dichos acuerdos pueden implementarse mediante una multiplicidad de conductas distintas, entre las que se puede mencionar, en particular, prácticas como la fijación de precios, el control de la producción o el reparto del mercado por ciertas empresas, entre otras. Este tipo de conductas se puede concretar en la existencia de acuerdos horizontales, verticales o conglomerados de empresas, es decir, conciertos de voluntades entre compañías independientes que se encuentran en el mismo o distinto nivel del proceso productivo.

---

188 Esta última prohibición no se encuentra recogida en el TFUE, tan sólo en nuestro ordenamiento interno. En este sentido, véase, entre otros, FONT GALÁN, J.I. / MIRANDA SERRANO, L.M., *Competencia desleal y "antitrust": Sistema de ilícitos*, Marcial Pons, Madrid, 2005; ROBLES MARTÍN-LABORDA, A., *Libre competencia y competencia desleal: examen del artículo 7 de la ley de Defensa de la competencia*, La Ley, Madrid, 2001; COSTAS COMESAÑA, J., "Prohibición de falseamiento de la libre competencia por actos de competencia desleal", en BELLO MARTÍN-CRESPO, M.P. / HERNÁNDEZ RODRÍGUEZ, F. (coords.), *Derecho de la libre competencia comunitario y español*, Aranzadi, Cizur Menor, 2009, pp. 213-232; MÁRQUEZ LOBILLO, P., "Falseamiento de la libre competencia por actos desleales", en PINO ABAD, M. / FONT GALÁN, J.I. (coords.), *Estudios de Derecho de la competencia*, Marcial Pons, Madrid, 2005, pp. 217-228.

Desde un punto de vista económico, pueden identificarse diversos factores que condicionan la posibilidad de colusión, tanto de manera positiva como negativa[189]. Estos se pueden clasificar según la estructura y la dinámica del mercado, la transparencia de este, el intercambio de información y algunos factores institucionales, tal y como se puede contemplar en la siguiente tabla.

Tabla 1. Factores que afectan a la colusión

Estructura del mercado	Dinámica del mercado	Transparencia e intercambio de información	Factores institucionales
• Nº de empresas • Cuotas de mercado y concentración • Asimetría de costes • Frecuencia interacción • Barreras de entrada • Contrato multimercado • Diferenciación de producto • Poder de compra	• Ciclos de negocio • Fluctuación de la demanda • Incremento de la demanda • Elevado ratio de innovación	• Transparencia de mercado • Intercambio de información	• Regulación pública • Contratos • Sistemas de precios de referencia • Estándares de calidad mínima

Fuente: elaboración propia a partir de ORDOÑEZ DE HARO[190].

---

[189] *Vid.* ORDOÑEZ DE HARO, J.M., *Aspectos Económicos del Funcionamiento Competitivo de los Mercados,* Agencia de Defensa de la Competencia en Andalucía, Sevilla, 2009, pp. 227. En este trabajo, el autor lleva a cabo, desde el punto de vista de la Teoría Económica, un análisis del funcionamiento competitivo de los mercados como elemento básico para el desarrollo económico y social de cualquier economía moderna. Junto a este, *vid.* GAL, M. / RUBINFELD, D.L., "Algorithms, AI and Mergers", *Antitrust Law Journal,* NYU Law and Economics Research Paper nº 23-36, septiembre 2023, pp. 1-50.

[190] *Vid.* ORDOÑEZ DE HARO, J.M., *Aspectos Económicos del Funcionamiento Competitivo de los Mercados, op. cit.,* pp. 237-261. Entre otros factores, podemos señalar, por ejemplo, el número de empresas

Es incuestionable que todos estos factores se han visto afectados por los efectos de las nuevas tecnologías, destacando el uso de algoritmos, del *big data* y de la inteligencia artificial. El empleo de estas nuevas tecnologías potencia una mayor transparencia del mercado gracias a la gran cantidad de información que son capaces de recopilar y analizar en un breve período de tiempo. La captación de datos masivos (*big data*), su procesamiento y análisis continuo mediante el uso de algoritmos y la aplicación de inteligencia artificial a dicha información permite obtener gran información sobre el comportamiento de los rivales, tanto pasado como presente, pero también, hacer estimaciones sobre cuál será su comportamiento en el futuro y cómo responderán los distintos agentes de mercado ante distintas situaciones, tales como la estrategia empresarial de la propia empresa, factores exógenos (crisis económicas, escenarios de inflación, aumento del crédito disponible, escasez de una determinada materia prima) o cambios en las preferencias de los consumidores.

---

existente en el mercado, siendo a priori más probable que se produzcan prácticas de colusión en industrias concentradas que en aquellas que se encuentran fragmentadas. Otro de los factores que puede condicionar la probabilidad de colusión es la diferenciación del producto. Así, en principio, es más probable encontrarse con prácticas colusorias cuando las empresas partícipes en el acuerdo comercializan productos homogéneos. Por último, también puede destacarse como un factor importante la transparencia del mercado. Un mayor intercambio de información por parte de las empresas competidoras puede favorecer la transparencia del mercado y permitir que llegue con mayor facilidad a acuerdos restrictivos de la competencia. Del mismo modo, la existencia de una mayor transparencia permitirá la coordinación ilícita de comportamientos de las empresas que pudiera dar lugar a colusiones tácitas o a prácticas conscientemente paralelas, sancionadas en nuestra LDC.

La mayor disponibilidad de datos y la creación de más información a través de la aplicación de algoritmos e inteligencia artificial pueden fomentar nuevas formas de colusión y propiciar un entorno en el que sea más difícil su detección[191]. Mediante el uso de algoritmos, el intercambio de información entre compañías, por ejemplo, se realiza de una manera muy diferente a la tradicional, permitiendo prescindir de formas explícitas de comunicación, directa o indirecta, entre ellas; y consiguiendo una transmisión de información más fiable, veraz, exacta, completa y actualizada a tiempo real. En este sentido, es importante analizar a qué nos referimos cuando hablamos de prácticas colusorias.

De la definición de prácticas colusorias que ofrecen de manera prácticamente idéntica el párrafo primero de los arts. 101 TFUE y 1 LDC se distingue cuatro tipos de prácticas colusorias: acuerdos, decisiones o recomendaciones colectivas, prácticas concertadas y prácticas conscientemente paralelas. Además de los tres tipos de prácticas previstos en el TFUE, la LDC añade las prácticas conscientemente paralelas, si bien en la doctrina hay una visión crítica sobre esta categoría que considera que tales prácticas pueden entenderse que se integran dentro de las colusiones tácitas.

En primer lugar, en relación con los acuerdos, estos se han definido como «la existencia de una concordancia de voluntades entre por lo menos dos partes, cuya forma de manifestación carece de importancia siempre y cuando constituya la fiel expresión de tales voluntades»[192]. La doctrina también ha definido el concepto de acuerdo como aquellos «pactos escritos o verbales en virtud de los cuales varios operadores eco-

---

191 *Vid.* EZRACHI, A. / STUCKE, M.E., "Artificial Intelligence & Collusion...", *op. cit.* p. 1797.

192 STPI (Sala Quinta ampliada), de 26 de octubre de 2000, asunto T-41/96, *Bayer AG c. Comisión* (TOL105.517), párrafo 69.

nómicos se comprometen a restringir la competencia; a estos efectos, habrá colusión siempre que exista un intercambio de voluntades entre varias personas que puedan ser consideradas operadores económicos independientes, tanto si se trata de acuerdos de tipo horizontal [...], como si se trata de acuerdos de tipo vertical»[193].

Dentro de estos acuerdos colusorios deberemos hacer una segunda distinción, considerando aquellos constitutivos de cártel y aquellos que no merecen esa caracterización[194].

La Comisión Europea, en su Comunicación relativa a la dispensa del pago de las multas y la reducción de su importe en casos de cártel[195] define los cárteles como aquellos «acuerdos o prácticas concertadas entre dos o más competidores cuyo objetivo consiste en coordinar su comportamiento competitivo en el mercado o influir en los parámetros de la competencia mediante prácticas tales como la fijación de precios de com-

---

193 *Vid.* ALONSO SOTO, R., "La defensa de la libre competencia en España", en URÍA, R. / MENÉNDEZ MENÉNDEZ, A. (dirs.), Curso de Derecho Mercantil, vol. I., Civitas, Madrid, 2006, pp. 297-333, *vid.* p. 302.

194 *Vid.* DÍEZ ESTELLA, F. / GUERRA FERNÁNDEZ, A., "Artículo 1", en MASSAGUER FUENTES, J. / SALA ARQUER, J.M. / FOLGUERA CRESPO, J. / GUTIÉRREZ HERNÁNDEZ, A. (dirs.), *Comentario a la Ley de Defensa de la Competencia,* Aranzadi, Cizur Menor, 2017, pp. 60 y ss.

195 Comunicación de la Comisión relativa a la dispensa del pago de las multas y la reducción de su importe en casos de cártel (2006/C 298/11), disponible en: https://eur-lex.europa.eu/legal-content/ES/TXT/PDF/?uri=CELEX:52006XC1208(04)&from=NL. Nuevamente, la Comisión señala dicha definición en la Comunicación sobre el desarrollo de los procedimientos de transacción con vistas a la adopción de decisiones con arreglo a los artículos 7 y 23 del Reglamento (CE) no 1/2003 del Consejo en casos de cártel (2008/C 167/01), disponible en: https://eur-lex.europa.eu/legal-content/ES/TXT/PDF/?uri=CELEX:52008XC0702(01)&from=FR.

pra o de venta u otras condiciones comerciales, la asignación de cuotas de producción o de venta, el reparto de mercado, incluidas las colusiones en licitaciones, las restricciones de las importaciones o exportaciones o las medidas anticompetitivas contra otros competidores»[196].

En España, encontramos una definición de cártel en la Disposición adicional cuarta de la LDC, que en su apartado segundo establece que «[a] efectos de lo dispuesto en esta ley se entiende por cártel todo acuerdo o práctica concertada entre dos o más competidores cuyo objetivo consista en coordinar su comportamiento competitivo en el mercado o influir en los parámetros de la competencia mediante prácticas tales como, entre otras, la fijación o la coordinación de precios de compra o de venta u otras condiciones comerciales, incluso en relación con los derechos de la propiedad intelectual e industrial; la asignación de cuotas de producción o de venta; el reparto de mercados y clientes, incluidas las colusiones en licitaciones, las restricciones de las importaciones o exportaciones o las medidas contra otros competidores contrarias a la competencia»[197].

---

196 Además, en relación con la definición de cártel, *vid.*: STPI (Sala Primera) de 10 de marzo de 1992, asuntos acumulados T-68/89, T-77/89 Y T-78/89, *Società Italiana Vetro SpA, Fabbrica Pisana SpA y PPG Vernante Pennitalia SpA c. Comisión*, ECLI:EU:T:1992:38; y, STPI (Sala Primera), de 24 de octubre de 1991, asunto T-1/89, disponible en https://eur-lex.europa.eu/legal-content/ES/TXT/PDF/?uri=CELEX:61989TJ0001&from=EN.

197 Sobre el concepto de cártel, véase: RINCÓN GARCÍA LOYGORRI, A., "¿Qué es un cártel para la CNMC?", en BENEYTO PÉREZ, J.M. / MAÍLLO GONZÁLEZ-ORÚS, J. (dirs.), *La lucha contra los cárteles en España*, Aranzadi, Cizur Menor, 2015, pp. 69-108; *Id.*, "El nuevo concepto de cártel de la LDC a la luz de la práctica de la CNMC", en BENEYTO PÉREZ, J.M. / MAÍLLO GONZÁLEZ-ORÚS, J. (dirs.), *Novedades y retos en la lucha contra los cárteles económicos*, Aranzadi, Cizur Menor, 2019, pp. 37-82; CORTI VARELA, J., "Tipología de cárteles duros: un estudio de los casos resueltos por la CNC y la

En dichas definiciones no se incluye algunos de los caracteres que con normalidad se emplean para su definición, como es – en particular – su carácter secreto. De este modo, este apartado fue modificado mediante el Decreto-Ley 9/2017, de 26 de mayo. La anterior redacción del precepto definía el término cártel como «[...] todo acuerdo secreto entre dos o más competidores cuyo objeto sea la fijación de precios, de cuotas de producción o de venta, el reparto de mercados, incluidas las pujas fraudulentas, o la restricción de las importaciones o las exportaciones». Esta era una definición mucho más rígida del concepto tanto por la forma exigida – acuerdo secreto – como por su contenido. En esta nueva definición del concepto se elimina la exigencia de encontrarnos ante un acuerdo secreto[198] ya que existen cárteles que no lo son o que pueden basarse en procedimientos informáticos que, aunque no sean secretos, son de difícil percepción desde fuera de las organizaciones implicadas. Además, se amplía su ámbito objetivo al incluirse nuevas conductas y no considerar una enumeración *numerus*

CNMC", en BENEYTO PÉREZ, J.M. / MAÍLLO GONZÁLEZ-ORÚS, J. (dirs.), *La lucha contra los cárteles en España*, Aranzadi, Cizur Menor, 2015, pp. 109-130; LÓPEZ GÁLVEZ, I., "El programa de clemencia y el concepto de cártel", *Anuario de la Competencia*, nº1, 2010, pp. 103-126.

198 La Audiencia Nacional ha expresado en este sentido que «el concepto de "secreto" hay que valorarlo en relación con el contexto: es obvio que no es relevante el "secreto" entre los participantes en la conducta ilícita, sino el "secreto" en relación con quienes no deben saber que los oferentes (en este caso) se han puesto de acuerdo para no competir, es decir, los restantes actores en el mercado (quienes les suministran las materias primas, los distribuidores y comercializadores, y especialmente los clientes) y los consumidores y las autoridades de defensa de la competencia». SAN, Sala Contencioso Administrativo (Sección 6ª) de 5 de febrero de 2013, recurso 378/2011, ECLI:ES:AN:2013:471 y SAN, Sala Contencioso Administrativo (Sección 6ª) de 19 de junio de 2013, recurso 394/2011, ECLI:ES:AN:2013:2535.

clausus, sino meramente ejemplificativa[199]. Por último, este tipo de acuerdos se consideran restricciones a la competencia por el objeto[200].

El segundo tipo de conductas colusorias considerado por los artículos 101 TFUE y 1 LDC son las decisiones y recomendaciones colectivas. Se trata de aquellas conductas llevadas a

---

199 La Comisión Nacional de los Mercados y la Competencia deslinda el conjunto de prácticas anticompetitivas que, por su gravedad, se consideran que al integrarse en este tipo de acuerdos puede ser constitutiva de un cártel estableciendo que «la actividad que consista en coordinar el comportamiento de una empresa en el mercado o influir en los parámetros de competencia a través de conductas tales como la fijación, directa o indirecta, de precios, de otras condiciones comerciales o de servicio, de cuotas de producción o de ventas, los intercambios de información sobre precios a aplicar o cantidades proyectadas; el reparto de mercados, incluidas las pujas fraudulentas, la restricción de las importaciones o las exportaciones o los boicots colectivos, todas ellas comprendidas en el concepto de cártel». Algunos ejemplos de cártel a los que alude la CNMC son los siguientes: acuerdos directos sobre el precio final de venta al consumidor, porcentajes de incrementos de precios, comisiones, descuentos, fijación de la cantidad de producción y limitación de ventas, intercambio de información sobre precios, acuerdos sobre designaciones de pujas, boicots colectivos, etc. Disponible en https://blog.cnmc.es/2016/02/19/que-es-un-cartel/.

200 Así se señala, por ejemplo, en la STJCE de 13 de julio de 1966, asuntos acumulados 56 y 58-64, *Établissements Consten S.à.R.L. y Grundig-Verkaufs-GmbH c. Comisión*, ECLI:EU:C:1966:41. Sobre esta cuestión, *vid.* COSTAS COMESAÑA, J., "El concepto de restricciones de la competencia por objeto y su aplicación a los intercambios de información entre competidores", *Actas de Derecho Industrial y Derecho de Autor*, Tomo 30, 2009-2010, pp. 162-182; GONZÁLEZ JIMÉNEZ, P., "Restricciones de la competencia por el objeto y acuerdos de menor importancia", *Actas de Derecho Industrial y Derecho de Autor*, nº40, 2019-2020, pp. 165-188; PALOMAR OLMEDA, A., "La restricción por objeto de la competencia y el concepto de cartel en la STS de 17 de septiembre de 2021", *Diario la Ley*, nº9943, 2021, versión digital.

cabo por un grupo o asociación de empresas cuyo objetivo es uniformizar su comportamiento y, en consecuencia, que sus miembros actúen de forma común[201]. Un ejemplo de este tipo de conducta lo encontramos en la STPI de 23 de febrero de 1994[202]. En él se constituyó un acuerdo sobre el cobro de una comisión que, por su naturaleza, se consideraba restrictivo de la competencia. Se trataba de un acuerdo por el que se obligaba a los miembros de un grupo bancario a cobrar una comisión de cobro a sus clientes comerciantes por eurocheques extranjeros.

En tercer lugar, la LDC hace referencia a las prácticas concertadas. Estas se han definido como aquella «forma de coordinación entre empresas que, sin llegar a que se celebre un convenio propiamente dicho, sustituye los riesgos de la competencia por una cooperación práctica entre ellas»[203]. Por su propia naturaleza este tipo de prácticas no conforman un acuerdo, pero pueden

---

201 *Vid.* DÍEZ ESTELLA, F. / GUERRA FERNÁNDEZ, A., "Artículo 1", *op. cit.*, pp. 71 y ss. Además, El TDC en su resolución de 7 de abril del año 2000 (AC 2000, 869), *Colegio de Farmacéuticos de Valencia*, Exp. 472/99, señala que son «formas de prácticas colusorias prohibidas por el artículo 1 LDC equiparables a los acuerdos horizontales entre competidores, que son las manifestaciones más graves de la prohibición. Se trata de acuerdos adoptados por instituciones formadas por operadores económicos, de carácter vinculante o únicamente orientativo, consideradas como si fueran acuerdos entre los asociados, ficción utilizada por la Ley para evitar que los socios, en este caso los colegiados, puedan eludir sus responsabilidades colusorias por el procedimiento de trasladar la responsabilidad de la autoría formal al ente colectivo».

202 STPI (Sala primera) de 23 de febrero de 1994, asuntos acumulados T-39/92 y T-40/92, *Groupment des Cartes Bancaries CB Europay*, ECLI:EU:C:2014:2204, disponible en: https://eur-lex.europa.eu/legal-content/ES/TXT/PDF/?uri=CELEX:61992TJ0039&from=FR.

203 STJCE de 14 de julio de 1972, asunto 48/69, *Imperial Chemical Industries Ltd. c. Comisión*, FJ 64 (TOL4.620.211), disponible en: https://

ser el resultado de una «coordinación que se exterioriza en el comportamiento de los participantes»[204]. Por lo tanto, se trata de «aquellas conductas anticompetitivas que se derivan de una identidad de comportamientos que no se explican de modo natural por la propia estructura o condiciones de competencia del mercado y que, por esta razón, inducen a pensar en la existencia de acuerdos tácitos o formas de coordinación entre los operadores económicos que no pueden ser expresamente probados»[205]. Este tipo de prácticas son de gran importancia ya que permiten argumentar la infracción con base en evidencias circunstanciales debido a que, en estos casos, la prueba es escasa e inexistente.

En último término, las prácticas conscientemente paralelas, figura que, como recordamos, no se recoge en el art. 101 TFUE. Más adelante las estudiaremos con mayor profundidad[206], por ello tan sólo señalar que se han definido como «aquellas prácticas restrictivas de la competencia consistentes en que cada operador económico, sin que medie acuerdo ni concertación alguna, actuando unilateral pero armónicamente, ajusta deliberadamente su comportamiento al de otro competidor o competidores, evitando hacerse la competencia»[207].

En el ámbito de análisis de este estudio corresponde ahora analizar si el concepto y la forma de aplicación de la prohibición

---

eur-lex.europa.eu/legal-content/ES/TXT/PDF/?uri=CELEX:61969CJ0048&from=es.

204 *Idem*, FJ 65.

205 *Vid.* DÍEZ ESTELLA, F. / GUERRA FERNÁNDEZ, A., "Artículo 1", *op. cit.*, pp.77 y ss.

206 *Vid. infra.* Capítulo III, apartado 2.4.

207 *Vid.* NAVARRO SUAY, M.C., "Las conductas conscientemente paralelas: revalorización del concepto", *Gaceta de la UE y de la Competencia*, 232, julio-agosto 2004, p. 54. Sobre estas conductas, la autora realiza un tratamiento en mayor profundidad en NAVARRO SUAY, M.C., *Las conductas conscientemente paralelas*, Civitas, Madrid, 2005.

de los artículos 101 TFUE y 1 LDC han sufrido alguna modificación como consecuencia de la implosión de las nuevas tecnologías. Del mismo modo, se han de considerar las nuevas formas de colusión que se pueden cometer a través de estos medios y cómo deben ser afrontadas en aplicación de la normativa.

2. ALGORITMOS COMO NUEVOS AGENTES FACILITADORES DE LA COLUSIÓN: COLUSIÓN TÁCITA

2.1. Introducción

El cada vez mayor uso de algoritmos por parte de las compañías y el desarrollo del aprendizaje automático por parte de los programas informáticos que los controlan, han propiciado una gran cantidad de cambios en los mercados digitales y han generado un amplio debate sobre cómo puede influir dicho desarrollo en la comisión de conductas empresariales que tengan incidencia sobre la competencia en los mercados y que, en consecuencia, hayan de ser objeto de análisis por el Derecho *antitrust*. A tales efectos, deberemos considerar tanto el uso que pueden hacer de estas tecnologías las empresas para la comisión de prácticas prohibidas como el uso que de las mismas puedan hacer las autoridades de competencia. Todo ello en un contexto en el que, a medida que se produce una mayor automatización de los procesos y la digitalización de las transacciones, se puede esperar que el uso de estas nuevas tecnologías sea cada vez más frecuente.

En este sentido, el uso de las nuevas tecnologías está aumentando el riesgo de restricciones a la competencia tanto en los mercados digitales como en mercados tradicionales, al introducir nuevos mecanismos e incentivos para coludir inexistentes hasta entonces. Sin embargo, es importante hacer una distinción entre aquellos casos en los que los algoritmos tan sólo amplían una conducta que ya está prohibida bajo el marco legal – y la aplicación jurisprudencial – actual, y aquellos otros que, en cierta medida, crean nuevos riesgos relacionados con las prácticas y comportamientos que no están regulados en la actualidad. El análisis de estos últimos es mucho más complejo ya que permiten la aparición de un nuevo tipo de prácticas colusorias en las que no es necesaria la comunicación o el contacto directo entre los competidores gracias a una mayor transparencia del mercado, la velocidad de la toma de decisiones empresariales y la habilidad de las compañías para responder con mayor rapidez a las acciones de los competidores[208]. Todo esto sin la necesidad de establecer una comunicación directa y explícita entre ellos, incrementando el riesgo de una colusión tácita y, en consecuencia, provocando un aumento de los precios.

Cuando hablamos de colusión tácita nos referimos a todas aquellas formas de coordinación que no necesitan de un acuerdo explícito[209], pudiéndose considerar, siguiendo una línea de la práctica y la doctrina, a las prácticas conscientemente paralelas dentro de esta noción[210]. La colusión tácita tiene lugar, por ejemplo, en mercados donde existen pocos competidores y las empresas pueden buscar coordinar sus comportamientos en su propio beneficio sin necesidad de una comunicación explícita o directa, tan sólo observando acciones repetidas de sus competidores en el mercado (prácticas colusorias o conscientemente paralelas). Así, «[l]a colusión tácita se produce en aquellos mercados en los que cada una de las empresas, tra-

---

208 *Vid.* OECD, *Algorithms and Collusion. Competition Policy…, op. cit.*, pp. 33-34; GAL, M. / SCHREPEL, T., "Algorithms and Competition Law", *Concurrences*, 2020, pp. 1-8.

209 *Ibidem*, p. 19.

210 *Vid.* NAVARRO SUAY, M.C., *Las conductas conscientemente paralelas, op. cit.*, pp. 363-369.

tando de maximizar sus beneficios, ha de tener en cuenta las reacciones que su conducta puede provocar en las demás»[211].

Además, se ha considerado que los algoritmos podrían ejercer un mayor control sobre las nuevas prácticas facilitadoras de la colusión debido, por ejemplo, a su mayor precisión en la detección de cambios en los precios, la eliminación del elemento de irracionalidad y la reducción de la posibilidad de que dicho comportamiento colusorio se vea afectado por un error[212].

Las prácticas facilitadoras hacen referencia a cualquier conducta o mecanismo preciso para que la colusión tácita pueda llevarse a cabo[213]. Las prácticas más comunes son las que facilitan un incremento de la transparencia del mercado, así como

---

211 ROBLES MARTÍN-LABORDA, A., "Cuando el cartelista es un robot…", *op. cit.,* p. 11.

212 MEHRA, S.K., "*Antitrust* and the Robo-Seller: Competition in the Time of Algorithms", *op. cit.*, p. 1326. Disponible en http://www.minnesotalawreview.org/wp-content/uploads/2016/04/Mehra_ONLINEPDF1.pdf. El autor hace referencia a la competencia en los mercados en la era de los algoritmos, abordando, en consecuencia, los diferentes problemas ante los que podemos encontramos; CALVANO, E. / CALZOLARI, G. / DENICOLÒ, V. / PASTORELLO, S., "Algorithmic Pricing: What Implications for Competition Policy?", *op. cit.*, disponible en https://ssrn.com/abstract=3209781.

213 *Vid.* NAVARRO SUAY, M.C., *Las conductas conscientemente paralelas, op. cit.*, pp. 47-48; ESTEVAN DE QUESADA, C., *Las prácticas facilitadoras: control de la colusión en los mercados oligopolísticos,* Tirant lo Blanch, Valencia, 2013; ESTEVAN DE QUESADA, C., "Prácticas facilitadoras y sistemas de intercambio de información", en VELASCO SAN PEDRO, L.A. / ALONSO LEDESMA, C. / ECHEBARRÍA SÁENZ, M. / HERRERO SUÁREZ, C. / GUTIÉRREZ GILSANZ, A. (dirs.), *La aplicación privada del Derecho de la competencia,* Lex Nova, Valladolid, 2011, pp. 851-862.

las que sirven como medio para controlar las desviaciones de un acuerdo por alguna de las partes implicadas en el mismo[214].

La aplicación de las normas de competencia que prohíben las prácticas colusorias requiere como primer paso que se pueda identificar la existencia de un acuerdo entre competidores. Dado que estos acuerdos pueden llevarse a cabo empleando nuevos medios para conseguir el acuerdo de voluntades entre las partes, resulta pertinente considerar si es preciso llevar a cabo una revisión de lo que se entiende en la actualidad por el término acuerdo[215].

Antes de la aparición de los algoritmos y la inteligencia artificial, se debatía sobre cuándo y cómo podía observarse la colusión tácita[216].

---

214 *Vid.* HAWK, B. E., *United States, Common Market and International Antitrust: A comparative Guide,* Tomo II, 2º Ed., Nueva York, 1989, p. 74. Se definen las prácticas facilitadoras como «aquellas conductas paralelas entre competidores en cuestiones secundarias que reestructuran el mercado facilitando la interdependencia y la colusión entre ellos. Una práctica facilitadora hace que el coste de la colusión sea menor, al hacer más fácil que ambos lleguen a un consenso en el precio y en la detección de los que abandonan el acuerdo». Entre otras, menciona como ejemplo los intercambios de información y de determinados sistemas para facilitar la fijación uniforme de los precios.

215 *Vid.* OECD, *Algorithms and Collusion. Competition Policy…, op. cit.,* p. 36. El debate sobre la noción más apropiada del término acuerdo no es reciente. De hecho, en Estados Unidos este debate se remonta a los años sesenta cuando Posner (1968) y Turner (1962) mostraron sus argumentos a favor y en contra de una interpretación amplia de dicho término. En este sentido, veáse POSNER, R., “Oligopoly and the *Antitrust* Laws: A Suggested Approach”, *Stanford Law Review,* vol. 21, 1968, pp. 1562-1606; TURNER, D.F., “The Definition of Agreement under the Sherman Act: Conscious Parallelism and Refusals to Deal”, *Harvard Law Review,* vol. 75, nº 4, 1962, pp. 655-706.

216 En este sentido, *vid.* FRAMIÑÁN SANTAS, J., “La colusión tácita mediante algoritmos de precios”, en GARCÍA VIDAL, A. (dir.), *Big data*

Por un lado, la doctrina entiende que resulta muy complicado evitar la aparición de la colusión tácita en mercados oligopolísticos ya que, en su concepción, es la única conducta racional posible. Las empresas actúan en el mercado persiguiendo el objetivo de la maximización de los beneficios y para ello se deben tener en cuenta tanto las condiciones del mercado, como el modo en que los competidores reaccionarán a la decisión que uno de ellos tome sobre el precio. Por lo tanto, según esta concepción, la colusión tácita será consecuencia de un funcionamiento ineficiente de los mercados oligopolísticos, en los que el conocimiento de la estructura del mercado y la previsión de las conductas de los competidores pueden llevar al desarrollo de estas prácticas[217].

Frente a esta visión, otro sector doctrinal fija su atención en la conducta de los operadores más que en la estructura del mercado. Según esta corriente, el éxito de un acuerdo de fijación de precios depende de las posibilidades de vigilar y asegurar su cumplimiento. Esto es así ya que un competidor, en búsqueda de un mayor beneficio, puede reducir el precio acordado y diferenciarse de las empresas con las que ha coludido demandando un precio menor para sus productos. Esta conducta será posible (y le permitirá aumentar las ventas al resultar su oferta más atractiva que la de sus competidores) siempre que no sea descubierto por sus rivales. En este sentido, la formación de un cártel puede suponer tres grandes problemas[218]. En primer lugar, debe existir un acuerdo o cierto entendimiento entre las

---

e internet de las cosas: nuevos retos para el Derecho de la competencia y de los bienes inmateriales, Tirant lo Blanch, Valencia, 2020, pp. 255-303.

[217] Sobre la teoría de la Harvard School y la colusión tácita, *vid.*, entre otros, BAKER, J.B., "Two Sherman Act section 1 dilemmas: parallel pricing, the oligopoly problem and contemporary economic theory", *The Antitrust Bulletin*, vol. 38, nº 1, 1993, pp. 145-149.

[218] Esta teoría es propuesta por STIGLER, G.J., "A theory of oligopoly", *The journal of political economy*, vol. 72, nº1, 1964, pp. 44-61.

empresas involucradas sobre la fijación de precios. En segundo lugar, debe existir la posibilidad de detectar el incumplimiento de cualquiera de las partes. Y, por último, si se llegara a detectar dicho incumplimiento, este debe ser sancionado. Sin embargo, la solución de estos problemas depende a su vez de diferentes variables como, por ejemplo, la homogeneidad de los productos o el grado de concentración del mercado[219].

Por todo ello, como consecuencia del desarrollo de la inteligencia artificial y la utilización de algoritmos se ha planteado si pudiera llegar a favorecerse o facilitarse la colusión tácita ya que estas tecnologías ayudarían a resolver los problemas mencionados con anterioridad, favoreciendo los acuerdos entre empresas, así como el cumplimiento con el contenido del acuerdo ilícito, a través del seguimiento de los precios fijados o replicando las estrategias empresariales -estáticas o dinámicas- utilizadas por los competidores[220].

Varios autores han planteado que la colusión tácita mediante el empleo de algoritmos puede tener lugar de dos formas diferentes[221]. Por un lado, podemos encontrarnos ante empresas que diseñen sus propios algoritmos de manera unilateral con la intención de facilitar la colusión tácita, alterando para ello las condiciones del mercado. En este caso, cada empresa diseñará su algoritmo siendo consciente, esperando que las demás también lo hagan y, de este modo, pueda llegarse a un equilibrio. En este caso no existiría acuerdo o comunicación -directa o indirecta- entre ellas. Nos encontraríamos ante una conducta paralela de las empresas en el mercado.

---

219 Sobre la concepción de la colusión tácita bajo la Chicago School, *vid.* STIGLER, G.J., "A theory of oligopoly", *op. cit.*, pp. 44-61.

220 *Vid.* FRAMIÑÁN SANTAS, J., *op. cit.*, pp. 255-303.

221 *Vid.* EZRACHI, A. / STUCKE, M., "Artificial Intelligence & Collusion...", *op. cit.*, pp. 1-36.

Una segunda forma en que puede llevarse a cabo la colusión tácita consiste en el diseño de su propio algoritmo por parte de las distintas empresas con el objetivo de maximizar el beneficio, pero, a diferencia del supuesto anterior, sin la intención de coludir. Aunque en este caso falte el elemento teleológico de la finalidad de la colusión, el algoritmo de aprendizaje automático puede llegar a alinearse con los de los rivales, desarrollando prácticas paralelas, si de esta manera consigue aumentar dichos beneficios. En este caso, las empresas desconocerían si el algoritmo lleva a cabo o no conductas colusorias[222].

El primero de los casos planteados no podría ser sancionado en aplicación de la *section* 1 de la *Sherman Act,* ni tampoco con base en el artículo 101 TFUE ya que se trataría de una conducta paralela, pero al mismo tiempo unilateral, en la cual no existe ningún tipo de acuerdo o comunicación entre las partes. Tampoco se aprecia en estos acuerdos una finalidad de coludir produciendo un daño en el mercado del que las empresas participantes en esta práctica obtengan un beneficio. Esta falta de intencionalidad dificulta de igual modo la aplicación de la prohibición. Sin embargo, como veremos más adelante, en consideración de la tipificación expresa de las conductas conscientemente paralelas que lleva a cabo nuestra LDC, se podría reconsiderar la reprochabilidad -y, por ende, la sanción- de estas prácticas[223].

Sin embargo, otra parte de la doctrina entiende que existe un acuerdo tácito en el empleo de algoritmos como facilitadores de la coordinación de precios ya que, según ella, existe intención de participar en un acuerdo o llegar a un compromiso. Aún en el caso de que el programador no sea consciente y no haya diseñado y programado el algoritmo con el objetivo de coludir, es él quien establece los objetivos del algoritmo e

---

222 *Ibidem.* pp. 1-36.

223 *Ibidem,* pp. 1-36.

introduce la base de datos que este utiliza para aprender. Por lo tanto, el programador debe conocer cómo opera el algoritmo y, en consecuencia, puede predecir su comportamiento[224].

Hasta ahora tan sólo se han observado niveles significativos de colusión cuando los algoritmos compiten contra otros algoritmos, bien idénticos o similares[225]. Para que surja la colusión es precisa una cierta comunicación humana, basada o no en informaciones aportadas por sistemas de inteligencia artificial o algoritmos. El conocimiento de las personas responsables de adoptar las decisiones empresariales es necesario tanto para que se produzca la colusión como para la estabilidad del acuerdo. Por ello, la comunicación expresa suele ser la prueba definitiva para determinar que nos encontramos ante un cártel.

En el caso de uso de algoritmos, debemos preguntarnos, en cambio, si estos podrán aprender también a comunicarse y lograr así un escenario de colusión estable[226]. Si partimos de que los algoritmos pueden intercambiar información y alinear sus

---

224 *Vid.* GAL, M. S., "Algorithms as illegal agreements", *Berkeley Technology Law Journal,* vol. 34, 2019, pp. 67 y ss. En concreto, véase pp. 105 y ss. Autores como ROBLES MARTÍN-LABORDA no están de acuerdo con esta teoría ya que «si no ha existido toma de contacto alguno que tenga por objeto o efecto influir en él, las empresas tienen derecho no solo a vigilarlo, sino también a adaptarse de forma inteligente al comportamiento comprobado o previsto de sus competidores», ROBLES MARTÍN-LABORDA, A., "Cuando el cartelista es un robot...", *op. cit.,* p. 16. Así lo reitera también FARMIÑÁN SANTAS, J., *op. cit.*, pp. 294.

225 *Vid.* NORMANN, H.T. / STERNBERG, M., "Do machines collude better than humans?, *Journal of European Competition Law & Practice,* vol. 12, nº 10, 2021, pp. 765-771.

226 *Vid.* SCHWALBE, U., "Algorithms, machine learning and collusion", *Journal of Competition Law & Economics,* vol. 14, nº4, 2018, pp. 568-607; NORMANN, H.T. / STERNBERG, M., "Do machines collude better than humans?", *op. cit.*, p. 769.

códigos y programaciones, no podemos olvidar que para ello necesitan de la existencia de un protocolo de comunicación. El hecho de compartir un protocolo de comunicación acordado de manera conjunta podría, en algunos casos, ocasionar problemas de competencia y constituir una violación de la normativa *antitrust*. Por lo tanto, el requisito previo para lograr la colusión sería que los propios algoritmos aprendieran a desarrollar este protocolo por sí mismos. Sin embargo, la dificultad radicaría en aprender a intercambiar dicha información para fines que no estén programados o especificados con carácter previo, junto con la existencia de una gran variedad de algoritmos creados o programados por diferentes desarrolladores[227].

No resulta esta sede adecuada para concluir si los algoritmos podrán aprender a comunicarse o no con el objetivo de cooperar en un entorno competitivo. La respuesta a esta cuestión requiere un análisis más pormenorizado y que incorpore precisiones sobre las posibilidades técnicas de los sistemas, aspectos que superan nuestra formación y la aproximación jurídica del fenómeno que ofrecemos en este estudio.

Sin embargo, para poder determinar si existiría o no una conducta prohibida por el artículo 101 TFUE es necesario abordar qué entendemos por acuerdo en el Derecho de la competencia y analizar si es necesaria una revisión del término a efectos de enfrentar estas nuevas prácticas facilitadoras de la colusión.

2.2. El concepto de acuerdo en el Derecho de la competencia

La existencia de una concurrencia de voluntades entre empresas es fundamental para determinar si nos encontramos ante una práctica colusoria en el sentido del artículo 101.1

---

227 *Vid.* NORMANN, H.T. / STERNBERG, M., "Do machines collude better than humans", *op. cit.*, pp. 768-770.

TFUE o ante una conducta de abuso de posición de dominio según lo previsto en su artículo 102.

El término acuerdo, con base en el artículo 101 del TFUE, debe ser entendido en un sentido amplio. De este modo, el consentimiento de las partes podrá manifestarse tanto de forma escrita como de forma oral, ya sea de manera expresa o tácita, siendo necesaria la existencia de pruebas fehacientes de que dicho acuerdo ha sido concluido por las partes[228]. Con respecto a los acuerdos tácitos, el TJUE ha señalado que «[...] los modos pasivos de participación en la infracción, como la presencia de una empresa en reuniones en las que se concluyen acuerdos con un objeto contrario a la competencia, sin oponerse de modo expreso a ellos, reflejan una complicidad que puede conllevar su responsabilidad en virtud del artículo 101 TFUE , ya que la aprobación tácita de una iniciativa ilícita sin distanciarse de manera pública de su contenido o denunciarla a las autoridades administrativas produce el efecto de incitar a que se continúe con la infracción y dificulta que se descubra»[229].

Muchas son las ocasiones en las que tanto la Comisión como el TJUE han considerado que no nos encontrábamos ante una conducta unilateral, sino que podría demostrarse la existencia de acuerdo entre las partes, dado que tenía lugar una aceptación, expresa o tácita, por las partes contratantes[230]. Por lo

---

228 En este sentido, véase Decisión de la Comisión Europea, de 5 de septiembre de 1979, asunto IV/29.021, *BP Kemi – DDSF* (79/934/CEE), DOUE L 286/32, 1979, en el que resolvió que existía un acuerdo que fue ejecutado por las partes, aunque nunca se llegó a firmar.

229 STJUE (Sala Quinta), de 21 de enero de 2016, asunto C-74/14, «Eturas» UAB, y Otros c. *Lietuvos Respublikos konkurencijos taryba* (TOL5.615.152).

230 A este respecto, conviene mencionar el caso *AEG Telefunken*. En sendas decisiones adoptadas en consideración de este asunto, la Comisión y el TJUE consideraron que la admisión o el rechazo de un nuevo distribuidor por parte de AEG constituía un acuerdo entre

tanto, el TJUE señala que para acreditar la existencia de un acuerdo es suficiente probar la intención de las partes de llevar cabo esa determinada conducta[231]. El análisis de este requisito,

---

esta y sus distribuidores existentes. De este modo, no se trataba de una conducta unilateral de AEG ya que, tal y como indica el propio tribunal, «al admitir a un distribuidor, la admisión se basa en la aceptación, expresa o tácita, por las partes contratantes de la política seguida por AEG, que exige entre otras cosas la exclusión de la red de distribución de quienes tengan las cualidades requeridas para ser admitidos en ella pero no estén dispuestos a seguir dicha política» STJUE, de 25 de octubre de 1983, asunto 107/82, *AEG Telefunken c. Comisión,* ECLI:EU:C:1983:293, disponible en: https://eur-lex.europa.eu/legal-content/ES/TXT/PDF/?uri=CELEX:61982CJ0107&from=ES.

Una situación similar ocurrió en el caso de Ford y su red de distribución alemana, encargados de producir coches cuyos volantes estaban instalados a la derecha para ser vendidos en Alemania. La filial de Ford en Alemania decidió no seguir suministrando este tipo de vehículos a su red de distribuidores alemanes para evitar que se revendieran en Reino Unido a un precio inferior al aplicado por Ford en Reino Unido. En este sentido, todo parecía indicar que se trataba de una práctica unilateral. Sin embargo, la Comisión y el TJUE no lo vieron así, concluyendo, finalmente, que existía un acuerdo entre Ford y sus distribuidores alemanes a efectos del art. 101.1 TFUE. En efecto, ambos consideraron que la decisión de Ford no podía ser considerada como unilateral ya que formaba parte de las relaciones contractuales entre Ford y sus distribuidores. Todo ello porque la admisión de estos distribuidores en la red de Ford suponía que estos habían aceptado con carácter previo la política de la empresa respecto de la distribución de estos coches. El rechazo del suministro no era más que una forma de manifestar el acuerdo existente entre Ford y sus distribuidores. STJUE, de 28 de febrero de 1984, asuntos 228/82 y 229/82, *Ford of Europe Incorporated y Ford Werke Aktiengesellshaft c. Comisión,* ECLI:EU:C:1984:80, disponible en: https://eur-lex.europa.eu/legal-content/EN/TXT/?uri=CELEX%3A61982CJ0228.

231 STJCE de 11 de enero de 1990, asunto C-277/87, *Sandoz Prodotti Farmaceutici* c. *Comisión,* Rep. 1990, pp. 1-45; BACHES OPI, S., *Dis-*

la intencionalidad, será fundamental para confirmar si nos encontramos o no ante una conducta prohibida por el art.101 TFUE llevada a cabo por algoritmos informáticos[232].

Por ello, como se ha señalado, para que podamos hablar de la existencia de un acuerdo en el sentido del artículo 101 TFUE, al menos dos empresas deben participar en él. Aunque, en principio, la actuación unilateral de una empresa no infringe dicho precepto, podemos encontrarnos ante determinadas conductas -que aparentan ser unilaterales- que sí quedan cubiertas por la ley ya que la unilateralidad es meramente aparente[233]. Por ejemplo, una empresa actúa como instigadora de la colusión llevando a cabo un aumento de sus precios, esperando que el resto de empresas también lo haga. Ante la respuesta positiva del resto de competidores habría que analizar si

---

tribución y Derecho de la competencia, Marcial Pons, Madrid, 2014, p. 40. En esta misma línea se manifestó en su sentencia en el asunto *Bayer/Adalat,* estableciendo que «[l]a prueba de la existencia de un acuerdo en el sentido de dicha disposición debe basarse en la constatación directa o indirecta del elemento subjetivo que caracteriza el propio concepto de acuerdo, es decir, de la existencia de una concordancia de voluntades entre operadores económicos». *Vid.* STJCE de 6 de enero de 2004, asuntos acumulados C-2/01 P y C-3701 P, *Bundesverband der Arzneimittel-Importeure ev et altri c. Comisión,* Rep. 2004, p. 27 (TOL9.922.687). Además, establece que «(...) el concepto de acuerdo en el sentido del artículo 85, apartado 1, del Tratado «se basa en la existencia de una concordancia de voluntades entre por lo menos dos partes, cuya forma de manifestación carece de importancia siempre y cuando constituya la fiel expresión de tales voluntades». Asimismo, (...) para que exista acuerdo a efectos de dicha disposición basta con que las empresas de que se trate hayan expresado su voluntad común de comportarse de una determinada manera en el mercado».

232 *Vid. Infra.* Capítulo III, apartado 2.3.

233 *Vid.* ORTIZ BLANCO. L. / MAÍLLO GONZÁLEZ-ORÚS, J. / IBÁÑEZ COLOMO, P. / LAMADRID DE PABLO, A., *Manual de Derecho de la Competencia,* Tecnos, Madrid, 2008, pp. 72-84.

se trata de una conducta unilateral por parte de la primera o si, en caso contrario, nos encontramos ante un acuerdo tácito aceptado al elevar las segundas sus precios. Además, debido al carácter amplio del término que estamos analizando, el TJUE ha declarado que es necesario tener en cuenta tanto el contexto económico como jurídico en el que se sitúa el acuerdo para poder determinar los efectos sobre la competencia, así como determinar el mercado relevante[234].

Por lo tanto, lo importante y esencial para el análisis de este término hasta el momento ha sido la existencia de una concordancia de voluntades entre las partes, refiriéndose los términos directa o indirectamente al hecho de que la declaración de voluntad de cada una de ellas puede adoptar un carácter expreso o implícito, es decir, escrito u oral, o pueda deducirse de su conducta[235]. Sin embargo, debemos preguntarnos si, en

---

234 STJUE (Sala Cuarta), de 26 de noviembre de 2015, *SIA «Maxima Latvija» c. Konkurences padome* (TOL5.564.924). El Tribunal establece que «[...] deben tenerse en cuenta las condiciones en que tiene lugar el juego de la competencia en el mercado de referencia. Se trata, a este respecto, de conocer, no sólo el número y las dimensiones de los productores presentes en el mercado, sino, asimismo, el grado de saturación de este mercado, la fidelidad de los consumidores a las marcas existentes y los hábitos de consumo (véase, por analogía, la sentencia Delimitis, C234/89, EU:C:1991:91, apartado 22). Sólo cuando, al término de un análisis pormenorizado del contexto económico y jurídico en que se sitúan los contratos de que se trata en el litigio principal y de las particularidades del mercado de referencia, se comprueba que el acceso a dicho mercado resulta dificultado por el conjunto de contratos similares observados en ese mercado, procederá, acto seguido, analizar en qué medida dichos contratos contribuyen a un posible cierre de dicho mercado, debiéndose entender que sólo están prohibidos los acuerdos que contribuyan de manera significativa al citado cierre».

235 *Vid.* PICHT, P.G. / FREUND, B., "Competition (Law) in the Era of Algorithms", *European Competition Law Review*, nº9, 2018, pp. 403-410.

la actualidad, habría que incluir en dicho concepto de acuerdo aquellos que son alcanzados con la implantación y gestión automática de algoritmos, sin la existencia de intervención alguna por parte de las empresas.

A medida que avanzan las nuevas tecnologías, el desarrollo de los algoritmos permite, cada vez más, rápidas interacciones entre los competidores que podrían configurarlos para lograr un objetivo común, haciéndose mucho más confusa la noción de acuerdo entre ellos y su aplicación a la economía digital[236]. En este sentido ya se han pronunciado varios autores, señalando que, si bien un acuerdo entre competidores para fijar precios es per se ilegal, el desarrollo de las nuevas tecnologías que permite anuncios y respuestas más rápidas ha difuminado el significado del término "acuerdo" y ha dificultado a las autoridades la distinción entre aquellos acuerdos que pueden considerarse públicos y las conversaciones llevadas a cabo entre competidores[237].

Por todo ello, se puede pensar que el uso de estas nuevas tecnologías podría favorecer la aparición de la colusión tácita[238] entre empresas como práctica restrictiva de la com-

---

236 OECD, *Algorithms and Collusion. Competition Policy…*, *op. cit.*, p. 37.

237 *Vid.* BORENSTEIN, S., "Rapid Price Communication and Coordination: The Airline Tariff Publishing Case", en KWOKA JR., J.E. / WHITE, L.J. (eds.), *The Antitrust Revolution: Economics, Competition and Policy,* Oxford University Press, New York, 1994, pp. 310-328. Disponible en http://global.oup.com/us/companion.websites/fdscontent/uscompanion/us/pdf/kwoka/9780195322972_09.pdf.

238 Consideramos interesante señalar aquí la diferencia entre los términos *tácito, implícito* y *presunto.* Atendiendo a su definición por la RAE, se considerará *tácito* aquello «que no se entiende, percibe, oye o dice formalmente, sino que se supone e infiere». Si bien los términos *tácito* e *implícito* son utilizados como sinónimos, no tienen exactamente el mismo significado. De este modo, la RAE define este último como aquello que se encuentra «incluido en otra cosa sin que esta lo ex-

petencia en los mercados digitales, problemática que analizaremos a continuación.

2.3. La colusión tácita como nueva práctica restrictiva

La colusión tácita suele tener lugar en aquellos mercados en los que las empresas pueden tomar en consideración las reacciones de los competidores ante su conducta en su intento de maximizar beneficios[239]. Gracias a la inteligencia artificial, el *big data* y el uso de algoritmos, podemos encontrarnos ante una suerte de purificación de estos acuerdos, de modo que, si se cometen conductas anticompetitivas mediante el uso de estos, sería más difícil su detección ya que se prescinde de intervención humana y, en consecuencia, quedarían al margen de la normativa *antitrust*. Por ello, diversos autores han planteado la necesidad de incluir la colusión tácita facilitada por dichos algoritmos informáticos entre las prácticas prohibidas actualmente en el Derecho de la competencia[240]. En principio, esta inclusión podría llevarse a cabo de dos maneras: bien mediante una reforma del artículo 101 TFUE, bien mediante la adaptación de la interpretación jurisprudencial.

El uso de programas de inteligencia artificial favorece la viabilidad de la colusión tácita, facilitando, de un lado, la detección

---

prese». Por último, esta define el término *presunto* como aquello que es «supuesto».

239 *Vid.* ROBLES MARTÍN-LABORDA, A., "Cuando el cartelista es un robot...", *op. cit.*, p. 11.

240 Entre otros *vid.* MEHRA, S.K., "De-Humanizing *Antitrust*: The Rise of the Machines and the Regulation of Competition", *Temple University Legal Studies Research Paper*, nº 2014-43, disponible en https://ssrn.com/abstract=2490651; ROBLES MARTÍN-LABORDA, A., "Cuando el cartelista es un robot. ...", *op. cit.*, p. 11; AUTORITÉ DE LA CONCURRENCE, BUNDESKARTELLAMT, *op. cit.*, pp. 14-15.

de las desviaciones en los comportamientos y decisiones de sus competidores, y permitiendo, de otro lado, la adopción de represalias ante las mismas gracias a la existencia de mayor transparencia en el comportamiento de las empresas en el mercado, entre otros factores. En este último sentido, es posible -incluso- que se utilizasen estas posibilidades tecnológicas para implementar de forma automatizada las represalias que se hubieran pactado entre los infractores en caso de desviación, articulando una especie de compensación automatizada de cuentas, a través de la que se sancionen las desviaciones, disuadiendo a los infractores disidentes de apartarse del cumplimiento exacto del acuerdo ilícito.

La conjunción de ambos efectos redunda en un robustecimiento de los acuerdos colusorios, que afectará, principalmente, a los cárteles. Debido al aumento de la transparencia en los mercados digitales gracias al *big data* y a su análisis por nuevos sistemas de inteligencia artificial, resulta mucho más sencillo detectar cualquier desviación de las condiciones de la concertación [241], permitiendo una adaptación de los precios con tanta frecuencia como sea necesario para afrontar dichos cambios.

El uso de algoritmos informáticos puede ayudar a los competidores a llegar a un acuerdo sobre su programación de manera que el algoritmo de cada empresa siga en tiempo real el precio que fija otra determinada empresa (empresa líder en la fijación del precio) con el objetivo de adaptar el suyo de forma paralela sin necesidad de competencia entre ellas. Ante esto, cualquier desviación que sufra el precio establecido es fácilmente detectable casi al instante por los demás competidores, favoreciendo un aumento de la confianza entre las empresas y disminuyendo los incentivos a abandonar el

[241] *Vid.* ROBLES MARTÍN-LABORDA, A., "Cuando el cartelista es un robot...", *op. cit.*, p. 13; OECD, *Algorithms and Collusion. Competition Policy...*, *op. cit.*, pp. 21-22.

acuerdo alcanzado. El algoritmo serviría, así, para robustecer el cártel. Por ello, se puede concluir que el uso de algoritmos programados para determinar de forma automática el precio puede dar lugar a una mayor formación de cárteles y a reforzar la estabilidad tanto de los ya existentes como de aquellos que surjan a partir de ahora[242].

2.3.1. Casos que dan lugar a la aparición de nuevas prácticas restrictivas

Para llevar a cabo un análisis sobre el encaje de estas situaciones en el marco de la normativa de competencia y, en su caso, discernir si se hace precisa una reforma de la normativa *antitrust*, debemos analizar cada uno de los casos en los que podemos encontrarnos ante esta nueva práctica restrictiva.

---

242 Informe de la Comisión al Consejo y al Parlamento Europeo. *Informe final de la investigación sectorial sobre el comercio electrónico,* Bruselas, 2017, COM/2003/0702 final, p.5. Disponible en http://ec.europa.eu/competition/*antitrust*/sector_inquiry_final_report_es.pdf. Dicho informe tiene lugar debido a que con fecha 6 de mayo de 2015, la Comisión Europea pone en marcha una investigación sectorial sobre el comercio electrónico de bienes de consumo y contenidos digitales en la Unión Europea. Esta investigación sectorial sobre el comercio electrónico forma parte de la conocida como Estrategia para el Mercado Único Digital adoptada ese mismo día. Como resultados se establece que se tendrá por objetivo el cumplimiento de las normas de competencia de la UE en las prácticas empresariales más generalizadas que han surgido o han evolucionado como resultado del crecimiento del comercio electrónico y que puedan influir de manera negativa en la competencia y el comercio transfronterizo y en el funcionamiento del Mercado Único Digital. Además, se ampliará el diálogo con las autoridades de competencia nacionales a fin de conseguir una aplicación coherente de las normas de competencia de la UE a efectos de las prácticas empresariales relacionadas con el comercio electrónico.

A) Acuerdo entre competidores para la utilización de un mismo algoritmo

En el primer escenario los competidores acuerdan utilizar el mismo algoritmo. Las empresas tratan voluntaria y deliberadamente de coordinar su comportamiento, por lo que resultaría evidente que esta conducta entraría dentro del ámbito de aplicación de la prohibición de los artículos 101 TFUE y 1 LDC[243].

Sin embargo, la conducta prohibida ante la cual nos encontramos en esta situación no consiste en sí misma en el empleo de programas de inteligencia de precios o de algoritmos informáticos con el objetivo de materializar el acuerdo previamente establecido, sino que la conducta prohibida es precisamente esa concertación previa existente entre las empresas[244], siendo el algoritmo un mero instrumento de ejecución del acuerdo ilícito[245]. En este sentido, el empleo de este tipo de técnicas o

---

243 *Vid.* SOLERNOU SANZ, S., "La colusión en el contexto de los algoritmos", *Revista de Estudios Europeos,* nº78, julio-diciembre, 2021, pp. 138-153.

244 *Vid.* ROBLES MARTÍN-LABORDA, A., "Cuando el cartelista es un robot...", *op. cit.,* p. 10.

245 Una práctica de este tipo ha sido ya objeto de sanción por parte de la *Competition Markets Authority* (CMA) británica ante el acuerdo llevado a cabo por dos comerciantes minoristas vendedores de carteles en Amazon. En concreto, ambos acordaron no fijar un precio de venta al público inferior al del otro, siempre y cuando no hubiera un tercer vendedor ofreciendo dicho producto a un menor precio. Para ello, hicieron uso de un algoritmo de precios consistente en un programa de inteligencia configurado para establecer de manera automática un precio más bajo que el de los competidores no participantes en el acuerdo, con alguna excepción. Ante dicha conducta, la CMA ha concluido que esta restringe la competencia en el mercado y ha impuesto sanciones a las dos empresas implicadas. *Vid. Decision of the Competition and Markets Authority* de 12 de agosto de 2016, *caso 50223, Online sales of posters and frames,* disponible en https://assets.publishing.service.gov.uk/media/57ee7c2740f0b606dc000018/

instrumentos únicamente sería tenido en cuenta por la autoridad de competencia de cara a la determinación de la multa correspondiente, en vistas a su mayor o menor reprochabilidad[246].

En el año 2020, la CNMC detectó un posible caso de colusión algorítmica de gran interés para comprender mejor el análisis que nos ocupa[247]. Se trata del primer expediente in-

---

case-50223-final-non-confidential-infringement-decision.pdf. Además de las sanciones económicas impuestas a dichas empresas, se ha prohibido a uno de los directivos ejercer como administrador de cualquier empresa durante un período de cinco años.

Un caso similar tuvo lugar en el año 2015 en Estados Unidos, el asunto *Topkins*. El directivo de la compañía dedicada a la venta de carteles, David Topkins, fue acusado por la fijación de precios en el sector del comercio electrónico. Este admitió haber acordado con sus competidores la fijación de precios de los productos vendidos en Estados Unidos a través de Amazon, utilizando, para ello, determinados algoritmos que se encargaban de coordinar los cambios en sus precios. *Vid. Plea Agreement in United States of America v. David Topkins, United States District Court of the Northern District of California, San Francisco Division*, disponible en: https://www.justice.gov/atr/case-document/plea-agreement-462. Sobre este asunto *vid.* MEHRA, S., "US v. Topkins: can price fixing be based on algorithms?", *Journal of European Competition Law & Practice*, vol. 7, nº7, 2016, pp. 470–474; PICHT, P.G. / FREUND, B., "Competition (Law) in the Era of Algorithms", *op. cit.*, p. 409.

246 El artículo 64 de la LDC establece los criterios para la determinación del importe de las sanciones, entre ellos, las circunstancias agravantes y atenuantes que puedan tenerse en cuenta a la hora de establecer dicha cuantía. En particular, en su apartado segundo se recoge como circunstancia agravante *la adopción de medidas para imponer o garantizar el cumplimiento de las conductas ilícitas*. En este caso, podríamos entender que la medida adoptada para garantizar la conducta ilícita sería la programación del algoritmo correspondiente, actuando aquí pues, como circunstancia agravante para determinar la cuantía.

247 Resolución CNMC, de 25 de noviembre de 2021, PROPTECH, Expte. S/0003/20, disponible en https://www.cnmc.es/expedientes/

coado por la CNMC por el uso de algoritmos que permiten compartir información y fijar precios en un mercado, lo que supone un hito para el Derecho de la competencia, que abre así un nuevo campo de investigación para combatir las prácticas anticompetitivas. Tal y como se explica en la información oficial publicada por la Comisión, dichas prácticas consistirían en la coordinación de precios y otras condiciones comerciales por parte de intermediarios inmobiliarios.

En esta decisión se destaca que la coordinación de precios se habría instrumentado a través del uso de software y de plataformas informáticas, entre otros medios, y habría sido facilitada por empresas especializadas en soluciones informáticas a través del diseño del programa informático de gestión inmobiliaria y de sus algoritmos. ¿Nos encontramos entonces ante un caso de colusión tácita mediante el uso de nuevas tecnologías, como son los algoritmos?

La CNMC ha puesto fin a este expediente mediante una decisión de prohibición e imponiendo multas a las empresas infractoras. En su decisión, la autoridad de competencia da respuesta a la cuestión de si nos encontramos ante una posible coordinación algorítmica de precios. Para ello, ha llevado a cabo un detallado análisis del mercado afectado, de los

---

s000320. Con fecha 20 de febrero de 2020, tras las inspecciones llevadas a cabo durante el mes de noviembre del año anterior, la CNMC incoó un expediente sancionador contra siete empresas del mercado de la intermediación inmobiliaria por posibles prácticas restrictivas de la competencia, en concreto, prácticas prohibidas en el artículo 1 LDC, así como en el artículo 101 TFUE. En concreto, la conducta colusoria fue llevada a cabo por siete empresas del sector inmobiliario: CDC Franquiciadora Inmobiliaria S.A., Look & Find primera red inmobiliaria S.A., Aplicaciones Inmovilla S.L., Idealista S.A., Witei Solutions S.L., Anaconda Services and Real Estate Technologies S.L. y Servicio Multiple de Exclusivas Inmobiliarias S.L. (MLS).

hechos, de la infracción cometida y, finalmente, de la responsabilidad de las empresas por su participación. Si bien el expediente ha finalizado con la imposición por parte de la autoridad de competencia de una multa a las empresas involucradas, esta ha considerado que se trata de un cártel tradicional, siendo los algoritmos únicamente un instrumento para la ejecución de su conducta[248].

Un ejemplo más reciente lo encontramos en el asunto Realpage. El pasado mes de marzo, la FTC y el Department of Justice (DOJ) en Estados Unidos presentaron varios escritos sobre una posible colusión mediante algoritmos de precios. En concreto, varias empresas hoteleras habrían utilizado una plataforma o algoritmo de precios – llamado Rainmaker- para fijar el precio de sus habitaciones. Según estos, el uso de algoritmos de precios podría estar facilitando una colusión ilegal entre hoteles, aumentando y estabilizando los precios de las habitaciones de hotel de tal manera que se permite y facilita una conducta anticompetitiva. En este sentido, las agencias presentaron un escrito conjunto en el cual explicaban que la fijación de precios a través de un algoritmo debe considerarse, de igual forma, fijación de precios[249].

---

248 Otro ejemplo de este tipo de conducta lo encontramos en la Sentencia del Tribunal Ordinario de Bolonia, de 31 de diciembre de 2020, nº 2949/2019, asunto Deliveroo. La Sentencia determina que tiene lugar una discriminación indirecta hacia los riders, mediante un algoritmo de puntuación, pero que esto no constituye una discriminación algorítmica, sino ejecutada a través de un algoritmo.

249 Más información disponible en https://www.govinfo.gov/app/details/USCOURTS-tnmd-3_23-md-03071/summary.

B) Uso de algoritmos para la coordinación de conductas sin pacto previo, pero con conocimiento

En el segundo supuesto, más complejo que el anterior, los competidores, a pesar de no haber acordado utilizar el mismo algoritmo, son conocedores de ello. En este caso, el diseñador del algoritmo lo distribuye entre varios empresarios competidores, produciendo el uso de este instrumento efectos horizontales. Esto es lo que la doctrina ha denominado "*hub and spoke*" [250], por la forma en la que irradia sus efectos[251].

---

250 Nos referimos a un tipo de cártel en el que los competidores se coordinan a través de sus relaciones verticales, operando el proveedor o distribuidor común como un intermediario. Se les denomina *hub-and-spoke* por la forma en que irradia sus efectos: nos encontramos con un eje central (*hub*) que sirve para coordinar a los rayos (*spokes*). A diferencia de la figura clásica de colusión - directa y explícita–entre competidores, en este caso los participantes del cártel no tienen vínculo aparente, gracias a un tercero que es el encargado de facilitar la coordinación indirecta entre ellos. En este sentido, *vid.* OECD, *Hub-and-spoke arrangements,* Note by the European Union, diciembre, 2019; CAYSEELE, V. / PATRICK, J.G., "Hub and spoke Collusion: Some Nagging Questions Raised by Economists", *Journal of European Competition Law & Practice,* 2014, vol. 5, nº3, pp. 164-168; MATTIOLI, E., "Hub and Spoke: Towards a Belgian Precedent?", *Journal of European Competition Law & Practice,* vol.7, nº 4, 2016, pp. 261-266; SAHUGHET, N. / WALCKIERS, A., "Selling to a cartel of a retailers: a model of hub-and-spoke collusion", *CEPR Discussion Paper,* julio, 2013, pp. 1-18.

251 Un ejemplo de este tipo de conducta lo encontramos en la STJUE, de 22 de octubre de 2015, caso *ACTreuhand AG c. Comisión Europea.* La Comisión consideró que varias empresas habían infringido lo establecido en el art. 81 CE al participar en un conjunto de acuerdos y prácticas concertadas contrarios a la competencia que afectaban al sector de los estabilizadores de estaño y al sector del aceite epoxidado de soja y de los ésteres. Esta consideró que la empresa AC-Treuhand había jugado un papel esencial para la comisión de la infracción, el cual consistió en la organización de varias reuniones

En este sentido, recuerda el TJUE que los modos pasivos de participación en la infracción suponen una complicidad que puede conllevar su responsabilidad en virtud del art. 101 TFUE, ya que «la aprobación tácita de una iniciativa ilícita sin distanciarse públicamente de su contenido o denunciarla a las autoridades administrativas produce el efecto de incitar a que se continúe con la infracción y dificulta que se descubra»[252].

Un segundo ejemplo de la conducta aquí analizada lo encontramos en la STJUE, en el asunto *Eturas*[253]. En este caso se trata de una práctica concertada en la que una plataforma es la facilitadora[254]. Para determinar si existía conocimiento de la práctica ilícita por parte del resto de operadores económicos implicados y determinar su responsabilidad, el Tribunal Su-

---

«a las que asistió y en las que participó activamente, recogiendo y comunicando a los productores interesados datos sobre las ventas en los mercados afectados, proponiendo actuar como moderador en caso de tensión entre dichos productores y animándolos a llegar a compromisos, a cambio de una remuneración». *Vid.* STJUE (Sala Segunda), de 22 de octubre de 2015, asunto C-194/14 P, *AC-Treuhand AG c. Comisión Europea* (TOL5.511.044).

252 *Idem*, FJ. 31.

253 STJUE, de 21 de enero de 2016, asunto C-74/14, «Eturas» UAB, y Otros c. Lietuvos Respublikos konkurencijos taryba (TOL5.615.152).

254 Eturas era titular de derechos exclusivos sobre el programa informático E-TURAS, un sistema común de reservas de viajes en línea. Durante el año 2010, el Consejo de la Competencia inició una investigación para determinar si las agencias de viajes coordinaban entre sí los descuentos sobre los viajes vendidos a través de este sistema. En el año 2009, el administrador del programa informático envió mediante mensajería interna del programa un mensaje titulado «Mensaje sobre la reducción del descuento para las reservas de viajes por internet, entre el 0 y el 3%». A través de este se informaba a las agencias de la posibilidad de conceder descuentos bajo el umbral indicado, advirtiendo que, si se concedían descuentos superiores a dicho límite máximo, estos se ajustarían de manera automática al 3%.

premo decidió suspender el procedimiento y plantear al TJUE una cuestión prejudicial. En este sentido, el Tribunal planteaba cómo debía interpretarse el art. 101 TFUE cuando varios operadores económicos participan en un sistema común de información (*hub and spoke*) en el cual se difunden mensajes sobre una serie de acciones que afectan a los precios y si se debe presumir que dichos operadores tenían conocimiento o debían tenerlo de los mensajes ahí difundidos. Además, es importante conocer si al no oponerse a dichas acciones manifestaban su consentimiento tácito y, por lo tanto, podrían ser partícipes de una práctica concertada»[255].

Para responder a esta cuestión el Tribunal, en primer lugar, recuerda que para hablar de práctica concertada o acuerdo es necesaria la existencia de un conjunto de coincidencias e indicios que, a falta de una explicación coherente, pueda constituir la prueba de una infracción de las normas sobre competencia. En segundo término, además de la concertación entre las empresas implicadas, es necesario un comportamiento en el mercado que siga a dicha concertación, así como una relación de causalidad entre ambos elementos[256].

Dos son los principios que deben tenerse en cuenta a la hora de analizar la participación de las empresas en la práctica concertada. Por un lado, el principio de efectividad, el cual exige que la prueba de una infracción del Derecho de la competencia pueda aportarse mediante pruebas directas e indicios objetivos y concordantes. Por otro lado, el principio de presunción de inocencia, según el cual del envío de un único mensaje a través del sistema informático -en este caso- no puede considerarse que las agencias de viajes implicadas tuvieran necesariamente conocimiento de este. Es decir, sería necesario, además, la existencia de un comportamiento que

---

255 STJUE, asunto *Eturas, op. cit.*, FJ 25.

256 *Idem*, FJ 36 y 42.

siga a la concertación y una relación de causalidad entre ambos, lo que demostraría una aprobación tácita de una acción contraria a la competencia.

Finalmente, el Tribunal concluye señalando que las empresas implicadas podrán demostrar que no participaron en la práctica concertada si aportan pruebas sobre: (1) un distanciamiento público de la práctica, (2) la denuncia a las autoridades de competencia y (3) otras pruebas que puedan destruir la presunción de su participación en la práctica concertada[257].

En el supuesto analizado en este apartado, el uso de algoritmos para la coordinación de conductas sin pacto previo, pero con conocimiento, la aplicación del art. 101 TFUE resulta más compleja si interpretamos que, al no existir ningún contacto directo o indirecto entre las partes, no podemos hablar de la existencia de una práctica concertada. Sin embargo, siguiendo el análisis realizado por el TJUE, aquí sí que existe consciencia y conocimiento por parte de las empresas de estar utilizando el mismo algoritmo que sus competidores. Se presume, además, que estas empresas son conocedoras de los efectos y las consecuencias para el mercado del uso de tales instrumentos, cumpliéndose los requisitos señalados por el Tribunal para determinar la existencia de una práctica concertada. De este modo, algún autor entiende que «si la finalidad inmediata del art. 101 TFUE es la libre autonomía empresarial y el esfuerzo independiente, una interpretación teleológica del mismo no debería impedir su aplicación en estos casos de ausencia de coordinación explícita»[258].

---

257 *Idem*, FJ 50. En este caso, por ejemplo, se hace referencia a la aplicación sistemática de un descuento que superara el límite máximo impuesto por la plataforma (3%).

258 *Vid.* SOLERNOU SANZ, S., *op. cit.*, p. 146. El TJUE inserta la idea de complicidad en el concepto de concertación, en su STJUE de 22 de octubre de 2015, asunto C-194/14, *AC-Treuhand AG/Comisión*

Por todo ello, consideramos que sí puede aplicarse el art. 101 TFUE a este tipo de prácticas concertadas en las cuales el diseñador del algoritmo lo distribuye entre varias empresas competidoras, siendo estas conocedoras de ello. Sin embargo, aun cuando se considere que no cabe aplicar dicho artículo a este tipo de prácticas, es indiscutible que, como veremos más adelante[259], puede ser mucho más sencillo hacerles frente con la aplicación de la legislación española.

C) Desconocimiento del uso del mismo algoritmo

El tercer supuesto es aquel en el que los competidores no conocen que están utilizando el mismo algoritmo. Estos podrían pensar que la alineación de precios producida es resultado de una respuesta natural del mercado a las condiciones cambiantes del mismo. En este caso, cada empresario, en el proceso lógico de definición de su estrategia comercial podrá utilizar los medios más adecuados para conocer su entorno, el mercado en que desarrolla su actividad y a sus propios rivales para adoptar las decisiones más correctas sobre la base de dicha información. Esta actividad es totalmente lícita y razonable y, para ello, las empresas pueden servirse del uso de algoritmos como mecanismos para conseguir una mayor

---

Europea: «[...] el Tribunal de Justicia ha declarado, en particular, que los modos pasivos de participación en la infracción, como la presencia de una empresa en reuniones en las que se concluyeron los acuerdos con un objeto contrario a la competencia, sin oponerse expresamente a ellos, reflejan una complicidad que puede conllevar su responsabilidad en virtud del artículo 81 CE, apartado 1, ya que la aprobación tácita de una iniciativa ilícita sin distanciarse públicamente de su contenido o denunciarla a las autoridades administrativas produce el efecto de incitar a que se continúe con la infracción y dificulta que se descubra».

259 *Vid. Infra.* Capítulo III, apartado 2.4.

transparencia de la información, reducir tales costes de transacción y procesar todos esos datos, llevando a cabo, también, modelos predictivos.

A diferencia del escenario anterior, en este caso no existe conciencia por parte de las empresas implicadas de que se está produciendo una coordinación con las decisiones de sus rivales. Este proceso, denominado "comunicación algorítmica", incide en la idea de ausencia de participación humana en la toma de decisiones[260]. Existe sin duda un alto riesgo de restricción de la competencia en el cual es mucho más complicado aplicar los artículos 101 TFUE y 1 LDC, pues se rompe el eje conducta colusoria-resultado colusorio.

D) Alineación automática de los algoritmos: cuando unos aprenden de otros

Una tipología específica del escenario anterior se da en aquellos casos en los que los algoritmos utilizados por las distintas empresas rivales, sin el conocimiento y sin existir un pacto previo entre ellas, utilizan algoritmos para la programación y definición de sus estrategias y estos algoritmos, según el proceso de autoaprendizaje, se comunican con las respuestas que ofrecen los de las empresas rivales y acaban alineándose. En estos casos, es el proceso de autoaprendizaje (*self-learning*) de los algoritmos en persecución del objetivo de maximización del beneficio, el que acaba produciendo la alineación de conductas y la fijación común de precios.

Con el objetivo de obtener más información sobre la cooperación entre algoritmos y las personas responsables de adoptar las decisiones comerciales en cada empresa en un entorno de mercado competitivo, se ha llevado a cabo un reciente estudio

---

260 SOLERNOU SANZ, S., *op. cit.*, p. 149.

donde los participantes asumieron el papel de empresa en el mercado y simplemente tenían que elegir entre dos acciones: un precio alto o un precio bajo. En este sentido, se compara el grado de colusión tácita en el mercado con tres empresas cuando únicamente interactúan humanos o cuando es un algoritmo el que decide por una de las tres empresas. Para un mayor control, los participantes desconocen que un algoritmo actuará por una de ellas[261].

En el siguiente gráfico se pueden observar los resultados de dicho experimento donde se muestra cómo evolucionan las tasas de cooperación con el tiempo. La línea roja muestra aquellas tasas cuando tan solo interactúan humanos y la línea azul cuando una de las tres empresas delega su decisión en un algoritmo. Como señalamos, en ambos casos los participantes desconocen la utilización de algoritmos.

---

[261] *Vid.* NORMANN, H.T. / STERNBERG, M., "Do machines collude better than humans?", *op. cit.*, pp. 768-770. El desarrollo fue el siguiente: grupos de tres jugadores interactuaron de manera repetida durante al menos veinte períodos y estos juegos se repitieron en tres ocasiones. En cada una de ellas, los miembros del grupo eran asignados al azar. Tras ello, se concluye que en aquellos mercados en los que se introduce un algoritmo se logran tasas más altas de cooperación que en aquellos mercados donde solo interactúan personas. En este sentido, el algoritmo en cada repetición aumenta cada vez más el juego colusorio. Es decir, los grupos en los que no se introduce ningún algoritmo solo logran un grado moderado de fijación de precios supracompetitivos, mientras que, a medida que se introduce la participación de algoritmos, se van alcanzando niveles superiores.

Gráfico 3. Evolución de las tasas de cooperación

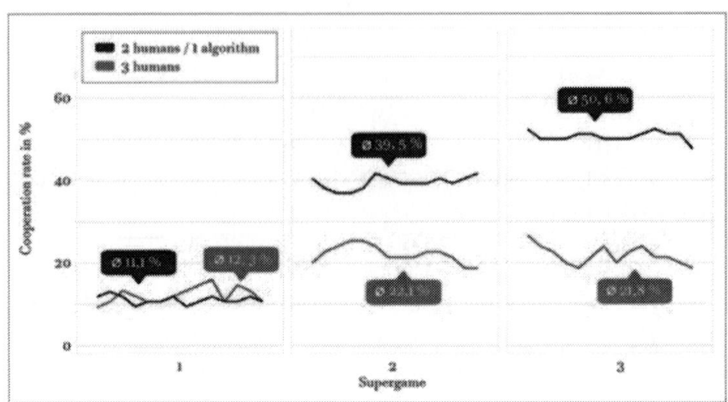

Fuente: NORMANN, H.T. / STERNBERG, M., "Do machines collude better than humans?, Journal of European Competition Law & Practice, vol. 12, nº 10, 2021, p. 769.

En relación con las ganancias de las tres empresas, se observa que, en el escenario en el cual participa un algoritmo, se aumentan las ganancias para todas las empresas, es decir, todos los sujetos ganaron más si este se encontraba presente. Sin embargo, aquellas empresas que utilizaron el algoritmo obtienen una ganancia un poco menor que la del resto – esto puede ser debido a la existencia de mayores costes de instalación –. Aunque se trate de una pequeña diferencia, puede que ninguna empresa quiera ser la primera en implementar un algoritmo si su ganancia va a ser menor que la que obtendrían sus rivales, que se beneficiarían así del parasitismo del algoritmo ajeno (*free-riding*)[262].

---

[262] Sobre *free-riding*, entre otros, *vid.* MASSAGUER FUENTES, J., "Por un replanteamiento de la protección jurídica de las presentaciones comerciales", *La Ley mercantil*, nº60, 2019 (LA LEY 8984/2019); HERRERO SUÁREZ, C., "La fijación de precios de reventa: ¿nuevos

En el siguiente gráfico se puede observar cómo evolucionan las ganancias en función de los diferentes juegos entre personas y algoritmos. La barra gris dentro del área roja muestra el promedio de ganancias cuando tan solo interactúan humanos y las del área azul, aquellas cuando una de las tres empresas delega su decisión en un algoritmo. Dentro de esta última área, la barra de color negro indicaría las ganancias obtenidas por un algoritmo y la de color gris por un jugador humano.

Gráfico 4. Evolución de las ganancias

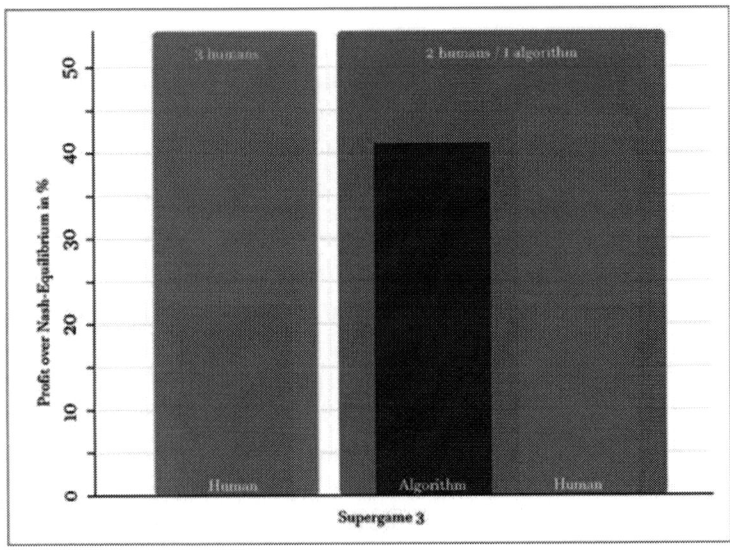

Fuente: NORMANN, H.T. / STERNBERG, M., "Do machines collude better than humans?", Journal of European Competition Law & Practice, vol. 12, nº 10, 2021, p. 770.

---

vientos?", *Revista de Derecho de la Competencia y la Distribución*, nº4, enero-junio 2009, pp. 53-88.

En este punto cabe plantearnos la siguiente cuestión: qué ocurriría con aquellas empresas que no utilizan algoritmos ni forman parte del acuerdo, pero que, sabiendo que está habiendo una alteración "extraña" de los precios en el mercado -de manera probable a causa del uso de algoritmos, pero sin ser conscientes de ello- deciden adaptar sus conductas a esta información y subir también sus precios al amparo del cártel -cártel algorítmico en este caso-. Esta conducta ha sido denominada por la doctrina como efecto paraguas de un cártel o *umbrella pricing*[263]. Consideramos que estas no estarían llevando a cabo conducta ilícita alguna si su decisión de subir los precios es una reacción lógica en el mercado, es decir, determinan el precio con el objetivo de hacer frente a los cambios en la oferta y la demanda. Se trataría, por tanto, de una decisión estratégica de la empresa.

E) Algoritmos configurados para seguir la dirección de una empresa líder en precio

Este último supuesto plantea si puede considerarse un cártel aquella conducta bajo la cual los algoritmos de una empresa son configurados para seguir la dirección de una empresa líder en precio. Consideramos que, en este caso, sería necesario un elemento finalista, es decir, que las empresas que establecen el algoritmo para seguir los precios de otra lo hagan siendo conscientes de que utilizan esa práctica para maximizar sus bene-

---

263 Entre otros, *vid.* OLMEDO PERALTA, E., "Daños derivados de la subida de precios bajo el paraguas de un cartel (umbrella pricing)…", *op. cit.*, p. 82; MAURER, V.G., "Umbrella Pricing and *Antitrust* Standing: An Economic Analysis", *Utah Law Review,* 1982, pp. 763-796; HANSBERRY, D. / HUMMER, C. / LE BERRE, M. / LECLERC, M., "Umbrella Effect: Damages Claimed by Customers of Noncartelists Competitors", *Journal of European Competition Law & Practice,* vol. 5, nº. 4, 2014, pp. 196-205.

ficios y limitar la competencia. Además, sería preciso también un cierto acuerdo de voluntades entre las empresas afectadas, no puede tratarse tan sólo de una conducta unilateral.

Por otro lado, otra cuestión que debemos analizar es la de sus efectos. Imaginemos que esta conducta no conlleva un incremento de precios, sino que, por el contrario, se produzca una reducción de estos, ¿seguiríamos estando ante un cártel? Pues bien, si esta conducta constituye una restricción por el objeto, no será necesario acreditar que se ha producido un daño efectivo a la competencia, es suficiente con demostrar que era posible provocarlo[264]. Por lo tanto, sí consideramos que debería tratarse tal conducta como cártel, aunque el resultado fuese una reducción de precios.

Sin embargo, si consideramos que la conducta constituye una restricción por sus efectos negativos para la competencia, se debe analizar si esta ha producido o podía producir el efecto deseado[265]. En el caso planteado, no se habría alcanzado.

---

[264] En este sentido, *vid*, entre otras, RTDC de 16 de septiembre de 2003, asunto *Tanatorios Huesca,* Exp. 550/02, la cual señala que «aunque la conducta concreta que hay que resolver no haya tenido efectos reales sobre la competencia, pero resultara apta para vulnerarla estaría incursa en la prohibición del artículo 1 LDC»; STJUE (Sala Segunda), de 8 de diciembre de 2011, asunto C-272/09 P, *KME Germany AG, KME France SAS y KME Italy SpA. c. Comisión,* apartado 6 (TOL9.918.625).

[265] *Vid.* STJUE (Sala Cuarta) de 30 de enero de 2020, asunto C-307/18, *Generics (UK) Ltd y otros c. CMA,* apartado 64 (TOL7.829.213); STJUE (Sala Segunda) de 19 de marzo de 2015, asunto C-286/13 P, *Dole Food Company, Inc. y Dole Fresh Fruit Europe c. Comisión,* apartados 111 y ss. (TOL4.769.891).

2.4. La coordinación algorítmica como práctica conscientemente paralela

El encuadramiento de la coordinación algorítmica en los marcos conceptuales del Derecho de la competencia resulta, aún, más complejo al analizarlo bajo el prisma del Derecho español de la competencia. A diferencia de la normativa comunitaria, nuestra normativa nacional de competencia incluye de modo expreso en el supuesto de hecho de las conductas colusorias a las *prácticas conscientemente paralelas.* En efecto, en nuestro país podría resultar más sencillo incluir las conductas que estamos considerando dentro de esta noción.

Las conductas conscientemente paralelas han sido definidas como aquel «comportamiento armonizado de varias empresas en el mercado, sin que medie un acuerdo expreso o tácito entre las mismas, que es simple consecuencia de desarrollar, cada una de ellas las respectivas acciones con el propósito de evitar la discordancia, conociendo cada una con carácter previo los fines y medios de las demás»[266]. Para saber si estas nuevas posibles prácticas anticompetitivas que están surgiendo gracias al uso de las nuevas tecnologías pueden o no subsumirse bajo el concepto de prácticas conscientemente paralelas, es importante comenzar analizando en qué consiste esta conducta y cómo ha sido considerada a lo largo del tiempo[267].

---

266 RTDC de 12 de febrero de 2001, *Laboratorios Farmacéuticos,* Exp. R 437/00, FD 3º. Un extenso análisis sobre el tema lo encontramos en NAVARRO SUAY, M.C., *Las conductas conscientemente paralelas, op. cit,* quien las define como «aquellas prácticas restrictivas de la competencia consistentes en que cada operador económico, sin que medie acuerdo ni concertación alguna, actuando unilateral pero armónicamente, ajusta deliberadamente su comportamiento al de otro competidor o competidores, evitando hacerse la competencia».

267 *Vid.* NAVARRO SUAY, M.C., *Las conductas conscientemente paralelas, op. cit.*, p. 54.

Esta figura tiene su origen en la Ley 110/63, de 20 de julio, de Represión de Prácticas Restrictivas de la Competencia[268], que por primera vez aludía a *prácticas surgidas de conductas conscientemente paralelas*. Bajo esta categoría se proscriben ciertas prácticas restrictivas de difícil encaje dentro de la noción tradicional de prácticas concertadas. Sin embargo, se ha de emplear extraordinaria cautela en el uso de esta figura. Así, el artículo primero de la Ley de competencia de 1963 establecía que: «[q]uedan prohibidas las practicas surgidas de convenios, decisiones o conductas conscientemente paralelas, que tengan por objeto o produzcan el efecto de impedir, falsear o limitar la competencia en todo o en parte del mercado nacional. Son nulos, como contrarios a la Ley y al orden público, los convenios entre empresas, así como los acuerdos y decisiones de todo género de uniones, asociaciones o agrupaciones de aquellas que originen prácticas de las prohibidas en el apartado anterior».

En el año 1989 se aprobó una nueva Ley de Defensa de la Competencia[269] como consecuencia de la incorporación de España a la Unión Europea. En su artículo primero recogía las conductas prohibidas y, entre ellas, las prácticas conscientemente paralelas[270]. Con la entrada en vigor de la nueva Ley

---

268 Art.1. Ley 110/63, de 20 de julio, de Represión de Prácticas Restrictivas de la Competencia.

269 Ley 16/1989, de 17 de julio, de Defensa de la competencia (TOL1.179.313).

270 Art. 1.1. Ley 16/1989, de 17 de julio, de Defensa de la competencia: «Se prohíbe todo acuerdo, decisión o recomendación colectiva, o práctica concertada o conscientemente paralela, que tenga por objeto, produzca o pueda producir el efecto de impedir, restringir o falsear la competencia en todo o en parte del mercado nacional y, en particular, los que consistan en: a) La fijación, de forma directa o indirecta, de precios o de otras condiciones comerciales o de servicio; b) La limitación o el control de la producción, la distribución, el desarrollo técnico o las inversiones; c) El reparto del mercado o

de Defensa de la Competencia, la Ley 15/2007, de 3 de julio, dicho artículo queda redactado como sigue: «[s]e prohíbe todo acuerdo, decisión o recomendación colectiva, o práctica concertada o conscientemente paralela, que tenga por objeto, produzca o pueda producir el efecto de impedir, restringir o falsear la competencia en todo o parte del mercado nacional [...]», manteniendo el tenor literal del art. 1 tal y como había sido incorporado en 1989.

Como vemos, se confrontan de manera expresa los conceptos de práctica concertada y de práctica conscientemente paralela, de lo que se deduce que sus características y contenido deberán ser distintos. Sin embargo, parte de la doctrina ha considerado que no existe diferencia alguna entre las prácticas concertadas y las conductas conscientemente paralelas, concluyendo que entre ambas no parece existir margen suficiente para justificar una nueva categoría colusoria – prácticas conscientemente paralelas – que, en todo caso, resultará muy difícil de probar en la práctica, salvo que se haga aproximándose al concepto de práctica concertada[271].

---

de las fuentes de aprovisionamiento; d) La aplicación, en las relaciones comerciales o de servicio, de condiciones desiguales para prestaciones equivalentes que coloquen a unos competidores en situación desventajosa frente a otros; e) La subordinación de la celebración de contratos a la aceptación de prestaciones suplementarias que, por su naturaleza o con arreglo a los usos de comercio, no guarden relación con el objeto de tales contratos».

271 *Vid.* COSTAS COMESAÑA, J., *Los cárteles de crisis. Crisis económica y defensa de la competencia,* Marcial Pons, Madrid, 1997, p. 56. En este sentido, según la sentencia del TJCE en el caso *Pasta de madera,* una conducta *conscientemente paralela* tan sólo puede servir como «prueba indiciaria de una coordinación o cooperación entre las empresas» y, en consecuencia, demostrar la existencia de una práctica concertada», Sentencia del TJCE en el caso de *Pasta de madera,* de 27 de septiembre de 1988, asuntos acumulados 89. 104, 114, 116, 117 y 125 a 129/85. Véase también BROKELMANN, H., "Las prácticas

La doctrina y la jurisprudencia han señalado determinados requisitos cuya concurrencia es necesaria para poder considerar que nos encontramos ante conductas conscientemente paralelas[272]. Así, en primer lugar, se requiere la no existencia de contacto entre las partes; en segundo término, una estructura de mercado oligopolística o muy concentrada; a continuación, que las decisiones de las diferentes empresas sean interdependientes entre sí; y; por último, que las empresas sean capaces no sólo de monitorizar el mercado, sino también de imponer mecanismos de penalización lo suficientemente efectivos como para obligar al resto de competidores a ajustar sus políticas comerciales[273].

Al hablar de conductas conscientemente paralelas es inevitable asociarlas a la de colusión tácita, estudiada en páginas anteriores[274], por lo que se hace imprescindible diferenciarlas o, en su caso, sostener la conclusión de que no existe diferencia y que nos encontramos ante un específico o concreto tipo de conducta de colusión tácita. En todo caso, sí parece derivarse de todo ello que la normativa española dispone de un ámbito de aplicación más amplio que el establecido en la legislación comunitaria ya que el legislador español tiene la intención de perseguir el resultado anticompetitivo con independencia de los medios que hayan sido empleados para alcanzarlo. En este

---

concertadas y conscientemente paralelas" en MARTÍNEZ LAGE, S. / PETITBÒ, A., (dirs.), *Los acuerdos horizontales entre empresas*, Marcial Pons, Madrid, 2009, pp. 95-96.

272 *Vid.* STJUE, de 14 de julio de 1981, asunto 172/80, *Gerhard Züchner c. Bayerische Vereinsbank AG*, ECLI:EU:C:1981:178; STJCE (Sala Quinta), de 31 de marzo de 1993, asuntos acumulados C-89/85, C-104/85, C-114/85, C-116/85, C-117/85, C-125/85 a C-129/85, *A. Ahlström Osakeythtiö y otros c. Comisión*, ECLI:EU:C:1993:120.

273 *Vid.* DÍEZ ESTELLA, F. / GUERRA FERNÁNDEZ, A., "Artículo 1", *op. cit.*, pp. 83 y ss.

274 *Vid. supra.* Capítulo III, apartado 2.3.

sentido, dentro de la noción de prácticas conscientemente paralelas tendría cabida «la adopción de prácticas facilitadoras, que allanan el camino aumentando la transparencia del mercado y el consiguiente ajuste de comportamientos, el seguimiento del liderazgo de precios cuando el resultado de esta acción es anticompetitivo», así como, «el seguimiento unilateral por parte de un tercero competidor de las políticas concertadas por otros competidores»[275], aunque dicho comportamiento sea llevado a cabo por un algoritmo de precios[276].

275 *Vid.* NAVARRO SUAY, M.C., *Las conductas conscientemente paralelas, op. cit.*, pp. 359-368. Además, *vid.* STJUE (Sala Quinta), de 5 de junio de 2015, asunto C557/12, *Kone AG y otros c. ÖBB Infrastruktur AG* (TOL9.914.718).

276 Entre las principales resoluciones en las que el TDC hace alusión a las prácticas conscientemente paralelas como una práctica prohibida con identidad propia destacan, en primer lugar, la Resolución *Detergentes*, en la que el TDC englobaba ambas figuras bajo la denominación «cooperación práctica». *Vid*, RTDC, de 6 de marzo de 1992, *Henkel Ibérica*, Exp. 306/91, FD 5º. En esta Resolución el TDC define el concepto de "cooperación práctica" como «práctica que no reúne, por consiguiente, todos los elementos de un acuerdo, sino que puede más bien resultar de una coordinación que se exterioriza por el comportamiento de los participantes... La forma en la que se concreta la coordinación puede ser un convenio sin obligatoriedad jurídica, la simple voluntad de los participantes de actuar en común, los gentlemen´s agrreements, el intercambio de información que permite a los competidores llegar conscientemente a una actuación coordinada, etc.». En segundo término, la Resolución de *Laboratorios Farmacéuticos*, en la cual se intenta ofrecer una definición de "práctica conscientemente paralela", *vid.* RTDC de 12 de febrero de 2001, *Laboratorios Farmacéuticos*, Exp. R 437/00, FD 3º. En ella se aborda la negativa injustificada de suministro que diversas empresas de especialidades farmacéuticas habrían llevado a cabo para evitar las exportaciones paralelas. La definición que se ofrece de "practicas conscientemente paralelas" sería la siguiente: «comportamiento armonizado de varias empresas en el mercado, sin que medie un acuerdo expreso o tácito entre las mismas, que es

Sin embargo, cuando las empresas se adaptan con inteligencia a la conducta de sus competidores no puede hablarse, *a priori*, de una práctica concertada recogida en los preceptos citados ya que constituye una práctica autónoma e independiente. Por ejemplo, un anuncio unilateral de un incremento de precios sin más no debe ser considerado una práctica concertada[277].

El art. 3, apartado segundo, del Reglamento (CE) nº1/2003 se opone a una posible aplicación de la legislación nacional que prohíba los acuerdos, decisiones de asociaciones de empresas o prácticas concertadas que puedan afectar a los intercambios comerciales entre Estados miembros, pero que no restrinjan la competencia en el sentido del art. 101.1 TFUE. Es decir, no se puede prohibir por el Derecho de un Estado miembro aquello que está permitido por el Derecho de la Unión Europea, ya que el primero no puede actuar como obstáculo del segundo, con base en el principio de supremacía del Derecho de la Unión Europea. Sin embargo, consideramos que la prohibición de las prácticas conscientemente paralelas no supone tal obstáculo,

---

simple consecuencia de desarrollar, cada una de ellas las respectivas acciones con el propósito de evitar la discordancia, conociendo cada una previamente los fines y medios de las demás». Por último, la Resolución *Hormigón Gerona*, resolución en la cual se indica que «en el hipotético caso de que un grupo de operadores se alinease posteriormente a la publicación de tarifas iguales al resto, dicho comportamiento tendría cabida en la categoría de prácticas conscientemente paralelas». *Vid.* RTDC, de 4 de junio de 2001 (AC 2003, 346), *Hormigón Gerona*, Exp. 492/00, FD 2º.

277 Sentencia del TJCE en el caso de *Pasta de madera*, *op. cit.* En dicha sentencia, el Tribunal considera que el anuncio unilateral de precios por parte de una empresa no constituye una práctica concertada ya que la incertidumbre sobre el comportamiento de las compañías competidoras con motivo del anuncio de precios de la primera, no desaparece ni disminuye con el mismo.

sino que, por el contrario, refuerza lo establecido en la normativa comunitaria[278].

En nuestra opinión, en el caso que mencionamos en páginas anteriores en el cual varios competidores hacen uso del mismo algoritmo de precios conscientemente, pero sin la existencia de un acuerdo previo, consideramos que existe un comportamiento paralelo en los mercados digitales a través del uso de estas nuevas tecnologías, que puede considerarse como una conducta sancionable a través del artículo 1 LDC, una práctica conscientemente paralela. Y esto es así debido a que se cumplirían los requisitos mencionados con anterioridad, es decir: en primer lugar, no existiría contacto directo entre las partes implicadas; en segundo lugar, las decisiones adoptadas por las empresas sobre el precio mediante el algoritmo serían interdependientes entre sí; y, por último, a través de dichos algoritmos, podrían monitorizar el mercado e imponer mecanismos de penalización lo suficientemente efectivos para el reajuste de sus políticas de precios.

2.5. El intercambio de información entre competidores

En el mes de junio de 2023, la Comisión aprobó las nuevas Directrices sobre la aplicabilidad del art. 101 TFUE a los acuerdos de cooperación horizontal[279]. En concreto, centrándonos en el tema que aquí nos ocupa, resulta de gran interés analizar

---

278 SOLERNOU SANZ, S., *op. cit.*, p. 148.

279 Comunicación de la Comisión, *Directrices sobre la aplicabilidad del artículo 101 del Tratado de Funcionamiento de la Unión Europea a los acuerdos de cooperación horizontal* (2023/C 259/01), DOUE-Z-2023-70032. Hasta dicho momento se encontraban vigentes las aprobadas en el año 2011, texto disponible en https://eur-lex.europa.eu/legal-content/ES/TXT/?uri=celex%3A52011XC0114%2804%29.

el tratamiento dado a los acuerdos de cooperación horizontal que consisten en el intercambio de información entre competidores[280]. La información podrá intercambiarse de manera directa entre estos o bien indirecta, a través de un tercero – por ejemplo, una plataforma o un algoritmo –, a través de un organismo común, de un sitio web, etc.

En los últimos años ha ganado especial importancia el intercambio de datos entre empresas gracias a la aplicación de nuevos sistemas de inteligencia artificial. Este intercambio de datos puede ayudar a las empresas a ahorrar costes, a mejorar u ofrecer nuevos productos o servicios, a desarrollar bases de datos más completas, así como algoritmos mucho más precisos gracias a estas últimas. Si bien, en algunas ocasiones, este tipo de conductas puede dar lugar a la coordinación del comportamiento de las empresas y, en consecuencia, producir restricciones a la competencia[281].

Este tipo de acuerdos de cooperación horizontal serán calificados, en algunas ocasiones, como restricciones de la competencia por el objeto, una vez analizado el contenido, sus objetivos y al contexto jurídico y económico en el que tiene

---

280 Sobre el intercambio de información entre empresas, *vid.* GONZÁLEZ FERNÁNDEZ, M.B., "El intercambio de información entre empresas y la libre competencia", en PINO ABAD, M. / FONT GALÁN, J.I. (coords.), *Estudios de Derecho de la competencia,* Marcial Pons, Madrid, 2005, pp. 363-370.

281 Por lo tanto, estas conductas no serán prohibidas de manera automática, pues será necesario analizar diferentes variables como las características del mercado o el tipo de información intercambiada para determinar que nos encontramos ante una conducta anticompetitiva. En este sentido, *vid.* COSTAS COMESAÑA, J., "El concepto de restricciones de la competencia por el objeto y su aplicación a los intercambios de información entre competidores", *op.cit.,* 2010, pp. 167-182.

lugar[282]. De este modo, no será necesario analizar sus efectos en el mercado[283].

El intercambio de información entre competidores puede favorecer la colusión, dando lugar a un mayor entendimiento entre las empresas partícipes, así como controlar el comportamiento de estas en el mercado ante la existencia de un acuerdo o práctica concertada y una posible desviación del acuerdo colusorio. Esto, como señala la Comisión, puede llevarse a cabo mediante el uso de algoritmos – por regla general, de aprendizaje automático –, los que se encargarán de supervisar e informar sobre la fijación de precios de los competidores. Además, estos también pueden ser utilizados para «acordar parámetros esenciales de la competencia»[284], llamado por la Comisión "colusión por código", al convertirse dichos algoritmos en dispositivos que facilitan la colusión en el mercado. En este sentido, considera la Comisión, que este tipo de prácticas llevadas a cabo por algoritmos son ilegales al igual que lo son aquellas cometidas fuera de línea. Además, las empresas que lleven a cabo dicha conducta no podrán argumentar que esta ha sido cometida por algoritmos y, por lo tanto, quedar exentas de responsabilidad. Los algoritmos quedarían bajo el control

---

282 Sobre el concepto de restricción por el objeto, *vid.* COSTAS COMESAÑA, J., "El concepto de restricciones de la competencia por el objeto y su aplicación a los intercambios de información entre competidores", *op. cit.*, pp. 167-176.

283 Sobre su tratamiento en la jurisprudencia, entre otras, *vid.* STJUE (Sala Quinta), de 28 de mayo de 1998, asunto c-7/95 P, *Jonh Deere c. Comisión* (TOL4.622.999); STJUE, de 4 de junio de 2009, asunto c-8/08, *T-Mobile Netherlandese* (TOL9.920.391).

284 Comunicación de la Comisión, *Directrices sobre la aplicabilidad del artículo 101 del Tratado de Funcionamiento de la Unión Europea a los acuerdos de cooperación horizontal* (2023/C 259/01), p. 79.

de la empresa y esta deberá hacerse responsable de sus acciones, como si de cualquier otro trabajador se tratara[285].

Por todo ello, podemos considerar que el tratamiento este tipo de conductas en las nuevas Directrices aprobadas por la Comisión no distingue si la conducta ha sido o no cometida por o a través de un algoritmo. La empresa que ostente su control será, del mismo modo, responsable.

3. LOS ALGORITMOS DE APRENDIZAJE COMUNES: LA POSIBILIDAD DE SINCRONIZACIÓN DE COMPORTAMIENTOS QUE PRODUZCAN UNA RESTRICCIÓN A LA COMPETENCIA, SIN INTERVENCIÓN HUMANA EN LA COORDINACIÓN

Los algoritmos de autoaprendizaje[286] desarrollan un proceso computacional más complejo. Cuantos más datos y más información procesen, mayor va siendo la experiencia adquirida y, en consecuencia, mayor y mejor es su rendimiento. Para poder ir adaptándose a nuevas realidades, van cambiando sus propios parámetros, lo que hace mucho más difícil la predicción de su comportamiento[287]. Se trata de algoritmos que gracias al procesamiento masivo de datos y al aprendizaje de los fallos y aciertos en distintos escenarios, van perfeccionando su

---

285 *Idem.*

286 Recordemos que existen tres tipos de algoritmos de aprendizaje, a saber: algoritmos de aprendizaje supervisado, no supervisado y reforzado. Para un mayor desarrollo, véase AUTORITÉ DE LA CONCURRENCE / BUNDESKARTELLAMT, "Algorithms and Competition", *Working paper*, 2019, pp. 11-12; SCHWALBE, U., "Algorithms, machine learning and collusion", *op. cit.*, pp. 577-580.; SOLERNOU SANZ, S., *op. cit.*, p. 141.

287 SOLERNOU SANZ, S., *op. cit.*, p. 140.

proceso de adopción de decisiones, lo que los hace cada vez más fiables y consiguen una mayor credibilidad y potencialidad de acierto en sus predicciones.

Con este funcionamiento, los algoritmos de autoaprendizaje pueden resolver el problema de la coordinación mediante prueba y error y sin ser necesaria la intervención humana. En este nuevo escenario, los propios algoritmos pueden aprender de su experiencia, fijar los precios colusorios y mantener el nuevo equilibrio competitivo[288]. Estas situaciones de equilibrio de precios que maximizan el beneficio (y, por tanto, que podrían suponer una restricción de la competencia y/o un daño a los consumidores) podrán ser estáticas o dinámicas.

El uso de estas tecnologías se enmarcaría en el tercer supuesto que planteamos en páginas anteriores[289], la posibilidad de que los competidores desconozcan que utilizan el mismo algoritmo de manera simultánea, siendo este el encargado de fijar precios para obtener el mayor beneficio posible, y consiguiéndose la coordinación de las conductas no de un acuerdo previo de las empresas participantes en la colusión, sino de la alineación automática de los algoritmos en cumplimiento de su función.

Este supuesto parte de tres premisas. En primer lugar, el empleo generalizado de algoritmos por parte de los vendedores online para fijar su precio. Según esta premisa, cada competidor en el mercado – o la mayoría de ellos – cuenta con

---

[288] *Vid.* EZRACHI, A. / STUCKE, M., "Sustainable and unchallenged algorithmic tacit collusion ", *Northwestern Journal of Technology and Intellectual Property,* vol. 17, nº 2, 2020, pp. 217-260. En concreto, véase p. 240 y ss. En este documento, los profesores Ezrachi y Stucke explican cómo la colusión algorítmica es posible y, además, justifican la creciente preocupación por parte de las autoridades encargadas de hacer cumplir la ley.

[289] *Vid. supra.* Capítulo III, apartado 2.3.1,

uno. En segundo término, estos algoritmos tendrían como único objetivo la maximización del beneficio para cada una de las empresas que lo usan. Y, por último, los algoritmos cuentan con un gran desarrollo en aprendizaje profundo – *deep learning* – lo que les permite aprender de la experiencia y readaptar sus estrategias para conseguir el mencionado objetivo[290].

Partiendo de estas tres premisas, concluimos que los algoritmos pueden aprender que la mejor estrategia para alcanzar su objetivo – la maximización del beneficio – es cooperar. Sin embargo, la doctrina entiende que los oferentes solo tendrán un incentivo para cooperar cuando son interdependientes, es decir, cuando nos encontramos ante un oligopolio, teniendo capacidad por sí mismos de influir en los precios[291]. En cambio, en los escenarios en los que hay un amplio número de oferentes y estos tienen un poder de mercado relativo reducido, será mucho más improbable que esta forma de coordinación automatizada pueda tener lugar.

El modelo económico de Cournot[292] recoge la relación existente entre la interdependencia de los oferentes y el incenti-

---

290 *Vid.* PÉREZ HERNÁNDEZ, A., "Algoritmos y Derecho de la competencia: un estudio sobre la alineación automática de precios", *Revista de Derecho Mercantil*, nº 311, 2019, pp. 1-42. En concreto, véase p. 34.

291 *Ibidem*, p. 35. Para un mayor desarrollo véase TURNER, D., "The definition of agreement under the Sherman Act – Conscious parallelism and refusals to deal", *op. cit.*, vol. 75, nº 4, 1962, pp. 655-706.

292 Este modelo debe su nombre a Antoine Augustin Cournot, quien se inspiró al observar la competencia en duopolio en el mercado de agua mineral embotellada. De acuerdo con este modelo, los agentes tienen mayores incentivos de formar un cártel, convirtiendo el modelo de Cournot en un monopolio. Los agentes tratan de coludir de forma tácita usando estrategias propias de reducción de producción que, *ceteris paribus*, tendrá un efecto de subida de precios y, en consecuencia, un aumento en los beneficios de las empresas participantes. Sobre el modelo de Cournot, *vid.* VON MOUCHE, P. /

vo a cooperar[293]. Según este modelo económico, el precio y la cantidad ofertada por cada una de las empresas influye en el resto, encontrando el mercado su equilibrio si cada empresa obtiene el mejor resultado posible dados los resultados de las otras empresas. Por lo tanto, diremos que el mercado está en equilibrio si cada empresa de este elige la mejor estrategia posible a la vista de lo que hacen las empresas competidoras. A este principio se le conoce como equilibrio de Nash.

Tanto economistas como informáticos están analizando estos supuestos. Ya se han llevado a cabo investigaciones con el objetivo de demostrar cómo, bajo ciertas condiciones, los algoritmos de aprendizaje pueden reforzar la cooperación[294]. Estos estudios apoyan la posibilidad de que este tipo de algoritmos establezcan un paralelismo consciente en el cual no es necesaria la intervención humana. En uno de los experimentos realizados[295] se alcanza hasta un 60% de casos en los que se desarrolla la colusión tácita.

Como podemos observar en el siguiente gráfico, al forzar la desviación del precio uno de los algoritmos, en relación con el establecido para el "precio de Nash", el otro algoritmo acaba reaccionando y, del mismo modo, modifica sus precios. Sin embargo, con posterioridad, ambos vuelven al nivel de precios preexistente, que representaría el equilibrio colusorio tácito.

QUARTIERI, F. (eds.), *Equilibrium Theory for Cournot Oligopolies and Related Games*, Springer, 2015.

293 *Vid.* PÉREZ HERNÁNDEZ, A., *op. cit.*, p. 35.

294 *Vid.* EZRACHI, A. / STUCKE, M., "Sustainable and unchallenged algorithmic…", *op. cit.*, p. 40 y ss.

295 Experimento realizado por los profesores CALVANO, E. / CALZOLARI, G. / DENICOLÒ, V. / PASTORELLO, S., "Artificial Intelligence, Algorithmic Pricing and Collusion", *American Economic Review*, vol. 110, n°10, pp. 3267-2397.

Así, son los propios algoritmos los que identifican la colusión tácita como una estrategia para alcanzar su objetivo[296].

Figura 2. Desviación de precios y reacción algorítmica

Impulse responses, average prices

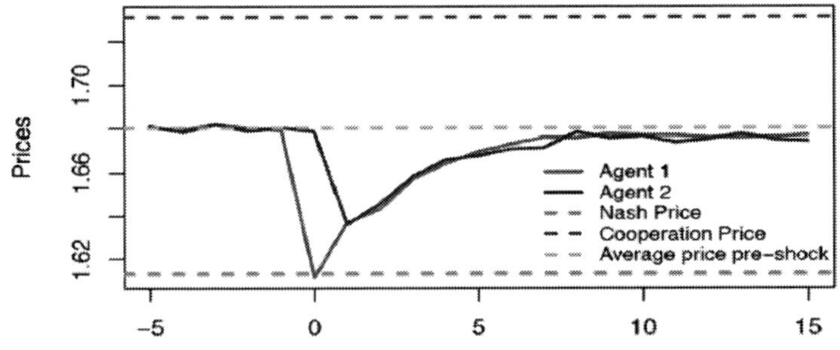

Source: Calvano et al., *Q-Learning to Cooperate*[128]

Fuente: Calvano et al., Q-Learning to Cooperate. Consultado en EZRACHI, A., / STUCKE, M., "Sustainable and unchallenged algorithmic tacit collusion", Northwestern Journal of Technology and Intellectual Property, vol. 17, nº 2, 2020, p. 254.

Cuando uno de los algoritmos de fijación de precios se desvía del nivel de precios pre-existente, el otro algoritmo reacciona, ya que la desviación hace que su precio no sea rentable, lo que lleva a ambos a volver de nuevo a un precio anticompetitivo más alto, que, en última instancia, beneficiaría a las empresas, pero acabaría perjudicando al consumidor. Y lo más importante, este proceso tiene lugar sin programación ni intervención humana[297]. En este sentido, se continúa investigan-

---

296 *Vid.* EZRACHI, A. / STUCKE, M., "Sustainable and unchallenged algorithmic…", *op. cit.*, pp. 40 y ss.

297 En una extensión del experimento realizado por los profesores CALVANO, CALZOLARI, DENICOLÒ y PASTORELLO, estos utilizan tres algoritmos, en lugar de dos, para analizar si es posible o no

do sobre la posibilidad de encontrarnos ante algoritmos que faciliten y favorezcan la colusión tácita en entornos aún más complejos, con un número cambiante de algoritmos cada vez más sofisticados.

Por todo lo anterior, se ha sugerido la necesidad de llevar a cabo un cambio de enfoque jurídico, según el cual los algoritmos de autoaprendizaje no sean meras herramientas o instrumentos al servicio de los empresarios, sino que estos puedan ser considerados sujetos de derecho, es decir, entidades legales con personalidad jurídica propia[298]. En esta misma línea, el Parlamento Europeo solicitó a la Comisión la creación «a largo plazo de una personalidad jurídica específica para los robots, de forma que como mínimo los robots autónomos más complejos puedan ser considerados personas electrónicas responsables de reparar los daños que puedan causar, y posiblemente aplicar la personalidad electrónica a aquellos supuestos en los que los robots tomen decisiones autónomas inteligentes o interactúen con terceros de forma independiente»[299]. Sin embargo, la Comisión mantiene, por

---

la coordinación entre ellos. De nuevo, concluyen que puede existir un paralelismo consciente entre dichos algoritmos, señalando que lo más preocupante en estos casos es que los algoritmos no dejan rastro de acción concertada. Estos aprenden a conspirar a base de prueba y error, sin tener conocimiento previo del entorno en el que están operando, sin necesidad de comunicarse unos con otros y sin estar de manera expresa diseñado o programado para coludir.

[298] Sobre esta cuestión, *vid.* ANDRÉS MOLINA, O. / JIMÉNEZ BERNAL. M., "Robots e inteligencia artificial como sujetos de derecho", en BAYOD LÓPEZ, M.C. (dir.), *Persona y derecho civil, los retos del siglo XXI: (persona, género, transgénero, inteligencia artificial y animales sensibles),* Tirant lo Blanch, Valencia, 2023, pp. 287-294; SOLERNOU SANZ, S., *op. cit.*, p. 144.

[299] Informe del Parlamento Europeo, de 27 de enero de 2017, con recomendaciones destinadas a la Comisión sobre normas de derecho civil sobre robótica (2015/2013(INL)), p.20.

el momento, la imputación de la responsabilidad a los agentes económicos que se hallen detrás del desarrollo o comercialización del sistema de IA[300]. En un epígrafe posterior[301] analizaremos los supuestos de responsabilidad cuando nos encontremos con la implicación de algoritmos de precios.

En conclusión, a pesar de encontrarnos aún en las primeras etapas del desarrollo de la IA y su aplicación para la fijación de precios, somos conscientes de que, cada vez con mayor frecuencia, el uso de esta tecnología a través de algoritmos que aprenden por sí mismo producirá un impacto importante sobre el funcionamiento del mercado, siendo necesario evaluar los costes asociados a esta fase de aprendizaje, la capacidad de los algoritmos de operar en entornos cambiantes con múltiples agentes, así como los posibles efectos anticompetitivos que sigan surgiendo.

Sin embargo, como bien se ha señalado, sería precipitado iniciar cambios legislativos inmediatos ya que aún faltan estudios donde se analice con mayor profundidad y se demuestre la existencia de colusión por parte de algoritmos y agentes autónomos artificiales. Cualquier cambio o modificación podría acabar siendo contraproducente si desconocemos todos – o, al menos, la mayoría – de escenarios ante los cuales nos podamos encontrar[302].

---

300 Libro blanco de la CE, de 19 de febrero de 2020, sobre la Inteligencia Artificial – un enfoque europeo orientado a la excelencia y la confianza [COM(2020) 65 final].

301 *Vid. infra.* Capítulo V, apartado tercero.

302 *Vid.* SOLERNOU SANZ, S., *op. cit.*, p. 152.

4. POSIBILIDAD DE EXENCIONAR LAS COLUSIONES ALGORÍTMICAS POR LA VÍA DEL ART. 101.3 TFUE

4.1. Análisis de presupuestos

Pese a que el uso de algoritmos y el procesamiento de información mediante inteligencia artificial puede favorecer la colusión y la puesta en práctica de comportamientos anticompetitivos, no todas las conductas empresariales que hagan uso de estos nuevos sistemas de inteligencia disponibles hoy en día deben ser consideradas contrarias a las normas de defensa de la competencia. Es más, consideramos que en las propuestas regulatorias y la aproximación práctica que se haga de los comportamientos empresariales que se sirvan de estas herramientas no han de demonizar su uso ni prejuzgar o presumir sin más que su utilización se produce con una finalidad anticompetitiva. Ello podría suponer un freno al desarrollo tecnológico y a la innovación en este ámbito informático que produce -sobre todo, y más allá de las eventuales restricciones de la competencia- un resultado de aumento neto del bienestar social y de la eficiencia económica.

El art. 101.3 TFUE – así como el art. 1.3 LDC – establece que la prohibición de los acuerdos considerados en el apartado primero del precepto podrá quedar exencionado, con carácter general, cuando nos encontremos ante cualquier acuerdo o categoría de acuerdos entre empresas, cualquier decisión o categoría de decisiones de asociaciones de empresas o cualquier práctica concertada o categoría de prácticas concertadas, que contribuyan a mejorar la producción o la distribución de los productos, a fomentar el progreso técnico o económico y que reserven al mismo tiempo a los usuarios una participación equitativa en el beneficio resultante. La norma exige el cumplimiento de dos condiciones para poder conceder esta exención: (1) que no se impongan a las empresas interesadas restricciones que no sean indispensables para alcanzar sus objetivos y (2) no se ofrezca a dichas empresas la posibilidad de eliminar la competencia respecto de una parte sustancial de los productos de que se trate[303].

Por lo tanto, a través de la aplicación del artículo 101.3 TFUE, si una conducta considerada prohibida -un acuerdo anticompetitivo- reúne los requisitos establecidos en este apartado tercero, se podrá exencionar, es decir, evitar su calificación como infracción. Además, en el caso español, se prevé en el art. 1 LDC, en sus últimos apartados, otras formas de evitar tal calificación como, por ejemplo, la existencia de una cobertura legal[304]. Aunque, como es sabido, esta no es la única forma de exencionar la prohibición, existen dos vías más: por un lado, que la conducta sea calificada como de menor importancia (conducta de *minimis*) [305]

303 *Vid.* BROOK, O., *Non-Competition Interests in EU Antitrust Law: An Empirical Study of Article 101 TFEU,* Camdridge University Press, Cambridge, 2022.

304 *Vid.* art. 1 LDC.

305 Sobre esta cuestión, *vid.*, entre otros, MIRANDA SERRANO, L.M., "La "regla de minimis" en la Ley 15/2007, de Defensa de la Competencia, y su Reglamento de desarrollo", *Derecho de los negocios,* nº19, nº216, 2008, pp. 5-36; MIRANDA SERRANO, L.M., "Prácticas colusorias: ancillary restraints y conductas de minimis", en RUIZ PERIS, J.I. (dir.), *Derecho europeo de la competencia: "Training of National Judges in EU Competition Law",*Tirant lo Blanch, Valencia, 2017, pp. 57-100; BENAVIDES VELASCO, P., "SENTENCIA de 16 de abril de 2012: Prácticas restrictivas de la competencia. Exención por categorías y acuerdos de mínimis", *Cuadernos Civitas de jurisprudencia civil,* nº90, 2012, pp. 327-348; GONZÁLEZ JIMÉNEZ, P. M., *Las conductas de menor importancia en el Derecho de la competencia,* Marcial Pons, Madrid, 2023; GONZÁLEZ JIMÉNEZ, P.M., "Restricciones de la competencia por el objeto y acuerdos de menor importancia: sus posibles interacciones a la luz de la reciente doctrina del TJUE", *op. cit.*, pp. 165-188.

y, por otro lado, que sea aplicable un Reglamento de Exención por Categorías[306].

Si bien en la aplicación del art. 101.1 es la parte que alega la infracción la que ha de justificar que estamos ante un acuerdo ilícito prohibido por la norma, la carga de prueba para acogerse a la exención, demostrando que concurren los requisitos previstos en el artículo 101.3, recaerá sobre la parte que alega que el acuerdo es lícito.

En este sentido, la Comisión señala que la evaluación de las restricciones por objeto y efecto, de acuerdo con el apartado primero de dicho artículo es tan sólo uno de los aspectos del análisis. Además, será necesario evaluar, conforme a su apartado tercero, los efectos económicos positivos que puedan tener tales acuerdos restrictivos de la competencia[307].

Los acuerdos que restringen la competencia pueden tener, además de efectos negativos sobre la misma, efectos positivos que se transformen en mejoras de eficiencia. Estas mejoras pueden tener como resultado unos menores costes de pro-

---

306 *Vid*, por ejemplo, Reglamento (UE) 2022/720 de la Comisión de 10 de mayo de 2022 relativo a la aplicación del artículo 101, apartado 3, del Tratado de Funcionamiento de la Unión Europea a determinadas categorías de acuerdos verticales y prácticas concertadas, DOUE-L-2022-80724. En este sentido, *vid.* TOBÍO RIVAS, A.M., "Los acuerdos de servicios de intermediación en línea y la nueva regulación de las restricciones verticales en el Derecho europeo de la competencia", en GARCÍA-CRUCES, J.A. (dir.), *De Iure Mercatus. Libro Homenaje al Prof. Dr. Dr.h.c. Alberto Bercovitz Rodríguez-Cano*, Tirant lo Blanch, Valencia, 2023, pp. 1597-1633.

307 Comunicación de la Comisión, — *Directrices relativas a la aplicación del apartado 3 del artículo 81 del Tratado*, DO C 101 de 27.4.2004. Pese a no ser vinculantes, estas directrices también pretenden servir de orientación tanto a tribunales como a las autoridades de los Estados miembros a la hora de aplicar los apartados 1 y 3 del artículo 81 del Tratado.

ducción, una mejora en la calidad del producto o, incluso, la creación de otros nuevos. En este sentido, cuando estos efectos favorables a la competencia sean superiores a los efectos negativos, el acuerdo puede resultar beneficioso y ser compatible con los objetivos de la normativa comunitaria. Es decir, gracias a dicho acuerdo se podrán ofrecer mejores productos, servicios o a precios más ventajosos que el resto de competidores, lo que favorecerá una mayor obtención de clientes y una mejora del proceso competitivo[308]. Por lo tanto, ciertos acuerdos entre empresas que, en principio, pudieran quedar incluidos dentro del ámbito de la prohibición del artículo 101.1, pueden producir beneficios económicos que compensen sus efectos negativos justificándose, de este modo, que puedan escapar de la prohibición.

Para poder considerar que un acuerdo no restringe la competencia en el sentido del art. 101.1 TFUE, será necesario el cumplimiento de varias condiciones. En primer lugar, los acuerdos deben contribuir a la mejora de la producción, la distribución de los productos o fomentar el progreso técnico o económico[309]. A pesar de que en esta disposición sólo se hace referencia expresa a la mejora o distribución de productos, la Comisión aclara que también se aplicará por analogía a los servicios[310]. Podemos encontrarnos ante mejoras en la producción cuando el acuerdo conlleva, por ejemplo, una reducción de los costes de producción, una producción más eficiente y de mayor calidad y una oferta más amplia. Al hablar de progreso técnico, por su parte, nos referimos a la combinación

---

308 Comunicación de la Comisión, — *Directrices relativas a la aplicación del apartado 3 del artículo 81 del Tratado*, párrafo 33.

309 Comunicación de la Comisión, — *Directrices relativas a la aplicación del apartado 3 del artículo 81 del Tratado*, párrafo 48.

310 Comunicación de la Comisión, — *Directrices relativas a la aplicación del apartado 3 del artículo 81 del Tratado*, párrafo 49.

de tecnologías existentes con productos nuevos, mejoras en la seguridad y la protección de los consumidores[311].

Según la jurisprudencia del Tribunal de Justicia, tan sólo podrán tenerse en cuenta y valorarse los beneficios objetivos[312], sin que se puedan tener en cuenta las percepciones o efectos subjetivos sobre las partes afectadas[313]. Todas las eficiencias alegadas deberán justificarse, verificando cuál es el vínculo entre el acuerdo considerado restrictivo y las eficiencias alegadas, así como cuál es el valor e importancia de estas[314].

La segunda condición que se ha de cumplir, de acuerdo con el art. 101.3 TFUE, es que se reserve a los consumidores una participación equitativa en el beneficio resultante, lo que podrá producirse, por ejemplo, a través de mejoras en el precio o

---

311 *Vid.* ORTIZ BLANCO. L. / MAÍLLO GONZÁLEZ-ORÚS, J. / IBÁÑEZ COLOMO, P. / LAMADRID DE PABLO, A., *Manual de Derecho de la Competencia, op.cit.*, pp. 98 y ss; DÍEZ ESTELLA, F. / GUERRA FERNÁNDEZ, A., "Artículo 1", *op. cit.*, pp. 152 y ss; DE LA VEGA GARCÍA, F., "El Derecho europeo de la competencia ante los «acuerdos de sostenibilidad»", *Cuadernos de Derecho Transnacional*, vol. 14, nº 2, octubre 2022, pp. 825-85.

312 En este sentido, *vid.* STJCE, de 13 de julio de 1966, asuntos acumulados 56 y 58-64, *Établissements Consten S.à.R.L. y Grundig-Verkaufs-GmbH* c. Comisión, ECLI:EU:C:1966:41.

313 Comunicación de la Comisión, — *Directrices relativas a la aplicación del apartado 3 del artículo 81 del Tratado,* párrafo 50.

314 Comunicación de la Comisión, — *Directrices relativas a la aplicación del apartado 3 del artículo 81 del Tratado,* párrafo 51: «Por lo tanto, todas las mejoras de eficiencia alegadas deberán justificarse, de modo que puedan verificarse los puntos siguientes: a) la naturaleza de las eficiencias; b) el vínculo entre el acuerdo y las eficiencias; c) la probabilidad e importancia de cada eficiencia alegada y d) cómo y cuándo se obtendrá cada supuesta eficiencia». En este sentido, *Vid.* STPI (Sala Cuarta ampliada) de, 27 de septiembre de 2006, asunto T-168/01, *GlaxoSmithKline Services Unlimited* c. Comisión (TOL9.931.983).

en la calidad[315]. El concepto de *consumidores*[316] estaría formado por todos los usuarios directos o indirectos de los productos o servicios implicados en el acuerdo – incluidos los productores, los mayoristas, los minoristas y los consumidores finales, es decir todas aquellas personas que operan con objetivos que pueden considerarse fuera de su actividad comercial o profesional –. Por su parte, el concepto de *participación equitativa*[317] implica que la participación en los beneficios debe al menos compensar a los consumidores por cualquier perjuicio real o probable ocasionado por la restricción de la competencia observada. Cuando sea probable que un acuerdo restrictivo dé lugar a precios más altos, los consumidores deben verse compensados a través, por ejemplo, de la existencia de una mayor calidad u otros beneficios[318].

El tercer requerimiento para poder beneficiarse de la exención es el test de la indispensabilidad del acuerdo[319]. En este sentido, el acuerdo restrictivo de la competencia no debe imponer restricciones a la competencia que no sean indispensa-

---

315 *Vid.* ORTIZ BLANCO. L. / MAÍLLO GONZÁLEZ-ORÚS, J. / IBÁÑEZ COLOMO, P. / LAMADRID DE PABLO, A., *Manual de Derecho de la Competencia, op. cit.*, pp. 104; DÍEZ ESTELLA, F. / GUERRA FERNÁNDEZ, A., "Artículo 1", *op. cit.*, pp. 158-159.

316 Sobre el concepto de consumidor, *vid.*, entre otras, STJUE (Sala Segunda), de 20 de enero de 2005, asunto C-464/01, *Johann Gruber c. Bay Wa AG* (TOL4.625.934); STJUE, de 3 de septiembre de 2015, asunto C-110/14, *Hora⊠iu Ovidiu Costea c. SC Volksbank România SA* (TOL5.408.350); STJUE (Sala Sexta), de 3 de julio de 1997, asunto C-269/95, *Francesco Benincasa c. Dentalkit Srl.* (TOL4.622.849).

317 *Vid.* DE LA VEGA GARCÍA, F., "El Derecho europeo de la competencia…", *op. cit.*, pp. 847-849.

318 Comunicación de la Comisión, — *Directrices relativas a la aplicación del apartado 3 del artículo 81 del Tratado,* párrafos 73 y ss.

319 *Vid.* DÍEZ ESTELLA, F. / GUERRA FERNÁNDEZ, A., "Artículo 1", *op. cit.*, pp.160-161.

bles para lograr sus efectos positivos, las eficiencias[320]. Para determinar si se cumple o no esta condición la Comisión señala que es necesario llevar a cabo un doble examen. Por un lado, el acuerdo restrictivo en sí debe ser *razonablemente necesario* para obtener tales eficiencias. Por otro lado, se ha de considerar razonablemente necesaria la producción de cada efecto restrictivo de la competencia derivado del acuerdo. Así, la cuestión aquí no es considerar si el acuerdo se hubiera celebrado o no sin la existencia de la restricción; al contrario, estimar si una vez una vez celebrado el acuerdo que restringe o limita la competencia, este generaría más eficiencia que de no haberlo hecho. Por lo tanto, no puede existir otra manera viable desde el punto de vista económico y menos restrictiva para alcanzarla.

En la ejecución de este análisis deberán tenerse en cuenta las condiciones del mercado, así como las realidades comerciales de cada una de las partes del acuerdo. Atendiendo a las circunstancias en cada caso concreto, es de vital importancia determinar si las partes podrían haber alcanzado dichas eficiencias mediante otro tipo de acuerdo menos restrictivo o, incluso, si lo podrían haber hecho por ellas mismas sin necesidad de llevar a cabo ningún acuerdo. Por ejemplo, como señala la Comisión, si nos encontramos ante eficiencias que derivan de una reducción de costes ante economías de escala o alcance, las empresas interesadas deberán demostrar por qué no podrían obtener las mismas eficiencias a través del crecimiento interno y la competencia de precios, sin necesidad de un acuerdo[321].

Por último, en relación con la última condición requerida, el acuerdo no deberá ofrecer a las empresas la posibilidad de eliminar la competencia en el mercado respecto de una par-

---

[320] *Vid.* Decisión de la Comisión, de 26 de enero de 1999, asunto IV/36.253, *P&O Stena Line,* DO L 163.

[321] Comunicación de la Comisión, — *Directrices relativas a la aplicación del apartado 3 del artículo 81 del Tratado,* párrafos 70 y ss.

te sustancial de los productos o servicios de que se trate. En este sentido, la protección de la rivalidad y del proceso de libre competencia sería prioritario con respecto a las posibles mejoras de eficiencia que podrían resultar más beneficiosas para la competencia derivadas de acuerdos restrictivos.

Las cuatro condiciones mencionadas son acumulativas, es decir, deben cumplirse en su conjunto. Cuando no se cumple una de ellas no será necesario seguir examinando las otras tres. Por ello, según cada caso, será interesante abordar el examen de estas cuatro condiciones en un orden diferente, no siendo necesario hacerlo en el aquí establecido. En este sentido, establece la Comisión que los requisitos fijados por el art. 101.3 deben aplicarse en función de las circunstancias de cada caso concreto, siendo por tanto imposible su aplicación de manera mecánica. Cada asunto deberá analizarse según sus hechos y las directrices se aplicarán de la manera más razonable y flexible.

Por todo ello, las partes pueden argumentar – asumiendo la carga de la prueba– que se trata de un acuerdo restrictivo de la competencia, pero beneficioso para los consumidores y que, en las circunstancias concretas de su celebración, produce mayores beneficios que el juego de la libre competencia o que, a través de él, pueden alcanzarse fines que, de otro modo no se hubieran podido conseguir, siendo la limitación de la competencia producida indispensable y proporcionada. De este modo, el objetivo de este apartado tercero del art. 101 no es otro que el de salvar la licitud de acuerdos que pudieran entrar en el ámbito de la prohibición del artículo 101.1 en los casos que exista un fallo de mercado[322].

---

[322] *Vid.* ALFARO ÁGUILA-REAL, J., *Artículo 101.3 TFUE*, 2020. Disponible en https://derechomercantilespana.blogspot.com/2020/05/1013-tfue.html.

En un estudio[323] llevado a cabo en el año 2019, se ha llevado a cabo un análisis la práctica de las autoridades nacionales de competencia en Europa en relación con la aplicación del art. 101.3 TFUE, considerando las razones que pueden justificar que un cártel o cualquier acuerdo restrictivo de la competencia en el mercado no sea considerado nulo y, por lo tanto, pueda llevarse a cabo sin ser objeto de sanción. Este estudio pone de manifiesto el modo en que se está poniendo en práctica la exención por parte de las distintas autoridades de competencia. Así, buena parte de las autoridades nacionales de competencia siguen lo establecido por la Comisión, es decir, que al aplicar el apartado tercero del art. 101 sólo se podrán tener en cuenta los beneficios económicos directos que se puedan esperar del acuerdo calificado con carácter previo como restrictivo de la competencia. Si un acuerdo no entra dentro de los supuestos señalados en el apartado primero, no será necesario

[323] *Vid.* BROOK, O., "Struggling with Article 101(3) TFEU: Diverging Approaches of the Commission, EU Courts, and Five Competition Authorities", *Common Market Law Review*, nº 56, 2019, pp. 121-156. Entre los casos analizados en este estudio destaca, a modo de ejemplo, la decisión de la autoridad británica en el caso Modelling Sector (2016). Esta se opuso a legitimar la fijación de precios acordada entre agencias de modelos ya que, según ella, la mejora de las condiciones de trabajo de las modelos no podía tenerse en cuenta a efectos del art. 101.3, pues en su interpretación tan sólo pueden ser relevantes los beneficios que derivan del acuerdo directamente a los consumidores. En cambio, otras autoridades de competencia como la holandesa o la francesa han legitimado cárteles, incluso relativos al precio de un producto, sobre la base del 101.3 y los beneficios que estos generaban, por ejemplo, al medio ambiente, a la sostenibilidad de las actividades económicas, a la cultura nacional, etc. En último lugar, el Bundeskartellamt ha señalado que sólo puede basar sus decisiones en "criterios de mercado" y que «aunque es indudable que hay otros objetivos importantes económicos y sociopolíticos al margen de la protección de la competencia, no corresponde al Bundeskartellamt su realización práctica».

"sacarlo" mediante la aplicación del este tercer apartado, no será necesario alegar que produce beneficios para los consumidores puesto que no se ha declarado contrario al Derecho de la competencia[324].

La redacción de este tercer apartado suscita importantes interrogantes. Por un lado, no se define de manera clara la naturaleza de los beneficios a los que se alude y que pueden justificar su aplicación. Atendiendo a su redacción, parece claro que beneficios como la rentabilidad relacionada con las cadenas de producción y distribución, el desarrollo de nuevas tecnologías y productos o el crecimiento o progreso económico quedan cubiertos por dicho artículo. Sin embargo, no resulta tan clara la aplicación a beneficios de más difícil identificación. En este sentido, dicho artículo no indica si las políticas industriales, como la protección del mercado nacional o común, el desarrollo de industrias o la estimulación del empleo; o las políticas públicas, como la promoción de la cultura o la preservación de las formas tradicionales de comercio, también podrían constituir un beneficio relevante de acuerdo con el art. 101.3 TFUE[325].

Por otro lado, el artículo tampoco define de un modo expreso quiénes deben o pueden ser los beneficiarios. Señala que los consumidores deben recibir una parte justa de los beneficios resultantes, sin embargo, no especifica si se han de considerar sólo los beneficios directos para los consumidores o si también podrían influir los beneficios indirectos para los consumidores en otros mercados o para la sociedad en su conjunto. Además, no dice nada acerca de cuándo deben realizarse tales beneficios. En este sentido, ¿pueden los beneficios

---

324 *Vid.* ALFARO ÁGUILA-REAL, J., *Artículo 101.3 TFUE, op. cit.*

325 *Vid.* BROOK, O., "Struggling with Article 101(3) TFEU...", *op. cit.*, pp. 128 y ss.

para las generaciones futuras compensar el daño causado a la competencia en el presente?

La respuesta a estas preguntas refleja diferentes teorías políticas de los mercados y las sociedades, que manifiestan diferentes preferencias nacionales hacia el equilibrio de los objetivos económicos, sociales y políticos de la UE[326] y, en particular, de la política de la competencia. No resultará difícil conectar esta cuestión con el debate reabierto sobre los fines del Derecho de la competencia, en el que se enfrentan los argumentos neoclásicos -centrados en el bienestar de los consumidores- y los neobrandesianos o neo-estructuralistas económicos -que ponen el énfasis en la necesidad de preservar la estructura competitiva del mercado-[327].

Además, desde el plano normativo, en el régimen de ejecución descentralizado establecido en el Reglamento (CE) N° 1/2003[328], la respuesta a estas preguntas define los límites de la integración de la UE.

Por lo tanto, una interpretación amplia del artículo 101.3 nos permite un mayor margen para la promoción de los intereses nacionales en relación con la política de competencia de la UE.

En el siguiente gráfico, podemos observar el número de casos que ha resuelto la Comisión mediante la aplicación de este artículo en los últimos años:

---

326 *Vid.* BROOK, O., "Struggling with Article 101(3) TFEU...", *op. cit,* p. 128.

327 Postura esta última encabezada por autores como LINA KAHN, que han reabierto el debate en la consideración del tratamiento *antitrust* que merecen los gigantes digitales.

328 Reglamento (CE) n° 1/2003 del Consejo, de 16 de diciembre de 2002, relativo a la aplicación de las normas sobre competencia previstas en los artículos 81 y 82 del Tratado (TOL231.199).

Gráfico 5. Número de procedimientos de la CE finalizados con la aplicación del art. 101.3 TFUE

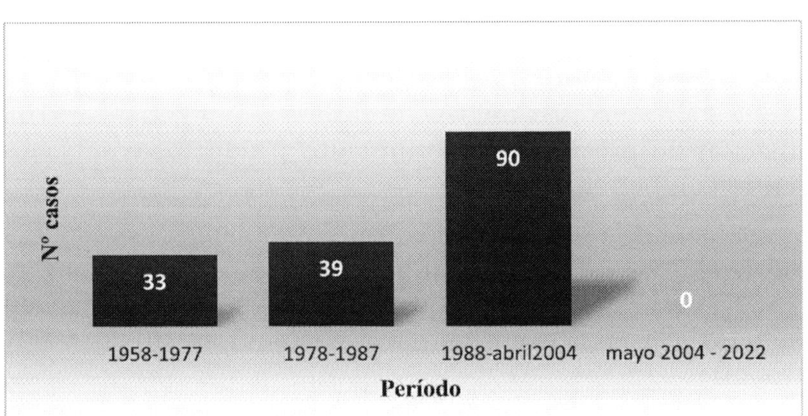

Fuente: elaboración con base en BROOK, O., "Struggling with Article 101(3) TFEU: Diverging Approaches of the Commission, EU Courts, and Five Competition Authorities", Common Market Law Review, nº 56, 2019, p. 131.

La falta de una orientación explícita y detallada de los tribunales de la UE ha dejado a la Comisión y a las autoridades nacionales un margen más amplio para dar forma a sus propias interpretaciones. Al no adoptar una posición clara sobre estos asuntos, los tribunales de la UE han perdido, de momento, la oportunidad de armonizar la interpretación del artículo en toda la UE y aumentar la seguridad jurídica[329].

4.2. Análisis de su aplicabilidad a las colusiones algorítmicas

Una vez analizados los requisitos establecidos en el art. 101.3 TFUE para determinar la exención de una práctica anticompetitiva, a lo largo de este epígrafe estudiaremos su

---

[329] BROOK, O., "Struggling with Article 101(3) TFEU...", *op. cit*, p. 153.

posible aplicación a las conductas llevadas a cabo con algoritmos[330]. Entre otros, algunos de estos acuerdos son aquellos cuyo objetivo es (1) la coordinación en el diseño de plataformas o de las condiciones de venta, (2) compartir datos de los usuarios que puedan ser utilizados para desarrollar nuevos productos o nuevos mercados y, por último, (3) la fijación de precios de determinados productos o servicios entre competidores.

Si bien, no podemos olvidar que, atendiendo a su especial gravedad, las restricciones de la competencia por el objeto, como es el acuerdo de fijación de precios, difícilmente pueden tener encaje en la exención prevista en los arts. 101.3 TFUE y 1.3 LDC.

De este modo, en primer lugar, cabe preguntarse si este tipo de acuerdos produce una mejora en la eficiencia, es decir, si contribuye a mejorar la producción y/o comercialización de bienes o servicios o a promover el progreso técnico o económico. En este sentido, la utilización de algoritmos para ejecutar este tipo de acuerdos puede tener como resultado, por ejemplo, un menor coste para las empresas partes del acuerdo, una reducción de los tiempos empleados, así como, en el segundo de los casos planteados, la oferta de nuevos productos o servicios al consumidor. Gracias al uso de algoritmos e IA, las empresas tienen la posibilidad de ofrecer productos y servicios personalizados, más adecuados a las necesidades de cada cliente. El hecho de compartir datos de los usuarios entre diferentes plataformas puede dar lugar a una experiencia más personalizada que, en consecuencia, aumente el bienestar del consumidor.

Por otro lado, ante un acuerdo de fijación de precios, para determinar las eficiencias derivadas del acuerdo, debe anali-

330 *Vid. supra.* Capítulo III, apartado segundo.

zarse si gracias a ello, el consumidor se beneficia de la oferta de un precio más uniforme[331], no siendo objeto de discriminación por la aplicación de precios personalizados[332].

---

331 En este sentido, se ha de aludir a la decisión del Conseil de la Concurrence, autoridad de competencia de Luxemburgo, de 7 de junio de 2018 sobre la aplicación de algoritmos para la fijación de precios y reparto de clientela en el sector del taxi. En este caso concreto, la compañía Webtaxi opera una plataforma que, mediante el uso de un algoritmo, asigna los servicios entre los taxistas que se encuentran en ella y participan en el acuerdo existente, y establece el precio de sus viajes. La autoridad de competencia de Luxemburgo, a pesar de considerar que dicho acuerdo horizontal de fijación de precios supone una restricción por objeto, sobre la base del artículo 101 TFUE, no considera anticompetitivo este acuerdo ya que a resultas de él se produce un aumento del beneficio para los clientes (por ejemplo, la aplicación de precios menores), una mayor eficiencia del acuerdo (reducción de carreras vacías y de los tiempos de espera para los consumidores) y, por último, al considerar que tan sólo un 26% del sector se encontraba afectado por esta conducta, considerando la autoridad competente que no se produce en este caso la eliminación de la competencia en el mismo. De este modo, en dicha resolución se establece una excepción ante la consideración de este tipo de prácticas como anticompetitivas en el mercado, basada en el cumplimiento de cuatro condiciones -condiciones recogidas en los artículos 101.3 TFUE y 1.3 LDC, y con seguridad en el ordenamiento interno luxemburgués-. En primer lugar, se habla sobre la existencia de beneficios de eficacia. Por otro lado, un aumento de beneficios para el consumidor. En tercer lugar, que el acuerdo sea necesario, adecuado y proporcionado en cada caso. Y, por último, que no se elimine la competencia en el mercado de referencia, como es el caso expuesto en líneas anteriores. *Vid.* Conseil de la Concurrence, Décision nº 2018-FO-01, du 7 juin 2018, concernant une procédure au fond mettant en cause Webtaxi S.à.r.l. Disponible en https://concurrence.public.lu/dam-assets/fr/decisions/ententes/2018/decision-n-2018-fo-01-du-7-juin-2018-version-non-confidentielle.pdf.

332 *Vid. infra.* Capítulo IV, apartado cuarto.

De acuerdo con los requisitos mencionados con anterioridad, en segundo término, es necesario analizar la existencia de un beneficio equitativo para los consumidores, es decir, hacer un balance entre los efectos positivos y negativos que derivan del acuerdo en cuestión. Sin embargo, dicho beneficio no se ha de valorar de manera individual, sino que se ha de valorar la existencia de un beneficio global que ha de ser inmediato o generarse con rapidez[333]. En este sentido, puede considerarse que estos obtendrán un beneficio cuando los acuerdos señalados tengan como resultado una reducción del precio, un aumento de la calidad de los productos o servicios ofertados, así como la oferta de otros nuevos que puedan cubrir sus necesidades. Por ejemplo, el uso de algoritmos por plataformas como Uber, puede dar lugar a la fijación de un precio calculado por el algoritmo, teniendo en cuenta variables como la ruta a realizar o el tráfico que haya en la zona, dando como resultado un precio más objetivo para el consumidor. Por otro lado, el cliente también podrá beneficiarse de un menor tiempo de espera, gracias a los cálculos realizados por el algoritmo, así como de la calidad del servicio gracias a la reputación de la marca[334].

A continuación, se debe analizar el carácter indispensable de las restricciones, es decir, si existe otra alternativa económicamente viable que, al mismo tiempo, sea menos restrictiva de la competencia. Sin embargo, no es tarea fácil determinar la indispensabilidad de la restricción y deberá analizarse atendiendo a cada caso concreto. Ante un acuerdo de fijación de precios, por ejemplo, la CNMC ha señalado que no se con-

---

333 *Vid.* DÍEZ ESTELLA, F. / GUERRA FERNÁNDEZ, A., “Artículo 1”, *op. cit.*, pp. 158-159.

334 Así lo consideró el Conseil de la Concurrence en el asunto Webtaxi, determinando que existían importantes beneficios para el consumidor derivados del acuerdo de fijación de precios entre los diferentes taxistas.

sidera «ni objetivamente necesario ni proporcionado incurrir en una de las restricciones de la competencia más graves posibles, como es la coordinación de precios entre empresas competidoras por los mismos servicios, para alcanzar las posibles ventajas o eficiencias» derivadas del acuerdo[335].

Por otro lado, para valorar si es indispensable compartir datos de los usuarios entre competidores con el objetivo de desarrollar nuevos productos o servicios, es imprescindible analizar si las empresas partes del acuerdo podrían recopilar dichos datos de manera individual o si no disponen de las herramientas necesarias para ello. El desarrollo o adquisición de algoritmos o sistemas de inteligencia artificial que recopilen, almacenen y analicen los datos del cliente puede tener un elevado coste que no todas las empresas pueden afrontar, siendo favorable dicho acuerdo de intercambio de datos para estas últimas.

El último requisito que se ha de analizar es si se produce una eliminación sustancial de la competencia actual o potencial. Para ello será necesario delimitar el mercado relevante, el poder de mercado de las empresas implicadas, la existencia de productos sustitutivos, etc. Nos encontramos aquí, de nuevo, ante la importancia de determinar el mercado relevante que, como vimos, no resulta sencillo ante la aparición de las grandes plataformas digitales[336].

Una aplicación práctica de dichos requisitos la encontramos en el ya mencionado caso sobre la intermediación inmobiliaria ejecutada con el uso de algoritmos. En este caso, varias de las empresas imputadas defendieron en sus alegaciones que el sistema utilizado generaba externalidades positivas para los

---

335 Resolución CNMC, de 25 de noviembre de 2021, PROPTECH (S/0003/20), *op. cit.*, p. 114.

336 Nos remitimos para ello a lo analizado en páginas anteriores sobre plataformas y mercado relevante. *Vid. supra.* Capítulo II.

consumidores. Sin embargo, ninguna de ellas procedió a realizar el análisis oportuno en relación con tales eficiencias con el fin de acreditar la concurrencia de los requisitos necesarios para aplicar los arts. 101.3 TFUE y 1.3 LDC, tal y como exige la jurisprudencia[337]. Sobre la fijación del precio de los honorarios de la comisión y el intercambio de información entre las diferentes inmobiliarias participantes, estas podrían haber alegado lo siguiente: la existencia de ahorro en los costes, la posibilidad de ampliar su oferta a los clientes de la plataforma, la conclusión de la operación con mayor rapidez, la creación de mejores bases de datos, etc. Sin embargo, como reitera la CNMC, no resulta necesario ni proporcionado llevar a cabo una de las prácticas restrictivas de la competencia más graves – la coordinación de precios entre empresas competidores por los mismos servicios – para lograr dichas ventajas competitivas o eficiencias[338].

Por todo ello, a pesar de que nos encontremos ante importantes beneficios tanto para las empresas como los consumidores al llevar a cabo las citadas prácticas restrictivas ejecutadas mediante algoritmos y *big data*, estas no cumplirían, a priori, los requisitos exigidos por la normativa comunitaria y nacional para poder gozar de la exención recogida en ella. Como analizamos con anterioridad, consideramos que este tipo de prácticas llevadas a cabo por los grandes gigantes digitales tienen como resultado la eliminación sustancial de la competencia en

---

337 Entre otras, STJUE, de 6 de octubre de 2009, en los asuntos acumulados C 501/06 P, C 513/06 P, C 515/06 P y C 519/06 P, *GlaxoSmithKline c. Comisión* (TOL9.920.783), apartados 81 a 83, pp. 111-113.

338 Resolución CNMC de 25 de noviembre de 2021, PROPTECH (S/0003/20), *op. cit.* p. 114.

el mercado, así como dudamos del carácter indispensable de las restricciones para obtener dichas eficiencias[339].

Sobre el orden de análisis de los cuatro requisitos establecidos en el art. 101.3 TFUE, consideramos interesante comenzar por el último de ellos, la posibilidad de eliminar la competencia en el mercado. Esto es así debido a que este último presenta, a priori, mayores dificultades, no siendo necesario analizar el resto de los requisitos si este no se cumple, dado su carácter acumulativo.

5. ¿NECESIDAD DE UNA REFORMA NORMATIVA PARA DAR CABIDA A LAS COLUSIONES LLEVADAS A CABO MEDIANTE EL USO DE ALGORITMOS?

Para hacer frente a este tipo de conductas sería necesario bien llevar a cabo una reforma de la normativa existente bien una adaptación de los criterios jurisprudenciales que dejaran claro el modo de proceder ante este tipo de situaciones.

A priori, parece ser mucho más sencillo hacerlo desde esta segunda vía, al menos hasta conocer en mayor profundidad

---

339 Junto a este análisis, se podría valorar la posible aplicación de algún Reglamento de exención por categorías, como, por ejemplo, el Reglamento sobre acuerdos horizontales de investigación y desarrollo o el Reglamento sobre acuerdos verticales y prácticas concertadas. En este sentido, *vid.* Reglamento (UE) 2023/1066 de la Comisión de 1 de junio de 2023 relativo a la aplicación del artículo 101, apartado 3, del Tratado de Funcionamiento de la Unión Europea a determinadas categorías de acuerdos de investigación y desarrollo, DO L 143 de 2.6.2023; Reglamento (UE) 2022/720 de la Comisión de 10 de mayo de 2022 relativo a la aplicación del artículo 101, apartado 3, del Tratado de Funcionamiento de la Unión Europea a determinadas categorías de acuerdos verticales y prácticas concertadas, DO L 134 de 11.5.2022.

el alcance de estas nuevas prácticas en el Derecho de la competencia. Sin embargo, con el objetivo de poder hacer frente a estas nuevas prácticas restrictivas de la competencia pudiera resultar interesante adaptar la normativa vigente y recoger el mayor número de supuestos posibles, así como adoptar las medidas de prevención necesarias para evitar su comisión.

En este sentido, es importante analizar dos escenarios: por un lado, las posibilidades de reforma normativa a través de las cuales se pudiera dar cobertura a los algoritmos y, por otro lado, los problemas derivados de la adopción de tales cautelas normativas.

En nuestra opinión, en puridad, no es precisa una reforma de los arts. 101 TFUE y 1 LDC para que tengan cabida en ellos las colusiones algorítmicas. Consideramos que su redacción es lo bastante amplia como para que estas entren dentro de su ámbito de aplicación. Por lo tanto, bastaría con adaptar la norma.

Para adaptar la normativa vigente, en primer lugar, podría considerarse la colusión algorítmica o la adopción de acuerdos para la fijación dinámica de precios o alteración de las estrategias comerciales como uno de los supuestos concretos de colusión que, a título ejemplificativo y sin suponer un numerus clausus, indican los arts. 101.1 TFUE y 1.1 LDC.

Por otro lado, la CE y la CNMC, sin carácter normativo, podrían adoptar unas Directrices sobre colusiones llevadas a cabo mediante algoritmos de modo que, sin necesidad de modificar los arts. 101 TFUE y 1 LDC, se establezca una interpretación clara de cuándo estas conductas se consideran anticompetitivas y cuál sería la forma de actuar en cada caso. Por ejemplo, estas Directrices podrían contener:

1. Una enumeración de algunas de las posibles conductas llevadas a cabo mediante algoritmos como la fijación de precios, de condiciones de venta, compartir datos de sus usuarios, etc.

2. La recogida de una serie de criterios que indiquen cuándo la conducta puede considerase anticompetitiva. En este sentido, para determinar si el acuerdo llevado a cabo entre las empresas puede afectar o eliminar la competencia en el mercado podrán fijarse unas cuotas de mercado máximas que no podrían superar las empresas involucradas. Dado que este criterio puede resultar controvertido, es imprescindible contar previamente con una definición de mercado relevante que se adecúe a esta nueva era digital.

Además de la cuota de mercado, pueden tenerse en cuenta el número de usuarios dados de alta en cada plataforma, así como criterios especializados en el funcionamiento del algoritmo utilizado, por ejemplo, relacionados con su diseño y programación. Sería posible para ello, señalar aquellos protocolos de los cuales pueda derivarse una actuación perjudicial para el mercado, siendo las empresas conscientes de ello.

3. Además, las Directrices también podrán señalar cómo actuar ante este tipo de conductas. Por ejemplo, cómo puede actuar la empresa si tiene conocimiento de que se está llevando a cabo una práctica anticompetitiva mediante algoritmos -sin intención por su parte-, así como regular la realización de auditorías por parte de las autoridades de competencia en estos casos. Como vemos, no se trata, en exclusiva, de una cuestión jurídica-económica, sino que será necesario contar con expertos en el funcionamiento de estas nuevas tecnologías, como son los algoritmos y la IA.

Consideramos que esta propuesta es más adecuada que un mero desarrollo jurisprudencial de los casos, pues aporta mayor seguridad jurídica, así como más sencilla de llevar a cabo que la anterior.

Sin embargo, la cuestión aquí sería determinar si existen los requisitos de voluntariedad y consciencia precisos para considerar que nos encontramos ante un acuerdo anticompetitivo recogido en los arts. 101 TFUE y 1 LDC. Es decir, como vimos en los escenarios anteriores, algunos de ellos son anticompetitivos o es muy probable que lo sean. El problema lo encontramos en aquellos casos en los que no existe un conocimiento directo o una intencionalidad clara de que del uso de dichos algoritmos se produzca un resultado colusorio. Por lo tanto, el punto de partida sería determinar si se puede considerar que hay colusión, aunque no hubiera conocimiento ni intención.

En nuestra opinión, al utilizar algoritmos para monitorizar el funcionamiento del mercado y determinar la propia estrategia de precios y comercial, existe un riesgo subyacente a la coordinación que ha de ser conocido por el empresario que emplea ese algoritmo y que, como tal, supone un principio de conocimiento que pudiera justificar la aplicación de los ilícitos *antitrust.* El uso de algoritmos en sí mismo no debe considerarse una conducta anticompetitiva, pues aportará importantes beneficios tanto para las empresas que los desarrollan o aplican, así como para el consumidor. Sin embargo, al utilizarse los algoritmos de aprendizaje automático debemos ser conscientes de su funcionamiento y de las posibles conductas que estos puedan llevar a cabo por sí mismos. Por ello, consideramos que aquellas empresas que los utilicen no pueden eludir su responsabilidad alegando que desconocían cómo estos funcionaban o interactuaban entren ellos.

Si bien, se trata de una cuestión difícil de resolver ya que se ha de tener en cuenta la existencia de una serie de límites. Al adoptar medidas de prevención para evitar la comisión de infracciones mediante el uso de algoritmos e IA es necesario plantearse con carácter previo qué problemas podrían surgir y cómo estos pueden afectar al mercado y la competencia.

Por un lado, no frenar el desarrollo tecnológico y la innovación en el uso de algoritmos, lo que puede generar importantes beneficios tanto para las empresas como para los consumidores. En este sentido, consideramos que, principalmente, este tipo de medidas pueden suponer un freno a la innovación, al desarrollo de los algoritmos y la IA con fines comerciales y, por tanto, detener el progreso tecnológico, lo que, a la postre, conllevaría una pérdida de bienestar neto (social y económico).

Por otro lado, el derecho a la libertad de empresa reconocido en el art. 38 de nuestra Constitución. En este sentido, los empresarios pueden adoptar las estrategias empresariales que estimen más adecuadas para sus intereses y utilizar todos los medios lícitos que estén a su alcance para conseguirlo. Por ello, el uso de algoritmos e IA que permitan monitorizar el funcionamiento del mercado y el comportamiento de la competencia, creando escenarios predictivos es algo positivo que permitirá actuar y llevar a cabo una mejor toma de decisiones. En conclusión, no puede ser prohibido de manera automática, tan sólo en aquellos casos que supongan un perjuicio para el mercado y la distorsión de la competencia.

Por último, con independencia del tratamiento de estas conductas, como nueva práctica prohibida en el Derecho de la competencia o bajo alguno de los preceptos actuales recogidos en la normativa, las autoridades *antitrust* deben estar preparadas para prevenirlas y detectarlas y, así, evitar algunas de sus consecuencias en los mercados. Por ello, en epígrafes posteriores, analizaremos en profundidad de qué modo las autoridades de competencia pueden servirse también de las nuevas tecnologías en el desarrollo de su misión, con el objetivo de detectar prácticas anticompetitivas, solucionar las restricciones a la competencia y minimizar los efectos negativos que puedan ocasionarse en el mercado.

Capítulo IV.

Conductas de abuso de posición de dominio mediante el uso de algoritmos e inteligencia artificial

1. EL PODER DE MERCADO DE LAS GRANDES EMPRESAS ANTE NUEVOS MODELOS DE NEGOCIO

Para poder enjuiciar si una determinada conducta en el mercado cae dentro del ámbito de la prohibición del art. 102 TFUE[340] o 2 LDC, debemos comenzar analizando uno de los conceptos que mayor importancia tiene en el Derecho de la competencia: el poder de mercado. En este sentido, el Dere-

---

340 Este precepto, conviene recordar, establece que «[s]erá incompatible con el mercado interior y quedará prohibida, en la medida en que pueda afectar al comercio entre los Estados miembros, la explotación abusiva, por parte de una o más empresas, de una posición dominante en el mercado interior o en una parte sustancial del mismo». Estas prácticas abusivas podrán consistir, particularmente, en: a) la imposición directa o indirecta de precios de compra, de venta u otras condiciones de transacción no equitativas; b) la limitación de la producción, el mercado o el desarrollo técnico en perjuicio de los consumidores; c) la aplicación a terceros contratantes de condiciones desiguales para prestaciones equivalentes, que puedan ocasionar una desventaja competitiva; y, por último, d) la subordinación de la celebración de contratos a la aceptación, por los otros contratantes, de prestaciones suplementarias que, por su naturaleza o según los usos mercantiles, no guarden relación alguna con el objeto de dichos contratos. De forma análoga, en España, véase el art. 2 LDC.

cho de la competencia se preocupa de aquellos efectos negativos que puedan derivarse de ciertos comportamientos de empresas que posean un alto poder de mercado[341]. Este concepto será el que mayor influencia tenga a la hora de aplicar la normativa relativa a las conductas o prácticas prohibidas. El objeto de su análisis variará según las normas que se estén aplicando. De este modo, si lo que estamos analizando es un acuerdo restrictivo entre empresas, el poder de mercado nos ayudará a determinar la gravedad de la restricción, de la infracción. Pero, si se trata de conductas de abuso de posición de dominio – en las que nos centramos en este apartado – el poder de mercado nos ayudará a determinar si constituye o no una conducta prohibida por el Derecho de la competencia. La determinación del mercado relevante tiene especial importancia en las conductas que pueden llegar a constituir abuso de posición de dominio, ya que, dependiendo de cómo se delimite este, la empresa podrá tener o no el poder de mercado que se exige como presupuesto para incurrir en esta conducta anticompetitiva.

Por lo tanto, conocer el poder de mercado que tiene la empresa es *conditio sine qua non* para llevar a cabo el análisis de las conductas recogidas en los arts. 101 y 102 TFUE[342].

En relación con su definición, la Comisión Europea en su *Comunicación sobre Directrices relativas a la aplicación del apartado 3 del artículo 81 del Tratado, de 27 de abril de 2004*, estableció que

---

341 Sobre el concepto de poder de mercado *vid.* PETIT, N., "Understanding Market Power", *Robert Schuman Centre for Advanced Studies Research*, nº RSC_14, marzo, 2022, disponible en https://ssrn.com/abstract=4148489; BAHAMONDE DELGADO, R., "El poder de mercado y su relevancia en el Derecho de la competencia europeo", *Anuario da Facultade de Dereito da Universidade da Coruña*, 2013, pp. 487-499. En concreto, véase p. 488.

342 *Ibidem.*

se entiende por poder de mercado[343] la capacidad de mantener durante un periodo de tiempo significativo precios superiores a los niveles que permitiría el juego de la competencia, así como de mantener la producción, en términos de cantidad, calidad y variedad de los productos o innovación, en un nivel inferior al que permitiría el juego de la misma[344].

Dado que la competencia no puede ser limitada en un plano abstracto, sino en un mercado concreto[345], para poder determinar el poder de mercado que ostenta una empresa es necesario en primer lugar analizar el mercado en el que dicho poder se lleva a cabo, es decir, el mercado relevante o mercado de referencia[346]. Como vimos en un epígrafe anterior[347], para

---

343 Comunicación de la Comisión, *Directrices relativas a la aplicación del apartado 3 del artículo 81 del Tratado,* DOUE C 101, de 27 de abril de 2004, apartado 25. Del mismo modo, LANDES, W. M./POSNER, R. A., "Market power in *antitrust* cases", *Harvard Law Review.*, nº 94, 1980, pp. 937-996, señalan que el término poder de mercado se refiere a la capacidad de una empresa (o grupo de empresas actuando conjuntamente) para elevar los precios sobre el nivel competitivo sin perder un número considerable de ventas en un corto periodo de tiempo («The term "market power" refers to the ability of a firm (or a group of firms, acting jointly) to raise price above the competitive level without losing so many sales so rapidly that the price increase is unprofitable and must be rescinded»).

344 En este sentido, el TJUE, en su asunto 27/76, *United Brands,* FJ 65, señala que la posición dominante se refiere a «la posición de poder económico de una empresa que le permite obstaculizar el mantenimiento de una competencia efectiva en el mercado de referencia, al darle la posibilidad de actuar en buena medida independientemente de sus competidores, de sus clientes y en definitiva de los consumidores».

345 *Vid.* FERNÁNDEZ-NOVOA, C., "Significado y delimitación del mercado relevante", *Actas de Derecho Industrial y Derecho de Autor,* nº6, 1979-1980, pp. 247-262.

346 *Vid. Supra.* Capítulo II.

347 *Vid. Supra.* Capítulo II.

ello se deben analizar el mercado de producto, el mercado geográfico y la competencia potencial existente. Una vez determinado el mercado de referencia se podrá valorar el poder que una empresa posee en el mismo, así como sus implicaciones en relación con la competencia[348].

Además de definir el mercado relevante, para calcular el poder de mercado de una empresa es imprescindible el estudio de, entre otras[349], tres variables: la cuota de mercado, las barreras de entrada y el poder de negociación de la demanda[350].

En primer lugar, en relación con la cuota de mercado, esta se calculará en función del porcentaje de ventas que le corresponde a la empresa en cuestión sobre el total del mercado. En la práctica, el tamaño del mercado y las distintas cuotas de mercado a veces se pueden obtener de fuentes existentes en el mismo, tales como estimaciones de las empresas o estudios encargados a consultores de empresas y/o a asociaciones profesionales. Cuando esto no es así o cuando las estimaciones disponibles no son fiables, la Comisión suele pedir a cada proveedor del mercado de referencia que le comunique su volumen de ventas con el fin de calcular el tamaño total del mercado y las cuotas de mercado respectivas[351].

---

348 *Vid.* BAHAMONDE DELGADO, R., *op. cit.*, p. 490.

349 Como pueden ser el efecto cartera, la competencia potencial o la capacidad financiera. *Vid.* ORTIZ BLANCO. L. / MAÍLLO GONZÁLEZ-ORÚS, J. / IBÁÑEZ COLOMO, P. / LAMADRID DE PABLO, A., *Manual de Derecho de la Competencia, op. cit.*, pp. 53-56.

350 *Vid.* MOTTA, M., *Competition policy: theory and practice,* Cambridge University Press, 2004.

351 Comunicación de la Comisión relativa a la definición de mercado de referencia a efectos de la normativa comunitaria en materia de competencia, apartados 53, 54 y 55. Además, la Comisión añade que «[s]i bien para calcular la cuota de mercado normalmente se parte de las ventas, existen también otros indicadores, según los productos o el sector, que pueden aportar información útil, tales como

En segundo término, en relación con las barreras de entrada, por regla general, se considera que cuando existe facilidad de entrada al mercado debido a la inexistencia de barreras de entrada o a que estas son muy bajas, mayor será la posibilidad de que una empresa, a pesar de tener una cuota de mercado elevada, no posea un poder significativo en el mercado. Así, el poder de mercado se ha de enjuiciar también teniendo en cuenta no sólo la competencia actual en el mercado, sino también la competencia potencial, considerando como tal a todos los posibles nuevos entrantes que pudieran concurrir en el mercado. Por el contrario, cuando existen barreras de entrada resulta mucho más sencillo que la empresa pueda operar en el mercado sin que su posición en el mismo sea contrarrestada por la competencia potencial.

Por último, la tercera variable sería el poder de negociación de la demanda o poder compensatorio. Este ejerce una presión competitiva cuando «un comprador fuerte puede hacer uso de su poder de negociación para estimular la competencia entre diferentes vendedores ya sea ante la amenaza de cancelar pedidos a un vendedor y dirigirlos hacia otro, ya sea mediante el riesgo de que él mismo emprenda la producción de los bienes que consume»[352]. Es decir, el vendedor se enfrenta ante clientes bien informados, con un poder de compra significativo, lo que puede afectar a su poder de mercado.

---

la capacidad, el número de licitadores, las unidades de flota en la industria aeroespacial, o las reservas existentes cuando se trata de sectores como la minería. Por experiencia se sabe que tanto el volumen como el valor de las ventas proporcionan información útil. En el caso de productos diferenciados, suele considerarse que el valor de las ventas y la cuota de mercado correspondiente refleja mejor la posición y fuerza relativa de cada proveedor».

352 *Vid.* MOTTA, M., *Competition policy: theory and practice, op.cit.*, p. 122.

En la actualidad, el uso de las nuevas tecnologías también está afectando al poder de mercado de las grandes empresas en el mercado, tanto en los mercados tradicionales como en los nuevos mercados digitales, debido a la creación e influencia en nuevos modelos de negocio. El seguimiento de terceros puede desempeñar un papel decisivo en la captación y acumulación de poder de mercado en el mundo digital. Esto es así gracias a la capacidad que pueden adquirir ciertas empresas para recopilar información personal y actualizada sobre los usuarios de las diferentes plataformas y dispositivos, analizar esta gran cantidad de datos y, en última instancia, a través de la publicidad y otros medios, conseguir su monetización. Estas conductas pueden dar lugar a un elevado poder sobre los consumidores[353], que sirva para construir, en particular, sólidas posiciones de dominio.

En estos nuevos mercados y a partir de estas dinámicas se pueden identificar tres formas en las que se puede generar poder de mercado, a saber: el poder de manipular la opinión del consumidor, el poder de hacer la propia oferta más atractiva y el poder de detectar oportunidades de negocio antes y mejor que los competidores[354].

En este entorno digital, el poder de mercado aglutinaría también una medición del grado en el que una empresa puede recopilar, analizar y difundir la información – datos – de carácter personal obtenida tanto de sus clientes como de sus competidores-. En este sentido, las dos principales variables que

---

353 *Vid.* ROBERTSON, V. H. S. E., "Excessive Data Collection: Privacy Considerations and Abuse of Dominance in the Era of Big Data", *Common Market Law Review*, 2019, pp. 161–189, en concreto, véase p. 9.

354 *Vid.* FERRARI, G. / MAGGIOLINO, M., "Il potere across markets delle GAFAM: come reagire?", *Orizzonti del Diritto Commerciale,* 2021, pp. 463-488. En concreto, véase pp. 469 y ss.

se deberán tener en cuenta para su determinación serán, por un lado, la facilidad de replicación de los datos y, por otro, la importancia y el papel que estos jueguen en el proceso competitivo[355]. De este modo, el *big data* sería una de las causas principales que soporta el mayor poder de mercado, lo que tiene como consecuencia, en determinadas ocasiones, una conducta de abuso de posición de dominio por parte de algunas empresas. La información que se extrae del análisis de los datos es muy relevante para las empresas, pues les ayuda a diseñar sus estrategias de actuación y a conseguir, con ello, su objetivo de ganar una mayor cuota de mercado. Sin embargo, hay algo más importante que obtener una gran cantidad de datos, y es disponer de un buen algoritmo o sistemas de inteligencia artificial que permitan su adecuada recopilación, clasificación, procesamiento y análisis para obtener información procesada útil para la definición de la estrategia de la empresa.

El dominio de los datos ha pasado a ser una de las causas mayores de la acumulación de poder de mercado, permitiendo a las empresas que los acaparan adoptar una posición de dominio robusta en el mercado. Por ello, es importante identificar y analizar los riesgos para la competencia que pueden derivarse de un uso indebido de estos[356].

---

355 AUTORITÉ DE LA CONCURRENCE, BUNDESKARTELLAMT, *Competition Law and Data*, 2016, p.35.

356 *Vid.* HERRERO SUÁREZ, C., "La economía de los grandes datos o Big Data desde el Derecho de la competencia: ¿nuevos problemas? ¿nuevas soluciones?", *Revista de Derecho de la competencia y la distribución*, nº23, 2018, LA LEY 14937/2018. En este mismo sentido, *vid.* HERRERO SUÁREZ, C., "Big Data: ¿hacia un nuevo instrumento de poder de mercado?, en MIRANDA SERRANO, L.M. / PAGADOR LÓPEZ, J. (dirs.), *Desafíos del regulador mercantil en materia de contratación y competencia empresarial*, Marcial Pons, Madrid, 2021, pp. 341-357.

El primero de los factores que determina que la disposición de los datos confiera poder de mercado a las empresas que los controlan es la exclusividad. El acceso exclusivo a los datos puede generar una ventaja competitiva y favorecer un mayor poder de mercado si estos constituyen un insumo esencial para la producción de un producto o servicio o para su mejor comercialización[357]. De este modo, por su carácter exclusivo y apropiable, los datos pueden constituir una barrera de entrada para nuevos competidores cuando estos no puedan tener acceso a los mismos. Las empresas invierten grandes cantidades de dinero para adquirir estos datos y mantener o aumentar su ventaja competitiva en el mercado. Así, como veremos más en profundidad en el siguiente apartado[358], sería importante analizar si sería necesaria una restricción del acceso a los datos o una obligación de permitir a los competidores acceder a los mismos con el fin de evitar un abuso de posición dominante[359]. En este segundo caso, esto se podría articular de dos formas distintas: por la vía regulatoria, es decir, imponiendo mediante normativa la obligación -como hace la DMA- o por la vía de los remedios, ofreciendo las empresas como compromisos. o imponiendo la autoridad en la decisión de prohibición,

---

357 Un ejemplo claro -aunque apartado de los mercados digitales- puede ser el de la información que tienen las empresas comercializadoras de energía procedentes de los antiguos monopolios sobre los puntos de suministro y el consumo histórico de los clientes. Disponer de tal información es esencial para que posibles competidores puedan entrar y competir en dicho mercado con probabilidad de éxito. Tal es la relevancia de esta información que se acabó imponiendo desde el plano normativo la obligación de comunicarla y la posibilidad de los comercializadores de acceder a ella a través de la Oficina de Cambios de Suministrador.

358 *Vid. Infra.* Capítulo IV, apartado Segundo.

359 *Vid.* VAN TIL, H. / VAN GORP, N. / PRICE, K., "Big data and competition", *Ecorys Study for the Dutch Ministry of Economic Affairs*, Ecorys, Rotterdam, 2017, p.27.

la obligación de compartir tales datos. Sin embargo, como veremos, si se impone tal obligación a las empresas, se estará introduciendo un incentivo desfavorable a que estas quieran continuar realizando importantes inversiones en la captación y tratamiento de datos, con lo que se frenará, de manera notable, la innovación en este ámbito.

En segundo término, analizar la existencia de efectos de aprendizaje, es decir, si el uso de los datos puede favorecer una mejora del producto o servicio ofertado. Consideramos que la respuesta debe ser afirmativa pues una empresa que tenga cierta ventaja competitiva en el mercado y pueda favorecerse de los datos de sus usuarios, al mismo tiempo, gracias a la recopilación de cada vez un mayor número de datos, podrá mejorar los bienes y servicios ofertados y así atraer a nuevos clientes o compradores. Sin embargo, las empresas de menor dimensión con una pequeña clientela tendrán más dificultades para ello[360]. Un ejemplo claro de cómo los productos mejoran a partir de la captación de datos se da en los mercados bilaterales (como pueden ser las redes sociales) y la prestación de servicios de publicidad. Gracias a la captación de datos, a su procesamiento y a la creación de perfiles individualizados de los distintos usuarios, estas plataformas pueden ofrecer a las empresas de publicidad un servicio de identificación de los clientes a los que dirigir sus campañas, de modo que los clientes sólo reciban anuncios publicitarios de aquellos productos y servicios en los que en realidad están interesados y, de igual modo, que dicha publicidad se ofrezca según unos parámetros (temporal, diseño del anuncio, elementos de captación de la atención) que garanticen el éxito de la campaña.

Esto conecta con el siguiente de los factores a tener en cuenta, a saber, el grado de interacción en una red. Con ello se hace

---

[360] *Ibidem*, pp. 28 y ss.

referencia a si los datos son utilizados para reunir a varios tipos de usuarios en una misma plataforma. Como vimos en páginas anteriores[361], en la actualidad podemos encontrarnos con plataformas o mercados multilaterales en los cuales las empresas prestan sus servicios a más de un grupo de usuarios. Por ejemplo, pensemos en Amazon, donde interaccionan consumidores y anunciantes, o Facebook, donde lo hacen usuarios entre sí o con diferentes proveedores. Los consumidores pueden utilizar muchos de estos servicios en paralelo, pero gracias a los datos, las plataformas pueden obtener cada vez mayor información y ofrecer mejores servicios atrayendo así a más usuarios a la plataforma y, al mismo tiempo, impidiendo que estos busquen dichos servicios en otras plataformas diferentes[362].

En cuarto lugar, ¿existen otros activos que puedan considerarse complementarios o incluso sustitutivos? El valor de los datos se encuentra en la capacidad que tienen las empresas para extraer información que sea útil, procesarla y analizarla. Para ello es necesario el uso de algoritmos. Cuando no existan alternativas disponibles a estos, las empresas aumentarán su poder de mercado. Podríamos pensar en el capital humano como una alternativa para el análisis de los datos, sin embargo, los competidores no siempre tendrán acceso a tales recursos, pues serán perfiles muy especializados y, por lo tanto, mucho más costosos.

El último factor que debemos tener en cuenta para analizar los riesgos del uso de datos en la competencia del mercado es la existencia de empresas que compitan en el mismo utilizando un modelo de negocio diferente. Las empresas líderes en el mercado se enfrentan al riesgo de que otra empresa pueda encontrar la manera de producir el bien o servicio de

---

361 *Vid. Supra.* Capítulo II.

362 *Vid.* VAN TIL, H. / VAN GORP, N. / PRICE, K., "Big data and competition", *op. cit.*, p.28.

una manera más eficiente y, con ello, ganar poder de mercado. Se trataría de la posibilidad de enfrentarse a la competencia de nuevos rivales (rivales potenciales) que no se encuentran activos en la actualidad en el mismo mercado, pero que pueden utilizar el trampolín de los datos para penetrar con fuerza en el nuevo mercado. Por ejemplo, Amazon y Google no son, a priori, competidores directos, pero, sin embargo, Amazon podría llegar a ofrecer un servicio de búsqueda muy parecido al que ofrece Google y, por tanto, ser considerado como un competidor. En este sentido, recordemos el caso de Amazon y Netflix, donde este último se dedicaba a la prestación de servicios audiovisuales y Amazon, en cambio, era una empresa de distribución de productos. Sin embargo, Amazon aprovechó su posición en aquel mercado para penetrar con fuerza en este a través de su servicio de Prime Video.

El poder de mercado en los nuevos mercados digitales puede ser especialmente vulnerable a la entrada de nuevos participantes, que ofrezcan productos innovadores y nuevos modelos de negocio[363], aunque en un principio no se dedicaran al mismo mercado ni a actividades conexas. De hecho, en la actualidad existe una cierta preocupación por el salto que pueden dar las grandes compañías digitales a sectores en los que hasta ahora no habían actuado y para cuyo éxito, la disposición y el tratamiento de datos puede jugar un papel muy importante, como puede ser la prestación de servicios bancarios o de seguros.

---

363 Nuevas innovaciones digitales como dispositivos móviles, auriculares, realidad virtual, etc. VAN TIL, H. / VAN GORP, N. / PRICE, K., "Big data and competition", *op. cit.*, p.28 y ss.

1.1. Riesgos derivados del poder de mercado en la nueva economía digital

El extraordinario poder de mercado acaparado por los gigantes del sector – Google, Amazon, Meta (antes Facebook), Apple y Microsoft – conocidas con el acrónimo GAFAM obliga a afrontar nuevos riesgos para el Derecho de la competencia que se deriven de los comportamientos de estas en el mercado. La acumulación de poder de mercado por estas grandes empresas se ha visto muy favorecida por la pandemia de la Covid-19, pues las restricciones de movimiento han incrementado aún más la tendencia al uso de servicios y a la intermediación digital, alternando las dinámicas tradicionales de comportamiento y favoreciendo la utilización en mayor medida de sus servicios[364].

En relación con las características de estos nuevos mercados formados por fuertes plataformas digitales y operadores cada vez más especializados, podemos destacar las siguientes:

En primer lugar, nos encontraremos ante diferentes grupos empresariales que pueden estar formados por diferentes plataformas, las cuales podrán ser consideradas como guardianes de acceso[365], por ejemplo, Google, un buscador de publicidad, Amazon, una red de distribución comercial o Facebook, una red social (esta última integrada dentro del grupo Meta).

En segundo término, cada guardián de acceso utiliza su posición como tal para mantener o aumentar su poder de mercado[366]. Su posición en estos mercados es tal que acaba actuando

---

364 Sobre esta cuestión, *vid.* VELASCO SAN PEDRO, L., "El papel del Derecho de la competencia en la era digital", *Revista de Estudios Europeos,* nº78, julio-diciembre, 2021, pp. 93-110.

365 *Vid. supra.* Capítulo II, apartado cuarto.

366 Los guardianes de acceso podrán controlar otros negocios, identificar potenciales rivales, copiarlos o incluso comprarlos.

como un disciplinador o regulador de su funcionamiento, estableciendo las normas que sus usuarios (particulares o profesionales) han de cumplir para poder actuar en el mercado que la plataforma organiza.

Por último, estas empresas pueden cometer conductas de abuso de su papel de intermediarios imprescindibles (*gatekeepers* o guardianes de acceso) para aumentar su poder de mercado, tanto en ese mismo mercado que controlan como para expandir sus posiciones a otros mercados más o menos conexos. Estas plataformas podrán abusar de su poder de mercado llevando a cabo conductas abusivas, en mayor medida exclusionarias, pero también explotativas, con prácticas como, por ejemplo, la preferencia de sus propios productos o servicios, la aplicación de precios predatorios o prácticas de exclusión[367].

En este sentido, la recopilación y acumulación para su procesamiento mediante algoritmos de los datos de los consumidores es un indicador de poder de mercado en la nueva economía digital. Sin embargo, evaluar el poder de mercado en estos nuevos mercados no será tarea fácil ya que, en la mayoría de los casos, se trata de mercados en los que la prestación de los productos o servicios se producen bajo una apariencia de precio 0, retribuyéndose las prestaciones a través de la cesión de los datos o la captación de la atención de los usuarios o clientes que, con posterioridad, se canaliza a mercados secundarios, como es el de la publicidad. Esta construcción del modelo de negocios al margen de la lógica de los precios dificulta la aplicación tradicional de las pautas utilizadas por regla general a la hora de determinar el poder de mercado. Por lo tanto, el valor de los datos y el control de su uso conforman una dimensión de importancia capital a la hora de determinar el poder de mercado de

[367] *Vid.* VELASCO SAN PEDRO, L., *op. cit.* pp. 93-110.

estas empresas y, como veremos más adelante, habrá de tenerse en cuenta para evitar posibles conductas prohibidas[368].

Uno de los riesgos ante los que nos encontramos como consecuencia de la captación masiva de datos por parte de estas empresas, para su procesamiento y utilización comercial, consiguiendo de ello un mayor poder de mercado es la posibilidad de llevar a cabo prácticas abusivas de explotación. Entre estas puede destacarse la aplicación de precios (o, mejor dicho, condiciones contractuales) excesivos[369]. Y es que, el pilar central hasta el momento utilizado para abordar la cuestión de si se están aplicando o no precios excesivos, sería precisamente eso, la existencia de un precio monetario. Como hemos visto, la mayoría de estas grandes plataformas actúa según una política comercial no basada en la lógica de los precios. A pesar de la gran dificultad para ponerse de acuerdo en cuál sería el valor monetario que debe atribuirse a los datos debido a que este dependerá de cada caso en particular, es posible que los economistas ya estén en condiciones de expresar el valor de estos en estos términos y así poder determinar si esta recopilación ha sido o no excesiva[370].

---

368 La Comisaria de la Unión Europea, Margrethe Vestager, hace hincapié en la importancia de la normativa en protección de datos y destaca que esta ya se ha integrado como parámetro de calidad para la evaluación de operaciones de concentración como es el caso de las operaciones de fusión. Para mayor interés, véase JUDICIARY COMMITTEE, *Investigation of Competition in Digital Markets: Majority Staff Report and Recommendations*, US House of Representatives, 2020. Disponible en: https://judiciary.house.gov/uploadedfiles/competition_in_digital_markets.pdf?utm_campaign=4493-519. En concreto, pp. 55 y ss.

369 Sobre esta cuestión, *vid.* RODILLA MARTÍ, C., *Los precios excesivos por explotación como ilícito del Derecho de la Competencia*, Aranzadi, Cizur Menor, 2018.

370 *Vid.* ROBERTSON, V. H. S. E., "Excessive Data Collection…", *op. cit.* p. 10.; OECD, "Exploring the Economics of Personal Data: A Survey

Una vez consideremos que los datos personales de los usuarios sí tienen valor económico, el primer interrogante que debemos plantearnos es cuándo puede considerarse que la recolección de grandes cantidades de datos personales a través del seguimiento de terceros ha sido excesiva. Con carácter general, a la hora de enjuiciar si se ha producido una conducta de imposición de precios excesivos, el TJUE ha señalado que son necesarios dos requisitos: por un lado, comparar precio de venta y precio de coste, es decir, analizar si «existe una desproporción excesiva entre el coste efectivamente soportado y el precio efectivamente exigido»; y, por otro lado, «examinar si se ha impuesto un precio no equitativo, en términos absolutos o en comparación con los productos competidores»[371]. En este sentido, será necesario analizar todos los datos recopilados a través del seguimiento de terceros – que sería el precio pagado por el usuario –, y lo que recibe el usuario a cambio – el coste del producto o servicio para el proveedor y su valor económico –, determinando si existe o no una relación razonable entre ambos.

La segunda pregunta a la que debemos responder es si nos encontramos ante un problema de competencia o de privacidad de los datos[372]. Para dar respuesta a esta cuestión es inte-

---

of Methodologies for Measuring Monetary Value" *OECD Digital Economy Papers,* nº 220, abril, 2013.

371 STJUE, asunto 27/76, *United Brands,* FJ 252.

372 *Vid.* HERRERO SUÁREZ, C., "La economía de los grandes datos o Big Data desde el Derecho de la competencia: ¿nuevos problemas? ¿nuevas soluciones?", *op. cit.* Para un análisis en mayor profundidad *vid.* DÍEZ ESTELLA, F. / RIBERA MARTÍNEZ, A., "Derecho de la competencia vs Privacidad: ¿el gran dilema en los nuevos mercados digitales?", *Cuadernos de Derecho Transnacional,* vol. 14, nº1, 2022, 169-195; DI PORTO, F. / GHIDINI, G., "Big data between privacy and competition: dominance by exploitation? Which remedies?", *op. cit.*, pp. 19 y ss.

resante traer a colación el caso *Facebook* en Alemania[373]. Recordemos que, en tanto operador de red social, Facebook opera un mercado multilateral. Así, por un lado, la compañía ofrece su plataforma para que los usuarios interaccionen en ella con otros usuarios finales. Por otro, permite a ciertas compañías usar la red con fines publicitarios y así obtener financiación. Por último, la compañía conecta con creadores de contenidos que ofrecen estos a través de la propia plataforma a cambio de una cierta retribución en forma económica o de posibilidad de acceso a parte de los datos (por ejemplo, los creadores de los juegos y aplicaciones disponibles en la red social).

Según la autoridad de competencia alemana, tanto la forma en que la información había sido recolectada, como su combinación con los datos que provenían de sus otras aplicaciones – Instagram y WhatsApp –, o de terceras compañías, configuraban actividades ilícitas. La decisión determinó que la compañía había abusado de su posición dominante en el mercado de redes sociales pues forzaba a los usuarios a ceder sus datos sin restricciones, por el solo hecho de hacer uso del servicio. En concreto, un abuso de poder de mercado basado en «el alcance de la recopilación, el uso y la fusión de datos en una

---

373 Bundeskartellamt, Resolución de 6 de febrero de 2017, asunto B6-22/16, *Facebook*. Texto de la Resolución disponible en https://www.bundeskartellamt.de/SharedDocs/Entscheidung/EN/Entscheidungen/Missbrauchsaufsicht/2019/B6-22-16.html?nn=3591568. Un caso parecido lo encontramos en la operación de concentración *Facebook/WhatsApp*. Tras su autorización por parte de la Comisión, esta considera que Facebook había proporcionado información engañosa sobre el tratamiento de datos de los usuarios de ambas aplicaciones. En este sentido, se abrió un expediente sancionador por incumplimiento a la plataforma. Más información en https://ec.europa.eu/commission/presscorner/detail/en/IP_17_1369,

cuenta de usuario»[374], lo que daba lugar a conductas de abuso y exclusión en el mercado[375].

El Bundeskartellamt tomó la siguiente decisión en función de las diferentes fuentes de datos: en primer lugar, los servicios propiedad de Facebook (WhatsApp e Instagram) podrían

374 En este sentido, Andreas Mundt, Presidente del Bundeskartellamt, ha señalado que «al combinar datos de su propio sitio web, servicios propiedad de la empresa y el análisis de sitios web de terceros, Facebook obtiene perfiles muy detallados de sus usuarios y sabe lo que están haciendo en línea». Además, «hoy en día, los datos son un factor decisivo en la competencia. En el caso de Facebook son el factor fundamental para establecer la posición dominante de la empresa. Por un lado, existe un servicio que se presta a los usuarios de forma gratuita. Por otro lado, el atractivo y el valor de los espacios publicitarios aumentan con la cantidad y el detalle de los datos de los usuarios. Por tanto, es precisamente en el ámbito de la recopilación y el uso de datos donde Facebook, como empresa dominante, debe cumplir con las normas y leyes aplicables en Alemania y Europa». Disponible en https://www.bundeskartellamt.de/SharedDocs/Meldung/EN/Pressemitteilungen/2019/07_02_2019_Facebook.html?nn=3591568.

375 La decisión de la autoridad de competencia alemana no se basa en cómo se evalúa el procesamiento de los datos generados en el propio sitio web de Facebook ya que este se trata de un modelo de negocio basado en datos, componente esencial de una red social, y, por lo tanto, los usuarios son conscientes de que dichos datos se recopilarán y utilizarán hasta por parte de la compañía. Sin embargo, entre otras condiciones, el uso privado de la red social se encuentra sujeto a que esta pueda recopilar una gran cantidad de datos – casi ilimitada – de cualquier usuario mediante fuentes de terceros, por ejemplo, Instagram o WhatsApp, y utilizarlos en numerosos procesamientos de datos. También puede obtenerse esta información mediante sitios web de terceros que incluyan interfaces como son los botones de "me gusta" o "compartir". A través de ellos diversas aplicaciones recopilan una gran cantidad de información de un mismo usuario que favorecerá el abuso de posición dominante por parte, en este caso, de Facebook.

continuar recopilando datos, sin embargo, para la cesión de datos a las cuentas de usuario de Facebook será necesario el consentimiento voluntario de los usuarios. Cuando no se dé dicho consentimiento, los datos no podrán procesarse en combinación con los datos de Facebook. En segundo término, la recopilación de datos de sitios web de terceros y su asignación a una cuenta de usuario de la red social tampoco será posible si los usuarios no dan su consentimiento voluntario. En consecuencia, si los usuarios no muestran su consentimiento, Facebook deberá restringir tanto la recopilación como la combinación de datos[376].

Sin embargo, podría considerarse que el manejo de datos por parte de la compañía no dañaba de manera relevante la competencia ya que dichos datos eran replicables con facilidad y los usuarios eran libres de decidir si aceptaban o no los términos y condiciones de la aplicación[377].

Tanto la norma comunitaria contra el abuso de posiciones de dominio – art. 102 TFUE – como la ley alemana – sección 19

---

376 Por todo ello, Facebook, considerando que no se había cometido tal conducta, apeló la decisión y, además, solicitó de manera paralela la suspensión temporal del cumplimiento de la resolución de la autoridad alemana. En este sentido, en agosto de 2019 el Tribunal de Apelaciones de Düsseldorf concedió tal suspensión.

377 Así lo consideró el Tribunal de Apelaciones de Düsseldorf. Otro de los motivos por el cual el Tribunal consideraba que no existía infracción del Derecho de la competencia era que, según el mismo, la acusación de la autoridad de competencia alemana se basaba tan sólo en el supuesto de que la política de privacidad de Facebook no se ajustaba a lo establecido por el Reglamento Europeo de Protección de Datos. Y esto, según el Tribunal, no era motivo suficiente para considerar que se estaba cometiendo la citada infracción. Por lo tanto, negó la comisión de una conducta abusiva por parte de Facebook.

GWB[378]– establecen que es necesaria la existencia de un nexo de causalidad entre la conducta abusiva y la posición dominante. En este sentido, el Tribunal de apelación considera que el Bundeskartellamt no había determinado si dicha relación existía, es decir, si al momento de aceptar los términos y condiciones de Facebook, los usuarios estaban tomando una decisión

---

[378] Traducción realizada al inglés del texto original. El texto completo se encuentra disponible en https://www.gesetze-im-internet.de/englisch_gwb/englisch_gwb.html#p0057. La sección 19 (Prohibited Conduct of Dominant Undertakings) establece lo siguiente:
«(1) Any abuse of a dominant position by one or several undertakings is prohibited.
(2) An abuse exists in particular if a dominant undertaking as a supplier or purchaser of a certain type of goods or commercial services
1. directly or indirectly impedes another undertaking in an unfair manner or directly or indirectly treats another undertaking differently from similar undertakings without any objective justification;
2. demands payment or other business terms which differ from those which would very likely arise if effective competition existed; in this context, particularly the conduct of undertakings in comparable markets where effective competition exists shall be taken into account;
3. demands less favourable payment or other business terms than the dominant undertaking demands from similar purchasers in comparable markets, unless there is an objective justification for such differentiation;
4. refuses to supply another undertaking with such a good or commercial service for adequate consideration, in particular to grant it access to data, networks or other infrastructure facilities, and if the supply or the granting of access is objectively necessary in order to operate on an upstream or downstream market and the refusal threatens to eliminate effective competition on that market, unless there is an objective justification for the refusal;
5. requests other undertakings to grant it advantages without objective justification; in this regard, account shall be taken in particular of whether the other undertaking has been given plausible reasons for the request and whether the advantage requested is proportionate to the grounds for the request».

autónoma o si, por el contrario, lo hacían obligados por la posición de dominio de dicha red social. Finalmente, el Tribunal consideró que tampoco se habían llevado a cabo prácticas de exclusión en el mercado pues no había quedado probado que la política de manejo de datos de Facebook aumentara las barreras de entrada al mismo, es decir, hasta qué punto se impedía o dificultaba la entrada de nuevos competidores en el mercado de las redes sociales que pudieran rivalizar con el gigante californiano[379].

La clave de esta cuestión estaría en que los términos del servicio ofrecido por la red social no permiten a los usuarios decidir si desean tener una experiencia más personalizada, es decir, basada tan sólo en los datos que ellos comparten en la misma, sin vincular los datos generados tanto dentro como fuera de la propia plataforma. Si la competencia en el mercado de redes sociales fuera efectiva, podría elegirse la entrega de un menor número de datos y, así, los usuarios podrían migrar a otras redes sociales. En este sentido, la falta de opciones disponibles para los usuarios de la aplicación no sólo afectaba al ámbito de la protección de datos, sino que, además, generaba importantes barreras que les impiden poder cambiar de proveedor, constituyendo una conducta de abuso en el Derecho de la competencia[380].

---

379 Sin embargo, en el mes de junio de 2020, el Tribunal Supremo alemán confirmó la resolución dictada por la autoridad de competencia y desestimó la decisión del Tribunal de Apelación.

380 Finalmente, se considera que la posición de Facebook en el mercado es de gran relevancia debido a sus efectos de red ya que los beneficios, tanto para usuarios como anunciantes, aumentan a medida que también lo hacen el número total de usuarios conectados. Por ello, su posición en el mercado tan sólo podría verse amenazada si algún competidor logra atraer a un número suficiente de usuarios que haga su red mucho más atractiva.

Por todo ello, consideramos que nos encontramos ante una conducta que no afecta tan sólo en materia de privacidad, sino que es de gran relevancia en el Derecho de la competencia[381]. Con base en lo establecido por el Tribunal, a la hora de determinar si se trata de una conducta de abuso de posición dominante es fundamental analizar, por un lado, la existencia de consentimiento voluntario por parte de los usuarios de la plataforma, así como la posibilidad de que estos cambien libremente de proveedor. Por otro lado, analizar si dicha conducta crea o aumenta las barreras de entradas a nuevos competidores en el mercado, en mayor medida por la posesión y tratamiento algorítmico de datos difícilmente replicables o accesibles. Es decir, Facebook, al ostentar una posición dominante en el mercado de las redes sociales, tiene la responsabilidad de preservar la competencia en el mismo y será imprescindible considerar la importancia económica que implica tener acceso a los datos y algoritmos utilizados para su procesamiento y si dicho acceso debe ser considerado o no como *essential facility*[382].

1.2. El caso **Amazon** *ante la Comisión Europea*

Otro asunto de gran interés que ponen de manifiesto el importante papel que juega la disposición y captación de datos, así como su procesamiento por algoritmos, a la hora de definir el poder de mercado de las empresas y las conductas de abuso que se puedan llevar a cabo a partir de ellos es el caso Amazon[383]. En el mes de julio de 2019 la Comisión Europea

---

381 Así lo señaló también el Tribunal de Justicia de la Unión Europea en su Sentencia de 4 de julio de 2023, asunto C252/21, *Meta c. Bundeskartellamt* (TOL9.648.360).

382 *Vid. infra.* Capítulo IV, apartado 2.2.

383 Disponible en https://ec.europa.eu/commission/presscorner/detail/en/ip_20_2077.

abrió una primera investigación a este gigante tecnológico para analizar el uso que este hizo de los datos de los vendedores profesionales que utilizaban la plataforma para alcanzar a los consumidores finales. En noviembre de 2020 la Comisión informó a Amazon que consideraba que se habían violado las normas *antitrust* de la UE, distorsionando la competencia en los mercados minoristas en línea. La conducta se habría llevado a cabo a partir del uso por parte de Amazon de datos comerciales no públicos de vendedores independientes – que comercializan sus productos a través de Amazon – en beneficio del propio negocio minorista del mismo, que, además compite de manera directa con ellos en el mercado que la propia plataforma organiza.

Al igual que ocurre con Facebook según hemos visto en el asunto anterior, Amazon juega un doble papel como plataforma. Por un lado, Amazon organiza como plataforma un mercado bilateral o multilateral donde los diferentes vendedores independientes pueden ofrecer y vender sus productos de manera directa al consumidor. Por otro lado, Amazon actúa también como profesional vendedor en su propia plataforma, comercializando sus productos como minorista, en competencia directa con el resto de vendedores. Dado este papel bifronte de plataforma organizadora del mercado y empresa oferente directa de productos, Amazon no competirá, por regla general, en condiciones de igualdad con sus rivales, dado que podrá aprovecharse del beneficio de ser la intermediadora del mercado.

La Comisión, tras una primera investigación, considera que el negocio minorista de Amazon cuenta con gran cantidad de datos no públicos de sus vendedores y que estos son utilizados para ajustar y adaptar las propias ofertas, así como para tomar decisiones comerciales estratégicas. Todo ello, según la Comisión, en perjuicio del resto de vendedores del mercado. El uso de estos datos permite a la plataforma evitar los riesgos que entraña la competencia y, además, aprovechar su dominio en el mercado para la prestación de servicios, sobre todo en los mercados de Francia y Alemania, que son los que tienen una mayor dimensión para Amazon dentro de la UE. Y, de ser así, estas prácticas pueden suponer la puesta en marcha de conductas de abuso de posición de dominio por exclusión, tendentes a desplazar la posición de los rivales en el mercado y, por tanto, ante una conducta prohibida por el art. 102 TFUE.

Tras este expediente, la Comisión abrió una segunda investigación esta vez para determinar la existencia de un posible trato preferencial por parte de Amazon a sus propias ofertas minoristas frente a las del resto de vendedores del mercado que utilizan tanto el servicio de logística como el de entrega del propio Amazon[384]. En concreto, esta investigación se dirigió a analizar el funcionamiento de la "Buy Box"[385], es decir, la "caja" que encontramos a la derecha en la plataforma al

---

[384] La comisaria europea a cargo de la política de competencia, Margrethe Vestager ha señalado que «debemos asegurarnos de que las plataformas de doble rol con poder de mercado, como Amazon, no distorsionen la competencia. Los datos sobre la actividad de terceros vendedores no deben utilizarse en beneficio de Amazon cuando actúa como competidor de estos vendedores. Las condiciones de competencia en la plataforma de Amazon también deben ser justas. Sus reglas no deberían favorecer artificialmente las propias ofertas minoristas de Amazon ni aprovechar las ofertas de los minoristas que utilizan los servicios de logística y entrega de Amazon. Con el comercio electrónico en auge y Amazon como la plataforma de comercio electrónico líder, un acceso justo y sin distorsiones a los consumidores en línea es importante para todos los vendedores». Disponible en https://ec.europa.eu/commission/presscorner/detail/en/ip_20_2077.

[385] Sobre esta, *vid.* CHEN, L. / MISLOVE, A. / WILSON, C., "An empirical analysis of algorithmic pricing on amazon marketplace", *Proceedings of the 25th International Conference on World Wide Web*, International World Wide Web Conferences Steering Committee, 2016. pp. 1339-1349.

realizar una compra en ella, donde se nos ofrecen productos de un determinado vendedor para poder realizar una compra rápida y sencilla. Detrás de ella se encuentra un complejo algoritmo que, según Amazon, estimula a los vendedores a ofrecer los mejores servicios. En concreto, la Comisión pretende determinar si los criterios que establece Amazon para seleccionar al vendedor que ganará la "Buy Box", así como permitirles ofrecer productos a los usuarios Prime, ofrecen un trato preferencial para el propio negocio minorista de Amazon, ya que Bruselas considera que este "espía" a sus competidores con el objetivo de diseñar productos idénticos que se publiciten en la "Buy Box".

Se trataría, por tanto, de conductas de auto preferencia o *self-preferencing*[386], aquella conducta en la cual se trata de un modo diferente y preferente a un servicio propio especializado con respecto al de los demás competidores. Esto constituirá una conducta de abuso de posición de dominio, al amparo del art. 102 TFUE, cuando dicha empresa ostente tal posición en el mercado, erigiendo nuevas barreras de entrada y expulsando a los competidores de este. Esta conducta no es considerada anticompetitiva *per se*, sino que habrá de analizarse caso por caso. En concreto, podrán considerarse prácticas contrarias a la competencia cuando tengan lugar en «portales de entrada integrados verticalmente, donde el portal actúe en ambos mercados a la vez y pueda manipular un resultado de ranking o de

---

386 Encontramos un profundo análisis económico de dicha conducta en PADILLA, J./ PERKINS, J./ PICCOLO, S., "Self-Preferencing in Markets with Vertically Integrated Gatekeeper Platforms", *The Journal of Industrial Economics*, 2022, pp. 371-395. Junto a este, *vid.* ZURIMENDI ISLA, A., "El abuso de posición de dominio en mercados digitales", *Revista de Derecho Mercantil*, nº330, 2023, BIB 2023\3036.

comparación de ofertas que ofrezca en su favor y en detrimento de una empresa rival[387]».

En relación con el ámbito geográfico en que se llevó a cabo esta investigación, esta abarcó todo el Espacio Económico Europeo con la excepción de Italia, ya que la Autoridad de Competencia italiana, la *Autorità Garante della Concorrenza e del Mercato* (AGCM, en lo sucesivo) meses atrás, había comenzado a investigar conductas muy similares, pero enfocadas en particular al mercado italiano. En concreto, dicha investigación se centra en analizar si el gigante americano otorga mayor visibilidad a las ofertas de ciertos vendedores y si permite un mejor acceso a aquellos vendedores que se suscriban a "Amazon Logistics" o "Fulfillment by Amazon" (FBA), poniendo en desventaja a otros vendedores externos. La autoridad de competencia italiana considera que esta práctica está fuera de la competencia basada en los méritos ya que los beneficios no se encuentran relacionados de manera directa con la eficiencia y la calidad del servicio que ofrece el vendedor, sino que se basan en estar o no suscrito a Amazon FBA[388]. Finalmente, la plataforma

---

387 *Vid.* HERGUERA, I., "Competencia y regulación de (algunas) plataformas digitales en la UE", Documento de Trabajo–2021/10, junio, 2021, pp. 22-23. Disponible en https://documentos.fedea.net/pubs/dt/2021/dt2021-10.pdf; BOUGETTE, P. / BUDZINSKI, O. / MARTY, F., "Self-Preferencing and Competitive Damages: A Focus on Exploitative Abuses", *The antitrust bulletin*, nº2, vol. 67, 2022.

388 En este expediente, la plataforma ha sido multada por la AGCM con el pago de 1.128 millones de euros por abuso de posición dominante en el mercado italiano (art. 102 TFUE). Tal y como señala en su Resolución, Amazon ha utilizado una estrategia "especialmente grave" para perjudicar a los competidores en el servicio logístico de comercio electrónico. Se considera que la empresa ostenta una posición de dominio absoluta en el mercado italiano de servicios de intermediación en el mercado y esto le ha permitido favorecer su servicio de logística (FBA) entre los vendedores activos en la plata-

forma y reforzar así su posición dominante, todo ello en detrimento de sus competidores en el mercado. Además, con el objetivo de reestablecer de manera inmediata las condiciones competitivas en el mercado italiano, la AGCM ha impuesto a Amazon una serie de medidas de comportamiento que serán examinadas por un supervisor fiduciario. Resolución de la Autorità Garante della Concorrenza e del Mercato, de 30 de noviembre de 2021. Disponible en: https://www.agcm.it/dotcmsdoc/allegati-news/A528_chiusura%20istruttoria.pdf. Sobre este caso *vid.* GHEZZI, F. / MAGGIOLINO, M.T., "The notion of abuse. Cues from the Italian FBA Amazon Case", en TYAGI, K. / KAMPERMAN SANDERS, A. / CAUFFMAN, C. (eds.), *Digital Platforms, Competition Law and Regulation*, Hart Publishing, 2024, pp. 25-42.

Como consecuencia, la Comisión Europea se encuentra muy preocupada ante la comisión de determinadas conductas por parte de los gigantes digitales, en especial por parte de aquellos que merecen la consideración de "guardianes de acceso", que pudieran suponer prácticas especialmente graves contrarias al artículo 102 TFUE, al basarse en un abuso del enorme e indisputable poder sobre el mercado en el que estas operan. Por ello, además de realizar sus propias investigaciones, coopera con el resto de autoridades – en este caso, la AGCM – para obtener mayores y mejores resultados. Esto mismo ocurre desde el punto de vista de nuestro derecho interno y, por ello, en el mes de octubre de 2021, la presidenta de la CNMC, Cani Fernández, y el presidente de la AGCM, Roberto Rustichelli, firmaron en Madrid un memorando de entendimiento, que refuerza la colaboración entre ambas instituciones. Con esta cooperación reforzada se persigue un doble objetivo: de un lado, fomentar el intercambio de experiencias y buenas prácticas entre ambos organismos y, de otro lado, reforzar el trabajo conjunto en materia de detección de cárteles, investigaciones antimonopolio y acciones de promoción de la competencia que afecten a ambos países. En este sentido, *vid.* Memorando de Entendimiento entre la Autorità Garante della Concorrenza e del Mercato italiana de la República de Italia y la Comisión Nacional de los Mercados y la Competencia del Reino de España, disponible en: https://www.cnmc.es/sites/default/files/editor_contenidos/Competencia/20211027_MoU%20CNMC_AGCM.pdf.

presentó una serie de compromisos a la Comisión que, tras ser examinados, han sido aceptados por esta última[389].

2. LA CONCEPTUALIZACIÓN DEL *BIG DATA* COMO "ESSENTIAL FACILITY" Y LAS OBLIGACIONES DE CONCEDER ACCESO

2.1. La noción de recurso esencial o "essential facility"

Antes de abordar la cuestión que aquí nos ocupa, la posible y necesaria consideración del *big data* como *essential facility*, es importante comenzar analizando los términos en que se ha construido doctrina desde la óptica del Derecho de la competencia. Para ello, sintetizaremos cuáles son sus requisitos y de qué modo ha interpretado esta noción la jurisprudencia más relevante en la materia. Una vez sentadas estas bases, podremos analizar si debe considerarse o no las grandes cantidades de *big data* recopiladas con las empresas como un recurso esencial en el Derecho de la competencia[390].

Cuando hablamos de un recurso o infraestructura esencial nos referimos a que se trate de un elemento sin el cual otra empresa no podría competir en este, es decir, cualquier activo

---

389 Estos compromisos pueden consultarse en la versión pública del documento publicada por la Comisión, disponible en https://content.mlex.com/Attachments/2023-02-17_AICEQ13G5O948SQ8%2FAmazon_non_confidential_version__1676657703.pdf.

390 Para un análisis en mayor profundidad sobre la construcción de esta doctrina, vid. con alcance monográfico en nuestro país la excelente obra de CALVO CARAVACA, A.L. / RODRÍGUEZ RODRIGO, J., *La doctrina de las infraestructuras esenciales en derecho antitrust europeo*, La ley, 2012.

que sea indispensable para operar en el mercado, no existiendo otras alternativas viables que permitan su reproducción, bien por motivos legales, técnicos, económicos o de cualquier otra índole[391]. Por lo tanto, para considerar que un recurso es esencial debe ser imposible -o económicamente irracional- duplicarlo. Así, la Comisión Europea ha venido aplicando la doctrina de las facilidades esenciales a aquellos casos sobre infraestructuras de servicios públicos o de transporte, por ejemplo, puertos, aeropuertos, redes eléctricas, etc. Este tipo de instalaciones no pueden ser reproducidas de manera económicamente viable y, por lo tanto, se encuentra justificada la aplicación de dicha doctrina[392].

Dado que estos recursos se consideran fundamentales para competir en el mercado, las autoridades de competencia han desarrollado una doctrina – la doctrina de las *essential facilities* – por la cual se trata de controlar la situación derivada de estos casos y que se fundamenta en que una empresa, que posee un alto control del mercado, controla un recurso que puede ser considerado como esencial en el mismo, pues otras empresas lo necesitan para poder desarrollar su actividad en el mercado.

Las *essential facilities* en sí no son una conducta anticompetitiva. Son ciertos recursos que se consideran indispensables para poder competir en un determinado mercado. Lo que podrá conceptuarse como una conducta de abuso de posición de dominio son ciertas actuaciones que lleven a cabo las empresas que dominen dichos recursos por las cuales los utilicen para impedir que accedan a él (o para hacer este acceso en condi-

---

391 *Vid.* OLMEDO PERALTA, E., "Una vuelta a la aplicación de la doctrina de las facilidades esenciales (essential facilities) a la propiedad intelectual e industrial", *Revista de Derecho de la competencia y la distribución,* n°19, 2016, pp. 1-19. En concreto, véase p. 13.

392 *Vid.* MÄIHÄNIEMI, B., *Competition Law and Big Data: Imposing Access to Information in Digital Markets,* Edward Elgar Publishing, 2020.

ciones más desventajosas) a otras empresas. Así, hacen uso del señorío que tienen sobre estos recursos esenciales para llevar a cabo prácticas de exclusión. Estas prácticas de exclusión pueden ejecutarse a través de distintos tipos de conductas, tales como la negativa injustificada a contratar o a conceder acceso a dicho recurso, la negativa injustificada a licenciar el acceso a ciertos derechos de propiedad industrial o intelectual, las conductas de estrechamiento de márgenes (*margin squeeze*)[393], etc.

Así, nos encontraríamos ante una situación de abuso de posición de dominio que provoca un aumento de las barreras de entrada al mercado, impidiendo el acceso al mismo de otros competidores o haciendo la posibilidad de acceder a tales recursos mucho más costosa o difícil para las empresas rivales, de lo que deriva que no podrán competir con la empresa que domina el recurso esencial en condiciones de igualdad. En este sentido, dicha doctrina surge[394] con el objetivo de razonar la

---

393 Sobre esto, *vid.* OLMEDO PERALTA, E., "Compresión de márgenes y bloqueo del acceso a recursos esenciales en el mercado de las telecomunicaciones", en RUIZ PERIS, J.I./CERDÁ MARTÍNEZ-PUJALTE, C. (coords.), *Competencia en mercados con recursos esenciales compartidos: telecomunicaciones y energía*, Aranzadi, Cizur Menor, 2019, pp. 157-179.

394 La doctrina de las *essential facilities* tuvo su origen en Estados Unidos, en la Sentencia del Tribunal Supremo *Aspen Skiing Co. c. Aspen Highlands Skiing Corp*, cuando el propietario de las cuatro instalaciones de esquí en Aspen dejó de venderle al dueño de una de ellas los tickets necesarios para disfrutar de todo el complejo, tras no aceptar este último el cambio del porcentaje convenido de los ingresos generados por la venta de dichos tickets. Así, surge la cuestión de si al tener un cierto poder de mercado debe existir la obligación de colaborar con un competidor y compartir un recurso que es esencial para desarrollar su actividad. Asunto disponible en https://supreme.justia.com/cases/federal/us/472/585/.
En Europa, uno de los asuntos en los que se sientan las bases para la aplicación de esta doctrina lo encontramos en la Sentencia *Oscar*

necesidad de permitir el acceso de competidores a determinadas infraestructuras que resultan imprescindibles para actuar en un determinado mercado[395].

En Estados Unidos, en relación con la aplicación de esta doctrina, se han establecido una serie de condiciones para exigir al monopolista o a la empresa dominante que permita a sus competidores beneficiarse de la infraestructura o instalación que posee y es considerada como esencial en el mercado, a saber: (1) que dicha infraestructura este controlada por el monopolista; (2) el acceso a esta debe ser imprescindible para poder competir con la empresa que lo posee o controla; (3) se deniegue por completo el uso de la instalación o que se permita bajo ciertas condiciones prohibitivas; (4) que sea factible y viable que la instalación pueda ser utilizada por más de un usuario; y, por último, (5) que no exista ninguna razón legítima para denegar el acceso, es decir, no esté justificado de manera objetiva[396].

Uno de los mayores problemas que se ha planteado desde un inicio es la dificultad de conciliar el derecho que tiene toda empresa de elegir con libertad y conforme a sus intereses con quién desea llevar a cabo relaciones comerciales frente a la

---

Bronner. Este litigo tuvo lugar ante la negativa de la empresa Mediaprint de incluir al diario austriaco *Der Standard* en su sistema de reparto a domicilio de prensa diaria que controlaba en el país transalpino. Por este motivo, el editor del mismo, Oscar Bronner, presentó una denuncia ante el *Kartellgericht* de Austria, basada en una infracción del art. 82 del Tratado CE, constitutiva – a su juicio – de un abuso de posición dominante. *Vid.*, STJCE (Sala Sexta), de 26 de noviembre de 1998, asunto C-7/97, *Oscar Bronner* (TOL103.693).

395 *Vid.* OLMEDO PERALTA, E., "Una vuelta a la aplicación de la doctrina de las facilidades esenciales…", *op. cit.*, pp. 12-14.

396 *Vid. MCI Communications Corp.* c. *AT&T*, 708 F. 2d 1081 (7th Cir. 1983).

obligación de contratar como consecuencia de la aplicación de la doctrina de las *essential facilities*[397].

En este sentido, el TJCE[398] señala los requisitos que deben concurrir para considerar como abusiva dicha negativa de suministro: (1) que permita eliminar toda competencia en el mercado en el que opera; (2) que la negativa a contratar no esté justificada objetivamente; (3) que el servicio, en sí mismo, fuera indispensable para el ejercicio de una actividad en otro mercado conexo (en el caso de Oscar Bronner, la prensa escrita y la distribución por carretera de prensa), y, por último, (4) que no existiera ninguna alternativa real o potencial, en este caso, al citado sistema de reparto a domicilio[399]. Esta falta de alternativa puede ser material (por ejemplo, ante la irreduplicabilidad de un recurso natural o una instalación: un puerto, el control de toda la fuente de abastecimiento de una determinada materia prima) o económica (que no resulte económicamente razonable duplicar el recurso: por ejemplo, la construcción de una red ferroviaria alternativa o el trazado de un tendido eléctrico paralelo).

Como podemos observar, el Tribunal europeo parece hacer una interpretación más restrictiva de la teoría de las *essential*

---

397 *Vid.* DÍEZ ESTELLA, F., "La doctrina del abuso en los mercados conexos: del "*monopoly leveraging*" a las "*essential facilities*", *Revista de Derecho Mercantil*, nº 248, 2003, pp. 1-35. En concreto, véase p. 23.

398 STJCE (Sala Sexta), de 26 de noviembre de 1998, asunto *Oscar Bronner*, párrafo 41.

399 En este caso, el Tribunal determina que no se cumplen dichos requisitos ya que los periódicos pueden repartirse por otros medios, como es el correo, kioskos, etc., y, por lo tanto, la pretensión no se encuentra justificada. Encontramos un mayor análisis del caso en GIPPINI FOURNIER, E., "Essential facilities y la aplicación del artículo 82 CE a la negativa unilateral a contratar. Algunas consideraciones tras la sentencia Bronner", *Gaceta Jurídica de la Competencia y de la UE*, nº 205, Enero/ Febrero, 2000, pp. 77-95.

facilities que la aplicada por las autoridades transatlánticas pues limita su aplicación a casos excepcionales, con el objetivo de seguir incentivando la innovación y la inversión de las empresas con cierto poder de mercado[400].

En relación con el criterio de *indispensabilidad*, mediante la aplicación de esta doctrina se pretende analizar en qué supuestos una compañía que ocupa una posición dominante en el mercado, por controlar un determinado recurso o infraestructura esencial, estaría llevando a cabo una práctica abusiva al denegar el acceso a la misma a otros competidores, limitando así la competencia en el mercado. El TJUE en su Sentencia sobre el asunto *Slovak Telekom*[401], ha esclarecido el alcance de la doctrina de las facilidades esenciales, aclarando, en concreto, cuándo debe tenerse en cuenta y cómo debe aplicarse el test de la indispensabilidad. El Tribunal comienza señalando que el concepto de «explotación abusiva de una posición dominante» – en el sentido del art. 102 TFUE – se trata de un concepto objetivo que se refiere a las actividades de una empresa que ostenta una posición de dominio en el mercado que producen el efecto de obstaculizar – por otros medios diferentes a los establecidos en una competencia normal de productos y servicios – el mantenimiento del nivel de competencia en dicho mercado o el desarrollo de esta. Además, para determinar si se trata de una práctica abusiva de la empresa dominante se deben tomar en consideración todas las circunstancias particulares del caso[402].

---

400 *Vid.* DÍEZ ESTELLA, F., "La doctrina del abuso en los mercados conexos…", *op. cit.*, p. 28.

401 STJUE, (Sala Tercera), de 25 de marzo de 2021, asunto c-165/19, *Slovak Telekom* (TOL9.908.031).

402 Como mencionamos con anterioridad, el TJCE declaró en la sentencia del asunto *Bronner* que la negativa de acceso al sistema de reparto de prensa a domicilio constituía un abuso de posición de dominio siempre y cuando dicha denegación pudiera eliminar toda

Cuando, en aplicación de esta doctrina, se estima que una empresa ha abusado de su posición de dominio al negarse a contratar con un competidor, la autoridad de competencia podrá imponerle la obligación de contratar con dicho rival. Sin embargo, una obligación de estas características supone la restricción de dos derechos de gran importancia, es decir, el derecho a la libertad de contratar (como manifestación concreta del derecho a la libertad de empresa) y el derecho de propiedad de la empresa dominante sobre el recurso esencial, ya que, aunque una empresa ostente una posición de dominio, sigue siendo, en principio, libre para elegir con quién contratar, así como para explotar la instalación o infraestructura que le pertenece según sus propias necesidades[403].

El Tribunal destaca dos consecuencias negativas que tendrían lugar si se concediera a los competidores con demasiada facilidad el acceso a una instalación o infraestructura. Por un lado, estos no se verían estimulados para crear otras instalaciones similares. Por otro lado, las empresas dominantes en el mercado con mayor frecuencia serían menos proclives a invertir en este tipo de instalaciones, ya que podría verse obligada a compartir con sus competidores los beneficios obtenidos de las mismas por el mero hecho de que estos lo solicitasen. Por lo tanto, es imprescindible la existencia de un alto poder de mercado por parte de la empresa dominante, «un verdadero control» del mercado de que se trate, para poder justificar la obligación de conceder acceso a la mencionada infraestructura[404].

---

competencia en el mercado, no pudiera justificarse objetivamente y, además, que el servicio en sí mismo fuera indispensable para el ejercicio de la actividad en el mercado, no existiendo otra alternativa – real o potencial – al mismo.

403 STJUE, de 13 de diciembre de 2018, asunto *Slovak Telekom*, FJ. 45 y 46.

404 Sobre la evolución jurisprudencial de la doctrina de las facilidades esenciales, *vid.* STJCE de 6 de marzo de 1974, asuntos acumulados 6 y 7/73, *Istituto Chemioterapico Italiano SpA y Commercial*

Hasta el momento tan sólo hemos mencionado el supuesto en el que una empresa dominante deniega el acceso a sus competidores a la instalación o infraestructura considerada como esencial, sin embargo, también podemos encontrarnos ante la concesión de acceso a la misma, pero estableciendo una serie de condiciones que serían calificadas como injustas o que impliquen que las condiciones en que el rival podrá competir en el mercado sean muy desfavorables y que, en consecuencia, no permitan una competencia real. Un ejemplo de ello son las conductas de estrechamiento de márgenes o *margin squeeze*[405].

Solvents Corporation c. Comisión, ECLI:EU:C:1974:18; STJCE, de 5 de octubre de 1988, asunto 238/87, *AB Volvo c. Erik Veng (UK) Ltd*, ECLI:EU:C:1988:477; STJCE, de 6 de abril de 1995, asuntos acumulados C-241/91 P y C-242/91 P, *Radio Telefis Eireann (RTE) e Independent Television Publications Ltd (ITP) c. Comisión*, ECLI:EU:C:1995:98; STJUE (Sala Quinta), de 29 de abril de 2004, asunto C-418/01, *IMS Health GmbH & Co. OHG c. NDC Health GmbH & Co. KG* (TOL393.462); Sentencia del Tribunal de Primera Instancia (Gran Sala), de 17 de septiembre de 2007, asunto T201/04, *Microsoft Corp. c. Comisión* (TOL4.628.847); STJUE (Sala Quinta), de 16 de julio de 2015, asunto C-170/13, *Huawei Technologies Co. Ltd c. ZTE Corp., ZTE Deutschland GmbH* (TOL9.742.147). Especial interés tienen estos dos últimos asuntos en tanto que se basan en la consideración como facilidad esencial de la propiedad intelectual necesaria para acceder a un estándar tecnológico. En este sentido, sobre propiedad intelectual y derecho de la competencia, por todos véase GHIDINI, G., "What IP Owes to Antitrust", *International Review of Intellectual Property and Competition Law*, vol. 53, 2022, pp. 1441-1443; GHIDINI, G., "The interplay between antitrust law and intellectual property: stages of the European evolution", *Journal of Antitrust Enforcement*, vol. 11, nº1, 2023, pp.24-36.

405 *Vid.* OLMEDO PERALTA, E., "Compresión de márgenes y bloqueo del acceso a recursos esenciales en el mercado de las telecomunicaciones", *op.cit.*, pp. 157-179; DÍEZ ESTELLA, F., / FERNÁNDEZ ÁLVAREZ-LABRADOR, M., "El estrechamiento de márgenes en los mercados de telecomunicaciones: comentario a la Decisión de la Comisión Europea de 4 de julio de 2007, asunto COMP/38.784-Wa-

En este caso, cuando se concede dicho acceso, pero se somete a la prestación de servicios o la venta de productos a condiciones injustas, considera el Tribunal que pueden aplicarse los requisitos enunciados hasta ahora por la jurisprudencia[406]. Si bien es cierto que cuando este acceso sea indispensable para permitir a los competidores de la empresa con posición de dominio operar en el mercado de manera rentable, es más probable que las prácticas injustas en ese mercado tengan efectos contrarios a la competencia al menos potenciales y constituyan un abuso, en el sentido del art. 102. Sin embargo, señala el Tribunal, al igual que la Comisión Europea, que cuando nos encontramos ante prácticas distintas de la denegación de acceso, para determinar si nos encontramos o no ante un comportamiento abusivo por parte de la empresa dominante, no es imprescindible ni determinante la falta de tal carácter indispensable[407].

En los casos en que se permita el acceso, pero con condiciones, la autoridad de competencia o el órgano jurisdiccional competente no obligará a la empresa a conceder dicho acceso, pues este como tal no ha sido denegado; sino que las medidas que se adopten irán dirigidas a garantizar que las condiciones en que se autoriza este acceso sean competitivas y resulten coherentes para una entrada del competidor en el mercado. Se tratará, por tanto, de medidas menos lesivas en relación con la libertad para contratar y el derecho de propiedad de la empresa en cuestión.

---

nadoo España contra Telefónica", *Revista de Derecho de la competencia y la distribución*, nº2, 2008, pp. 219-238.

406 *Vid.* STJUE (Sala Segunda), de 14 de octubre de 2010, asunto c-280/08 P, *Deutsche Telekom AG c. Comisión* (TOL9.918.653); STJUE (Sala Primera), de 17 de febrero de 2011, asunto C-52/09, *Konkurrensverket c. TeliaSonera Sverige AB* (TOL9.918.778); STJUE (Sala Quinta), de 10 de julio de 2014, asunto C-295/12 P, *Telefónica, SA c. Comisión* (TOL9.914.946).

407 STJUE, de 13 de diciembre de 2018, asunto *Slovak Telekom*, FJ. 50.

Por lo tanto, cuando no se permita el acceso a la instalación o infraestructura esencial deben cumplirse todos los requisitos establecidos en la sentencia *Bronner* ya que nos encontramos ante una limitación o restricción de la libertad de empresa.

2.2. El big data como essential facility

Muchas son las medidas que se han venido barajando para hacer frente a las nuevas conductas que están teniendo lugar en los mercados digitales. Por ejemplo, se ha propuesto la adopción de (1) medidas estructurales de control, como la separación de funciones de las nuevas plataformas digitales[408]; (2) medidas centradas en el consumidor, como una mayor protección de las identidades digitales o la restricción de acceso a datos no esenciales; (3) medidas de reforzamiento del control y supervisión, como la creación de un agencia única de supervisión; y, por último, (4) medidas técnicas y de fomento de la competencia, como la interoperabilidad forzosa entre plataformas o la obligación de compartir datos de los usuarios entre ellas[409].

---

408 Algunas de las últimas operaciones de concentración de gigantes digitales no debieron ser autorizadas por los importantes efectos de incremento de poder de mercado que producen y por implicar una adquisición para frenar a un temido rival potencial. En este sentido, *vid.* por ejemplo, la Decisión de la Comisión Europea, asunto M.8228, *Facebook/WhatsApp*, 2014. *Vid.* MIRANDA SERRANO, L.M., "Sobre una posible reforma de las normas de control de las concentraciones económicas", *Diario La Ley*, nº9865, 2021, LA LEY *5913/2021*.Para un análisis de posibles casos de *killer acquisitions, vid.* PASTRANA ESPÁRRAGA, M., "Riesgos derivados de las killer acquisitions: La protección de la innovación en los mercados digitales", *Actas de Derecho Industrial y Derecho de Autor*, nº43, 2023, pp. 207-230.

409 *Vid.* ECHEBARRÍA SÁENZ, M., "Restricciones de acceso al mercado y plataformas digitales: el caso Amazon como ejemplo", *Revista de*

La atención se ha centrado en esta última, en el intercambio forzoso de datos como medio para abordar las posiciones de mercado de las grandes plataformas tecnológicas y permitir, con ello, la entrada a la competencia de nuevos rivales potenciales que no tienen acceso a tales datos indispensables para competir en condiciones de igualdad. En este sentido, se discute a menudo sobre la necesidad de considerar *ex ante* en qué casos el dominio de ciertos recursos puede fundamentar un poder de mercado indisputable que permita la comisión de ciertas infracciones por parte de las grandes empresas y, en consecuencia, imponerles una obligación de compartir o permitir el acceso a ellos, o si, de lo contrario, sería más eficaz la imposición de tales medidas en la forma de remedios ante cada práctica de exclusión específica[410].

La masiva recopilación, acumulación y explotación de datos ha provocado que estos hayan adquirido tal nivel de importancia que incluso se ha planteado si debieran ser considerados un recurso esencial en el mercado. Las empresas hacen uso de esa gran cantidad de datos y del análisis de estos mediante las nuevas técnicas aplicadas al *big data*, para poder conocer las necesidades de sus clientes y así desarrollar nuevos productos y servicios, nuevas estrategias comerciales, mejorar la gestión de su cadena de suministro, etc., que puedan cubrir todas ellas.

En estos casos, el abuso no reside en la recopilación y acumulación de datos en sí mismas, sino en la utilización que se hace de la información que se obtiene de estos -una vez procesada y analizada mediante la aplicación de algoritmos e inteligencia artificial- en perjuicio de la libre competencia. Así, las plataformas que controlan esta información disponen de una

---

Estudios Europeos, nº78, julio-diciembre, 2021, pp. 154-182. En concreto, véase p. 167.

410 OECD, *Data Portability, Interoperability and Competition* – Note by BIAC, 2021, pp. 8 y ss.

práctica facilitadora que elimina la incertidumbre en un contexto de libre competencia[411]. Si el encargado de gestionar la plataforma y la utilización de dichos datos no fuera un competidor, sería posible justificar las conductas relativas a la minería de datos con base en el principio de eficiencia, ya que podrían ofrecer nuevas ventajas y mejoras tanto a la distribución como a los consumidores. Sin embargo, al tratarse de un competidor que ostenta una posición dominante en el mercado, resulta más sencillo apreciar una conducta de abuso de posición de dominio en la utilización de dicha información[412].

A modo de ejemplo, cabe plantearse si los datos que recopila Google pueden ser considerados facilidades esenciales[413].

---

411 *Vid.* ECHEBARRÍA SÁENZ, M., "Restricciones de acceso al mercado…", *op. cit.*, p. 166.

412 *Idem*, p. 166.

413 Si pensamos en Google, por ejemplo, este podría recopilar el mayor volumen de información debido a la ventaja que le otorga ser el primer y principal motor de búsqueda en el mercado y, como consecuencia de ello, gracias a los efectos de red que crea la plataforma. Se trata, además, de una compañía que opera en diversos mercados -relacionados o no- y que puede captar distintos tipos de datos de sus distintos negocios. Así, la información que obtiene de los usuarios del motor de búsqueda puede combinarse con la información que obtiene de ellos mismos cuando utilizan su servicio de geolocalización y mapas (Google Maps), cuando utilizan su servicio de reproducción de vídeos en streaming (Youtube) o cuando utilizan sus monitores de actividad física y deportiva (Fitbit).
Estos datos de sus usuarios, cuyo acceso permitiría también a sus competidores ofrecer mejores productos y servicios y competir en igualdad de condiciones en el mercado, podrían considerarse como una facilidad esencial. Así, concediendo el acceso a dichos datos aumentaría la competencia en los distintos mercados en los que opera el gigante Google, tanto en el de los buscadores– otros motores de búsqueda podrían ofrecer a los usuarios resultados de mayor calidad –, como en la publicidad en línea – se podrían ofrecer mejores anuncios en función de los datos analizados –, como

Para poder determinar si los datos conforman o no una facilidad esencial desde la óptica del acceso a la competencia en el mercado, es necesario que se cumplan los requisitos que señalamos con anterioridad en relación con esta doctrina. A pesar de que esta doctrina aún no se ha aplicado de forma específica a la existencia de tales recursos en los mercados digitales, consideramos que, si se cumplen los requisitos ya establecidos por el TJUE, es aplicable en la materia que aquí nos ocupa.

Por un lado, nos encontraríamos con aquellos casos donde se deniegue el acceso a los datos por parte de la compañía dominante y, por otro lado, aquellos en los que, aun concediendo acceso, este esté sujeto a condiciones que se consideren injustas[414]. En relación con los requisitos exigidos para considerar que se trata de una *essential facility*, ¿son los datos recopilados por las empresas dominantes *indispensables* para el desarrollo de la actividad en el mercado del resto de competidores? ¿Existe la posibilidad real o potencial de recopilarlos o *replicarlos* por parte de estos últimos? Estas son las dos preguntas a las que debemos dar respuesta para determinar si se tratan o no de un recurso esencial en el mercado[415].

---

en el desarrollo de otras aplicaciones. *Vid.* MÄIHÄNIEMI, B., *Competition Law and Big Data: Imposing Access to Information in Digital Markets, op. cit.*, p. 247.

414 *Vid.* MÄIHÄNIEMI, B., *Competition Law and Big Data: Imposing Access to Information in Digital Markets, op. cit.*, pp. 247 y ss.

415 *Vid.* TUCKER, C., *Digital data as an essential facility: control*, 2020, disponible en: https://www.competitionpolicyinternational.com/wp-content/uploads/2020/02/CPI-Tucker.pdf. Para que pueda ser considerado un "recurso", el activo en cuestión debe ser valioso, no imitable, o difícil de sustituir, y raro. La teoría más reciente ha introducido un matiz adicional, la empresa debe ser capaz de "controlar" este recurso «raro, valioso, imperfectamente imitable e insustituible». Lo relevante aquí sería determinar si las empresas en realidad controlan los datos de tal manera que los convierte en una verdadera fuente de ventaja competitiva.

Además, para responder a estas dos cuestiones y analizar si es necesaria la imposición de acceso obligatorio a los datos, el análisis debe ir más allá del volumen de datos que posea el titular. Esto es así debido a que la posición dominante en el mercado puede no ser tan sólo resultado del volumen de datos recopilado y acumulado por la empresa, por sus motores de búsqueda, sino que además dependerá de la investigación e innovación que realizan en relación con la programación de los algoritmos que utilicen para ello[416]. Tan esencial será por tanto la posibilidad real de captar y disponer de un amplio volumen de datos como la capacidad de extraer de ellos información empresarial útil para adoptar decisiones comerciales. Para ello, disponer de sistemas algorítmicos y de inteligencia artificial avanzados que permitan su mejor procesamiento resultarán imprescindibles, de modo tal que -incluso- pudiera considerarse que serán estos algoritmos parte de lo que se considere un recurso esencial.

Si partimos de la premisa de que los datos son un insumo esencial que no es accesible para el resto de competidores – al menos en cantidades que puedan ser funcionales para competir en el mercado de los datos –, ni replicable por parte de estos, se podría considerar que los datos, en cierta manera, han asumido el papel que años atrás ocuparon las redes físicas no replicables[417].

No obstante, esta percepción puede ser rebatida. Los datos que capta una empresa cuando los usuarios utilizan sus servicios no pueden ser replicados, pero nada impide que las otras empresas capten esos mismos datos de sus propios clientes en la prestación de sus servicios. En ese sentido, si las demás empresas pueden captar por sí mismas tales (u otros datos) de sus clientes y establecer sus propias infraestructuras de proce-

416 OECD, *Data Portability, Interoperability…*, *op. cit.*, p. 11.

417 *Idem.*

samiento, no estaríamos ante un recurso esencial. El problema es que esto no es así, tan sólo encontramos una plataforma como Google, Amazon o Facebook y por ello la capacidad que tienen estas de captar datos por su posición que adoptan en el mercado no es replicable, y que se haga necesario que las demás empresas -que no ocupan esa posición- puedan de un cierto modo beneficiarse de esos datos captados y que son imprescindibles para ofrecer productos o servicios similares o que puedan competir con los de la empresa dominante.

No podemos olvidar que el hecho de que las empresas deban compartir la información que poseen de los consumidores con el resto de competidores afecta en gran medida a la protección de datos personales. La normativa protectora de esta información ha de ser tenida muy en cuenta a la hora de determinar qué datos y de qué forma deben ser compartidos[418]. En primer lugar, no podemos considerar que todos los datos forman parte de una misma categoría. Estos deberán dividirse en diferentes categorías en función de su significación, procedencia y contenido y tan sólo la parte realmente indispensable debe ser compartida con los competidores. Y es que no todos los datos son del mismo tipo. Cuando, al comienzo de este trabajo[419], analizamos qué era el *big data* señalamos que podíamos encontrarnos con diferentes tipologías de datos, los datos estructurados, los datos no estructurados y los datos semiestructurados. Esta distinción es de gran relevancia para considerar si son o no esenciales. Por un lado, cuando nos encontramos ante datos estructurados – nombres, fechas, dirección, etc. –, se ha considerado que competidores relativamente pequeños

---

418 KUPCIK, J., "Why real big data may not matter that much and why data portability is crucial", 2018. Disponible en https://ec.europa.eu/competition/information/digitisation_2018/contributions/jan_kupcik.pdf.

419 *Vid. Supra.* Capítulo I, apartado primero.

tienen acceso por sí mismos a ellos sin necesitar el acceso a recursos de otros competidores. Por lo tanto, no podríamos afirmar que se trata de un recurso esencial. Sin embargo, cuando nos referimos a datos no estructurados – como, por ejemplo, información extraída de fotos, vídeos, datos recopilados en las redes sociales, etc. –, dichas empresas comienzan a tener más dificultades para acceder a los mismos[420]. Respecto de este segundo conjunto juega un papel crucial la aplicación de un procesamiento algorítmico o de análisis mediante inteligencia artificial que permita su procesamiento y la extracción de la información útil. Es por ello por lo que la calificación como recurso esencial no sólo vendrá referida al dato en abstracto, sino también a los mecanismos que se utilizan para su procesamiento y para la obtención de información -y valor- de ellos.

Sin embargo, debemos tener en cuenta que muchas plataformas digitales pueden incluir más de un tipo de datos. Por ejemplo, una única plataforma de redes sociales podría incluir: (1) datos estructurados, como el nombre de usuario, la foto de perfil, información personal básica, etc.; (2) datos no estructurados, como las fotos o vídeos publicados; y (3) datos semiestructurados, por ejemplo, los mensajes enviados entre varios usuarios. Sería necesario determinar en concreto cuáles de esos datos están obligadas las plataformas dominantes a compartir con el resto de las plataformas o empresas competidoras en el mercado. Todo este proceso, como veremos en el siguiente apartado de este trabajo[421], podría ser mucho más sencillo si hacemos uso de sistemas basados en la portabilidad de los datos.

A la vista de todo lo anterior, cualquier obligación de compartir el *big data* acumulado por las empresas que ostentan cierta posición de dominio en el mercado o de compartir un

---

420 OECD, *Data Portability, Interoperability…*, *op. cit.*, pp. 10 y ss.

421 *Vid. infra.* Capítulo IV, apartado 2.3.

determinado conjunto de datos sólo podría implementarse a partir de la imposición de medidas regulatorias. Su establecimiento nos lleva a plantearnos dos cuestiones.

En primer lugar, si la imposición de estas medidas tiene como fundamento el rechazo de la nueva dinámica competitiva en los mercados desarrollada por estos nuevos agentes – GAFAM – y, en última instancia, de su repercusión en el consumidor, o si de verdad suponen un remedio frente a conductas anticompetitivas o fallos del mercado. En consecuencia, se ha de discernir si su alcance es tan sólo proteccionista -o, incluso, sancionador en sentido amplio- frente al enorme poder de mercado de estas compañías o si, por el contrario, supone un remedio útil que permita solventar el problema de estructura de estos mercados abriendo una posibilidad real a la entrada de competencia en esos mercados.

En segundo término, si la ventaja competitiva de las nuevas plataformas digitales no radica tan sólo en el *big data* acumulado sino también en otros factores como son el capital o los algoritmos utilizados para el procesamiento de los datos, deberíamos cuestionar otros aspectos como, por ejemplo, hasta dónde debería o podría llegar dicha regulación cuyo objetivo es garantizar la igualdad de oportunidades entre los diferentes competidores en el mercado[422].

Cuestión aparte es cómo recopilan las grandes empresas los datos de sus usuarios, es decir, si se emplean medios legítimos para su captación o no. Continuando con el ejemplo de Google, sus usuarios al aceptar los términos y condiciones de uso también están aceptando la recopilación de sus datos por parte del motor de búsqueda. A pesar de que estos sean conscientes o no de que están proporcionando sus datos de forma gratuita a cambio de obtener una búsqueda gratuita, Google con pos-

---

422 *Vid.* FERRARI, G / MAGGIOLINO, M., *op. cit.*, p. 487.

terioridad sí se encargará de monetizarlos mediante su venta a los diferentes anunciantes. De este modo, son los propios usuarios los que, a su vez, se convierten en un producto ofertado por la propia plataforma[423]. Sin embargo, a pesar de tratarse de un tema de suma importancia, lo relativo a la privacidad quedaría fuera del alcance de esta investigación[424].

Por último, un punto crítico a tener en cuenta aquí es que, si consideramos estos datos y su obtención como una facilidad esencial y se articula legalmente o mediante la imposición de remedios un deber de permitir el acceso a estos de terceras empresas, estamos introduciendo en el mercado un estímulo negativo a la inversión y el desarrollo tecnológico en la mejora de las actividades de captación y procesamiento de datos[425]. Estamos, en suma, frenando la innovación y el desarrollo de una competencia dinámica, en aras a solucionar un problema actual y estático de entrada de competidores en el mercado[426].

---

423 *Vid.* MÄIHÄNIEMI, B., *Competition Law and Big Data: Imposing Access to Information in Digital Markets, op. cit.*, pp. 247 y ss.

424 Sobre esta cuestión *vid.* CASTILLO PARRILLA, J.A., "Los datos personales como contraprestación en la reforma del TRLGDCU y las tensiones normativas entre la economía de los datos y la interpretación garantista del RGPD", *La Ley mercantil*, nº82, julio 2021, LA LEY 8528/2021; CASTILLO PARRILLA, J.A., "El pago con datos. Tensiones normativas entre la Directiva 2019/770 (y su transposición en España) y el RGPD", en GARCÍA GOLDAR, M. / NÚÑEZ CERVIÑO, J. (dirs.), *El Derecho ante la tecnología: innovación y adaptación,* COLEX, La Coruña, pp. 225-245.

425 Sobre competencia e innovación, *vid.* HOVENKAMP, H.J., "*Antitrust* and innovation: where we are and where we should be going", *Antitrust Law Journal,* vol. 77, nº3, 2011, pp. 749-756; y, del mismo autor, "Competition for innovation", *Columbia Business Law Review,* nº3, 2012, pp. 799-833.

426 GHIDINI, G. / AREZZO, E., "On the Intersection of IPRS and Competition Law with Regard to Information Technology Markets", *op. cit.*, p.8.

2.3. El derecho a la portabilidad e interoperabilidad de los datos

Al considerar si podemos tratar los datos como un recurso esencial es de suma importancia tener en cuenta las reglas de protección de datos de la Unión Europea, sobre todo en lo relativo al derecho a la portabilidad de estos.

La normativa de protección de datos ha pasado a estar cada vez más relacionada con la aplicación de las normas de defensa de la competencia. Esta conexión entre ambos bloques normativos parte de dos premisas: por un lado, del carácter esencial de los datos en la nueva economía digital, pues implican un gran valor económico para las empresas proporcionándoles una mayor ventaja competitiva en el mercado; y, por otro lado, estos datos están muy ligados a la dignidad, a los derechos fundamentales y al libre desarrollo de la personalidad. En este sentido, el *big data* genera una serie de riesgos que, como vemos, afectan a distintas áreas del Derecho, como son el Derecho de la competencia y el Derecho de protección de datos. La relación que se establece entre ambas ramas ha de tener carácter bidireccional, de modo que las exigencias y normas de ambos sectores se retroalimenten con carácter mutuo, impidan el nacimiento de conflictos y contribuyan de forma conjunta a alcanzar fines compartidos[427].

Tal y como se establece en el art. 17 de la *Ley Orgánica 3/2018, de 5 de diciembre, de Protección de Datos Personales y garantía de los derechos digitales*[428] (en adelante, LOPD), este derecho

---

427 *Vid.* TAMAYO VELASCO, J., "Big data, competencia y protección de datos: el rol del reglamento general de protección de datos en los modelos de negocio basados en la publicidad personalizada", *Revista de Estudios Europeos,* nº 78, julio-diciembre, 2021, pp. 183-202. En concreto, véase pp. 186-189.

428 Ley Orgánica 3/2018, de 5 de diciembre, de Protección de Datos Personales y garantía de los derechos digitales (TOL6.933.570).

se ejercerá de acuerdo con lo establecido en el art. 20 del *Reglamento (UE) 2016/679 del Parlamento Europeo y del Consejo, de 27 de abril de 2016, relativo a la protección de las personas físicas en lo que respecta al tratamiento de datos personales y a la libre circulación de estos datos* (RGPD).

El RGPD surge como respuesta a un nuevo entorno caracterizado por la digitalización tanto de la economía como de la vida social, en el que los ciudadanos se encuentran cada vez más expuestos y son más vulnerables a través de sus datos. Por ello, su principal objetivo consiste en conjugar el derecho a la privacidad y la protección de datos de los usuarios con su circulación, para así lograr una Europa más segura, innovadora y competitiva[429]. Sin embargo, ¿cómo puede contribuir el RGPD a limitar los nuevos abusos de posición dominante por parte de las empresas que controlan grandes bases de datos?

Con el objetivo de reforzar el control sobre los datos personales, cuando el tratamiento de estos se efectúe por medios automatizados, establece el Reglamento que, además, debe permitirse que los interesados que hubieran facilitado datos personales «que les conciernan a un responsable del tratamiento los reciban en un formato estructurado, de uso común, de lectura mecánica e interoperable, y los transmitan a otro responsable del tratamiento»[430]. En este sentido, los responsables del tratamiento deben crear formatos interoperables que permitan la portabilidad de dichos datos y que faciliten que puedan ser utilizados por otros operadores. Este derecho «debe aplicarse cuando el interesado haya facilitado los datos personales dando su consentimiento o cuando el tratamiento sea necesario para la ejecución de un contrato»[431].

---

429 *Vid.* TAMAYO VELASCO, J., *op. cit.*, p. 189.

430 Reglamento (UE) 2016/679, considerando 68.

431 *Idem.*

Por lo tanto, el interesado tendrá derecho a recibir sus datos personales en un formato estructurado, de uso común y lectura mecánica, así como a transmitirlos a otro responsable del tratamiento, sin que lo impida el responsable al que se los hubiera facilitado con carácter previo, cuando se cumplan dos requisitos: (1) el tratamiento esté basado en el consentimiento y en un contrato, de acuerdo con lo establecido en el mismo Reglamento en sus arts. 6 y 9; y, (2) el tratamiento se efectúe por medios automatizados. Además, el interesado tendrá derecho a que los datos personales se transmitan de manera directa de responsable a responsable, y sin intermediación alguna, cuando esto sea técnicamente posible[432].

Este derecho de portabilidad de los datos personales podría aplicarse no sólo a los datos que hayan sido proporcionados con carácter voluntario por los interesados, sino también aquellos otros que hayan sido observados e incluso inferidos[433]. Sin embargo, estos últimos no son datos que hayan captado las empresas de sus usuarios mediante su consentimiento o analizando su comportamiento, sino que es información que la propia empresa ha creado mediante su procesamiento. Aunque el input para su obtención sí sean datos personales de los usuarios, para la obtención del output es preciso un trabajo y la inversión en recursos (inteligencia artificial, algoritmos...)

---

[432] *Ibidem*, art. 20.

[433] Los datos inferidos son aquellos obtenidos a partir del procesamiento analítico de un conjunto amplio de datos entre los que se encuentran datos de múltiples personas usuarias y de diversas fuentes. En estos casos entran en juego tecnologías complejas tecnologías de *big data*, Inteligencia Artificial y privacidad de grupo. Para un mayor interés, véase https://www.aepd.es/es/prensa-y-comunicacion/blog/iot-i-que-es-iot-y-cuales-son-sus-riesgos. KUPCIK, J., "Why real big data may not matter...", *op. cit.*, disponible en https://ec.europa.eu/competition/information/digitisation_2018/contributions/jan_kupcik.pdf.

por parte de la empresa. El dato resultado es ya propiedad de dicha empresa y, por tanto, imponer una obligación de transmitir estos datos que ellos mismos han creado y que no son capturables de un modo directo mediante el ejercicio de una actividad ordinaria nos resulta excesivo. Esto podría suponer un estímulo negativo a la recopilación y procesamiento de datos individuales, ya que, si los hay que compartir con los competidores, ninguna empresa querrá invertir mayores recursos en su desarrollo para que luego puedan ser parasitados por sus rivales.

Sin embargo, a pesar de que las grandes empresas dominantes en el mercado podrían no estar, en cierta medida, motivadas en relación con la recopilación de datos individuales, pues los competidores se beneficiarían de ello al obtener los datos a través de la portabilidad de estos si el usuario decida cambiar, se ha considerado que puede ser menos desmotivador que el hecho de encontrarse obligados a compartir dichos datos cuando cualquier competidor lo solicite – según la doctrina de las *essential facilities* –[434]. La diferencia, por tanto, entre el ejercicio de un derecho a la portabilidad de los datos y el acceso a estos datos en aplicación de la doctrina de los recursos esenciales reside en que en el primer caso los datos sólo se transferirán cuando así lo solicite el usuario afectado y sólo se transmitirán al competidor o a la empresa que este determine[435]. En cambio, en aplicación del remedio de las *essential facilities* se deberá dar acceso -gratuito o a cambio de una compensación equita-

---

[434] *Vid.* KUPCIK, J., "Why real big data may not matter…", *op. cit.*, disponible en https://ec.europa.eu/competition/information/digitisation_2018/contributions/jan_kupcik.pdf.

[435] *Vid.* VEZZOSO, S., "Competition policy in transition: exploring data portability's roles", *Journal of European Competition Law & Practice*, vol. 12, nº5, 2021, pp. 357-369. En concreto, véase p. 363.

tiva en términos FRAND[436]- a cualquier empresa, competidora actual o potencial, que lo requiera y justifique su necesidad.

También podría generar el efecto contrario, es decir, impulsar a la compañía dominante a seguir invirtiendo en una mayor innovación para proporcionar el mejor servicio en el mercado y atender así, de la mejor manera posible, las necesidades de sus usuarios. Los usuarios satisfechos con el servicio no tendrán la necesidad de abandonar a la plataforma en favor de sus competidores, aun cuando estos hayan podido operar en el mercado con las mismas facilidades[437].

Una de las principales preocupaciones que se han planteado en relación con la portabilidad de los datos es, por un lado, la posibilidad de que esta pueda afectar de un modo negativo los esfuerzos realizados para proteger la privacidad de los consumidores. En este sentido, se debe tener mucho cuidado a la hora de verificar que la persona que está solicitando dichos datos es en realidad el usuario interesado y no un tercero, pues se correría el riesgo de que otros usuarios que no disponen de

---

436 Siglas de *Fair, Reasonable and Non-Discriminatory*. En este sentido, la empresa que tenga en su poder tales recursos esenciales tendrá la a obligación de licenciar dicha tecnología en términos justos, razonables y no-discriminatorios. Sobre esto, *vid.* PETIT., N. / LEONARD, A., "Frand royalties: rules v standars?", *Chigago-Kent Journal of Intellectual Property*, vol. 22, nº1, 2023, pp.1-43; GHIDINI, G. / TRABUCCO, G., "Calculating FRAND Licensing Fees: A Proposal of Basic Pro-competitive Criteria", en BHARADWAJ, A. / DEVAIAH, V.H. / GUPTAPP, I. (eds.), *Complications and Quandaries in the ICT Sector. Essential Patents and Competition Issues*, Springer, 2018, pp. 63-77.

437 Un ejemplo de ello nos lo muestra en la práctica el intento frustrado de Google de entrar en el mercado de las redes sociales a través de su plataforma Google+, o las dificultades que está teniendo Apple para entrar en el mercado de la reproducción de contenidos digitales en streaming a través de su plataforma Apple TV+.

autorización puedan acceder a esta información personal[438]. Del mismo modo, la necesidad de tener dichos datos estructurados y en un formato adecuado que permita la exportación y su utilización por otras empresas u operadores podría suponer un riesgo mayor de vulnerabilidad ante ciberataques o usos ilícitos de los depósitos de información que tienen las grandes empresas.

Otro problema relevante atañe a la compatibilidad. El hecho de que las empresas cuenten con estructuras de datos diferentes y, con frecuencia, incompatibles entre sí, tiene como consecuencia que, al exigir la portabilidad de los datos con el objetivo de promover la competencia, podamos encontrarnos ante un problema de compatibilidad. Ello nos enfrentaría al debate sobre si se han de crear estándares tecnológicos[439] a la hora de estructurar desde el punto de vista informático dichos datos, de modo que se facilite su interoperabilidad, su portabilidad y su conexión.

Para solucionar el problema de la compatibilidad, las empresas deberán contar con sistemas de acceso que aseguren dicha afinidad[440], para así evitar que los competidores que solici-

---

438 YOO, C., *Unpacking data portability,* 2020. Disponible en https://www.competitionpolicyinternational.com/unpacking-data-portability/.

439 Sobre esta cuestión, *vid.*, entre otros, RODILLA MARTÍ, C, "La inclusión de las cláusulas Frand en los consorcios de estandarización", *Actas de Derecho Industrial y Derecho de Autor,* nº35, 2014-2015, pp. 321-331; CARBAJO GASCÓN, F., "La problemática de las patentes indispensables en estándares técnicos y la eficacia de los compromisos de licencia en términos FRAND", *Revista electrónica de Direito,* nº3, 2016, pp. 1-55; GERARDIN, D., "Standardization and Technological Innovation: Some Reflections on Ex-ante Licensing, FRAND, and the Proper Means to Reward Innovators", *World Competition,* vol. 4, nº29, 2006, pp. 1-17.

440 YOO, C., *Unpacking data portability, op. cit.*

ten los datos deban llevar a cabo una reconfiguración de estos – o de sus bases de datos – ya que es posible que esto suponga un alto coste y, además, se corre el riesgo de introducir errores.

El reconocimiento del derecho a la portabilidad de los datos presenta especial relevancia en el mercado de las redes sociales. Esto es así debido a que este derecho facilita el cambio de una red social a otra por parte de sus usuarios. Cuando estos tienen miedo a perder la información personal que se encuentra en una determinada red social, es decir, existan altos costes de cambio, se pueden sentir "obligados" a permanecer en ella[441]. Estos costes de cambio a los que se enfrentan los usuarios pueden suponer una barrera de entrada a los mercados digitales para otros competidores[442]. Además, esta medida implica la necesidad de que la plataforma receptora realice una cierta inversión para canalizar y poder incorporar esos datos que el nuevo usuario le ofrece.

En el mes de junio de 2021, la OCDE celebró una mesa redonda sobre "Competencia y derechos de los datos del

---

441 A modo de ejemplo, la pérdida del registro de otros usuarios con los que se encuentran ya conectados, el conjunto de información que han compartido con la red, las empresas a las que siguen e, incluso, los datos que la plataforma ha captado sobre ese usuario y que le ha permitido configurar un perfil de cara a ofrecerle servicios de publicidad personalizada.

442 Hoy en día, no parece que redes sociales, como Facebook, permitan una verdadera portabilidad de datos. Por ejemplo, la herramienta que esta plataforma pone a disposición para "descargar tu información personal" – introducida como consecuencia del RGPD –, no es del todo suficiente para facilitar la portabilidad de los datos por parte de sus usuarios. Además de ello, esta forma de portabilidad que requiere la descarga de la información personal por parte de los usuarios para, con posterioridad, transmitirla a las empresas rivales se enfrenta al problema de que se trata de una portabilidad mediada por el propio usuario (a diferencia de lo que vimos que prefería el RGPD).

consumidor"[443]. Ante los novedosos desafíos a los que debemos hacer frente en relación con las medidas de portabilidad e interoperabilidad de datos, se abordaron tres cuestiones fundamentales: en primer lugar, si estas medidas son o no eficaces para promover la competencia y cuáles son sus verdaderos objetivos; en segundo término, el análisis de los diferentes mecanismos disponibles para su implementación; y, por último, los desafíos legales, técnicos y prácticos relativos a dicha implementación.

Una de las principales medidas propuestas es la referida a la obligación de la portabilidad e interoperabilidad de datos[444], en especial para las grandes plataformas en línea. Se considera que esto puede aumentar la competencia en el mercado, así como reducir costes de cambio y barreras de entrada[445]. Sin embargo, se señala que aún no existe consenso sobre cuándo va a ser exigible el cumplimiento con dichas obligaciones, ni existe una visión unívoca sobre las implicaciones del intercambio de datos para la inversión en innovación de estas grandes empresas, con las consiguientes consecuencias para los consumidores y usuarios y, a la postre, para la innovación y una competencia dinámica. En este sentido, podemos encontrar algunos estudios recientes donde se proponen dichas medidas como una posible solución ante la actuación de las grandes plataformas en línea en la nueva economía digital[446].

---

443 OCDE, *Data portability, Interoperability..., op. cit.*, pp. 2-3.

444 Sobre esta última, *vid.* DI PORTO, F. / FOÀ, D., "Defining Virtual Worlds: Main Features and Regulatory Challenges", 2023, disponible en https://ssrn.com/abstract=4507397.

445 *Vid.* VEZZOSO, S., "Competition policy in transition…", *op. cit.*, p. 361.

446 Nos referimos aquí a los mismos estudios citados en el epígrafe dedicado al análisis de las plataformas digitales y un -posible- nuevo mercado relevante. *Vid. supra.* Capítulo II.

En uno de los primeros estudios[447] que abordan este tema se ha recomendado la creación de una nueva Unidad de Mercado Digital (DMU), la cual debería promover una mayor movilidad de datos personales – portabilidad – y sistemas con estándares abiertos – interoperabilidad– donde estas herramientas aumentarán la competencia y la elección del consumidor. Esta Unidad será la encargada de decidir, cuando no se acuerde de manera voluntaria por parte de las empresas, si es necesaria la movilidad de datos o su interoperabilidad en el mercado digital y cómo deberá requerirse dicho compromiso.

En lo que respecta al concepto de interoperabilidad debemos diferenciar dos aspectos. Por un lado, lo que conocemos como interoperabilidad de los datos o, lo que también podríamos llamar, "portabilidad en tiempo real", la cual exige garantizar un acceso permanente en tiempo real a la información de la que disponga la plataforma[448]. Por otro lado, la interoperabilidad de los protocolos, que permite que varios productos o servicios estén interconectados y puedan trabajar juntos a través de medios técnicos[449]. En este segundo sentido podríamos encontrarnos ante la necesidad de definir estándares tecnológicos de compatibilidad de los sistemas de datos[450], como consideramos con anterioridad.

---

447 *Vid.* FURMAN, J. / COYLE, D. / FLETCHER, A. / MCAULEY, D. / MARSDEN, P., "Unlocking digital competition…", *op. cit.*, pp. 127 y ss. Disponible en https://assets.publishing.service.gov.uk/media/5c88150ee5274a230219c35f/unlocking_digital_competition_furman_review_web.pdf.

448 CRÉMER, J. / DE MONTJOYE, Y.A. / SCHWEITZER, H., *Competition policy for the digital era, op. cit.*, pp. 33-35.

449 *Ibidem*, p. 58.

450 *Vid.* RODILLA MARTÍ, C, "La inclusión de las cláusulas Frand…", *op. cit.*, pp. 322-323; VEZZOSO, S., "Competition policy in transition…", *op. cit.*, p. 361.

En esta misma línea, se considera[451] necesaria la aprobación de una ley que otorgue a los consumidores un mayor control de sus datos, así como la creación de una nueva Autoridad Digital (*Digital Authority*) que ayude a reducir los costes de cambio y aumentar la competitividad en los mercados. Esta tendría la función de garantizar que los usuarios puedan transferir sus datos de un servicio a otro con facilidad cuando se encuentren ante mercados con un modelo comercial común, por ejemplo, la banca o las redes sociales.

En tercer lugar, la CMA publicó un informe en julio de 2020, en el cual también trató los actuales problemas frente a los que nos encontramos con las nuevas plataformas digitales. Con base en las recomendaciones que se establecen en el *Informe Furman*, también propone la creación de una nueva Unidad de Mercados Digitales, una agencia especializada que tendría como principales objetivos (1) el aumento del control de los datos por parte del consumidor, (2) la interoperabilidad de los datos para superar los efectos de red y los fallos del mercado, (3) la posibilidad de acceso a los datos por parte de terceros cuando estos sean valiosos y generen barreras de entrada en el mercado, y, por último, (4) la separación de datos, en particular cuando los datos han sido recopilados por las plataformas a través del aprovechamiento del poder de mercado[452].

---

451 CENTER STIGLER, *Stigler Committee on Digital Platforms...,, op. cit.* Disponible en: https://www. chicagobooth. edu/-/media/research/stigler/pdfs/digital-platforms—committee-report—stigler-center. pdf.

452 Al igual que los estudios aquí citados, el Informe del Subcommittee on *Antitrust*, Commercial and Administrative Law of The Committee on The Judiciary, *Investigation of Competition in Digital Markets, Majority Staff Report and Recommendations. House of Representatives,* United States, publicado en el mes de octubre de 2020, consideró de gran importancia la portabilidad e interoperabilidad de los datos con el objetivo de que las plataformas dominantes hagan sus servicios

Por último, sobre la aplicación de la DMA, esta supone un complemento a las leyes de protección de datos. En este sentido, la DMA impone una serie de obligaciones a las plataformas que tengan un poder de mercado destacado y que puedan considerarse como *gatekeepers*. Parte de estas obligaciones que establece la norma a estos agentes para permitir la disputabilidad de los mercados y su apertura hacen referencia al acceso y uso de los datos. Por un lado, las obligaciones de transparencia, en relación con la elaboración de perfiles extensos de los consumidores, ayudarán a verificar el cumplimiento del RGPD y, por otro lado, la prohibición a las empresas que operen servicios básicos de plataformas de combinar los datos que obtengan de distintos servicios o fuentes complementa el nivel de protección existente en el mismo. Además, corresponde a los guardianes de acceso garantizar el cumplimiento de lo establecido en el Reglamento de acuerdo con lo establecido en la restante normativa de la UE – protección de datos personales, protección de la privacidad y de los consumidores –[453].

En concreto, la DMA exige que se articule un sistema que permita tanto la interoperabilidad[454] como una portabilidad

---

compatibles entre sí y que tanto el contenido como la información sean transferibles con facilidad entre ellas. En concreto, en relación con la interoperabilidad de los datos, el Informe señala que esta es fundamental en la nueva en la que nos encontramos.

453 DMA, considerando 72.

454 *Vid.* Art. 6.7 DMA: «El guardián de acceso permitirá a los prestadores de servicios y a los suministradores de hardware interoperar de forma gratuita y efectiva con las mismas funciones del hardware y el software accesibles o controlables a través del sistema operativo o del asistente virtual enumerado en la decisión de designación con arreglo al artículo 3, apartado 9, que se encuentren disponibles para los servicios o el hardware prestados o suministrados por el guardián de acceso; y permitirá también el acceso a esas funciones con fines de interoperabilidad. Asimismo, el guardián de acceso permitirá a los usuarios profesionales y prestadores alternativos de servicios presta-

«efectiva», que favorezca el «acceso continuo y en tiempo real» a los datos proporcionados y generados por estos[455]. Además, se pretende asegurar la transferencia de dichos datos «en tiempo real de forma eficaz, como por ejemplo a través de interfaces de programación de aplicaciones de alta calidad»[456].

---

dos junto con los servicios básicos de plataforma, o en apoyo de tales servicios, la interoperabilidad gratuita y efectiva con las mismas funciones del sistema operativo, el hardware o el software, y el acceso a esas funciones con fines de interoperabilidad, con independencia de si tales funciones forman o no parte del sistema operativo, de si están disponibles para ese guardián de acceso o de si las utiliza a la hora de prestar tales servicios. No se impedirá al guardián de acceso adoptar medidas estrictamente necesarias y proporcionadas para garantizar que la interoperabilidad no comprometa la integridad de las funciones del sistema operativo, el asistente virtual, el hardware o el software suministrados por el guardián de acceso, siempre que este justifique debidamente estas medidas».

455 *Vid.* Art. 6.9 DMA: «El guardián de acceso proporcionará a los usuarios finales y a terceros autorizados por un usuario final, a petición de estos y de forma gratuita, la portabilidad efectiva de los datos proporcionados por el usuario final o generados por la actividad del usuario final en el contexto del uso del servicio básico de plataforma pertinente, por ejemplo proporcionando instrumentos gratuitos para facilitar el ejercicio efectivo de dicha portabilidad de los datos, así como acceso continuo y en tiempo real a tales datos».

456 Propuesta DMA, Considerando 54: «Los guardianes de acceso se benefician del acceso a grandes cantidades de datos que recopilan cuando prestan servicios de plataformas básicas, así como otros servicios digitales. Para garantizar que los guardianes de acceso no mermen la disputabilidad de los servicios de plataformas básicas, así como el potencial de innovación del dinámico sector digital al restringir la capacidad de los usuarios profesionales para transferir sus datos de forma eficaz, debe concederse a los usuarios profesionales y los usuarios finales acceso efectivo e inmediato a los datos que han proporcionado o generado al utilizar los servicios de plataformas básicas correspondientes de los guardianes de acceso, en un formato estructurado, de uso común y legible por máquina. Esto debería aplicarse también a otros datos en diferentes niveles de agregación

Por lo tanto, esta apuesta por un derecho a la portabilidad de datos continua y en tiempo real va mucho más allá de lo establecido en el art. 20 RGPD. Sin embargo, el ámbito subjetivo al que alcanza esta obligación queda limitado a aquellos casos en los que intervenga un "guardián de acceso", quedando, a priori, al margen de estas exigencias operadores de menor tamaño. Cuando no nos encontremos ante empresas que ostenten un cierto poder de mercado que pueda poner en peligro la libre competencia, parece coherente que pueda aplicarse un derecho a la portabilidad más simplificado.

Por todo ello, consideramos que la portabilidad e interoperabilidad de los datos sí se trata de un remedio eficaz para solventar los problemas de competencia que se han ocasionado en esta nueva era digital, esencial para garantizar una competencia basada en méritos, favorecer la innovación y existencia de servicios complementarios. Se trata, por lo tanto, de una medida favorable a la competencia que permite a los usuarios elegir entre diferentes proveedores – competidores –. Además, la interoperabilidad puede promover la competencia al permitir que diferentes sistemas o plataformas se comuniquen entre sí, compartiendo incluso datos en tiempo real, así como facilitar el alojamiento múltiple cuando los consumidores puedan hacer uso de diferentes servicios competidores o complementarios mediante un único punto de acceso[457].

---

que puedan ser necesarios para permitir efectivamente dicha portabilidad. También debe garantizarse que los usuarios profesionales y los usuarios finales puedan transferir esos datos en tiempo real de forma eficaz, como por ejemplo a través de interfaces de programación de aplicaciones de alta calidad. La facilitación de la conmutación o la multiconexión debe, a su vez, dar lugar a una mayor variedad de opciones para los usuarios profesionales y los usuarios finales e incentivar a los guardianes de acceso y los usuarios profesionales a innovar».

457 OCDE, *Data portability, Interoperability...*, *op. cit.*, pp. 12-13.

Por lo tanto, tras un análisis detallado del caso en cuestión y del mercado afectado, podría considerarse aplicar, en primer lugar, el principio de portabilidad de los datos y, en segundo lugar, cuando este no sea posible o sea insuficiente y nos encontremos ante datos de carácter esencial y difícilmente replicables, la doctrina de las facilidades esenciales. En cualquier caso, aún tendremos que esperar a la interpretación que sobre ello hagan las autoridades públicas.

3. EL USO DEL *BIG DATA* CAPTADO DE LOS CLIENTES PARA PENETRAR Y EXTENDER EL PODER DE MERCADO A OTROS MERCADOS CONEXOS. RIESGOS DE *MARKET LEVERAGING*

Ante el desarrollo de esta nueva economía digital, la definición de integración vertical y horizontal resulta cada vez más compleja, debido a la dificultad para identificar el tipo de integración que se está produciendo en el mercado. Ya apuntamos al principio de este estudio[458] que cada vez se hace más difícil la mera definición de los mercados relevantes, en tanto que los operadores en los mercados digitales tienden a estar presentes en más de un mercado, aprovechando las sinergias que se generan de su actuación en cada uno de ellos. Esto es así dado el carácter global de las empresas, el rol que desempeñan los datos y el modelo de expansión hacia mercados vecinos o conexos e, incluso, hacia mercados dispares.

Las integraciones horizontales suelen resultar en un aumento de la cuota de mercado de la empresa resultante, que puede suponer un mayor poder de mercado, pero, en principio, no implicarían el levantamiento de nuevas barreras de entrada o supondrían por sí mismas conductas abuso de posición

---

[458] *Vid. supra.* Capítulo II.

dominante, pues las empresas actuarían en el mismo mercado relevante. Sin embargo, el uso de grandes cantidades de datos y su tratamiento mediante cada vez mejores y más sofisticados algoritmos, trae como consecuencia la posibilidad de una mayor diferenciación y segmentación de los mercados, así como la posibilidad de poner en práctica conductas comerciales tales como la discriminación de precios y el aumento de barreras de entrada en varios mercados. De este modo, el creciente desarrollo económico y la evolución tecnológica trae consigo nuevas estrategias de adquisiciones y de expansión a mercados vecinos que pueden, incluso, generar problemas desde el punto de vista del Derecho de la competencia[459].

Al hablar de abuso en mercados conexos nos referimos a aquella situación económica en la cual una empresa, que ostenta una posición de dominio sobre un determinado mercado relevante, utiliza dicho poder de mercado proyectándolo sobre un mercado relevante distinto, próximo o vecino al primero[460], de este modo, beneficiándose de la posición que ocupa en el primer mercado consigue irrumpir con mayor facilidad y mejores resultados en el segundo, aprovechándose también de las sinergias que puedan derivar de la participación en ambos mercados.

A partir de esta entrada en un mercado secundario, las empresas dominantes en el primer mercado pueden llevar a cabo distintas conductas de abuso de exclusión en el segundo

---

459 *Vid.* DA SILVA, F. / NÚÑEZ REYES, G., *La libre competencia en la era digital y la postpandemia: el impacto sobre las pequeñas y medianas empresas,* 2021. Texto disponible en https://repositorio.cepal.org/bitstream/handle/11362/46663/4/S2100020_es.pdf.

460 *Vid.* FOLGUERA CRESPO, J. / GUTIÉRREZ HERNÁNDEZ, A., "El abuso de posición dominante en mercados conexos: evolución reciente de la doctrina del Tribunal de Defensa de la Competencia", *Anuario de la Competencia,* nº1, 2003, pp. 221-238. En concreto, véase p. 221. En este mismo sentido, DÍEZ ESTELLA, F., "La doctrina del abuso en los mercados conexos…", *op. cit.* 12.

mercado. Estos abusos pueden ser de dos tipos. Por un lado, cuando este abuso tiene lugar en el mercado dominado (en el mercado primario) pero sus efectos se proyectan o tienen lugar en un mercado conexo – en el que la empresa puede no ser dominante –. Estas conductas tienen lugar, por ejemplo, cuando la empresa deniega el acceso a terceros a un activo o infraestructura que ella controla y que se considera esencial para que los rivales puedan operar en un segundo mercado. Podría ser el caso de la sentencia ya analizada de Oscar Bronner[461]. Otro ejemplo podría ser cuando la empresa dominante en un mercado originario lleva a cabo prácticas de vinculación de productos (tying o bundling), obligando a sus consumidores a adquirir el producto que quieren (y en el que la empresa es dominante) de forma conjunta con un producto o servicio secundario, perteneciente a un mercado en el que la empresa no tiene posición de dominio[462].

Una segunda variante de conductas abusivas se produce cuando el abuso se comete en un mercado conexo pero sus efectos tienen lugar en el mercado dominado, reforzando, aún más, la posición dominante de la empresa en cuestión.

---

461 *Vid. supra.* Capítulo IV, apartado 2.1. Esta empresa tiene una posición de dominio al controla una red de distribución de prensa en Austria. Pues bien, si la empresa estuviera activa también en el mercado de la prensa escrita o quisiera utilizar su poder de mercado para expandirse en este, podría denegar el acceso a su red de transporte a los competidores, llevando así una conducta abusiva en el mercado originario cuyos efectos se proyectan sobre el segundo mercado.

462 Este podría ser el caso de Amazon en un intento de expandirse al mercado del transporte de mercancías. Así, el gigante tecnológico podría obligar a que los productos que se adquieran a través de su marketplace fueran distribuidos utilizando su propia red de paquetería, con lo que conseguiría utilizar el poder de mercado que tiene en el primer mercado para expandir su posición al mercado segundo.

De este modo, se dificulta la actividad comercial de los competidores, se discrimina a los clientes en el mercado vecino y, además, genera un efecto de exclusión en el mercado dominado[463]. Por regla general, los tipos de prácticas más habituales en estos casos son la negativa injustificada de suministro o las prácticas discriminatorias frente a clientes o competidores en el mercado conexo[464].

Uno de los primeros pronunciamientos judiciales del cual se deduce que una empresa que ostenta una posición de dominio en un mercado puede cometer un abuso en otro mercado distinto a aquél en que tiene dicha posición dominante tiene lugar en el caso *AKZO Chemie BV c. Comisión*[465]. Más tarde, encontramos un análisis de esta tipología de abuso en el asunto *Tetra-Pak Internacional, S.A. c. Comisión de las Comunidades Europeas*[466] de la cual se puede extraer que «es posible aplicar el

---

463 *Vid.* FOLGUERA CRESPO, J. / GUTIÉRREZ HERNÁNDEZ, A., "El abuso de posición dominante en mercados conexos...", *op. cit.*, pp. 222 y ss.

464 *Vid.* DÍEZ ESTELLA, F., "La doctrina del abuso en los mercados conexos...", *op. cit.*, p.18.

465 STJCE (Sala Quinta,) de 3 de Julio de 1991, asunto C-62/86, *AKZO Chemie BV c. Comisión* (TOL4.624.175). En este asunto, AKZO, quien tenía un fuerte poder de mercado en relación con la venta determinados componentes para la fabricación de plásticos (peróxidos orgánicos), utilizó dicho poder para eliminar la competencia llevada a cabo por ECS, quien vendía dichos componentes en el sector de aditivos de harina, Según la Decisión de la CE, AKZO había explotado de forma abusiva su posición dominante, intentando eliminar a ECS del mercado de peróxidos orgánicos, principalmente mediante reducciones de precios masivas y prolongadas en el sector de aditivos de la harina. En el mismo sentido, véase STJCE (Sala Quinta), de 3 de octubre de 1985, asunto 311/84, *CBEM c. CLT e IPB*, ECLI:EU:C:1985:394.

466 Sentencia del Tribunal de Primera Instancia (Sala Segunda), de 6 de octubre de 1994, asunto T-83/91, *Tetra Pak c. Comisión*,

ECLI:EU:T:1994:246. Recordando brevemente los hechos, el grupo Tetra Pak era uno de los líderes mundiales en el sector del acondicionamiento en envases de cartón de productos alimenticios líquidos y semilíquidos. El grupo operaba tanto en el sector del envasado no aséptico de productos frescos como en el del envasado aséptico de productos de larga conservación, donde disfrutaba de una posición dominante, en gran parte debida al dominio de derechos de patentes muy relevantes para operar en este mercado. El 27 de septiembre de 1983, Elopak Italia, principal competidora en el sector del acondicionamiento en envases de cartón de líquidos alimenticios frescos, presentó una denuncia ante la Comisión contra la compañía Tetra Pak y sus sociedades asociadas en Italia. El grupo Elopak estimaba que esta última había intentado reducir su capacidad competitiva en Italia siguiendo unas prácticas comerciales que, bajo su criterio, debían considerarse abusos pues se llevaba a cabo por parte de una empresa en posición dominante. *Vid.* Decisión de la Comisión, de 24 de julio de 1991, asunto IV/ 31 .043, *Tetra Pak II*, DO L 72 de 18.3.1992.

En este sentido, la Comisión señala la presencia de la empresa Tetra Pak en varios mercados diferentes: en primer lugar, el mercado de las máquinas con tecnología de esterilización de envases de cartón que permiten acondicionar en estos envases, en condiciones asépticas, productos líquidos; en segundo lugar, el mercado del material para envasado en las máquinas asépticas; en tercer lugar, el mercado de las máquinas para el acondicionamiento en envases de cartón de productos alimenticios, en condiciones no asépticas; y, por último, el mercado del material para envasado en las máquinas no asépticas. Concluye la Comisión señalando que mediante el aprovechamiento de su posición dominante en los mercados denominados «asépticos» de la maquinaria y de los envases de cartón destinados al acondicionamiento de líquidos alimenticios, la empresa había infringido lo establecido en el artículo 86 del Tratado CEE, tanto en estos mercados «asépticos» como en los mercados próximos y conexos de maquinaria y de envases «no aséptico». Esto habría tenido lugar mediante la comisión de una serie de prácticas destinadas a eliminar a la competencia y/o a maximizar los beneficios que podían obtenerse de las posiciones adquiridas en detrimento de los usuarios como, por ejemplo, las políticas de precio discriminatorias.

artículo 82 a conductas realizadas por un oferente en un mercado en el que no goza de posición dominante (o al menos no ha sido establecida por las autoridades comunitarias) cuando sí ha quedado establecida su posición privilegiada en un mercado conexo en el que no se dejan sentir los efectos de la práctica llevada a cabo»[467].

Por todo ello, como bien ha determinado la jurisprudencia, podemos considerar que no tiene gran importancia conocer

---

Ante dicha Decisión, la empresa Tetra Pak presenta un recurso de anulación que se resuelve en la mencionada Sentencia del Tribunal de Primera Instancia. Comienza el Tribunal indicando que la Comisión había demostrado de manera satisfactoria que los mercados de las máquinas y de los envases de cartón asépticos, así como los de las máquinas y los envases de cartón no asépticos, constituían mercados independientes del mercado general de los sistemas destinados al envasado de los líquidos alimenticios. Además, considera que las prácticas llevadas a cabo por la empresa deben interpretarse bajo el ámbito de aplicación del artículo 86 del Tratado, sin que sea necesario demostrar la existencia de una posición dominante en cada uno de los mercados considerados de forma aislada, «en la medida en que la preeminencia de esta empresa en los mercados no asépticos, combinada con la estrecha conexión existente entre dichos mercados y los mercados asépticos, confiere a Tetra Pak una independencia de comportamiento frente a los demás operadores económicos presentes en los mercados no asépticos, que puede justificar su responsabilidad particular, con arreglo al artículo 86, en el mantenimiento de una competencia efectiva y no falseada en estos mercados». Finalmente, el Tribunal confirma la Decisión de la Comisión, reconociendo la existencia de las prácticas abusivas determinadas por esta y teniendo lugar la desestimación del recurso de anulación planteado por la demandante.

467 *Vid.* CURTO POLO, M., "Hacia una noción ampliada del abuso de posición dominante (Comentario a la Sentencia del TJCE de 14 de noviembre de 1996, Tetra Pak Internacional, S. A. c. Comisión de las Comunidades Europeas, Asunto C-333/94 P)", *Actas de Derecho Industrial y Derecho de Autor*, nº18, 1997, pp. 347-360. En concreto, véase p. 367.

si las prácticas abusivas se han cometido en el mercado en que la empresa ocupa una posición de dominio o en el mercado próximo o vecino, o en los dos, ya que la prohibición se aplica en aquellos casos en que dicha posición dominante en un mercado permite un comportamiento abusivo en otro[468]. Así, lo relevante es el uso abusivo de la posición de dominio ostentada con la finalidad de penetrar en un mercado en el que no se está presente y producir un efecto de exclusión de los competidores en uno u otro mercado que permita, además, retroalimentar esa posición dominante.

Como vemos, en relación con el abuso de posición dominante en mercados conexos o vecinos, distintos a aquel en que se ostenta la posición de dominio, lo que se prohíbe es que una empresa que ocupa tal posición lleve a cabo conductas excluyentes o discriminatorias a favor de sus propias actividades en estos mercados conexos[469].

Esta práctica de abuso en mercados conexos también puede tener lugar – y es posible que con mayor facilidad – en los nuevos mercados digitales, caracterizados por los elementos que hemos considerado con anterioridad y en los que las posiciones de dominio se sustentan, en gran medida, sobre el dominio de datos y su procesamiento algorítmico. Nos encontraríamos, pues, ante una plataforma digital que ostenta una posición dominante en un mercado o actividad comercial y hace uso de dicho poder para operar en un mercado distinto[470]. Un ejemplo

---

468 Decisión de la Comisión, de 24 de julio de 1991, asunto IV/ 31 .043, *Tetra Pak II*, DO L 72 de 18.3.1992.

469 PRIETO KESSLER, E., "Principales problemas de la regulación del abuso de posición de dominio", *Gaceta Jurídica de la Competencia y la Unión Europea*, nº 205, 2000, pp. 22-32. En concreto, p. 29.

470 Conferencia de las Naciones Unidas sobre Comercio y Desarrollo, julio, 2020. En ella se aborda el panorama general de las tendencias actuales de la economía digital, así como sus consecuencias para la

reciente que nos ayudará a comprender este tipo de prácticas es el caso *Google Shopping*, ya analizado en páginas anteriores[471].

En este sentido, a la hora de determinar posibles prácticas prohibidas, las autoridades de competencia también deben tener en cuenta este tipo de abusos en el mercado, siendo necesario analizar en cada caso, además de la definición del mercado relevante y las cuotas de mercado, las relaciones competitivas y las estrategias comerciales adoptadas por las empresas implicadas[472].

Recordemos también aquí el caso de Facebook, en el cual se ha considerado que la plataforma puede extender su posición de dominio desde el mercado de las redes sociales hacia el mercado de publicidad online para estas[473].

---

protección de los consumidores y las políticas de defensa de la competencia. Por un lado, se analizan diferentes problemas relacionados con la protección del consumidor en el comercio electrónico. Por otro lado, en lo que respecta a la competencia, se lleva a cabo un estudio centrado en las plataformas digitales y examina las formas de restablecer la competencia en los mercados, para lo cual se lleva a cabo un análisis de los marcos jurídicos y los marcos de política, la aplicación de la normativa y la regulación. Texto completo de la nota publicada disponible en https://unctad.org/system/files/official-document/tdrbpconf9d4_es.pdf.

471 En este caso, como vimos, la Comisión Europea concluyó que Google había aprovechado su dominio en el mercado de motores de búsqueda en Internet para extender su posición en el mercado de comparación de compras, concediéndose una ventaja ilícita en el segundo de ellos abusando de su dominio en el primero. *Vid.* Decisión de la Comisión Europea, asunto AT.39740, *Google Search (Shopping)*, 2017.

472 Conferencia de las Naciones Unidas sobre Comercio y Desarrollo, julio, 2020, *op. cit.*

473 El Tribunal alemán determinó que la plataforma había abusado de su posición de dominio en las redes sociales para recoger datos sobre sus usuarios de forma ilegal, tanto en sus propias plataformas

Otro ejemplo reciente de este tipo de conductas ha sido ejecutado por Amazon. Como se observa ninguno de los gigantes tecnológicos parece escapar a la tentación de hacer aún más grande su poder de mercado y expandir su rama de actividad a otros sectores, aumentando sus beneficios y convirtiéndose en auténticos conglomerados industriales que recuerdan a la Standard Oil, la Northwestern y aquellos gigantes estadounidenses detrás de los cuales enraízan los propios fundamentos del Derecho *antitrust*.

Amazon es una plataforma dedicada al comercio electrónico y a servicios de computación en la nube. Sin embargo,

---

como en la de terceros, imponiendo, además, cláusulas contractuales abusivas a sus usuarios. Al considerarse el acceso a los datos un parámetro esencial en la competencia, tanto en el mercado de publicidad como en el mercado de redes sociales, el acceso por parte de la plataforma a una base de datos cada vez mayor aumenta las posibilidades de financiar la red social utilizando las ganancias que han sido generadas por los contratos de publicidad, los cuales a su vez dependerían del alcance y calidad de los datos disponibles que hayan sido recolectados y acumulados. Como se observa, la posición de dominio que permite la expansión al mercado secundario y el desarrollo de estas prácticas abusivas se encuentra edificada de manera sólida a partir de la captación masiva de datos y su procesamiento algorítmico, que es lo que permite obtener un valor diferencial del que aprovecharse en el segundo mercado.

Por lo tanto, se señala que, ante la conducta de Facebook, no solo se verá afectado el mercado de las redes sociales sino también el mercado de la publicidad online. Sin embargo, reitera el Tribunal que no es necesario determinar si existe un segundo mercado independiente, en este caso de publicidad online, en el cual la plataforma ostente una posición dominante. La cuestión de la definición concreta y el deslinde preciso entre mercados en el entorno digital, como vemos, es muy compleja. En este sentido, los efectos anticompetitivos no tienen por qué tener lugar en el mercado dominado, sino que también pueden producirse en un mercado diferente dominado por la misma.

esta ha ampliado los servicios que ofrece a sus usuarios irrumpiendo en nuevos mercados como, por ejemplo, *Amazon Prime Video*[474] o *Amazon Music*[475]. Sin embargo, el servicio ofrecido por la plataforma que más interés nos suscita es el conocido como *Amazon Lending*[476]. Se trata de un servicio de préstamo a corto plazo que ayuda a las pequeñas empresas a obtener financiación con el objetivo de ayudar a los vendedores que se encuentran registrados en Amazon para que sus comercios y, en consecuencia, sus ventas, sigan creciendo[477].

---

474 Este se trata de un servicio de vídeo – películas y series – que ha sido creado y gestionado por el propio Amazon y se encuentra disponible para su retransmisión en directo. Se puede acceder a la plataforma de Prime Video a través de la siguiente dirección: https://www.primevideo.com/.

475 Se trata de una plataforma de retransmisión de música y tienda online perteneciente también a Amazon. Se puede acceder a la Plataforma de Prime Music a través de la siguiente dirección: https://music.amazon.com/.

476 Toda la información relativa a este servicio de Amazon disponible en: https://sell.amazon.com/programs/amazon-lending.

477 Sin embargo, para poder solicitar dichos préstamos es necesario cumplir dos requisitos: (1) es imprescindible que el vendedor disponga de una cuenta como tal en la plataforma y (2) en función de volumen de clientes y ventas de la empresa, Amazon enviará una invitación al vendedor poniendo a su disposición su servicio de préstamo. Por lo tanto, no se trata de un servicio que se encuentre disponible para todos los vendedores de la plataforma, sino solo para aquellos que el propio Amazon "selecciona". Un ejemplo de esto es el programa "Born to run". Tal y como lo define la plataforma en sus contratos, se trata de un programa «que, tras recibir la correspondiente invitación, le permite solicitar pedidos de un producto indicando a Amazon cuántas unidades de ese producto espera vender en 10 semanas. Amazon revisará la solicitud, y en caso de ser aprobada, realizará una compra de, como máximo, la cantidad indicada. Las unidades que no se vendan en un plazo de 10 semanas están sujetas, a su elección al enviar una oferta Born To Run, a devoluciones o Tarifas de retención». Si finaliza

Parece sorprendente que una plataforma que, en sus inicios, tan solo se dedicaba al mercado del comercio electrónico ofrezca hoy día servicios en un mercado tan diferente como puede ser el relativo a los servicios de financiación. Pero, aunque este servicio de préstamo a corto plazo tan sólo estaría disponible para los vendedores, la plataforma ya ofrece también la posibilidad a los compradores de aplazar en varias cuotas el pago de algunos de sus productos – en general, aquellos de mayor importe –, llevando a cabo una actividad que podría calificarse -y someterse a la normativa- como crédito al consumo[478]. No se trata de un préstamo como tal, pero sí de una opción de financiación sin intereses que les ofrece el propio Amazon.

En este contexto, debemos plantearnos varias cuestiones. La primera de ellas – siendo esta una afirmación más que un interrogante – es cómo las plataformas aprovechando la gran cantidad de datos acumulados y el poder de mercado que ha ido adquiriendo durante los últimos años -y, en buena medida

---

el período de venta y el producto no se ha venido, se establecen una serie de cláusulas como, por ejemplo, el reembolso del 100% del coste de las unidades no vendida y el pago de un porcentaje correspondiente a gastos de envío o gestión o, en segundo lugar, la aplicación de una tarifa de retención correspondiente al 25% del coste de las unidades no vendidas.

478 Sobre este tema, *vid.*, entre otros, GONZÁLEZ CASTILLA, F., "La Ley de Crédito al Consumo en el ámbito bancario", *Estudios de Derecho Judicial*, nº79, 2005, pp. 137-188; del mismo autor, "En torno a las consecuencias de la conexión contractual en el crédito al consumo: la superación jurisprudencial de las exigencias de la Ley 7/1995", *Revista de Derecho Mercantil*, nº279, 2011, pp. 286-298; MARÍN LÓPEZ, M.J., *Crédito al consumo y contratos vinculados: estudio jurisprudencial*, Aranzadi, Cizur Menor, 2009; BRENES CORTÉS, J., "Sobreendeudamiento del consumidor: crédito al consumo y crédito inmobiliario", *Revista Aranzadi de derecho patrimonial*, nº52, 2020, versión digital.

edificado a partir del procesamiento algorítmico de tales datos- ha podido desarrollar nuevos servicios en otros mercados, servicios que, como consecuencia de su uso, seguirán reportando grandes beneficios en el mercado original. Además, a medida que aumente el poder de mercado de la empresa en este segundo mercado, la situación se retroalimentará, fortaleciendo la posición de la empresa en el mercado primigenio.

Y, en segundo lugar, si debido a la presencia de estos gigantes tecnológicos en cada vez un mayor número de mercados, están surgiendo nuevas barreras de entrada en el segundo mercado que puedan impedir el acceso a nuevos competidores. En conclusión, ¿nos encontramos ante nuevas conductas de abuso de posición dominante que se extienden más allá del mercado original en el que operan las grandes plataformas en línea?

Esta problemática ha sido explicada por la doctrina desde el punto de vista de la teoría económica[479]:

---

479 *Vid.* CONDORELLI, D. / PADILLA, J., "Data-driven envelopment with privacy-policy tying", 2020. Disponible en: https://ssrn.com/abstract=3600725; CONDORELLI, D. / PADILLA, J., "Harnessing platform envelopment in the digital world", *Journal of Competition Law & Economics*, vol. 16, nº 2, 2020, pp. 143-187. Los autores llevan a cabo una revisión de las estrategias llevadas a cabo por las plataformas en línea mediante las cuales una plataforma dominante que opera en un mercado (el mercado de origen) ingresa a un segundo mercado (el mercado objetivo), aprovechando los datos compartidos por parte de sus usuarios. En particular, se analiza la lógica y los efectos de una posible vinculación de las políticas de privacidad, una estrategia mediante la cual la plataforma solicita a los consumidores que otorguen su consentimiento para combinar sus datos tanto en el mercado de origen como en el de destino. Esto puede permitirle financiar los servicios ofrecidos en el mercado de destino monetizando los datos en el mercado de origen, así como monopolizar el mercado de destino y afianzar su posición dominante en el mercado de origen.

Pensemos en una de las empresas que en la actualidad dominan en el mercado, como las ya mencionadas Facebook o Amazon, que operase en un mercado original de plataformas. La posición de dominio que ostentan les permite imponer términos y condiciones coercitivas sobre las políticas de privacidad que son aceptadas por los usuarios para poder hacer uso del servicio ofrecido por la plataforma. De este modo, esta adquiere -quizá de manera abusiva, si lo calificamos como un precio excesivo[480]- datos que no son replicables y que le otorgan una fuerte ventaja competitiva. Sin embargo, dicha ventaja limitaría la capacidad de las plataformas competidoras para ofrecer productos y servicios que puedan atraer a los consumidores o anunciantes, no podrán mejorar sus productos ni hacer una oferta más atractiva de estos y, como consecuencia, se verían excluidos del mercado. Como resultado, la plataforma dominante refuerza su posición como tal, lo que le permite imponer nuevas políticas de privacidad y capturar un mayor número de datos gracias a estas.

Cuando el valor de estos datos va disminuyendo, debido a la existencia de rendimientos decrecientes a escala[481] o cuando la cantidad o tipología de datos que se pueden extraer de una determinada actividad se agota, entra en juego un segundo mercado, el mercado objetivo, el cual «también es una plataforma en donde se generan datos que, combinados con los datos del mercado original, podrían permitir a las empresas dominantes reforzar la ventaja competitiva que obtiene en el mercado original»[482]. Esto se llevaría a cabo vinculando las po-

---

480 *Vid.* ROBERTSON, V. H. S. E., "Excessive Data Collection…", *op. cit.*, pp. 161–189.

481 La ley de rendimientos decrecientes es un concepto económico que indica la disminución de un producto o servicio a medida que se añaden factores productivos a la creación de dicho bien o servicio.

482 *Vid.* CONDORELLI, D. / PADILLA, J., "Harnessing platform envelopment in the digital world", *op. cit.*, pp. 143-187.

líticas de privacidad de ambos mercados mediante, por ejemplo, los términos de servicio.

De este modo, la empresa dominante generaría economías de alcance, combinando datos que no son fáciles de replicar. Nos encontraríamos ante una situación en la cual una empresa dominante en el mercado original, lo apalanca para entrar y dominar un segundo mercado (mercado objetivo) con el objetivo de mejorar y preservar su dominancia en el primero de ellos[483].

Por todo ello, para poder determinar si este tipo de conductas son anticompetitivas, se considera que primero se debe establecer si la empresa ostenta una posición dominante en el mercado original. A continuación, analizar su conducta en relación con los consumidores, es decir, si se ha llevado a cabo la imposición de condiciones injustas o excesivas, qué políticas de privacidad se han aplicado, etc. En tercer lugar, habría que analizar si nos encontramos ante *data binding*, es decir, si se están llevando a cabo combinaciones de datos que generen en realidad una ventaja competitiva. Por último, determinar la existencia de una justificación objetiva ante dicha conducta por parte de las plataformas implicadas.

Por último, podemos mencionar ciertos riesgos o previsiones de nuevas conductas de *market leverage* sobre la base de la conducta pasada de las empresas. Así, a modo de ejemplo, en los últimos años, Google adquirió la empresa Fitbit[484] centrada en los dispositivos deportivos y la monitorización de la actividad física y deportiva. Es bastante probable que el interés del gigante tecnológico en el sector del deporte y de la situación

---

483 *Vid.* KHAN, L.M., "Sources of tech platform power", *op. cit.*, p. 326.

484 *Vid.* Decisión de la Comisión Europea, de 17 de diciembre de 2020, caso M.9660–*Google/Fitbit*. Disponible en https://ec.europa.eu/competition/mergers/cases1/202120/m9660_3314_3.pdf.

física de los usuarios no sea otro que el de captar una serie de datos a los que no puede acceder a través de sus demás servicios (Youtube, Maps, Shopping...) como es el estado de salud de sus usuarios. De ahí que pudiera pensarse en la posibilidad de aprovechar el valor inmenso que tiene esta información combinada con la demás información que la plataforma tiene de sus usuarios para entrar a comercializar servicios de seguros de vida, sector en el que tendrá una posición mucho más ventajosa que las empresas tradicionales que operan en el sector, en tanto que podrá hacer un análisis actuarial más exacto y pormenorizado de los riesgos que asume con la contratación de cada cliente y, en consecuencia, adaptar las características de sus productos (precio, cobertura, activación...).

4. PRÁCTICAS DE DISCRIMINACIÓN MEDIANTE LA APLICACIÓN DE PRECIOS PERSONALIZADOS

4.1. Planteamiento de la cuestión

El desarrollo de las nuevas tecnologías ha transformado el modo en que interactúan las empresas y consumidores, limitando la necesidad de intermediarios y reduciendo de forma drástica los costes de transacción[485]. En este ámbito, los programas informáticos aplicados a la conducta de las empresas no sólo están sustituyendo el trabajo de personas físicas, sino que, desde el plano de la estrategia comercial se están empleando para adaptar el precio de los bienes y servicios a las cambiantes condiciones del mercado, de una forma más rápida y automatizada. Ello implica no sólo la posibilidad de incidir en la mejora de los productos o servicios -e, incluso, de crear nuevos

---

485 *Vid. Supra.* Capítulo I.

productos-, sino también en innovar en el propio proceso de comercialización, tratando de maximizar los beneficios de las empresas. Sin embargo, con la puesta en práctica de esta respuesta automática a las condiciones cambiantes del mercado pueden surgir nuevas modalidades de prácticas anticompetitivas. Por ello se hace necesario analizar cómo la normativa de defensa de la competencia puede dar respuesta a este tipo de prácticas en tutela de los derechos de los consumidores toda vez que fomente, también, el establecimiento de un marco de funcionamiento del mercado que permita a las empresas rivales competir en condiciones lícitas, justas y equitativas.

Las nuevas posibilidades que ofrecen las tecnologías de la comunicación y la computación en el ámbito de la captación, el procesamiento y análisis masivo de datos están produciendo un impacto notable en múltiples aspectos de la economía en general. La digitalización y, sobre todo, el desarrollo de plataformas electrónicas, han permitido el surgimiento de nuevos modelos económicos como, por ejemplo, lo que hoy día se conoce como "economía colaborativa"[486]. Estos cambios pueden

---

[486] Sobre esta cuestión, *vid*, PEINADO GRACIA, J.I., "Economía colaborativa, economía informal y mercado", en PEINADO GRACIA, J.I. (coord.), *Cuadernos de Derecho para ingenieros. Economía colaborativa*, La Ley, Madrid, 2018, pp. 57-74; CANEDO ARRILLAGA, M.P., "Fallos de mercado y fallos de la administración en la economía colaborativa", en PEINADO GRACIA, J.I. (coord.), *Cuadernos de Derecho para ingenieros. Economía colaborativa*, La Ley, Madrid, 2018, pp. 75-94; GONZÁLEZ FERNÁNDEZ, M.B., "Economía colaborativa, competencia y viviendas turísticas: buscando el equilibrio", en GONZÁLEZ CABRERA, I. / DEL PINO RODRÍGUEZ, M. (dirs.), *Las viviendas vacacionales: entre la economía colaborativa y la actividad mercantil*, Dykinson, Madrid, 2019, pp. 193-206; BENAVIDES VELASCO, P., "Estrategias regulatorias para abordar los problemas de explotación de las viviendas turísticas ofertadas a través de plataformas colaborativas", en GONZÁLEZ CABRERA, I. / DEL PINO RODRÍGUEZ, M. (dirs.), *Las viviendas vacacionales: entre la economía*

promover una mayor oferta de productos y servicios, una mayor calidad, o una mayor innovación o personalización de los que se derivan mayores beneficios tanto para los consumidores como para las empresas.

Las empresas de los diferentes sectores están invirtiendo cada vez más recursos en el desarrollo de herramientas informáticas basadas en algoritmos, *big data* e inteligencia artificial, a través de los cuales puedan captar todo tipo de datos de sus usuarios. Esta información, procesada y analizada con posterioridad a través de sistemas informáticos, podrá servir de base para adoptar decisiones en la definición de las estrategias comerciales de las empresas. Dentro de estas herramientas, como hemos analizado[487], las empresas están haciendo uso de los algoritmos de aprendizaje y del *big data* que funcionan sobre la base de la acumulación de información y reglas sobre su procesado y que, a la postre, les permitirá conseguir una ventaja competitiva frente al resto de competidores. Con el procesamiento informatizado de la información, se consigue realizar análisis predictivos de la demanda estimada -y de los factores que influyen en sus variaciones-, de las preferencias del consumidor o de las diferentes variaciones de precios, permitiendo acumular una mayor cantidad de información que posibilitará ofrecer bienes y servicios más innovadores y atractivos para los consumidores[488].

---

colaborativa y la actividad mercantil, Dykinson, Madrid, 2019, pp. 117-144; VÁZQUEZ RUANO, T., "Economía colaborativa" y el transporte de personas", *CIRIEC–España. Revista jurídica de economía social y cooperativa,* N°31, 2017, pp. 325-355.

487 *Vid. Supra.* Capítulo I.

488 *Vid.* GAL, M., "Algorithmic Challenges to Autonomous Choice", *Michigan Telecommunications and Technology Law Review,* vol. 25, n°1, 2018, pp. 60-104.

Un uso adecuado de estos sistemas podría llevar a un aumento de la competencia que redunde en mejoras del bienestar de los consumidores, produciéndose, con ello, efectos positivos tanto en el lado de la oferta como en el de la demanda. Sin embargo, no siempre el uso de estos medios implica la mejora de productos o el aumento de la competencia, sino que, antes al contrario, las grandes plataformas que dominan los flujos de datos pueden hacer uso de su posición de poder para restringir la innovación y producir un cierre de mercado a sus competidores en su exclusivo beneficio[489].

Sobre la base de la información obtenida de este modo, las empresas están consiguiendo reducir sus estructuras de costes, a raíz de una mejor asignación de los recursos y un aumento de la calidad. En síntesis, al aumentar la información obtenida disminuyen los costes de transacción y aumenta la eficiencia del proceso productivo. Los menores costes, la mejora de la productividad o de los productos, podría trasladarse a la comercialización beneficiando al resto de agentes.

Así, un buen uso de estas nuevas formas de procesar la información se podría proyectar en mejores precios para los consumidores o en mejores productos y servicios. En el caso de los algoritmos de precios, estos permiten tomar decisiones sobre

---

489 Sobre estas ideas resulta altamente sugestivo el ensayo de EZRACHI, A. / STUCKE, M.E., *How Bich-Tech Barons Smash Innovation and How to Stricke Back*, Harper Business, Nueva York, 2022. En él, los autores ponen de manifiesto que los grandes gigantes tecnológicos (los GAFAM) no siempre utilizan su potencial tecnológico para el desarrollo de nuevos productos y una mayor innovación. Antes al contrario, se avalen de su poder de mercado para cerrar la puerta a innovaciones desarrolladas dentro de sus ecosistemas o ámbitos de control a través de distintos tipos de prácticas -sancionables o no desde la perspectiva *antitrust*- entre las que se pueden mencionar conductas como las *killer acquisitions*, el cierre de acceso a su ecosistema (que pudiera considerarse una facilidad esencial), etc.

la base de diferentes factores como son el stock disponible o la demanda anticipada. Como resultado, los precios pueden ser más dinámicos, diferenciados, e incluso, personalizados[490].

Aunque el procesamiento informatizado de la información a través de algoritmos para la determinación de los precios sea una práctica reciente, el empleo de sistemas de precios variables -teniendo en cuenta para la variación mayor o menor cantidad de información- ha existido siempre en la práctica empresarial, con el objetivo de maximizar los beneficios[491]. Ahora, tan sólo se ha desarrollado el proceso decisional de determinación del precio del producto, permitiendo el análisis informatizado de las variables que se venían teniendo en cuenta y otras muchas añadidas que no eran consideradas. Gracias a este procesamiento algorítmico se permite, además, la actualización constante de las respuestas y un mayor dinamismo a la hora de fijar los precios.

Este tipo de conductas puede dar lugar a la aparición de prácticas que produzcan el efecto de restringir la competencia, siendo necesario considerar su encaje en el marco

---

490 *Vid.* THE ECONOMIST, "Flexible Figures, A Growing Number of Companies are Using `Dynamic´ Pricing", 2016, disponible en https://www.economist.com/business/2016/01/28/flexible-figures; OECD, *Algortithms and Collusion. Competition Policy in the Digital Age*, 2017, p. 16; TOWNLEY, C. / MORRISON, E. / YEUNG, K., "Big Data and Personalised Price Discrimination in EU Competition Law", *King's College London Law School Research Paper*, nº38, 2017; SANJUÁN Y MUÑOZ, E. "Artificial Intelligence (AI) and Algorithms Collusion", en RUIZ PERIS, J.I. (dir.), *Competencia, compensación de daños y mercados digitales,* Tirant lo Blanch, Valencia, 2023, pp.101-136 (en concreto, véase pp. 126 y ss.).

491 Pensemos, por ejemplo, en las compañías aéreas, que de forma habitual adaptan el precio de sus billetes en función de los datos del producto, es decir, cuándo sale el vuelo, el porcentaje de ocupación del avión, etc.

normativo del Derecho *antitrust* actual. Es por ello que hay que analizar la normativa y la doctrina aplicable para ver si las normas existentes en la actualidad son adecuadas para afrontar esta problemática[492] derivada del uso de algoritmos informáticos, su gestión por inteligencia artificial y el control de enormes cantidades de *big data* por parte de los gigantes tecnológicos. De modo paralelo se ha de considerar la vía de la regulación, analizando en qué casos resulta conveniente modular el comportamiento económico de las empresas -imponiendo obligaciones o prohibiciones de actuación- cuando empleen estos instrumentos tecnológicos.

En concreto, la nueva realidad está propiciando un entorno en el que pueden desarrollarse nuevas conductas restrictivas de la competencia, como pudieran ser los precios personalizados o la diferenciación de calidades en función del perfil de cada consumidor. A través de estos precios personalizados se estaría produciendo una discriminación de distintas categorías de consumidores a los que se les aplicarían diferentes ofertas por los mismos bienes o servicios en función de sus preferencias o su disponibilidad a pagar por ellos. Esta discriminación es llevada a cabo a través del empleo de algoritmos que permiten identificar información relevante del consumidor y que inciden sobre sus preferencias, necesidad y disposición a pagar por el producto[493].

---

[492] Entre otros, OECD, *Algortithms and Collusion, op. cit.*, p.36; ROBLES MARTÍN-LABORDA, A., "Cuando el cartelista es un robot…", *op. cit.*, p.6; EZRACHI, A. / STUCKE, M.E., "Artificial Intelligence & Collusion…", *op. cit.*, pp. 1775-1810.

[493] Un ejemplo de ello es Uber u otras plataformas de VTC. Entre los elementos que se tienen en cuenta a la hora de determinar el precio del servicio estarían: la zona de recogida y destino, el horario, la demanda estimada en dicha hora, la marca del dispositivo móvil desde el que se hace la reserva, el nivel de batería del teléfono móvil, etc.

4.2. Precios personalizados: concepto y aplicación

Cuando hablamos de precios personalizados nos referimos a la práctica llevada a cabo por las empresas, mediante la cual estas utilizan la información observada, recopilada u ofrecida de manera voluntaria por los consumidores sobre su conducta o sus características, con el objetivo de fijar diferentes precios en función del perfil de cada consumidor -bien de forma individual o grupal- basándose, principalmente, en la estimación de lo que estos están dispuestos a pagar en cada momento por un determinado bien o servicio[494]. En ocasiones, el uso de precios personalizados puede resultar beneficioso tanto desde el punto de vista de la oferta como desde el punto de vista de la demanda[495], sin embargo, en muchas otras, puede ocasionar daños al consumidor[496].

Los efectos positivos de estas conductas se producirán cuando el saldo neto de su empleo redunde en una mejora de las utilidades obtenidas en el lado de la oferta y/o de la demanda. Así, desde la perspectiva del consumidor, el uso de precios personalizados puede resultarle beneficioso si se emplea para promover ofertas personalizadas que acaben por motivar las decisiones de compra. Desde la perspectiva del oferente, los precios personalizados serán beneficiosos si permiten mejorar la eficiencia de la actividad empresarial y

---

494 COMPETITION MARKETS AUTHORITY (CMA), "Pricing algorithms: Economic working paper on the use of algorithms to facilitate collusion and personalised pricing", *Crown, Retrieved July*, 2018, vol. 25, 2019, p. 36.

495 GRAEF, I., "Algorithms and fairness: what role for competition law in targeting price discrimination towards end consumers?", *The Columbia Journal of European Law*, vol. 24, nº3, 2018, pp. 541-559, véase pp. 544-555.

496 *Vid.* COMPETITION MARKETS AUTHORITY (CMA), "Pricing algorithms...", *op. cit.*, p. 36.

maximizar los beneficios. Por último, desde una perspectiva global, estas prácticas pueden producir efectos beneficiosos para la sociedad en su conjunto, tales como promover la compra de productos perecederos que se encuentren en un momento temporal próximo a su caducidad, fomentando la adopción de decisiones de compra en tales momentos; o fomentando la mayor ocupación de determinados servicios que se enfrentan a importantes costes hundidos, como pudiera ser la reducción de precios de los servicios de transporte aéreo cuando el transporte se encuentra muy próximo a su realización y se corre el riesgo de dejar billetes sin vender.

A través del uso de los precios personalizados se podría estar produciendo una discriminación de los consumidores al aplicar diferentes ofertas en función de diversas variables como son sus preferencias o la disponibilidad a pagar de cada uno de ellos[497]. Para ello, es necesaria la utilización de algoritmos que nos ayuden a identificar las necesidades del consumidor, así como cuánto estarían dispuestos a pagar en cada caso (por ejemplo, saber identificar cuándo se está buscando un billete de avión para un viaje de ocio, familiar o de trabajo y, en función de ello, ofrecer unos u otros precios). Nos referimos, por ejemplo, al uso de algoritmos encargados de comparar precios en línea para poder determinar el precio óptimo en cada situación[498], aumentando los precios cuando los consumidores se adelantan a la búsqueda o compra de un bien o servicio y disminuyéndolo cuando este no le interesa.

---

497 *Vid.* CHAPDELAINE, P., "Algorithmic personalized pricing", *Journal of Law & Business*, vol. 17, 2020, pp. 1-47, véase pp. 14-15; GAL, M. / RUBINFELD, D.L., "Algorithms, AI and Mergers", *op. cit.*, pp. 26 y ss.

498 AUTORIDADE DA CONCORRÊNCIA, "The AdC warns that using algorithms to coordinate market prices is incompatible with the Portuguese Competition Law", *Issues Paper on Digital Ecosystems, Big Data and Algorithms*, Julio, 2019.

En primer lugar, es importante recordar que aún no se ha formulado una definición única y consensuada sobre qué ha de entenderse por algoritmo a estos efectos[499]. En este sentido, recordemos que la definición propuesta más formal[500] es aquella que considera que un algoritmo es un listado de operaciones simples aplicadas de manera mecánica y sistemática a un conjunto de datos[501]. Es decir, se trata de un conjunto de operaciones que siguen una serie de instrucciones para resolver un problema[502]. Sin embargo, a pesar de encontrarnos ante una definición que parece resultar comprensible, no es fácil entender cómo trabajan los algoritmos, decidiendo qué quieren mostrarnos y qué no y provocando, de este modo, que nuestras decisiones se basen en las suyas[503]. Esta incertidumbre sobre su funcionamiento se hace aún mayor en los casos en que se emplean algoritmos de autoaprendizaje, en tanto que estos van reconfigurando su programación, aprendiendo de la experiencia de su uso y, en consecuencia, mutando sus secuencias y su propio contenido.

Entre los distintos tipos de algoritmos que pueden emplearse (*monitoring algorithms, parallel algorithms, signalling algorithms* y, por último, *self-learning algorithms)*, son estos últimos los que en potencia puede producir más problemas dado que su empleo requiere cada vez de menor intervención humana[504].

---

499 *Vid.* OECD, *Algortithms and Collusion…, op. cit.,* p. 8. *Vid supra.* Capítulo I, apartado segundo.

500 *Vid.* WILSON, R.A. / KEIL, F.C., *The MIT Encyclopedia of the Cognitive Sciences, op. cit.,* p.11.

501 *Vid supra.* Capítulo I, apartado Segundo.

502 *Vid.* HICKMAN, L., "How algorithms rule the world", *op. cit.*

503 Bundeskartellamt 18th Conference on Competition, Berlin, marzo, 2017.

504 *Vid supra.* Capítulo I, apartado segundo.

También desde el lado de la demanda los consumidores pueden beneficiarse de los procesos decisionales articulados a partir del uso de algoritmos y el procesamiento informático de datos. Este fenómeno de consumidores algorítmicos o «algorithmic consumers»[505], se refiere al cambio en el proceso de toma de decisiones por parte del consumidor. En tal sentido, los algoritmos serían utilizados para comparar precios y calidades de los productos y servicios ofertados, predecir las tendencias del mercado y adoptar mejores decisiones con mayor rapidez[506]. Este análisis de la oferta no se realiza, normalmente, por los consumidores de manera directa y aislada, sino que tiene lugar de forma mediata a través de la participación de otros empresarios que actúan como intermediarios ofreciendo servicios de la sociedad de la información. Entre ellos, destacan las plataformas de comparación de precios. Así, existen numerosas páginas web y aplicaciones móviles dedicadas a ello como son, por ejemplo, *Google Shopping*, *Trivago*, *Booking*, *TripAdvisor* o *Skyscanner*, entre otras. A través de ellas, el consumidor puede confrontar las características de los diferentes servicios ofertados por las empresas, comparar sus precios e incluso acceder a las opiniones y valoraciones de las experiencias de otros usuarios[507]. Además, algunas de estas aplicaciones, utilizando inteligencia artificial, permiten predecir la evolución futura de los precios, llegando a recomendar a los usuarios cuándo es el momento idóneo para la adquisición de los bienes o servicios en mercados en los que los precios de los productos son muy fluctuantes, como ocurre en el transporte aéreo[508].

---

505 *Vid.* GAL, M. S./ ELKIN-KOREN, N., *op. cit.*, p. 5.

506 OECD, *Algortithms and Collusion…*, *op. cit.*, p. 17.

507 *Vid.* GAL, M., "Algorithmic Challenges to Autonomous Choice", *op. cit.*, pp. 65 y ss.

508 En ciertos casos, el empleo de estas plataformas de comparación de precios gana una importancia vital para que los pequeños oferentes puedan llegar a los consumidores finales. Estas situaciones, en espe-

Si consideramos la relación entre oferentes y consumidores, la mayor transparencia y agilidad en la definición de estrategias comerciales que se consigue con el procesamiento informatizado de datos puede propiciar el desarrollo de nuevas conductas contrarias a la competencia, como pudieran ser los precios personalizados o la diferenciación de calidades en función del perfil de cada consumidor.

Antes del desarrollo de la captación masiva de datos y su procesamiento a través de algoritmos no había sido tan sencillo identificar las necesidades de cada cliente o consumidor y, en concreto, el precio que estaban dispuestos a pagar en cada caso concreto. La personalización de las ofertas y de precios no era una práctica habitual de las empresas ya que estas no disponían de información válida y suficiente para determinar las preferencias y limitaciones presupuestarias de sus clientes, de modo que dispusiese de una base sólida y adecuada sobre la que trazar sus estrategias de personalización de la oferta y conseguir con ello la maximización de sus beneficios.

Desde las primeras aplicaciones de sistemas informáticos a la práctica empresarial, una parte relevante de uso se ha dirigido a la recopilación de datos de ventas, para organizar diferentes

cial cuando el mercado de la intermediación está concentrado en las manos de pocos oferentes, dan lugar a importantes situaciones de posición de dominio y pueden propiciar el escenario en el que se lleven a cabo prácticas anticompetitivas y desleales, tanto frente a los consumidores como frente a los empresarios. Es el caso, a modo de ejemplo, de los procedimientos de defensa de la competencia abiertos frente a la dominante Booking.com por el uso de cláusulas de prioridad o de nación más favorecida en sus contratos con los prestadores de servicios hoteleros. Sobre este punto, *vid.* OLMEDO PERALTA, E., "Comercialización de servicios hoteleros a través de plataformas digitales de reserva de habitaciones: el controvertido uso de las cláusulas de nación más favorecida (most favoured nation)", *Revista General de Derecho del Turismo*, nº4, 2021.

listas de clientes, identificar los segmentos de mercado y calcular los precios que serían utilizados en tienda. Durante años, numerosas empresas –entre las que destacan las dedicadas a sectores como el transporte aéreo de pasajeros, los servicios turísticos o las grandes cadenas de supermercados– han desarrollado, gracias a estos nuevos sistemas, novedosos programas de fidelización para recopilar datos de sus consumidores con el objetivo de diseñar y ofrecer productos mejor adaptados a las necesidades de cada una de las diferentes categorías de compradores[509]. Hoy día, se puede saber de forma más actualizada y rápida los cambios de percepción y gustos de los consumidores. Se puede obtener información agregando datos de distintas fuentes y usos sobre cuáles son las preferencias de cada usuario para adaptar las ofertas en función de las decisiones de compra de sus clientes.

Las empresas que operan en el comercio electrónico han diversificado los medios que utilizan para captar una mayor cantidad y diversidad de datos de sus clientes. Para ello, se emplean diversas fuentes de obtención de datos de la más variada índole, ya sean a través del análisis del comportamiento del usuario en Internet, a través del uso que hacen de sus smartphones, dispositivos conectados al Internet de las Cosas[510] (tales como altavoces inteligentes, relojes de monitorización de actividad, etc.) y el empleo de plataformas digitales. Estos medios permiten recopilar información personal, como la dirección de correo electrónico utilizada para crear una cuenta las diversas aplicaciones disponibles; su ubicación geográfica, gracias a la

---

509 *Vid.* MAGGIOLINO, M., "Personalized prices in European competition law", *Bocconi Legal Studies Research Paper,* 2017, pp. 1-24, en concreto, véase, p. 7.

510 *Vid.* OLMEDO PERALTA, E. / GONZÁLEZ VÁZQUEZ, J., "Internet de las cosas: retos para la comunicación y la competencia", en PANIAGUA ZURERA, M. (dir.), *El sistema jurídico ante la digitalización: estudios de Derecho privado,* Tirant lo Blanch, Valencia, 2021, pp. 333-360.

dirección IP asignada a cada dispositivo conectado a Internet; el contenido de sus búsquedas y el historial de aquellos sitios web que han visitado; sus opiniones, tal y como lo publicaron en una red social o un blog; sus gustos, debido a la música y vídeos que han retransmitido o se han descargado en aplicaciones como Spotify; sus "me gusta" en Facebook; el tiempo que dedican a leer o visualizar cada publicación; el número de clics que hacen en una determinada web; así como un sinfín de datos que nos proporcionan todas estas nuevas aplicaciones[511].

A través de los datos resulta mucho más sencillo comprender la realidad de los usuarios a los que dirigen sus ofertas las empresas, pudiendo crear un perfil personalizado y en constante actualización que ponga de manifiesto sus preferencias, sus gustos, ubicación, necesidades e, incluso, sus ingresos. Esto permite a las empresas aproximarse cada vez con mayor precisión a la forma en que los potenciales compradores reciben el valor de su producto y cuál es, en cada caso, su disposición a pagar. Además, el análisis de estos macrodatos permitirá a las empresas mejorar la segmentación de sus clientes, contando para ello con un mayor número de variables, llegando a crear grupos cada vez más pequeños con características comunes y homogéneas con el objetivo de elaborar predicciones cada vez más precisas y personalizadas sobre los precios que estarían dispuestos a pagar por un bien o servicio[512].

Sin embargo, a diferencia de otras formas de ofertas personalizadas que pueden generar una ventaja tanto para los consumidores –que obtienen bienes y servicios personalizados en función de sus preferencias– como para las empresas –que mejoran la eficiencia y eficacia de sus procesos–, la fijación de precios personalizados suele suponer un sacrificio adicional para el comprador que con normalidad ve debilitada su posición en

---

[511] *Vid.* MAGGIOLINO, M., "Personalized prices in...", *op. cit.*, p. 8.

[512] *Vid.* MAGGIOLINO, M., "Personalized prices in...", *op. cit.*, p. 10.

la contratación. Esto es así debido a que estos son conscientes de que no se trata de una práctica igualitaria, sino que se encuentran ante precios más altos para unos y precios más bajos para otros, lo que aumenta el escepticismo y el rechazo hacia las empresas que llevan a cabo este tipo de prácticas[513].

Desde una perspectiva agregada, el balance global neto del empleo de estas prácticas pudiera resultar neutro, de modo que, en acumulación de las distintas ofertas personalizadas al conjunto de los consumidores resulte un precio medio similar al que se habría aplicado de no practicarse la personalización. Esta situación, a pesar de que produce un resultado de ganadores (los que obtienen precios inferiores a los precios medios) y perdedores (los que han de pagar un precio mayor), no produce en términos agregados un empeoramiento del nivel general de bienestar de los consumidores, en tanto que no repercuten en un incremento del precio medio del producto. Sin embargo, aun cuando no arrojen un resultado de disminución del bienestar general de los consumidores (un peor trade-off), se desprende una percepción negativa del uso de estas prácticas, en tanto que suponen diferenciar entre los consumidores.

Un estudio realizado en el año 2016 ha llevado a cabo un experimento para comprobar cuál es la reacción de los consumidores ante la aplicación de precios personalizados, si deciden o no realizar la compra al conocer que pagarán un precio mayor al de otros consumidores[514]. Tras analizar los supuestos y las actitudes manifestadas por los compradores, el estudio concluye que la participación de los consumidores en la formación de precios puede ayudar a mejorar las percepciones de equidad y probabilidad de compra. Es decir, los consumidores serán

---

513 *Vid.* MAGGIOLINO, M., "Personalized prices in…", *op. cit.*, p. 12.

514 *Vid.* RICHARDS, T. J. / LIAUKONYTE, J. / STRELETSKAYA, N.A., "Personalized pricing and price fairness", *International Journal of Industrial Organization*, vol. 44, 2016, pp. 138-153.

más propensos a aceptar formas de discriminación de precios si han estado involucrados, en cierta medida, en el mecanismo de fijación de precios[515]. Por lo tanto, en términos generales, estos no rechazan la discriminación de precios como tal, sino el "secreto" de la aplicación de precios personalizados.

Debido a las distintas percepciones que muestran los consumidores ante la aplicación de estas políticas de comercialización, y a pesar de que la fijación de precios personalizados sea factible, en ocasiones, las empresas prefieren no llevar a cabo estas estrategias para evitar dañar la reputación de su marca y, en consecuencia, perder la confianza de sus clientes[516].

La empresa que ocupa una posición dominante en el mercado ostenta una responsabilidad especial que se manifiesta en un deber cautelar de no perjudicar con su conducta a la competencia efectiva y no falseada en el mercado interior [517]. Por ello, el art. 102 TFUE prohíbe que la misma lleve a cabo prácticas que puedan provocar efectos de exclusión de los competidores en el mercado, reforzando tal posición de dominio mediante medios distintos de los propios de una competencia basada en los méritos. Por lo tanto, desde esta perspectiva, no

---

515 A modo de ejemplo, cuando los precios personalizados reflejen alguna forma de fidelización o de contacto más estrecho del consumidor con la empresa que aplica un precio inferior.

516 *Vid.* LEIBBRANDT, A., "Behavioral constraints on pricing: Experimental evidence on price discrimination and customer antagonism", *CESifo Working Paper*, nº 6214, 2019.

517 STJUE (Gran Sala), de 6 septiembre 2017, asunto C-413/14 P, *Intel Corporation Inc. c. Comisión Europea* (TOL9.742.775), apartado 135. Sobre este, *vid.* ZURIMENDI ISLA, A., "La sentencia del caso Intel o cómo el Derecho de la competencia no responde a la realidad actual", *Cuadernos de Derecho Transnacional*, octubre 2022, vol. 14, nº 2, pp. 900-914.

toda competencia de precios puede considerarse legítima[518]. Además, como ha señalado el TJUE en numerosas ocasiones, ha de recordarse también que el artículo 102 hace referencia a los comportamientos de una empresa en posición de dominio que, en perjuicio de los consumidores, «tienen por efecto impedir, por medios distintos de los que rigen una competencia normal sobre la base de las prestaciones de los agentes económicos, el mantenimiento del grado de competencia que existe en el mercado o el desarrollo de ésta»[519].

A la hora de analizar los precios personalizados y su posible efecto restrictivo sobre la competencia, las autoridades de competencia no sólo han de analizar la importancia de ocupar una posición dominante en el mercado de referencia por parte de la empresa en cuestión y el porcentaje del mercado afectado por la práctica realizada, así como las condiciones y modalidades de los descuentos aplicados, su duración o importe, sino que también debe apreciar la posible existencia de una estrategia destinada a eliminar del mercado a competidores al menos igual de eficaces que la misma[520].

Gracias a la disponibilidad de una gran cantidad de datos y a la utilización de algoritmos por parte de las empresas, estas pueden analizar e identificar de un modo más eficiente las preferencias de los consumidores, saber qué les gusta y que no, o conocer cuánto están dispuestos a pagar por un determinado

---

518 STJUE (Gran Sala), de 6 septiembre 2017, asunto C-413/14 P, *Intel Corporation Inc. c. Comisión Europea,* apartado 136.

519 STJUE, de 27 de marzo de 2012, asunto C-209/10, *Post Danmark A/S c. Konkurrencerådet* (TOL9.916.569). Véanse también, en este sentido, las STJCE (Sala Quinta,) de 3 de Julio de 1991, asunto C-62/86, *AKZO Chemie BV c. Comisión* (TOL4.624.175), apartado 69; (Sala Segunda), de 14 de octubre de 2010, asunto c-280/08 P, *Deutsche Telekom AG c. Comisión* (TOL9.918.653).

520 STJUE (Gran Sala), de 6 septiembre 2017, asunto C-413/14 P, *Intel Corporation Inc. c. Comisión Europea,* apartado 139.

bien o servicio, por ejemplo. De este modo, dichas empresas pueden personalizar los precios de los bienes y servicios ofertados para hacerlos más atractivos en función del perfil de cada uno de sus usuarios. Las estrategias de precios y su personalización suelen ser, también, dinámicas, implicando cambios en los precios de los productos no sólo en consideración del análisis de las preferencias de los consumidores y su disposición a pagar, sino también del momento temporal en que se encuentren (mayor disposición a comprar de día o de noche, época del año, etc.) o la previsión de la necesidad del producto. Así, si la información procesada por los algoritmos refleja una caída del interés del potencial consumidor sobre un determinado producto, intentará hacer una oferta más atractiva del mismo, de modo que sirva para culminar su decisión de compra.

Los algoritmos que se emplean para la personalización de precios utilizan, entre otros métodos, un árbol de decisión predeterminado en el que se asignan pesos a los distintos criterios de decisión para, así, sugerir la opción óptima dado un conjunto particular de datos y circunstancias en cada consumidor. Estos árboles decisionales permiten ponderar el peso específico de los datos, en función de su mayor o menor importancia para la determinación del precio final. Además, confrontan los resultados obtenidos con el histórico de opciones de compra de ese u otros consumidores análogos en diversas situaciones, de modo que se pueda verificar con carácter previo la conveniencia o no de la decisión adoptada.

Estos parámetros de decisión y sus respectivas ponderaciones se diseñan para optimizar las decisiones de las empresas en atención al perfil creado de cada usuario. En el desarrollo de este proceso, los algoritmos más avanzados actúan mediante dinámicas de aprendizaje automático, es decir, será el propio algoritmo el que aprenda de sus propios análisis de datos anteriores (y de los resultados de las decisiones adoptadas) para redefinir sus nuevos parámetros de decisión, liberando al algoritmo de las preferencias predefinidas que se hayan demostrado menos eficientes. Por ejemplo, según las acciones pasadas del consumidor (o de consumidores con un perfil equiparable), un algoritmo puede concluir que a este le gusta comprar productos similares a los que compraron sus amigos cercanos y cambiar, así, los parámetros de decisión utilizados[521].

Con el uso de algoritmos de aprendizaje automático (*self-learning algorithms*) y gracias la gran cantidad de datos de los que pueden disponer hoy día las empresas, el uso de precios personalizados que se adaptan a las características y comportamiento de cada consumidor es cada vez más frecuente. Al mismo tiempo, el uso de esta forma de determinación de precios se ve espoleado y retroalimentado con otras prácticas de las empresas digitales, como pueden ser la discriminación en los resultados de búsqueda (preferenciando o postergando ciertos resultados) o la aplicación de descuentos personalizados. A través del uso de estos precios personalizados se podría estar produciendo una discriminación de los consumidores al aplicar diferentes ofertas en función de diversas variables como son sus preferencias o la disponibilidad a pagar de cada uno de ellos.

Si bien el encuadre de estas prácticas de personalización de precios en el marco tradicional de aplicación de la prohibición de prácticas abusivas puede resultar problemático[522], así configurada, la personalización de precios mediante el uso de algoritmos podría constituir una práctica discriminatoria que pudiera entrar en conflicto con la prohibición de las conductas de abuso de posición de dominio del artículo 102 TFUE o 2 LDC.

---

521 *Vid.* GAL, M. S. / ELKIN-KOREN, N., *op. cit.*, pp. 5-9.

522 *Vid.* DE STREEL, A., / JACQUES, F., "Personalised pricing and EU law", 2019. Disponible en https://www.econstor.eu/bitstream/10419/205221/1/de-Streel-Jacques.pdf.

4.3. Grados y categorías de discriminación

Se pueden diferenciar tres escenarios o grados de discriminación por lo que respecta a las conductas de discriminación de precios[523]. El primero escenario hace referencia a la llamada discriminación de tercer grado. Su aplicación se basa en una estimación del poder adquisitivo y, en consecuencia, de su predisposición a la adquisición de un determinado producto o servicio, teniendo en cuenta para ello parámetros socioeconómicos tales como su edad, ocupación y origen geográfico. Esta primera clasificación permite realizar una segmentación socio-económica de los usuarios en distintas categorías, aplicando un precio (u horquilla de precios) diferente a cada una de ellas[524]. A modo de ejemplo se pueden considerar los descuentos que se realizan a las familias numerosas en relación con las tasas universitarias, o a los estudiantes al adquirir una entrada para un evento deportivo. En este sentido, las empresas asumen que estos disponen de una menor capacidad de gasto, lo que justifica que se les aplique dicho descuento para que tengan la posibilidad de acceder al bien o servicio en concreto[525]. Al basarse en una diferenciación fundada en criterios

---

523 *Vid.* MAGGIOLINO, M., "Personalized prices in…", *op. cit.*, p. 5; SEARS, A.M., "The limits of online price discrimination in Europe", *The Columbia Science & Technology Law Review*, vol. 21, 2019, pp. 1-52, véase pp. 4-7.

524 *Vid.* MAGGIOLINO, M., "Personalized prices in…", *op. cit.*, p. 5.

525 La lógica económica de esta práctica es evidente. Aunque las empresas obtengan un menor beneficio individual de cada una de estas ventas, al aplicarle el descuento considerado, consiguen ampliar la base de consumidores que en última instancia adquiere el producto o servicio. Así, aunque comparadas con las ventas ordinarias, estas ventas permiten obtener un menor beneficio per cápita, a nivel agregado permiten ampliar la población de clientes y, con ello, el beneficio total obtenido por la empresa.

objetivos, este tipo de discriminación de precios se encuentra aceptado en la actualidad[526].

El segundo escenario está representado por la llamada discriminación de segundo grado o *menú pricing*[527]. En este escenario, las empresas ofrecen los mismos productos o servicios a diferentes precios en función de criterios cuantitativos e independientes de las circunstancias personales del consumidor, tales como la cantidad de compra realizada o el momento en el cual se formaliza la misma. Por ejemplo, la aplicación de descuentos en un vuelo cuando faltan pocas horas para su salida o la aplicación de descuentos por comprar un determinado número de productos en un mismo pedido[528].

Por último, la llamada discriminación de primer grado implica una forma de diferenciación de precios que presenta un mayor grado de discrecionalidad[529]. En estos casos, por un mismo producto los consumidores pagarán un precio diferente como resultado de las negociaciones que se realice con el propio vendedor[530]. Esta información le permite al vendedor maximizar sus beneficios, pues podrá aplicar a cada cliente en cada venta un precio diferente por un mismo producto[531]. El cada vez mayor uso de internet, el *big data* y la inteligencia artificial han permitido a las empresas identificar y conocer mejor los gustos y las preferencias de los consumidores, así como

---

526 *Vid.* ANTÓN JUAREZ, I., "Marketplaces que personalizan precios a través del big data y de los algoritmos…", *op. cit.*, p. 56.

527 *Vid.* MAGGIOLINO, M., "Personalized prices in…", *op. cit.*, p. 6.

528 *Vid.* ANTÓN JUAREZ, I., "Marketplaces que personalizan precios a través del big data y de los algoritmos…", *op. cit.*, p. 57.

529 *Vid.* KHAN, L.M., "Sources of tech platform power", *op. cit.*, p. 329.

530 *Vid.* MAGGIOLINO, M., "Personalized prices in…", *op. cit.*, p. 6. Esto es lo que se conoce de manera común como "regateo".

531 Vid. ANTÓN JUAREZ, I., "Marketplaces que personalizan precios a través del big data y de los algoritmos…", *op. cit.*, p. 57.

el precio que estarían dispuestos a pagar por un determinado bien o servicio.

La discriminación del consumidor basada en el precio no es algo nuevo, tratándose de una práctica que las empresas llevan realizando desde hace décadas en el comercio tradicional. No se trata, por tanto, de una práctica novedosa y exclusiva del comercio online. Sin embargo, la aplicación de la inteligencia artificial y del *big data* ha favorecido la aparición de nuevas formas de discriminación en precios llevadas a cabo en los mercados digitales. Las compañías de vuelo son las empresas que mayor tiempo –hablamos incluso de décadas– llevan haciendo uso de este análisis de datos para predecir su demanda y vender un mayor número de billetes de avión. En la actualidad, otras empresas como Amazon[532] o Uber[533] han incorporado en los últimos años este tipo de prácticas a su modo de operar.

A la hora de enjuiciar estas prácticas debemos trazar una distinción entre lo que serían en puridad precios discriminatorios y aquellas conductas que tan sólo implican el uso de precios dinámicos. La línea que separa ambos tipos de precios es muy fina, llegándose a combinar ambas estrategias al mismo

---

532 En el caso de Amazon, hay estudios que afirman que incluso se ha variado el precio de algunos de sus productos en más de un 250% a lo largo de un mismo año. En este sentido, véase CABALLERO, L., "La polémica de los precios personalizados: dime quién eres y te diré cuánto pagas", diario *El confidencial* de 13 de mayo de 2018, https://www.elconfidencial.com/tecnologia/2018-05-13/precios-personalizados websviajes_1562301/.

533 Uber, por su parte, varía el precio de su servicio en función de diferentes factores como son la meteorología, el destino del cliente o el día de la semana en el que se va a realizar el viaje. También tiene en cuenta otros factores menos conectados con el servicio de transporte que ofrece, como pudieran ser la marca y modelo del dispositivo móvil desde el que se hace la reserva o la cantidad de batería restante en el dispositivo.

tiempo. En este sentido, hablaríamos de precios dinámicos cuando se aplican variaciones en función de los cambios producidos en la oferta y la demanda de un bien o servicio[534]. Ello ocurre, por ejemplo, en los supermercados, al bajar el precio de los productos cuya fecha de caducidad está próxima; o en la comercialización de billetes de pasaje aéreo cuyo importe suele aumentar a medida que se acerca la fecha del vuelo, experimentando -en ciertos casos- una reducción del precio del billete cuando la partida está próxima, a los efectos de evitar asientos desocupados.

En este sentido, es posible diferenciar dos tipos de discriminación de precios: la discriminación basada en el precio de reserva del cliente y la discriminación basada en el riesgo. En relación con la primera, la discriminación se basa en lo que el cliente está dispuesto a pagar por un determinado bien o servicio, en función de sus gustos, preferencias o necesidades. En cambio, la discriminación basada en el riesgo que presenta el cliente es aquella que tiene lugar cuando las empresas discriminan a determinados grupos de clientes en función del coste que les supone la prestación de dicho producto o servicio[535]. Este tipo de discriminación es muy habitual en la oferta de productos en el sector bancario o de seguros[536].

---

534 *Vid.* ERZACHI, A. / STUCKE, E. M., *Virtual Competition…*, *op cit*, p. 87.

535 *Vid.* ANTÓN JUAREZ, I., "Marketplaces que personalizan precios a través del big data y de los algoritmos…", *op. cit.*, p. 52.

536 Sobre esta cuestión, *vid.* MAYORGA TOLEDANO, M.C., "Limitaciones legales de la analítica predictiva…", *op.cit.*, pp. 313-327; GÓMEZ SANTOS, M., "Big data y discriminación de precios en el sector asegurador", *Revista de Derecho Mercantil*, nº. 314, 2019, BIB 2019\10777.

Entre las distintas categorías de discriminación en precios, podemos destacar las siguientes[537]:

Un primer tipo es la discriminación en la búsqueda o *steering*. Se trata de una práctica llevada a cabo por los buscadores de productos y que permite aplicar cambios en la lista de resultados del buscador dependiendo del consumidor. Esta práctica puede ser llevada a cabo tanto por buscadores generales (como es el caso de Google) como por parte de comparadores de precios o buscadores especializados (por ejemplo, Booking.com, Trivago, eDreams, etc.). De este modo, dos consumidores pueden introducir una misma palabra en el buscador, y, sin embargo, obtener cada uno de ellos un resultado diferente, siendo posible que aparezca una lista de productos con precios más elevados para el consumidor que el algoritmo detecte que estaría dispuesto a pagar más por el producto. Por el contrario, cuando el algoritmo detecte que los consumidores tienen un presupuesto menor, los primeros resultados que muestre el buscador serán aquellos que tengan un menor precio[538].

Esta discriminación se basará en diferentes parámetros como la edad, el código postal, el género del consumidor, el sistema operativo o el tipo de dispositivo desde el que se realiza la búsqueda, etc. En este sentido, se han observado diferencias

---

537 Seguimos la clasificación realizada por EZRACHI, A. / STUCKE, M., *Virtual competition…*, *op. cit.*, pp. 106-110 y ANTÓN JUAREZ, I., "Marketplaces que personalizan precios a través del big data y de los algoritmos…", *op. cit.*, pp. 54-56.

538 *Vid.* BOTTA, M. / WIEDEMANN, K., "To discriminate o not to discriminate? Personalised pricing in online markets as exploitative abuse of dominance", *European Journal of Law and Economics*, 2020, pp. 381-404. En concreto, véase p. 384. Este artículo analiza la aparición de nuevas formas de discriminación de precios basadas en los perfiles de los consumidores y su comportamiento en línea (es decir, precios personalizados) como un posible abuso de explotación por parte de las plataformas dominantes.

entre precios de un mismo producto en función de si el consumidor realizaba su búsqueda desde un sistema operativo iOS o Android, o si dicha búsqueda se realizaba desde un ordenador, una Tablet o un teléfono móvil. Este tipo de discriminación ha sido analizada en recientes estudios donde se puede observar, por ejemplo, cómo plataformas dedicadas a la reserva de servicios hoteleros ofrecían diferentes resultados y precios dependiendo de que la búsqueda fuera realizada con un dispositivo con sistema operativo Android o iOS[539].

Una segunda forma de discriminación de precios es la conocida como *dip pricing*, consistente en añadir cargos sucesivos al precio inicial ofertado. Se trata de otra práctica muy habitual en las plataformas de comercio electrónico cuyo objetivo es captar la atención del consumidor mediante la aplicación de un precio inicial muy bajo, que con posterioridad se verá incrementado con diferentes cargos extra, dando como resultado un precio final superior al ofertado en un inicio. Esta práctica

---

539 *Vid.* HANNAK, A. / MISLOVE, A. / SOELLER, G. / WILSON, C. LAZER, D., "Measuring price discrimination and steering on e-commerce web sites", *IMC*, 2014, pp. 11 y 12. En este artículo se realizan tres aportaciones para abordar el problema de la aplicación de precios personalizados (discriminación de precios). Primero, se desarrolla una metodología para medir con precisión cuándo se produce la discriminación y se lleva a cabo su implementación para una variedad de sitios web de comercio electrónico. En segundo lugar, se utilizan las cuentas y cookies de más de 300 usuarios del mundo real para detectar la discriminación y la dirección de precios en 16 sitios -muy conocidos- de comercio electrónico. En tercer lugar, se investiga el efecto de los comportamientos de los usuarios sobre la personalización. Para ello, se crean cuentas falsas para simular diferentes funciones de usuario, incluida la elección del navegador web / sistema operativo y poseer una cuenta e historial de productos comprados o vistos. Tras su realización, se encuentran numerosos casos de discriminación y dirección de precios en una variedad de webs de comercio electrónico muy importantes.

ha sido utilizada con frecuencia por parte de compañías aéreas que ofertan sus servicios a un precio inicial muy bajo y atractivo que se verá incrementado con posterioridad en aplicación de cargos extras como son la facturación de maletas, servicios de prioridad o elección de asiento, etc[540]. Pueden diferenciarse dos categorías de *dip pricing*: por un lado, aquellas prácticas que añaden costes adicionales y que son necesarios para la prestación del servicio y que el consumidor está obligado a pagar como, por ejemplo, tasas aeroportuarias, tasas de emisión de billete, etc. Y, por otro lado, aquellas prácticas que añaden cargos adicionales pero que no son imprescindibles para el consumidor, aunque mejoran el servicio. En este caso el consumidor podrá – o no – aceptarlas. Por ejemplo, la elección de asiento, el embarque con prioridad o la factura de maletas extra.

Una tercera forma de discriminación es la conocida como re-oferta, práctica que consiste en volver a ofertar el producto al consumidor, pero a otro precio, a un precio menor. Esta variación de precios se produce, por ejemplo, cuando el consumidor introduce un producto en su cesta de la compra, pero no culmina el proceso de compra. Esta conducta puede suponer para la empresa vendedora un riesgo de que el contrato de venta finalmente no se perfeccione, por lo que, el vendedor, al observar que la compra no se ha realizado, aplica una bajada del precio de dicho producto para "animar" al potencial cliente a finalizar el proceso de compra[541]. Esta práctica puede promover que aquellos consumidores más pacientes, que esperaron un poco más de tiempo para formalizar la compra, puedan adquirir el producto a un precio menor que aquellos

540 *Vid.* EZRACHI, A. / STUCKE, M., *Virtual competition…*, *op. cit.*, pp. 109-110.

541 *Vid.* BOTTA, M. / WIEDEMANN, K., "To discriminate o not to discriminate…", *op. cit.*, p. 384.

que lo añadieron a la cesta y de manera inmediata lo compraron –pagando un precio más elevado–. Debido a que una gran cantidad de productos que son incluidos en las cestas no se acaban comprando, las plataformas utilizan este tipo de técnicas de modificar a la baja los precios de dichos productos para fomentar su compra por parte del consumidor.

También suelen utilizarse con frecuencia los señuelos (*decoys*, en inglés) como forma de discriminación de precios. En este tipo de práctica lo importante es cómo la plataforma ordena sus productos en función del precio con el objetivo de influir en el proceso de compra de sus clientes e incrementar los beneficios de la compañía [542]. A partir de la información que la plataforma ha obtenido de manera previa de los consumidores, la plataforma incluye señuelos en la muestra de resultados que ofrece a los potenciales clientes, con el objetivo de que estos sirvan para atraer e influir en la decisión de compra. Con un diseño adecuado de los señuelos, la plataforma conseguirá influir el comportamiento de los clientes para que acaben comprando aquellos productos que mayor beneficio aporten a la plataforma[543]. Cuando Apple lanza varios productos al

---

542 ANTÓN JUAREZ, I., "Marketplaces que personalizan precios a través del big data y de los algoritmos…", *op. cit.*, p. 55.

543 Pensemos por ejemplo en Apple, si se lanzan al mercado distintos modelos de dispositivos con diferentes precios donde uno de ellos nos costaría 349 euros y otro, 1.600 euros. No todos los consumidores podrán permitirse comprar el segundo de ellos, pero, sin embargo, al comparar ambos precios, el consumidor acabará percibiendo el primero como una buena oportunidad de compra y, muy posiblemente, realizando la misma. Este ejemplo se ha extraído de EZRACHI, A. / STUCKE, M., *Virtual competition…, op. cit.*, p. 106. Otro ejemplo relacionado con este tipo de práctica sería la oferta de tres tipos diferentes de suscripción a una revista: a) suscripción únicamente a su versión online ($59), b) suscripción a su versión impresa ($125) y c) suscripción a ambas versiones, online e impresa ($125). Ante estas tres opciones, un mayor número de

mercado es consciente que no todos los consumidores podrán permitirse comprar el modelo más caro, pero utilizan esta limitación de capacidad adquisitiva para aumentar la venta de otros productos más económicos. También pueden utilizarse este tipo de prácticas incluyendo señuelos que generen una reacción negativa por parte del consumidor y que, en consecuencia, aumenten la predisposición de compra de otro producto (el que se pretende vender). Esto puede ocurrir, por ejemplo, en las páginas de comparación de servicios hoteleros cuando se ofrece una habitación de hotel más barata que la que se pretende vender, con una diferencia de precio poco significativa (o que, en cualquier caso, es lo suficientemente baja para que el consumidor pueda permitirse una u otra oferta), pero con prestaciones que difieren bastante en calidades o contenido del producto (por ejemplo, la habitación más cara incluye desayuno, está en un hotel con más estrellas o tiene algún tipo de servicio adicional). En este caso, aunque se hubiera decantado desde un inicio por la habitación más barata, el consumidor optará por la segunda (cuya venta se trata de potenciar) puesto que por la escasa diferencia de precio compensa al consumidor al obtener los servicios adicionales que trae aparejados.

Otra forma de discriminación de precios son las falsas ofertas especiales (*fake special offers*). En numerosas ocasiones, las plataformas –Amazon, por ejemplo– lanzan una serie de ofertas individualizadas y disponibles por un período de tiempo limitado a un determinado grupo de consumidores (ofertas *prime*, ofertas *flash*, etc.), que, sin embargo, son falsas pues el precio del producto "en oferta" no es menor al ofertado en condiciones ordinarias por la plataforma. En estos casos, es

---

suscriptores optaron por la tercera opción, no optando ninguno por la segunda de ellas. Sin embargo, al desaparecer la segunda opción, la mayoría de los suscriptores optaron por la primera, tan sólo la suscripción online.

muy probable que el consumidor caiga en la "trampa" y realice su compra, creyendo que se trata de una oferta que no volverá a repetirse[544].

En último lugar, las empresas pueden ofrecer cupones de descuento y códigos de descuento a clientes seleccionados, de modo que, además de discriminar en precios, reduce el precio que ofertan[545]. Esto puede llevar incluso a prácticas de precios predatorios[546], es decir, que, por ejemplo, el importe que paga Uber a un conductor por una carrera sea menor que el que paga el cliente. En estos casos, plataformas como Uber están dispuestas a asumir esas pérdidas con tal de consolidar su posición de dominio en el mercado y destruir a la competencia. Es un proceso largo, pero una vez que haya dominado el mercado y expulsado a los potenciales rivales, la condición de plataforma super-dominante retribuirá este esfuerzo de pérdidas[547].

---

544 *Vid.* BOTTA, M. / WIEDEMANN, K., "To discriminate o not to discriminate…", *op. cit.*, p. 385.

545 *Vid.* TOWNLEY, C. / MORRISON, E. / YEUNG, K., "Big Data and Personalised Price Discrimination in EU Competition Law", *op. cit.*, pp. 18 y ss.

546 Sobre precios predatorios, véase HERNÁNDEZ RODRÍGUEZ, F., *Precios predatorios y derecho antitrust: estudio comparado de los ordenamientos estadounidense, comunitario y español*, Marcial Pons, Madrid, 1997; SANJUÁN Y MUÑOZ, E., "Competition Based on Merit and Predatory Practices in Dominant Positions (on the Analysis of Costs of the Dominant Undertaking and Predatory Practices)", *Concurrences series*, WP (6), 2020, pp. 1-8.

547 *Vid.* KHAN, L.M., "Amazon's *Antitrust* Paradox", *The Yale Law Journal*, vol. 126, nº3, 2017, pp. 710-805. En concreto, véase pp. 746-755.

4.4. Análisis **antitrust** *de la conducta: ¿infracción de los artículos 102 TFUE y 2 LDC?*

Tras analizar las diferentes políticas de discriminación de precios que pueden llevarse a cabo, hemos de continuar con el análisis *antitrust* de estas prácticas de precios personalizados para determinar si su empleo puede implicar una infracción de los artículos 102 TFUE y 2 LDC. Para ello, será preciso delimitar la noción de precios discriminatorios desde la óptica del Derecho de la competencia. Se trataría, por tanto, de aclarar si este tipo de prácticas suponen «aplicar a terceros contratantes condiciones desiguales para prestaciones equivalentes que ocasionen a éstos una desventaja competitiva», supuesto que de manera expresa considera la normativa como caso de práctica de abuso de posición de dominio.

En aplicación de la normativa comunitaria de defensa de la competencia, la aplicación de precios discriminatorios podrá suponer una conducta de abuso de posición de dominio cuando concurran dos elementos: un elemento objetivo y otro de carácter subjetivo[548]. En relación con el primero, para acreditar su concurrencia se deberán analizar distintos extremos, a saber, el objeto de la prestación, el grado de comparabilidad en las relaciones comerciales y el resultado de la práctica.

Al analizar el objeto de la prestación es preciso determinar si nos encontramos ante productos o servicios iguales o diferentes entre sí. Es decir, será necesario comparar los productos a los que se aplica un precio distinto con el objetivo de determinar si la diferencia de precios podría estar o no justificada. Dos factores intervienen en esta confrontación: de un lado, la

---

[548] *Vid.* DÍEZ ESTELLA, F., *La discriminación de precios en el Derecho de la competencia*, Thomson Civitas, Madrid, 2003, pp. 86-135; ANTÓN JUÁREZ, I., "Marketplaces que personalizan precios…", *op. cit.*, pp. 61 y ss.

similitud entre los bienes y servicios y, de otro lado, la diferencia en el precio aplicado. El modo de proceder será similar al aplicado para la definición del mercado relevante por lo que respecta al producto, es decir, llevar a cabo un análisis del grado de intercambiabilidad o sustituibilidad de los productos tanto del punto de vista de la oferta como de la demanda[549].

En lo que respecta al grado de comparabilidad en las relaciones comerciales, es necesario detectar si nos encontramos ante prestaciones equivalentes que, como sabemos, se encuentran recogidas en el analizado art. 102. Los factores a tener en cuenta para realizar este análisis son muy diversos, desde el mercado relevante, la capacidad negociadora de las partes, el perfil del cliente, el grado de fidelidad, hasta la situación concreta en la cadena de distribución[550].

Para determinar si las prestaciones son o no equivalentes, debe examinarse la naturaleza del producto o servicio vendido por la empresa dominante a sus clientes. Del mismo modo, la autoridad de competencia debe analizar una serie de variables como son los costes de transporte, los impuestos, los salarios, derechos de aduana, las condiciones de comercialización, la densidad de la competencia, etc[551].

---

549 *Vid.* Comunicación de la Comisión relativa a la definición de mercado de referencia a efectos de la normativa comunitaria en materia de competencia (97/C 372/03), parágrafos 25-27.

550 *Vid.* DÍEZ ESTELLA, F., *La discriminación de precios en el Derecho de la competencia, op. cit.* pp. 92-103.

551 El concepto de "prestaciones equivalentes" fue interpretado por primera vez por el TJUE en el asunto *United Brands*. Asunto *United Brands, op. cit.*, apartado 228.
Por su parte, en el asunto *British Airways (asunto C-95/04 P),* el Tribunal determinó que la venta de billetes de avión por parte de la compañía a diferentes agencias de viajes en el Reino Unido representaba prestaciones equivalentes. A pesar de que se trataba de billetes con diferente destino, el Tribunal consideró que el servicio

Por último, analizamos el resultado de la práctica con el objetivo de determinar si este podría resultar perjudicial tanto para el consumidor como para la propia competencia[552]. En caso afirmativo, ¿cuándo nos encontramos ante una verdadera desventaja anticompetitiva?

Recordemos que una de las condiciones que requiere el art. 102 TFUE para sancionar la aplicación de precios diferentes en condiciones equivalentes es que estos produzcan una desventaja competitiva. Ahondando sobre este concepto, se descubrirá que la asociación entre precios personalizados y precios discriminatorios puede no ser tan inmediata[553], requiriéndose llevar a cabo un análisis con mayor profundidad. En este sentido,

---

prestado por *British Airways* a diferentes agencias de viajes sí constituía prestaciones equivalentes. *Vid.* STJUE (Sala Tercera), de 15 de marzo de 2007, asunto C-95/04 P, *British Airways plc c. Comisión* (TOL9.929.881), apartados 136-141.

552 Una cuestión interesante aquí es discutir qué fin ha de perseguir el Derecho de la competencia, encontrándonos ante dos visiones "enfrentadas": por un lado, los neo-estructuralistas, que defienden la protección del proceso productivo y, por otro, aquellos que siguen a la escuela de Chicago, basando la aplicación del Derecho de la competencia en el precio y en el criterio del bienestar del consumidor. Sobre esto, *vid.* KHAN, L.M., "Amazon's *Antitrust* Paradox", *op.cit.*, pp. 710-805; KHAN, L.M., "The separation of platforms and commerce", *Columbia Law Review*, vol. 119, nº4, pp. 973-1093; CHAPDELAINE, P., "Algorithmic personalized pricing", *op. cit.*, pp. 22-25; ZURIMENDI ISLA, A., *Gigantes tecnológicos, distribución online y Derecho de la competencia*, Aranzadi, Cizur Menor, 2021, pp. 40 y ss; ZURIMENDI ISLA, A., "¿Necesitamos otro derecho de la competencia?", *Revista de Derecho de la Competencia y la Distribución*, nº26, 2020, LA LEY *9191/2020;* LIANOS, I., "Competition Law for the Digital Era: A Complex Systems' Perspective", *Centre for Law, Economics and Society Research Paper*, nº6, 2019, pp. 1-163.

553 *Vid.* OECD, *The regulation of personalized pricing in the digital era* – Note by Marc Bourreau and Alexandre de Streel, 21 de noviembre de 2018, pp. 1-15, . DAF/COMP/WD(2018)150, véase p. 2.

parte de la doctrina defiende que esta "desventaja competitiva" tan sólo puede tener lugar entre empresas, pues sólo ellas pueden participar en un juego competitivo que, en ocasiones, perjudique la competencia[554]. De este modo, esta postura considera la discriminación de precios como un abuso exclusionario, cuyo objetivo es reducir el beneficio al aumentar los costes de ciertas empresas a las que se les imponen precios más elevados que a sus competidores. Ello incide sobre las condiciones de eficiencia, calidad e innovación de su actuación en el mercado.

Contrario sensu, cuando la discriminación de precios afecte a los consumidores, a pesar de que esta puede suponer también una desventaja para ellos, no podría calificarse como "competitiva" pues los consumidores no participan en el juego competitivo del mercado llevando a cabo una actividad económica. Se trataría de una mera disminución de ingresos que no afectaría al uso de los recursos productivos que influyen en el desarrollo del mercado. Según la interpretación que realiza esta parte de la doctrina, debido que el tipo previsto de manera expresa en el art. 102 TFUE sólo se dirige a las empresas competidoras, los únicos precios personalizados que podrían considerarse anticompetitivos y ser castigados serían aquellos aplicados por una empresa proveedora con posición dominante a otras empresas que operan en el mercado. La aplicación de precios personalizados a las ofertas que se realizan a los consumidores no se considerarían conductas discriminatorias a la luz de la prohibición de conductas de abuso de posición de dominio[555].

---

554 *Vid.* MAGGIOLINO, M., "Personalized prices in...", *op. cit.*, p. 19. En este sentido, FAULL, J. / NIKPAY, A., *The EU law of competition*, Oxford, Oxford University Press, 2014, pp. 524-533. En concreto véase p.387.

555 En este caso, como veremos al final de este apartado, sí podría considerarse como práctica de competencia desleal, recogida en nuestra LCD.

Frente a ello, desde una interpretación funcional[556] podría defenderse la posibilidad de que la aplicación a los consumidores de precios personalizados por una empresa que ostenta una posición de dominio pueda considerarse anticompetitivos en virtud de dicho art. 102[557]. En numerosas ocasiones la Comisión ha aplicado este precepto ante conductas discriminatorias que han afectado y perjudicado con carácter principal a los consumidores[558], sin requerir una finalidad exclusionaria de rivales. En particular, se ha considerado que estas conductas infringen el artículo 102 TFUE cuando la discriminación se lleva a cabo en función del lugar geográfico en que se encuentra el consumidor, su nacionalidad, domicilio, etc., afectando a la unidad del Mercado Interior y generando nuevas barreras entre Estados miembros. En aras a proteger la integridad del mercado, uno de los principales objetivos perseguidos por las autoridades de competencia europeas en la aplicación del derecho de la competencia, la Comisión ha seguido una interpretación, en particular, dura de este precepto[559]. El art. 102 debería salvaguardar la equidad en las negociaciones con el

556 *Vid.* MAGGIOLINO, M., "Personalized prices in…", *op. cit.*, p. 21.

557 GRAEF, I., "Algorithms and fairness…", *op.cit.*, p. 546.

558 Por ejemplo, en los ya mencionados asuntos *United Brands* y *Tetra Pak II.* En ambos casos, las empresas dominantes fueron sancionadas por la aplicación de diferentes precios en distintos Estados miembros y por haber realizado, al mismo tiempo, prácticas que impedían el arbitraje entre compradores ubicados en distintos países europeos. En relación con la discriminación de precios, en las sentencias antes mencionadas, parte de la doctrina sostuvo en *United Brands* y *Tetra Pak II* que la desventaja competitiva no residía en la aplicación de precios diferentes como tal, sino más bien en la partición del mercado único, con el resultado de impedir o evitar el comercio transfronterizo que, por el contrario, debería ser incentivado. Para mayor profundidad, véase FAULL, J. / NIKPAY, A., *The EU law of competition, op. cit.*, pp. 524-533.

559 *Vid.* MAGGIOLINO, M., "Personalized prices in…", *op. cit.*, p. 21.

objetivo de evitar que un actor dominante explote a los agentes económicos – resto de empresas y consumidores – sin vulnerar el principio de igualdad o no discriminación, protegiendo el normal funcionamiento del mercado.

Además, para poder determinar si una práctica de discriminación de precios llevada a cabo por una empresa que ostenta posición de dominio falsea o no la libre competencia en el mercado, no es suficiente la existencia de una mera desventaja competitiva inmediata que perjudique a los operadores de este afectados por dicha aplicación de precios respecto de las tarifas aplicables a sus competidores por una prestación equivalente[560]. Es necesario, además, realizar un examen de todas las circunstancias del caso concreto para poder concluir si tal discriminación de precios produce, o puede producir, una desventaja competitiva de acuerdo con el art. 102 TFUE[561].

El concepto de «desventaja competitiva» debe interpretarse al amparo del artículo 102 TFUE, como «un supuesto en el que una empresa dominante aplique precios discriminatorios a socios comerciales en el mercado descendente a aquella situación en la que dicho comportamiento pueda tener como consecuencia una distorsión de la competencia entre esos socios comerciales»[562]. La comprobación de la existencia de tal desventaja no requiere que se demuestre que se ha producido un «deterioro efectivo y cuantificable de la posición competitiva», sino que debe llevarse a cabo un análisis del caso concreto que permita determinar si dicho comportamiento influye en diferentes variables como son los costes, los beneficios, el interés de los socios y, en definitiva, a su posición competitiva. Mu-

---

560 Asunto *MEO*, STJUE, 19 de abril de 2018, asunto C-525/16, *MEO Serviços de Comunicações e Multimédia SA contra Autoridade da Concorrência* (TOL6.573.835), apartado 26.

561 *Ibidem*, apartado 28.

562 *Ibidem*, apartado 37.

chas son las circunstancias que deben tenerse en cuenta para apreciar si existe o no un abuso de posición dominante, entre ellas, la capacidad de negociación, las condiciones y modalidades de las tarifas, su duración, su importe, la posible existencia de una estrategia orientada a eliminar del mercado a uno de sus competidores, etc. Debe examinarse si dichas prácticas tienen como objetivo privar al comprador de la «posibilidad de elegir sus fuentes de abastecimiento, o al menos limitar dicha posibilidad, impedir el acceso de los competidores al mercado, aplicar a terceros contratantes condiciones desiguales para prestaciones equivalentes, que ocasionen a éstos una desventaja competitiva, o reforzar su posición dominante mediante la distorsión de la competencia»[563].

Por lo tanto, para apreciar la licitud de este tipo de políticas de precios aplicada por empresas dominantes en el mercado, el TJUE ha recurrido a criterios basados en comparación de precios y costes contraídos por la empresa, así como en la estrategia llevada a cabo por esta –el objetivo de la expulsión de sus competidores del mercado–[564]. Sin embargo, la aplicación de diferentes precios a diferentes clientes sobre productos o servicios idénticos no puede, en principio, por sí sola, ser determinante para concluir que nos encontramos ante una práctica de exclusión abusiva[565].

A modo de defensa, la empresa que aplica la discriminación podría tratar de demostrar que su comportamiento es necesario desde un punto de vista objetivo, que el efecto de exclusión que su comportamiento entraña puede verse contrarrestado o superado por mejoras de eficiencia que benefician no sólo a las

---

563 STJUE, de 27 de marzo de 2012, *op. cit.*, apartado 26.

564 *Ibidem*, apartado 28.

565 *Ibidem*, apartado 30.

propias empresas sino también a los consumidores[566]. En este sentido, corresponde a la empresa que ostenta tal posición de dominio demostrar que las mejoras que puedan derivarse de su comportamiento «neutralizan los efectos perjudiciales probables sobre la competencia y los intereses de los consumidores en los mercados afectados, que dichas mejoras de eficacia han podido o pueden realizarse gracias a dicho comportamiento, y que este es indispensable para conseguirlas y no elimina una competencia efectiva al suprimir la totalidad o la mayoría de las fuentes existentes de competencia actual o potencial»[567].

Por otro lado, en relación con el elemento subjetivo, se deberá analizar quiénes han sido los sujetos afectados por la discriminación de precios, así como cuál ha sido la intencionalidad de la práctica realizada. Las autoridades de competencia deberán probar que se ha producido un daño, al menos, potencial, no meramente hipotético.

La digitalización y la aplicación informatizada de precios personalizados colocan a las autoridades de competencia ante nuevos desafíos a la hora de sancionar, en virtud del artículo 102 TFUE, prácticas de fijación de precios personalizados[568]. En primer lugar, para determinar si nos encontramos ante una estrategia discriminatoria, deberán demostrar que se trata de una conducta repetida, de una estrategia implementada de modo sistemático por la plataforma frente a un determinado grupo o categoría de clientes. Para ello sería interesante llevar a cabo un análisis del algoritmo utilizado para implementar

---

566 Véase, en este sentido, la STJUE, de 3 de octubre de 1985, *CBEM, op. cit.*, apartado 27; STJUE, de 15 de marzo de 2007, *British Airways, op. cit.*, apartado 86; y STJUE, de 17 de febrero de 2011, *TeliaSonera Sverige, op. cit.*, apartado 76.

567 STJUE, de 27 de marzo de 2012, *op. cit.*, apartado 42.

568 *Vid.* BOTTA, M. / WIEDEMANN, K., "To discriminate o not to discriminate…", *op. cit.*, pp. 393-394.

este tipo de conductas, conocer cómo funciona y comprender si en realidad se está produciendo tal discriminación. Resulta evidente que esta será una tarea muy compleja para las autoridades de competencia.

En segundo término, se debe considerar la posibilidad de defensas: la plataforma podría justificar su comportamiento sobre la base de un aumento del bienestar general de los consumidores, es decir, que la discriminación de precios favorezca a aquellos consumidores que lo necesiten. Ante esto, la autoridad competente deberá evaluar el impacto de los dichos precios personalizados en el bienestar general de los consumidores y valorar si esta se trata de una conducta objetivamente justificada.

Otro desafío importante al que se enfrentarán las autoridades de competencia al evaluar una posible estrategia de precios discriminatorios será la estimación del daño causado al bienestar de los consumidores. Será necesario para ello llevar a cabo un análisis contrafáctico que permita confrontar la situación real de precios y una posible situación futura en el mercado de referencia, teniendo en cuenta las prácticas señaladas[569]. Si bien, los precios personalizados tendrán un impacto ambiguo en el bienestar de los consumidores y, por lo tanto, se requerirá de un análisis caso por caso para poder determinar sus consecuencias.

En este punto, es importante señalar que, si adoptamos la perspectiva de la Escuela de Chicago[570] y del *consumer-wellfarism,* se considera que no se produce un daño a los consumido-

---

569 *Vid.* HJELMENG, E., "Competition law remedies: Striving for coherence or finding new ways?", *Common Market Law Review,* vol. 50, nº4, 2013, pp. 1007–1038; HELLSTRÖM, P. / MAIER-RIGAUD, F. / BULST, F., "Remedies in European *antitrust* law", *Antitrust Law Journal,* vol. 76, nº1, 2009, pp. 43–63.

570 *Vid.* ZURIMENDI ISLA, A., *Gigantes tecnológicos, distribución online…, op. cit.,* pp. 30 y ss.

res si la discriminación de precios, en su conjunto, no implicase una subida de precios. Es decir, en este caso, tendría lugar una redistribución de los costes entre los consumidores, pero el efecto global sobre los precios sería neutro. Por tanto, desde esta perspectiva no existe daño.

Esta visión lleva a argumentar que las prácticas de precios personalizados deberían ser consideradas desde el Derecho de la competencia desleal[571] y no desde el de la defensa de la competencia. Del mismo modo, en el caso español, si se considerase esto como una práctica desleal que puede afectar a las condiciones de competencia en el mercado, podría sancionarse por el derecho *antitrust* por la vía de nuestro art. 3 LDC.

---

571 Sobre esta cuestión, *vid.* CASADO NAVARRO, A., "Precios personalizados y competencia desleal", *LA LEY Mercantil,* nº106, 2023, LA LEY 10425/2023; LOUREDO CASADO, S., "El posible carácter desleal e injusto de los precios personalizados en internet", *Derecho Digital e Innovación. Digital Law and Innovation Review,* nº7, 2020, LA LEY 520/2021; PASTRANA ESPÁRRAGA, M., "La determinación del precio en los contratos e instrumentos flexibles para su definición", en MIRANDA SERRANO, L.M. / PAGADOR LÓPEZ, J. (dirs.), *Contratación mercantil: digitalización y protección el cliente/consumidor,* Marcial Pons, Madrid, 2023, pp. 283-296. Junto a la aplicación de precios personalizados como conducta desleal, en el ámbito digital podemos encontrar otras prácticas desleales de gran interés relacionadas con las reseñas online de consumidores y usuarios. En este sentido, por todos véase MIRANDA SERRANO, L.M., "Prácticas desleales sobre reseñas online de bienes y servicios", *InDret: Revista para el Análisis del Derecho,* nº2, 2023, pp.155-253; MIRANDA SERRANO, L.M., "Contratos de consumo, reseñas online de bienes y servicios y libertad de expresión: a propósito de las cláusulas mordaza o antirreseñas", en MIRANDA SERRANO, L.M. / PAGADOR LÓPEZ, J. (dirs.), *Contratación mercantil: digitalización y protección del cliente-consumidor,* Marcial Pons, Madrid, 2023, pp. 203-234.

En este sentido, sobre la consideración de los precios personalizados como práctica desleal, si bien otros autores[572] han planteado que podría tratarse de una conducta de omisión engañosa recogida en nuestra LCD, en nuestra opinión, consideramos más acertado su encuadramiento bajo lo establecido en el artículo 16.1 LCD, el cual señala que «el tratamiento discriminatorio del consumidor en materia de precios y demás condiciones de venta se reputará desleal, a no ser que medie causa justificada»[573].

4.5. Posibles remedios ante conductas de discriminación de precios

Tal y como lo explica la OCDE[574] deben aplicarse cuatro instrumentos principales con el objetivo de mitigar este tipo de prácticas discriminatorias, a saber: el uso de normas sobre protección del consumidor, protección de datos[575], protección de la competencia y antidiscriminación[576]. Estas reglas tienen como principal objetivo el aumento de transparencia en los mercados, así como la elección de los propios consumidores, prohibiendo la discriminación de precios en algunas circunstancias, atendiendo a cada caso concreto.

Desde un plano preventivo, en aras a evitar la comisión de este tipo de conductas, podrían diseñarse una serie de compromisos -voluntarios u obligatorios impuestos a partir de una

---

572 *Vid.* ALFARO, J., "Precios personalizados y discriminación", en *El Almacén del Derecho*, 2017. Disponible en https://almacendederecho.org/precios-personalizados-discriminacion.

573 Art. 16.1. LCD.

574 OECD, *Personalised pricing in the digital era*, Background note by the secretaria, DAF/COMP(2018b)13.

575 CHAPDELAINE, P., "Algorithmic personalized pricing", *op. cit.*, pp. 38-45.

576 *Vid.* GRAEF, I., "Algorithms and fairness…", *op.cit.*, pp. 552-553.

regulación sectorial como pudiera ser la DMA- que deberían cumplir todas las plataformas en línea: (1) limitar la cantidad de datos personales que son recopilados por la plataforma, (2) imponer la obligación de compartir los datos recopilados con otras plataformas, (3) lograr una mayor transparencia en relación con el modo de fijación de precios y (4) el deber de informar al consumidor[577].

Una primera opción es la limitación de la recopilación de datos que las plataformas pueden capturar de sus usuarios. Es evidente que la discriminación de precios sólo es posible a partir de los perfiles que las plataformas pueden construir de sus usuarios sobre la base de la información que de una manera continua extraen de ellos a través de las distintas interacciones que realizan dentro y fuera de la plataforma. Para evitar que se fijen precios personalizados, la autoridad competente podría fijar una serie de limitaciones sobre los tipos de datos que pueden ser recopilados por parte de las plataformas – en mayor medida, por parte de plataformas que ostenten una posición de dominio –. Para frenar el desarrollo de este tipo de prácticas es imprescindible fomentar una mayor protección de la privacidad y mejores medidas de seguridad en relación con las políticas de datos[578], con el objetivo de evitar que las empresas puedan llegar a conseguir tanta información de sus usuarios o consumidores[579].

Sin embargo, al limitar la recopilación de datos personales se podrían estar obstaculizando los posibles efectos positivos generados por el análisis de dichos datos, podría producirse

---

577 *Vid.* BOTTA, M. / WIEDEMANN, K., "To discriminate o not to discriminate…", *op. cit.*, pp. 398-399.

578 *Vid.* GRAEF, I., "Algorithms and fairness…", *op.cit.*, pp. 559 y ss.

579 *Vid.* BAR-GILL, O., "Algorithmic Price Discrimination: When Demand Is a Function of Both Preferences and (Mis) Perceptions", *The Harvard John M. Olin Discussion Paper Series*, nº05, pp. 18-32.

un freno a la innovación y la posible aparición de nuevos productos, nuevos mercados, etc. Por ello, una alternativa a esta primera limitación sería obligar a la plataforma a compartir los datos de sus clientes con otras empresas del mercado. Esto permitiría a los competidores ofrecer mejores ofertas a los consumidores y, en consecuencia, estos últimos podrían cambiar con mayor facilidad de plataforma y elegir aquella en la que compre el producto o servicio a un precio menor. Se fomentaría así una mayor competencia en el mercado y se alcanzaría un mayor beneficio del consumidor.

En segundo lugar, la plataforma podría aumentar la transparencia, dado que los consumidores no se oponen a la aplicación de precios personalizados, sino a la falta de transparencia en relación con los mecanismos utilizados por los algoritmos para llevar a cabo dicha fijación de precios. En este sentido, la plataforma podría comprometerse a informar al consumidor y, de este modo, reforzar su confianza en la plataforma, al considerar que se trata de una compañía con políticas transparentes, fomentando así que se lleve a cabo la compra. En este sentido, el art. 6 de la Directiva (UE) 2011/83/UE[580] establece los requisitos que han de cumplir los contratos a distancia y los contratos celebrados fuera del establecimiento. Tras su modificación[581] por la Directiva (UE)

---

580 Directiva 2011/83/UE del Parlamento Europeo y del Consejo de 25 de octubre de 2011 sobre los derechos de los consumidores, por la que se modifican la Directiva 93/13/CEE del Consejo y la Directiva 1999/44/CE del Parlamento Europeo y del Consejo y se derogan la Directiva 85/577/CEE del Consejo y la Directiva 97/7/CE del Parlamento Europeo y del Consejo (TOL2.276.204).

581 Tras su modificación, el artículo 6.1 queda redactado como sigue: «antes de que el consumidor quede vinculado por cualquier contrato a distancia o celebrado fuera del establecimiento o cualquier oferta correspondiente, el comerciante le facilitará de forma clara y comprensible la siguiente información:

2019/2161[582], se incluyó un nuevo requisito de información específico por el cual se debe informar al consumidor cuando el precio ofertado haya sido personalizado sobre la base de la toma de decisiones automatizada.

Además, las obligaciones a imponerse a las plataformas podrían ir más allá. Así, junto al deber de informar al consumidor sobre los criterios que se tendrán en cuenta a la hora de determinar el precio a aplicar, se puede requerir que las empresas le ofrecieran la opción de elegir si quiere ser o no discriminado. El consumidor podría elegir si le compensa o no aceptar el precio personalizado o si prefiere optar por comprar el producto a su precio general. Esto llevaría a dos opciones por parte de los usuarios de la plataforma: por un lado, algunos clientes optarán por comprar el producto a su precio original, sin beneficiarse de ningún tipo de descuento y, por otro lado, nos

---

e) el precio total de los bienes o servicios, incluidos los impuestos, o, si el precio no puede calcularse razonablemente de antemano por la naturaleza de los bienes o de los servicios, la forma en que se determina el precio, así como, cuando proceda, todos los gastos adicionales de transporte, entrega o postales y cualquier otro gasto o, si dichos gastos no pueden ser calculados razonablemente de antemano, el hecho de que puede ser necesario abonar dichos gastos adicionales. En el caso de un contrato de duración indeterminada o de un contrato que incluya una suscripción, el precio incluirá el total de los costes por período de facturación. Cuando dichos contratos se cobren con arreglo a una tarifa fija, el precio total también significará el total de los costes mensuales. Cuando no sea posible calcular razonablemente de antemano el coste total, se indicará la forma en que se determina el precio.
e bis) cuando corresponda, que el precio ha sido personalizado basándose en la toma de decisiones automatizada».

582 Directiva (UE) 2019/2161 del Parlamento Europeo y del Consejo de 27 de noviembre de 2019 por la que se modifica la Directiva 93/13/CEE del Consejo y las Directivas 98/6/CE, 2005/29/CE y 2011/83/UE del Parlamento Europeo y del Consejo, DOUE-L-2019-81968.

encontraremos con usuarios más "arriesgados" o "estratégicos" que preferirán que se les aplique un precio personalizado esperando adquirir el producto a un precio más barato.

La puesta en práctica de estas medidas no resultaría sencilla y obligarían a las autoridades regulatorias y de competencia a examinar al detalle todos los pros y contras de aplicar tales soluciones, siempre con el objetivo de no afectar de manera negativa el bienestar del consumidor.

Es importante mencionar que, si se generaliza la práctica de precios personalizados, cada usuario pagará un precio diferente por el mismo producto. Esta circunstancia suscita un nuevo problema de competencia, que es la dificultad de apreciar los precios efectivos que está aplicando cada empresa, lo que, a su vez, puede dificultar la identificación de conductas anticompetitivas, tales como la aplicación de precios predatorios.

Del mismo modo, aunque los negocios tradicionales puedan aplicar también alguna forma de precio discriminatorio, no es en absoluto comparable con lo que ocurre en los mercados digitales, en tanto que las plataformas digitales pueden capturar una cantidad de datos de los usuarios infinitamente mayor. No sólo tienen en cuenta los resultados de búsqueda, sino también consideran cuánto tiempo pasa el producto en el carrito de la compra, qué páginas web (de moda, tendencias, etc.) se han consultado antes de adoptar la decisión de compra, qué otras webs de sitios competitivos se han estado mirando (y qué precios se aplican ahí por el mismo producto), etc.

Además, la forma en que el propio consumidor se da cuenta de la diferencia de precio es distinta. En las tiendas tradicionales todos los consumidores, al menos, ven un mismo primer precio (aunque después se apliquen descuentos por distintos conceptos). En cambio, en las plataformas virtuales los consumidores no saben el precio que se está poniendo a otros consumidores, lo que impide comparar situaciones y ver incluso tendencias de subidas o bajadas de precio.

En conclusión, gracias al uso de los diferentes tipos de algoritmos existentes, del *big data* y de la inteligencia artificial, así como su influencia en el mercado, las empresas pueden llevar a cabo nuevas prácticas que no encajaban con facilidad dentro de los tipos prohibitivos del Derecho *antitrust,* en su configuración clásica. Por ello, resulta fundamental analizar los requerimientos de estas conductas y considerar su posible encuadre dentro de las prohibiciones.

BLOQUE III.
RESPUESTA NORMATIVA Y REMEDIOS ANTE LAS PRÁCTICAS ANTICOMPETITIVAS COMETIDAS MEDIANTE EL USO DE ALGORITMOS

Capítulo V.

Instrumentos para corregir y prevenir la aparición de nuevas prácticas anticompetitivas en los mercados digitales

1. SOLUCIONES DESDE EL DERECHO DE LA COMPETENCIA: REMEDIOS ESTRUCTURALES *VS* REMEDIOS CONDUCTUALES

1.1. Remedios que pueden adoptar las Autoridades de Competencia tras constatar la existencia de una infracción

No hay duda de que es necesaria la intervención por parte de las autoridades de competencia para evitar los efectos anticompetitivos que provocan ciertas prácticas derivadas del uso de algoritmos e inteligencia artificial, como se ha analizado con anterioridad[583]. El problema no son las herramientas de las que ya disponemos sino la necesidad de diseñar otras nuevas para hacer frente a los nuevos problemas que se plantean a partir de los nuevos comportamientos concurrenciales de las empresas. Los instrumentos aplicativos del Derecho de la competencia de los que ya se dispone han de adaptarse y actualizarse de modo que puedan servir para hacer frente a la

[583] *Vid, supra.* Capítulos III y IV.

problemática de estas nuevas formas de restricción de la competencia. En este sentido, el marco normativo vigente para la aplicación pública de la normativa *antitrust* -en especial, el Reglamento 1/2003[584]- puede resultar demasiado rígido o anquilosado para construir remedios e instrumentos con los que solucionar los problemas de competencia que se planteen.

Los problemas a los que deben hacer frente las autoridades de competencia a la hora de adoptar una solución en relación con este tipo de conductas prohibidas no sólo existen en el Derecho de la competencia europeo[585].

---

584 Así como el Reglamento (CE) nº139/2004 del Consejo, de 20 de enero de 2004, sobre el control de las concentraciones entre empresas ("Reglamento comunitario de concentraciones") (TOL339.742).

585 Algunas de las prácticas que hemos mencionado no se consideran siquiera como conductas restrictivas de la competencia en otros entornos, como los Estados Unidos. Así, desde una concepción aplicativa neoclásica en relación con la discriminación del consumidor mediante algoritmos de precios, por ejemplo, la *Robinson Patman Act* no resultaría de aplicación, pues esta Ley tan sólo se aplicaría cuando la discriminación afecte a los competidores, no a los consumidores. Es decir, esta tiene como objetivo la protección de los pequeños distribuidores ante las posibles conductas discriminatorias de las grandes empresas de distribución. Sin embargo, no se les exige a los distribuidores que, del mismo modo, proporcionen un trato igualitario a los consumidores. En este caso, para el Derecho *antitrust* estadounidense, no existe la obligación de informar al consumidor sobre la estructura de precios adoptada por el distribuidor, quien puede cobrar precios diferentes de un mismo producto en función del grupo de consumidores, sin tener la obligación de informarlo. Idéntica situación ocurre con otras prácticas *antitrust,* como pudiera ser la aplicación de precios predatorios. *Vid.* ERZACHI, A. / STUCKE, E. M., *Virtual Competition…*, *op cit.*, pp. 127 y 128; ANTÓN JUAREZ, I., "Marketplaces que personalizan precios a través del big data y de los algoritmos…", *op. cit.*, p. 65 y KHAN, L.M., "Amazon's *Antitrust* Paradox", *op. cit.*, pp. 722-730.

En relación con las soluciones que se han barajado para hacer frente a estas posibles nuevas prácticas anticompetitivas de las empresas, se plantea, por un lado, la necesidad de introducirlas dentro de los arts. 101 y 102 TFUE y, por otro lado, llevar a cabo una serie de medidas regulatorias con el objeto de corregir o reprimir otras conductas que pueden impactar sobre la libre competencia en mercados digitales. La mejor forma de combatir estos efectos anticompetitivos dependerá del tipo de práctica y del momento de comisión en el cual nos encontremos. Es decir, la intervención puede tener lugar *ex ante* o *ex post.* La primera de ellas se llevará a cabo a través de una regulación, imponiendo una serie de obligaciones y prohibiciones a las empresas para que no lleven a cabo determinadas conductas que pueden resultar lesivas en los mercados digitales. Un ejemplo de ello lo encontramos en la DMA[586]. La segunda vía de actuación tendrá lugar a través de la imposición de remedios tras concluir un expediente de defensa de la competencia en el que se constate la infracción. El problema de esta medida es que, por regla general, llega demasiado tarde para hacer frente a este tipo de prácticas, siendo necesario combinarla con alguna forma de regulación. Este problema de gap temporal está provocando que se potencie el uso de medidas cautelares por parte de la Comisión ante los nuevos casos planteados en los mercados digitales. Además, por imperativo del Reglamento 1/2003, los remedios impuestos suelen ser de comportamiento, siendo pocos o inexistentes los casos en los que se adopten remedios estructurales.

Suponiendo que la autoridad de competencia logra recopilar pruebas suficientes para demostrar una infracción del art. 101 o 102 TFUE, hemos de preguntarnos qué recursos e instrumentos están a disposición de dicha autoridad para poner fin

---

[586] *Vid. Infra.* Capítulo V, apartado segundo.

a tales conductas y superar los efectos restrictivos de la competencia que haya podido producir[587].

En los arts. 7 a 10 del Reglamento 1/2003 se especifican los remedios y medidas que puede adoptar la Comisión Europea ante la constatación de la existencia de una infracción de los arts. 101 y 102 TFUE.

La primera consecuencia de la constatación de una infracción es la imposición de una sanción en forma de multa[588]. La vía de la sanción consigue un objetivo represivo y, además, de modificación del comportamiento, persuadiendo a las empresas infractoras de no continuar con la práctica anticompetitiva. Del mismo modo, si el nivel de las sanciones es suficientemen-

---

587 Recientemente, se ha llevado a cabo un estudio analizando cómo los remedios estructurales y conductuales pueden desincentivar conductas colusorias. Dicho análisis no se ha centrado en aquellos casos en los que el algoritmo tan sólo se utiliza para implementar, controlar y hacer cumplir un acuerdo de precios celebrado entre dos empresas de forma independiente, separada del uso de un algoritmo de precios. Se trata de supuestos en los que el algoritmo sirve para ejecutar un cártel de precios tradicional facilitando su implementación y, en su caso, dificultando su detección. El uso de esta tecnología puede suponer una agravación de la conducta, al poder aumentar la potencialidad lesiva del acuerdo ilícito. En este sentido, *vid.* BENEKE, F. / MACKENRODT, M.O., "Remedies for algorithmic tacit collusion", *Journal of Antitrust Enforcement,* nº9, 2021, pp. 152–176.

588 Sobre esta cuestión, *vid.* COSTAS COMESAÑA, J., "La imposición de multas por conductas anticompetitivas en España", en ROBLES MARTÍN-LABORDA, A. (dir.), *La lucha contra las restricciones de la competencia. Sanciones y remedios en el ordenamiento español,* Comares, Granada, 2017, pp. 11-78; CANEDO ARRILLAGA, M.P., "Cómo conseguir la necesaria disuasión ante las infracciones de competencia", en BENEYTO PÉREZ, J.M. / MAÍLLO GONZÁLEZ-ORUS, J. (dirs.), *Novedades y retos en la lucha contra los cárteles económicos,* Aranzadi, Cizur Menor, 2019, pp. 213-250.

te alto, con su imposición se consigue disuadir de la comisión de nuevas infracciones. Por lo que respecta a las infracciones cometidas mediante el uso de algoritmos, la imposición de multas se enfrenta a ciertas dificultades en relación con su aplicación. Así, para sancionar estas prácticas podría ser necesario establecer un sistema de doble responsabilidad, esto es, la imposición de multas tanto a los clientes como a los proveedores del software, con el objetivo de disuadir a los competidores y a los proveedores de su utilización[589]. Igual de problemático será la determinación del nivel óptimo de las multas, pues habrá muchas variables diferentes en juego que deberían ser tenidas en cuenta de cara a definir su rango, de conformidad con los principios de efectividad y proporcionalidad[590].

Las empresas clientes que adquieren los softwares a través de los que se aplican los algoritmos o de los sistemas de inteligencia artificial a través de los que determinan sus conductas, no suelen encargarse ellas mismas de diseñar el programa informático que permita la de fijación de los precios que van a utilizar. Estas sólo compran una licencia a un proveedor. Sin embargo, cuando las empresas tienen una mayor dimensión, también existen casos en los que realizan una petición concreta a las empresas de software para que les diseñe el instrumento que les permita maximizar los objetivos que resulten más importantes para dicha empresa en particular o los diseñan ellas mismas. Por este motivo algunos autores sostienen que los clientes no pueden ser los únicos responsables a los que se les sancione por la fijación de precios colusorios mediante algoritmos, pues estaríamos dejando fuera al resto de partes involucradas en dicha conducta. De ahí que pueda resultar necesaria

---

589 *Vid.* BENEKE, F. / MACKENRODT, M.O., "Remedies for algorithmic tacit collusion", *op. cit.*, pp. 166 y ss.

590 *Vid.* COSTAS COMESAÑA, J., "La imposición de multas...", *op. cit.*, p. 59.

la creación de un sistema de doble responsabilidad, pues tanto los clientes como los proveedores juegan un papel importante en el diseño e implementación del algoritmo[591].

Sin embargo, debemos preguntarnos si en realidad se puede responsabilizar al proveedor que diseña un software o un sistema de inteligencia artificial de las consecuencias del uso que las empresas den a dicho sistema. pues en numerosas ocasiones su diseño se llevará a cabo a petición y bajo las instrucciones de las empresas "clientes". En este sentido, sería necesario determinar si dicho proveedor ha participado de forma activa y deliberada en la práctica realizada[592], pudiendo ser considerado como cooperador necesario en la conducta en cuestión. En nuestra opinión, debe existir, como mínimo, por parte del proveedor, conocimiento de la intención que tienen las empresas que solicitan dicho diseño para poder considerar que su intervención en la práctica restrictiva de la competencia es equiparable a la de un cooperador necesario y, por lo tanto, ser considerado responsable junto a la empresa infractora[593].

---

591 Por todo ello, se ha considerado la aplicación de reglas de responsabilidad estricta, es decir, las empresas involucradas serían responsables con independencia de que exista dolo o negligencia. En este sentido, véase ERZACHI, A. / STUCKE, E. M., *Virtual Competition...*, *op cit.*, p. 40.

592 *Vid.* RCNMC, de 28 de mayo e 2015, *Concesionarios AUDI/Seat/VW*, Expte. S/0471/13. En ella se señala que «es una jurisprudencia consolidada que una empresa participante en un cártel no tiene que estar activa en el mismo mercado en que la infracción tiene lugar para considerar que ha incumplido la prohibición del artículo 1 de la LDC cuando la finalidad de la conducta es restringir la competencia». En este mismo sentido, véase RCNMC, de 28 de abril de 2016, *Concesionarios CHEVROLET*, Expte. S/DC/0505/14 y RCNMC, de 5 de marzo de 2015, *Concesionarios Toyota,* Expte. S/0486/13.

593 Sobre los sujetos infractores, *vid.* MARTÍNEZ SÁNCHEZ, A., "Artículo 61", en MASSAGUER FUENTES, J. / SALA ARQUER, J.M. / FOLGUERA CRESPO, J. / GUTIÉRREZ HERNÁNDEZ, A. (dirs.),

Además de sanciones, la autoridad de competencia puede imponer remedios para solucionar los problemas de competencia generados por la conducta ilícita[594]. Estos remedios pueden ser estructurales o de comportamiento, prefiriendo la normativa la aplicación de los segundos frente a los primeros y limitando el uso de los estructurales a los casos en que no puedan conseguirse los objetivos mediante el empleo de remedios comportamentales, dado su carácter menos invasivo.

Los remedios estructurales del artículo 7 del Reglamento 1/2003 persiguen preservar la competencia incidiendo sobre la estructura del mercado, por ello pueden concretarse en prácticas que abarcan desde la desinversión de activos hasta la imposición de licencias obligatorias[595]. Hasta la Decisión del caso *ARA Foreclosure*[596], la Comisión no había impuesto nunca este

---

Comentario a la Ley de Defensa de la Competencia, Aranzadi, Cizur Menor, 2017, pp. 1313-1335.

594 *Vid.* ROBLES MARTÍN-LABORDA, A., “Sanciones y remedios contra las restricciones de la competencia y principio de efectividad”, en ROBLES MARTÍN-LABORDA, A. (dir.), *La lucha contra las restricciones de la competencia. Sanciones y remedios en el ordenamiento español,* Comares, Granada, 2017, pp. 1-10.

595 Sobre licencias obligatorias, *vid.* OLMEDO PERALTA, E., “Las licencias obligatorias de patentes para poner remedio a prácticas anticompetitivas: (análisis sistemático del art. 94 de la nueva Ley de Patentes)”, *Actas de Derecho Industrial y Derecho de Autor,* nº36, 2016, pp. 197-222.

596 Decisión de la Comisión Europea, de 20 de septiembre de 2016, asunto AT.39759 – *ARA Foreclosure,* disponible en https://ec.europa.eu/competition/*antitrust*/cases/dec_docs/39759/39759_3071_5.pdf. *Vid.* OLMEDO PERALTA, E., “El nuevo procedimiento de cooperación ante infracciones de la normativa europea de defensa de la competencia: el instrumento cooperativo que cierra el círculo”, en REBOLLO PUIG, M. / HUERGO LORA, A.J. / GUILLÉN CARAMÉS, J. / CANO CAMPOS, T. (dirs.), *Anuario de Derecho Administrativo Sancionador,* Aranzadi, Cizur Menor, 2022, pp. 517-557.

tipo de medidas, sólo habían sido impuestas de forma voluntaria cuando las empresas los proponían como compromisos en decisiones del art. 9 del Reglamento 1/2003 (terminación convencional[597]) o como condiciones a las que se sometían las operaciones de concentración.

Sin embargo, su utilización también tiene una serie de ventajas e inconvenientes. Entre las ventajas del uso de este tipo de medidas, podría destacarse que, a través de ellas, puede fomentarse la consecución de una estructura de mercado que dificulte la colusión – como pudiera ser potenciando la entrada de nuevos competidores –. Se trata de mecanismos que, con carácter general, pueden resultar más efectivos para superar situaciones de levantamiento de barreras de entrada derivadas de una concentración excesiva de poder de mercado. El uso de estas medidas también supone la necesidad de incurrir en me-

---

597 Sobre esta cuestión, *vid.* OLMEDO PERALTA, E., *Las decisiones de compromisos (commitment decisions) y la terminación convencional de los procedimientos en el Derecho de la competencia europeo y español*, Aranzadi, Cizur Menor, 2020; OLMEDO PERALTA, E., "El valor probatorio de las resoluciones de terminación convencional en procedimientos de aplicación privada del Derecho de la competencia", *Revista de Derecho de la Competencia y la Distribución*, nº24, 2019, LA LEY 7872/2019; OLMEDO PERALTA, E., "The evidential effect of commitment decisions in damage claims: what is the assumptive value of a pledge?", *Common Market Law Review*, vol. 56, nº4, 2019, pp. 979-1004; OLMEDO PERALTA, E., "La discrecionalidad de la Comisión Europea y las ANCs en la tramitación de expedientes de defensa de la competencia: incoación, negociación de compromisos y control de sus decisiones", en TATO PLAZA, A. / COSTAS COMESAÑA, J. / FERNÁNDEZ CARBALLO-CALERO, P. / TORRES PÉREZ, F.J. (dirs.), *Nuevas tendencias en el Derecho de la competencia y de la propiedad industrial II*, Comares, Granada, 2019, pp. 105-126; BENAVIDES VELASCO, P., "Efectos de las decisiones de compromisos (commitment decisions) adoptados por la Comisión Europea en las jurisdicciones nacionales", *Actas de Derecho Industrial y Derecho de Autor*, nº41, 2021, pp. 29-50.

nores costes de supervisión, cumpliendo una finalidad disuasoria, no solo correctiva. Sin embargo, se trataría de una solución en sumo grado intervencionista, que podría llegar a ser contraproducente[598]. Es por ello que desde el plano normativo y jurisprudencial se define que los remedios estructurales sólo deberían aplicarse en casos que sean muy claros y perjudiciales para el mercado de colusión tácita y siempre que el uso de remedios de comportamientos no permitiese alcanzar del mismo modo dichos fines.

Por su parte, los remedios de comportamiento o conductuales permiten regular el comportamiento de las empresas sin necesidad de modificar la estructura del mercado, prohibiendo o imponiendo una conducta determinada[599]. Las medidas de comportamiento pueden ser positivas (imponer obligaciones) o negativas (prohibiciones). Por ejemplo, en el caso que nos ocupa, serían remedios de conducta la regulación del algoritmo para evitar que se lleven a cabo estrategias que puedan generar un resultado colusorio o la imposición de obligaciones de transparencia que favorezcan una mayor determinación de las variables que dicho algoritmo toma en consideración para llevar a cabo la fijación de precios. Una medida negativa podría ser la prohibición de que los algoritmos utilicen determinados datos o parámetros a la hora de ofrecer sus resultados. En relación con las ventajas de este tipo de remedios, nos encon-

---

598 *Vid.* MARCOS FERNÁNDEZ, F., "Cese de la infracción, remoción de efectos e imposición de obligaciones estructurales de conducta", en ROBLES MARTÍN-LABORDA, A. (dir.), *La lucha contra las restricciones de la competencia. Sanciones y remedios en el ordenamiento español*, Comares, Granada, 2017, pp. 123-182.

599 *Vid.* DÍEZ ESTELLA, F., "Remedios, sanciones y condiciones impuestas al término de un expediente sancionador", en MARTÍNEZ LAGE, S. / PETITBÒ JUAN, A., *Remedios sanciones en el Derecho de la competencia*, Fundación Rafael del Pino, Marcial Pons, Madrid, 2008, pp.103-134.

tramos con un posible mejor funcionamiento del algoritmo y la realización de cambios en la decisión sobre el precio sin la imposición de comportamientos irracionales. Pero, por otro lado, también cuenta con una serie de desventajas o inconvenientes como puede ser, entre otros, la existencia de altos costes[600] para hacer frente a la monitorización de los algoritmos debido a la complejidad de estos últimos, la posible disminución de beneficios al realizar un rediseño de este o la necesidad de supervisión para verificar su cumplimiento. Es posible que si mediante la vía normativa se interviene sobre lo que el algoritmo debe y no debe hacer, ello redunde en una menor innovación y en la presencia de menos incentivos para invertir en el desarrollo de algoritmos e inteligencias artificiales más complejos, útiles y que permitan a las empresas conseguir objetivos de mayor eficiencia.

1.2. Posibles medidas aplicables a los mercados digitales

Teniendo en cuenta todo lo anterior, la doctrina ha barajado una serie de medidas específicas que se podrían adoptar en los mercados digitales, como son las siguientes[601]:

Cuando nos encontramos ante la recopilación de grandes cantidades de datos se ha planteado la necesidad de, en ciertos casos, ofrecer más información – y más detallada – al consumidor sobre como esta se lleva a cabo. Sin embargo, conside-

---

600 *Vid.* DÍEZ ESTELLA, F., "Remedios, sanciones y condiciones impuestas…", *op. cit.*, p. 113.

601 *Vid.* BENEKE, F. / MACKENRODT, M.O., "Remedies for algorithmic tacit collusion", *op. cit.*, pp. 169 y ss. Otras medidas, relacionadas, entre otras, con el control de las operaciones de concentración, son propuestas por GAL, M., "Limiting Algorithmic Coordination", *Berkeley Technology Law Journal*, vol.38, nº1, 2023, pp. 1-49; GAL, M. / RUBINFELD, D.L., "Algorithms, AI and Mergers", *op. cit.*, pp. 45 y ss.

ramos que esta no sería la solución última, pues el hecho de facilitar más información no significa que los consumidores se detengan a leerla, en especial si se encuentran utilizando su teléfono móvil. Además de ello, esta información suele estar incluida en las condiciones generales de la contratación que la mayoría de los usuarios acepta por defecto, sin detenerse a considerar las consecuencias de su aceptación y sin que tengan una alternativa real a ello[602]. En suma, facilitar demasiada información, que puede llegar a ser mucho más compleja, podría dar lugar al efecto contrario, una mayor desinformación por parte de los usuarios.

En segundo término, se ha planteado qué ocurriría si se redujese la transparencia de precios – para evitar un posible resultado colusorio – a pesar de ser esta una condición necesaria para lograr una competencia efectiva. Es decir, llevar a cabo un diseño cuidadoso de las ofertas y las ventas que podrían considerarse "secretas" con el objetivo de desestabilizar las prácticas de colusión tácita ejecutadas gracias al uso de algoritmos. Por ejemplo, se hace referencia al ofrecimiento de tarjetas de descuento que no puedan recolectar datos de sus usuarios y, por lo tanto, se pueda evitar un posible comportamiento discriminatorio.

Otra de las medidas propuestas que podría llevarse a cabo sería el desarrollo e implementación de pautas que den lugar

---

602 Sobre la protección del consumidor en la celebración de contratos sobre contenidos digitales, *vid.* MIRANDA SERRANO, L.M., "El derecho de desistimiento en los contratos de consumo sobre contenidos digitales", *La Ley Mercantil*, nº76, 2021, LA LEY *920/2021;* VÁZQUEZ RUANO, T., "La tutela del consumidor en la fase previa de la contratación a distancia: Referencia al deber de información y a la remisión comercial", *Revista de derecho mercantil*, nº309, 2018, BIB 2018\12373.

a un funcionamiento más transparente de los algoritmos[603]. Sin embargo, esto no significa que estos deban divulgarse al público y compartirse con el resto de competidores[604]. Más bien, se trata de garantizar que las autoridades de competencia puedan verificar si el software utilizado cumple o no con unos estándares de programación adecuados[605]. Sin embargo, esto conlleva el riesgo de que al encontramos con algoritmos más transparentes, estos podrían ser reconstruidos con mayor facilidad por los competidores, lo que, como vimos en páginas anteriores, en algunos casos, podría dar lugar a una mayor colusión algorítmica.

Por otro lado, se ha considerado necesario llevar a cabo auditorías de los algoritmos utilizados, así como de su diseño e implementación, requiriendo que estos estén programados para no reaccionar ante los cambios de estrategia o modificaciones en el precio fijados por otro competidor[606]. Sin embar-

---

603 *Vid.* SOLERNOU SANZ, S., *op. cit.*, pp. 141-143.

604 Si bien hay autores que defienden el compartir los algoritmos o los datos recopilados por las empresas como remedio ante las nuevas conductas que tienen lugar en los mercados digitales. En este sentido, *vid.* GAL, M.S. / PETIT, N., “Radical restorative remedies for digital markets”, *Berkeley Technology Law Journal*, vol. 36, 2021, pp. 618-673.

605 *Vid.* BENEKE, F. / MACKENRODT, M.O., “Remedies for algorithmic tacit collusion”, *op. cit.*, pp. 175-176.

606 En este sentido se han posicionado algunos autores, los cuales propone la creación de una incubadora de colusión, que tendría como objetivo la realización de experimentos y simulaciones con algoritmos de precios. De este modo, el órgano competente se encargaría de examinar los algoritmos disponibles en el mercado y, utilizando los datos recopilados y dichos algoritmos, ejecutaría simulaciones en una incubadora de colusión. Mediante la simulación del ambiente en el cual los algoritmos evolucionan y toman decisiones, sería posible conocer también aquellos factores que desestabilizarían una colusión tácita. Del mismo modo, permitiría conocer cómo actúan

go, esta solución no es del todo beneficiosa. Así, si bien puede conseguir la creación de algoritmos neutrales que favorezcan una competencia de precios efectiva, al aplicarla a gran escala se podría desincentivar la inversión en esta área tecnológica, limitando el proceso innovador subyacente. Es decir, si se limita, en cierta manera, la explotación del algoritmo para evitar la aparición de posibles prácticas anticompetitivas, las grandes empresas pueden considerar que tal inversión no les aporta los beneficios suficientes y, por lo tanto, no llevarla a cabo. Se despliega en estos casos el dilema clásico de adoptar medidas que fomenten la competencia empresarial sin que ello comprometa la innovación o el desarrollo de nuevos productos.

Por último, si el hecho de utilizar algoritmos para fijar precios o definir estrategias por parte de las empresas puede provocar un daño social, sería interesante barajar la posibilidad de programar el algoritmo de tal manera que se dejara fuera del modelo aquellas variables que se considere necesario[607]. De igual modo, la interacción entre algoritmos podría dar lugar a precios interdependientes que se alcancen a partir de datos indirectos obtenidos de sus rivales como, por ejemplo, los cambios en la demanda de la empresa.

Otro aspecto importante que debemos tener en cuenta a la hora de analizar las posibles soluciones a adoptar estaría relacionado con el proceso de aprendizaje de los algoritmos. Este podrá basarse en datos anteriores para, según las condiciones actuales de oferta y demanda, fijar el precio que maximice

---

los algoritmos ante un cambio de precios y cómo influye esto en el mercado. Así, las autoridades podrían ordenar a las empresas la programación de sus algoritmos para dar lugar a un juego competitivo en lugar de cooperativo. *Vid.* EZRACHI, A. / STUCKE, M., *Virtual competition…*, *op. cit.*, pp. 218 y ss.

607 *Vid.* BENEKE, F. / MACKENRODT, M.O., "Remedies for algorithmic tacit collusion", *op. cit.*, p. 155.

el beneficio. Además, estos algoritmos aprenden en función de los códigos con los que han sido programados y, si una de sus estrategias es ilegal, estos podrán tener en cuenta la penalización correspondiente y hacer que dicha elección no sea óptima desde el punto de vista del algoritmo. En otros casos, podrá monetizar el importe de la sanción a la que se expone la empresa y el riesgo de detección de cara a calcular el resultado relativo de la adopción de una determinada estrategia. Por lo tanto, se pueden configurar para evitar la toma de decisiones que impliquen una práctica prohibida en el Derecho de la competencia.

La detección de este tipo de prácticas también podría llevarse a cabo si se puede estimar el precio de referencia en el mercado. Aunque su determinación sería también posible mediante el uso de métodos cuantitativos más rutinarios, la fiabilidad de sus cálculos dependerá de múltiples factores como son el modelo y los datos utilizados. De este modo, si las autoridades de competencia hacen uso de la inteligencia artificial se podrá mejorar dicha estimación con el objetivo de que esta se ajuste lo máximo posible a la realidad[608].

Por todo ello, al decidir qué soluciones aplicar, las autoridades deben tener en cuenta no sólo los beneficios generados sino también aquellos posibles riesgos ante los que nos podamos encontrar. Los riesgos de transparencia mencionados podrían compensarse, por ejemplo, mediante un aumento de las actuales sanciones. La imposición de multas adecuadas y suficientes para disuadir a las empresas podría ser una solución muy interesante ya que se podría desincentivar las prácticas de colusión algorítmica mediante el uso de softwares que con-

608 *Idem*, pp. 157 y ss. En este sentido, nos remitimos de nuevo a la propuesta presentada por los profesores Ezrachi y Stucke, una incubadora de precios algorítmica, para hacer simulaciones y determinar si las empresas están fijando precios de manera cooperativa.

ducen a resultados anticompetitivos sin necesidad de coartar el empleo de esta tecnología y sin limitar el desarrollo de la innovación basada en la misma.

En nuestra opinión, sería mucho más adecuado aplicar medidas de comportamiento. Ante la aplicación de remedios estructurales como la desinversión, por ejemplo, el coste que se ha de asumir sería muy alto y, además, puede que resulte imposible revertir la operación que se ha llevado a cabo[609]. Por su parte, la aplicación de medidas como la prohibición del uso de ciertos datos de los usuarios, la abstención de combinar datos personales de estos, así como la prohibición de ofrecer un tratamiento más preferente para los propios servicios de la plataforma, puede resultar menos costoso y ser más eficiente en la práctica[610].

---

609 Pensemos, por ejemplo, en la fusión entre Facebook y WhatsApp o Facebook e Instagram. Puede que estas operaciones no debieran haber sido autorizadas por la Comisión, pero, una vez realizadas, el coste de aplicar una reversión de la operación sería muy alto. Sobre este tipo de medidas, *vid.* ZURIMENDI ISLA, A., "La desconcentración como medida de actuación contra los gigantes tecnológicos: riesgos y eficacia", *Revista de Estudios Europeos*, nº78, 2021, pp. 125-137; LOUREDO CASADO, S., "La creación de barreras de entrada por las plataformas de e-commerce a partir de los datos de los usuarios", *op. cit.*, pp. 133 y 134; RIBERA MARTÍNEZ, A., "The Facebook/Giphy divestiture: the (new) first of many?", *Journal of Law, Market & Innovation*, vol.1. nº2, 2022, pp. 95-123.

610 Como señalan algunos autores, para hacer frente a los retos planteados en los mercados digitales es necesario tener en cuenta todos los riesgos derivados del uso de IA, desde el ámbito de la privacidad hasta aquel que abarca la protección de los consumidores. En este sentido, *vid.* STUCKE, M.E., "What Can Policymakers Do About Algorithmic Collusion and Discrimination?", 2023, disponible en https://www.promarket.org/2023/06/27/what-can-policymakers-do-about-algorithmic-collusion-and-discrimination/.

Muchas de estas y otras medidas están en la actualidad recogidas en la DMA[611].

Sin embargo, cualquier actuación llevará aparejada una serie de costes que deberán sopesarse y evaluarse para alcanzar la solución más oportuna en cada caso[612]. Se deberá actuar con mucha cautela a la hora de introducir nuevos remedios o soluciones que puedan resultar demasiado estrictos, pues ello podría desalentar el uso de algoritmos eficientes que puedan generar importantes beneficios tanto para la economía como para la sociedad[613].

---

611 *Vid. Infra.* Capítulo V, apartado segundo. Si bien es importante destacar su distinto ámbito de aplicación. Es decir, mientras que las normas de competencia se aplican con carácter general a todas las empresas, las obligaciones recogidas en la DMA sólo se han de imponer a aquellas empresas que sean calificadas como guardianes de acceso.

612 *Vid.* BENEKE, F. / MACKENRODT, M.O., "Remedies for algorithmic tacit collusion", *op. cit.,* pp. 175 y 176.

613 En el Reino Unido la CMA ha publicado un documento en el cual muestra su visión en relación con los sistemas algorítmicos y los daños más relevantes que tienen lugar tanto para los consumidores como para la competencia. *Vid.* ASSAD, S. / CLARK, R. / ERSHOV, D. / XU, L., "Algorithmic Pricing and Competition: Empirical Evidence from the German Retail Gasoline Market", *Center for Economic Studies and Ifo Institute (CESifo),* nº 852, Agosto, 2020. Disponible en https://www.cesifo.org/en/publications/2020/working-paper/algorithmic-pricing-and-competition-empirical-evidence-german.
En este sentido, se señalan las técnicas que podrían utilizarse para analizar dichos sistemas y cuál debería ser la posición que debería adoptar el regulador. Además, se convoca a los distintos participantes del mercado para que aporten información que ayude a comprender este complejo fenómeno. La autoridad de competencia brinda su apoyo para trabajar junto al regulador y a los diferentes agentes del mercado para establecer los estándares necesarios y determinar cómo debe llevarse a cabo la auditoría de tales algoritmos.

Si los algoritmos no aprendieran a competir de manera efectiva, los aumentos en los márgenes de beneficio deberían poder percibirse de manera inmediata desde el mismo mo-

---

Todo ello con el objetivo de identificar aquellos mercados y empresas que pudieran llegar a infringir las normas de competencia.
Este documento se apoya en un estudio académico reciente, que desarrolla el primer análisis empírico analizando el impacto que produce el empleo de algoritmos sobre la competencia tomando como base las prácticas que se llevan a cabo en el mercado. Para ilustrar la cuestión, este estudio pone de relieve que las gasolineras minoristas alemanas habrían aumentado sus márgenes en un 9% después de fijar sus precios mediante algoritmos al enfrentarse a su competencia local. Este incremento de márgenes se percibe en torno a un año después de que se hubieran implementado estos precios algorítmicos, lo que hace pensar que los algoritmos utilizados han aprendido a coordinarse con el tiempo en este mercado, dando lugar a un posible resultado de colusión tácita. En concreto, dicho estudio profundiza en los vínculos existentes entre los precios algorítmicos y la competencia tras la introducción del software de fijación de precios basado en IA en el mercado minorista de gas alemán.
En primer lugar, se identifican qué estaciones de servicio están utilizando un software de fijación de precios durante un período de muestra de dos años (2016 a 2018). En segundo lugar, se analiza el impacto que ocasiona la adopción de dichos precios algorítmicos realizando una comparación con el resto de las estaciones de servicio de la competencia, antes y después de la implantación del mencionado software. Para identificar la adopción de precios algorítmicos se lleva a cabo un minucioso análisis sobre el número de cambios sufridos en los precios, el tamaño promedio de estos cambios y el tiempo de respuesta de sus rivales. Como resultado, se observa que en el primer año desde la adopción del software de fijación de precios los márgenes en los mercados no cambian. Es a partir de este período crítico anual cuando comienzan a aumentar de manera gradual.
En todo caso, y con carácter general, los resultados ponen de manifiesto que la adopción de precios algorítmicos ha afectado a la competencia y ha facilitado la colusión tácita en el mercado minorista de gas alemán.

mento de implementación del software de IA, resultando en la automática convergencia en precios y márgenes más elevados casi de inmediato. Sin embargo, sucede lo contrario y se precisa un tiempo de aprendizaje para que el uso de estos algoritmos pueda desplegar sus efectos.

Este efecto nos hace pensar que los algoritmos aprenden de manera tácita estrategias colusorias en el tiempo. La propia naturaleza de estos sistemas hace que su despliegue se produzca a lo largo del tiempo, requiriendo un primer momento de implementación, testeo y autoaprendizaje a través de ensayos de acierto y error para, con posterioridad, perfilar de forma correcta las estrategias que se deben desarrollar para adoptar las decisiones que maximicen las magnitudes que se quieren alcanzar, por regla general, la obtención del mayor margen de beneficio.

Es por ello que los reguladores han de adoptar una visión dinámica y no cortoplacista a la hora de afrontar el reto del empleo de estos sistemas inteligentes, desarrollando también por su parte otros algoritmos que permitan detectar la producción de este tipo de desviaciones en el mercado.

En este sentido, como resultado de la preocupación de la Comisión Europea por hacer frente a las nuevas conductas que pueden producir un impacto muy negativo sobre la competencia en los mercados digitales, ya han sido publicados los Reglamentos de Mercados y Servicios digitales (DMA y DSA, respectivamente), los cuales analizaremos a continuación con mayor detenimiento[614], así como una Propuesta de regulación de la IA[615].

---

614 *Vid. infra.* Capítulo IV, apartado segundo.

615 *Vid. supra.* Capítulo I, apartado tercero.

En España[616], tomando como base la Estrategia Nacional de IA[617], se podría impulsar una Ley que regule la creación de

---

616 Disposición adicional centésima trigésima de la Ley 22/2021, de 28 de diciembre, de Presupuestos Generales del Estado para el año 2022. Creación de la Agencia Española de Supervisión de Inteligencia Artificial:
«1. Se autoriza al Gobierno a impulsar una Ley, de acuerdo con el artículo 91 de la Ley 40/2015, de 1 de octubre, de Régimen Jurídico del Sector Público, para la creación de la Agencia Española de Supervisión de Inteligencia Artificial en España, configurada como Agencia Estatal dotada de personalidad jurídica pública, patrimonio propio y autonomía en su gestión, con potestad administrativa.
2. Esta Agencia actuará con plena independencia orgánica y funcional de las Administraciones Públicas, de forma objetiva, transparente e imparcial, llevando a cabo medidas destinadas a la minimización de riesgos significativos sobre la seguridad y salud de las personas, así como sobre sus derechos fundamentales, que puedan derivarse del uso de sistemas de inteligencia artificial. Estas medidas incluirán actuaciones propias, actuaciones en coordinación con otras autoridades competentes, cuando sea aplicable, y actuaciones de apoyo a entidades privadas.
3. La Agencia Estatal se encargará del desarrollo, supervisión y seguimiento de los proyectos enmarcados dentro de la Estrategia Nacional de Inteligencia Artificial, así como aquellos impulsados por la Unión Europea, en particular los relativos al desarrollo normativo sobre inteligencia artificial y sus posibles usos.
4. La Agencia Estatal se encontrará adscrita a la Secretaría de Estado de Digitalización e Inteligencia Artificial, dentro del Ministerio de Asuntos Económicos y Transformación Digital. Se regirá por lo establecido en su estatuto orgánico y por lo dispuesto en la Ley 40/2015, de 1 de octubre».

617 La Estrategia Nacional de IA fue publicada en el mes de noviembre de 2020, enmarcada dentro de la Estrategia España Digital 2025. Disponible en Disponible en: https://portal.mineco.gob.es/es-es/ministerio/areas-prioritarias/Paginas/inteligencia-artificial.aspx. Esta estrategia vendría a reforzar lo establecido en la ya citada Propuesta de Ley de Inteligencia Artificial, cuyo planteamiento se encuentra basado en el riesgo – riesgo inadmisible, alto riesgo, riesgo

la Agencia Española de Supervisión de Inteligencia Artificial. Uno de sus objetivos principales será la minimización de los riesgos significativos derivados del uso de IA sobre la seguridad y salud de las personas, así como sobre sus derechos fundamentales. Consideramos que sería interesante, además, incluir entre sus objetivos la minimización del riesgo en el uso de la IA para fomentar el correcto funcionamiento del mercado.

Sin embargo, no se ha especificado – al menos de momento – cuál será la configuración jurídica de la Agencia, esto es, si se conformará como un organismo regulador al que, además de supervisar, se le confiera la potestad de corregir conductas -imponiendo remedios ante infracciones o el desarrollo de prácticas perniciosas o no recomendadas- y sancionar las conductas infractoras. A nuestro juicio, si se pretende crear una autoridad que sea efectivamente útil es necesario dotarle de estos medios de intervención o, en su defecto, determinar con claridad a qué otra autoridad ha de darse traslado inmediato de la información que se haya detectado en el desarrollo de la función supervisora para que, en su caso, puedan abrirse

---

limitado y riesgo mínimo –. Sus objetivos principales serán garantizar que los sistemas de IA introducidos y usados en el mercado de la UE sean seguros y respeten la legislación vigente en materia de derechos fundamentales y valores de la Unión; garantizar la seguridad jurídica para facilitar la inversión e innovación en IA; mejorar la gobernanza y la aplicación efectiva de la legislación vigente en materia de derechos fundamentales y los requisitos de seguridad aplicables a los sistemas de IA; y, por último, facilitar el desarrollo de un mercado único para hacer un uso legal, seguro y fiable de las aplicaciones de IA y evitar la fragmentación del mercado. Además, se establece la necesidad de que «el diseño de estos sistemas sea robusto, seguro e imparcial, para avanzar hacia una IA fiable, explicable, transparente e inclusiva que asegure el cumplimiento de los derechos fundamentales y de la regulación aplicable, así como el respeto a los principios y valores fundamentales, y tenga en cuenta las aspiraciones colectivas de la ciudadanía».

los correspondientes expedientes. En el caso que nos ocupa, de no conferirle esas potestades, se debería regular de forma expresa la relación entre la Agencia de Inteligencia Artificial y la CNMC, de modo que se articule de forma clara el deber del supervisor de informar al regulador de mercado de las infracciones que haya podido detectar en el desarrollo de sus funciones, así como especificar los deberes de asistencia y apoyo en la instrucción del expediente.

Aún no podemos determinar las consecuencias que tendrá sobre el mercado la creación de esta nueva Agencia de Supervisión, pues habrá que acotar mejor sus funciones para evitar solapamientos de competencias con otras entidades ya existentes como son la CNMC o la Agencia Española de Protección de Datos (AEPD). Cabe preguntarnos, por ejemplo, si hubiera sido mucho más eficiente haber creado esta entidad -en tanto que regulador del sector de la Inteligencia Artificial- dentro de la CNMC. De esta opción integradora se podrían obtener importantes sinergias al conectarse los mecanismos supervisores de la agencia con los esfuerzos que ya ha llevado a cabo la autoridad nacional de competencia para el desarrollo de un área de inteligencia económica[618] para prácticas anticompetitivas. Se podría, así, crear una infraestructura o servicio transversal basado en la Inteligencia Artificial que diera cobertura a los distintos sectores y reguladores integrados en el ámbito de la CNMC[619].

---

618 Más información disponible en: https://www.cnmc.es/ambitos-de-actuacion/competencia/unidad-de-inteligencia-economica. *Vid supra.* Capítulo I, apartado quinto.

619 Baste recordar que la CNMC se creó en 2013, a través de la Ley 3/2013, de 4 de junio, de creación de la Comisión Nacional de los Mercados y la Competencia, como integración de la autoridad de Competencia (por entonces la CNC) con los reguladores sectoriales, a saber, la Comisión Nacional de Energía (CNE), la Comisión del Mercado de las Telecomunicaciones (CNT), el Comité de Re-

Por último, en el marco de la Estrategia Nacional de IA, ya se ha publicado la Carta sobre Derechos Digitales[620]. Este texto carece de carácter normativo y su objetivo es orientar y dar a conocer los nuevos retos que se plantean en los entornos digitales, sugiriendo a los diferentes actores del mercado una serie de políticas o principios con los que se ha de cumplir. Sobre la materia que aquí nos ocupa, este documento hace hincapié en la necesidad de aplicar la normativa correspondiente a protección de datos, así como la importancia de su portabilidad; el deber de garantizar el derecho a la no discriminación mediante el uso de sistemas de inteligencia artificial y prestar especial atención al diseño de los algoritmos utilizados, en concreto, para la adopción de decisiones automatizadas.

2. EL CONTROL REGULATORIO *EX ANTE*

2.1. Reglamento de Mercados Digitales (Digital Markets Act)

2.1.1. Consideraciones generales

En estos últimos años han aparecido nuevos e innovadores servicios digitales de la sociedad de la información que han

gulación Ferroviaria (CRF), el Consejo Estatal de Medios Audiovisuales (CEMA), la Comisión Nacional del Sector Postal (CNSP) y la Comisión de Regulación Económica Aeroportuaria (CREA). Por su propio ámbito, no resultaría descabellada la idea de considerar la inclusión también dentro de este organismo de la futura Agencia de Inteligencia Artificial.

620 Carta sobre Derechos Digitales, disponible en https://www.lamoncloa.gob.es/presidente/actividades/Documents/2021/140721-Carta_Derechos_Digitales_RedEs.pdf.

transformado la forma de comunicarnos, conectarnos, consumir o hacer negocios. Es importante destacar la importancia que adquiere la plataformización de las relaciones comerciales que ha tenido lugar en los últimos años, así como la acumulación de poder de mercado en manos de unas pocas plataformas que se encuentran presentes en un determinado mercado, pero que pueden extenderse a otros mercados conexos. Nos referimos a aquellas plataformas que la Comisión Europea denomina *gatekeepers* o guardianes de acceso, cuyas conductas y estrategias comerciales pueden suponer un riesgo para la disputabilidad del mercado a causa del empleo de algoritmos y sistemas de IA para consolidar su poder de mercado y que, en consecuencia, levantan barreras de entrada especialmente graves que impiden que entren nuevos competidores al mercado.

En este ámbito, no resulta adecuada la aplicación ordinaria del Derecho de la competencia, siendo necesario abordar este tipo de prácticas desde la regulación.

En su Comunicación *Shaping Europe's Digital Future*[621] (Configurar el futuro digital de Europa), la Comisión se comprometió a actualizar las normas horizontales que definen las responsabilidades y obligaciones de los prestadores de servicios digitales, en especial de las plataformas en línea. Por ello, con el objetivo de hacer frente a este nuevo entorno digital y obtener una mayor seguridad tanto para los usuarios como para las empresas digitales, la UE desarrolló dos iniciativas normativas que han concluido con la aprobación de dos Reglamentos dedicados a disciplinar el funcionamiento de los mercados en línea y la actuación de las plataformas digitales[622].

---

621 https://ec.europa.eu/info/sites/info/files/communication-shaping-europes-digital-future-feb2020_en_4.pdf.

622 En relación otras propuestas normativas cuyo objetivo es prevenir este tipo de prácticas, podemos señalar que, por un lado, en EEUU, en el año 2019, Cory Booker y Ron Wyden, senadores demócratas

---

norteamericanos, junto con la congresista Yvette D. Clarke, presentaron ante el Senado un proyecto de Ley de Responsabilidad Algorítmica (*Algorithmic Accountability Act of 2019*) con el objetivo de exigir a las empresas que apliquen técnicas de toma automatizada de decisiones a través de algoritmos informáticos, los estudien y corrijan cuando estos sean defectuosos y puedan generar decisiones inexactas, injustas e incluso discriminatorias para las personas. Esta propuesta tiene lugar debido a la gran cantidad de noticias que han sido conocidas en los últimos tiempos sobre el uso de algoritmos informáticos y posibles prácticas discriminatorias. Los objetivos de esta propuesta de Ley de Responsabilidad Algorítmica son los siguientes: (1) que la Federal Trade Commision (FTC) pueda elaborar una normativa para exigir a las empresas la realización de evaluaciones de impacto sobre los sistemas de decisión automatizados utilizados, (2) exigir a las empresas que analicen el uso que hacen de estos sistemas o algoritmos informáticos, incluidos los datos utilizados en aras de determinar su impacto sobre la vida de las personas, (3) que las empresas lleven a cabo una evaluación del impacto generado, con el uso de estas nuevas técnicas, sobre la privacidad y seguridad de la información personal de los consumidores y, por último, (4) exigirles que corrijan cualquier problema o desviación que resulte de las evaluaciones de impacto realizadas . Tras su aprobación, la Federal Trade Commision cuenta con un plazo de dos años para dictar las normas oportunas que considere necesarias para llevar a cabo las evaluaciones de impacto sobre los sistemas automatizados de toma de decisiones de alto riesgo y sobre los sistemas de información de alto riesgo – sean nuevos o existentes –.

Por otro lado, el pasado mes de mayo, se presentó en Estados Unidos un segundo proyecto, en este caso, una propuesta de Ley de Justicia Algorítmica y Transparencia de las Plataformas Online (*Algorithmic Justice and Online Platform Transparency Act 2021*). Esta norma tiene como principal objetivo prohibir el uso de algoritmos perjudiciales a través de un aumento de la transparencia y de la realización de análisis sobre los procesos algorítmicos que puedan resultar discriminatorios sobre el conjunto de la economía. Es decir, ofrecer una información clara, suficiente y comprensible de los algoritmos que sean utilizados. En este sentido, la Ley de Justicia Algorítmica y Transparencia de las Plataformas online nos permiti-

El primero de ellos es el Reglamento de Mercados Digitales (DMA)[623], norma que trata de hacer frente a las sólidas barreras

---

ría: (1) prohibir los procesos algorítmicos que lleven a cabo algún tipo de discriminación por motivos de raza, género, edad, capacidad, etc.; (2) fijar unos estándares de seguridad y eficacia para los algoritmos, con el fin de evitar que la utilización de procesos automatizados que puedan perjudicar a los usuarios; (3) exigir a las plataformas que informen al usuario de los algoritmos utilizados y la información recogida por estos, a través de un lenguaje sencillo; (4) la creación de registros sobre dichos procesos algorítmicos que puedan ser objeto de revisión por parte de la FTC, en cumplimiento de las normas de privacidad y anonimización de datos; (5) exigir la publicación de informes públicos anuales; y, por último, (6) la creación de un grupo de trabajo formado por diferentes entidades con el objetivo de investigar los procesos algorítmicos que puedan ser discriminatorios en todos los sectores de la economía.

Además de EEUU, otros países como China están llevando a cabo una intensa actividad regulatoria en relación con la protección de datos y el uso de algoritmos. En este sentido, en 2021 se presentó la propuesta de Reglamento sobre algoritmos de recomendación en Internet, una norma destinada a «estandarizar las actividades de recomendación algorítmica de los servicios de información de Internet» dentro del territorio continental de la República Popular China. Este Reglamento, ya aprobado en el mes de enero de 2022, entró en vigor el día 1 de marzo.

Sobre estas propuestas normativas véase FERNÁNDEZ, C. B., "Se presenta en los Estados Unidos un proyecto de Ley de responsabilidad algorítmica (Algorithmic Accountability Act)", *Diario La Ley*, nº 28, 2019, versión digital; ARAYA PAZ, C., "Transparencia algorítmica ¿un problema normativo o tecnológico?", *CUHSO (Temuco)*, vol.31, nº2, 2021, versión digital; FERNÁNDEZ, C.B., "EEUU: propuesta de Ley para combatir los algoritmos perjudiciales utilizados por las plataformas en línea e imponer un nuevo régimen de transparencia", *Diario La Ley*, 2021, versión digital; FERNÁNDEZ, C.B., "China presenta su proyecto de Reglamento sobre algoritmos de recomendación en Internet", *Diario La Ley*, 2021, versión digital.

623 Reglamento (UE) 2022/1925 del Parlamento Europeo y del Consejo de 14 de septiembre de 2022 sobre mercados disputables y

de entrada que se levantan en los mercados digitales dominados por plataformas que tienen la condición de guardianes de acceso. Es por ello por lo que le prestaremos especial atención a su estudio, puesto que se trata de una vía regulatoria de fomentar las condiciones para que pueda haber una competencia real y efectiva en estos mercados. Sobre su contenido, el Reglamento recoge los criterios para determinar que una plataforma sea considerada guardián de acceso, las obligaciones impuestas a este tipo de plataformas, su incumplimiento y los remedios adoptados en tales casos[624].

---

equitativos en el sector digital y por el que se modifican las Directivas (UE) 2019/1937 y (UE) 2020/1828 (Reglamento de Mercados Digitales) (TOL9.248.680).

624 El segundo Reglamento aprobado es el Reglamento del Parlamento Europeo y del Consejo relativo a un mercado único de servicios digitales (Ley de servicios digitales) y por el que se modifica la Directiva 2000/31/CE (la «Directiva sobre el comercio electrónico») (DSA, por sus siglas en inglés). Sobre esta última *vid.* Directiva 2000/31/CE del Parlamento Europeo y del Consejo, de 8 de junio de 2000, relativa a determinados aspectos jurídicos de los servicios de la sociedad de la información, en particular el comercio electrónico en el mercado interior (Directiva sobre el comercio electrónico), DO L 178 de 17.7.2000. No es nuestro objetivo analizar en profundidad la misma, si bien conocer de un modo breve sus objetivos y quiénes serán sus destinatarios. Este Reglamento reafirma y profundiza en los objetivos de la Directiva sobre el comercio electrónico y, a través de una sección dedicada a los mercados en línea, adopta medidas cuya finalidad esencial es la protección de los consumidores digitales. También desarrolla una serie de normas con el objetivo de garantizar un entorno de confianza adecuado para los consumidores en la economía digital, suponiendo esta actuación un desarrollo de los derechos fundamentales de los usuarios en este ámbito. Lo establecido en este Reglamento es de aplicación a los prestadores de cualquier servicio de la sociedad de la información ofrecido, por regla general, a cambio de una remuneración, a distancia, por vía electrónica y a petición de un destinatario a título individual. Encontraremos a lo largo del texto una serie de dispo-

La DMA y la DSA difieren en esencia en cuanto a sus objetivos. Así, la DMA se dirige a corregir los posibles desequilibrios económicos que se derivan de las posibles prácticas anticompe-

---

siciones relacionadas con la exención de responsabilidad de los prestadores de servicios intermediarios, las obligaciones que han de cumplir para conseguir un entorno en línea transparente y seguro, así como aquellas disposiciones relativas a la aplicación y ejecución del mismo. La norma define también unas responsabilidades claras en materia de rendición de cuentas para los prestadores de servicios intermediarios, en especial las plataformas en línea como los mercados y las redes sociales. Esta rendición de cuentas se llevará cabo mediante la imposición de una serie de obligaciones claras de diligencia debida para determinados servicios intermediarios, como procedimientos de notificación y acción en relación con los contenidos ilícitos y la posibilidad de impugnar las decisiones de moderación de contenidos de las plataformas. De este modo, la propuesta trata de mejorar la seguridad de los usuarios en línea en toda la Unión y reforzar la protección de sus derechos fundamentales. Un ejemplo, relacionado con nuestra investigación, lo encontramos en el art. 27 del Reglamento, en el cual se regula la transparencia del sistema de recomendación. En este caso, los prestadores de plataformas en línea que utilicen sistemas de recomendación deberán informar al usuario sobre los principales parámetros utilizados por estos, así como los criterios y razones de la importancia de estos parámetros. Sobre la DSA, entre otros, *vid.* DE MIGUEL ASENSIO, P. A., "Obligaciones de diligencia y responsabilidad de los intermediarios: El Reglamento (UE) de Servicios Digitales", *La Ley Unión Europea,* nº 109, Diciembre 2022, LA LEY 11104/2022; MARTÍNEZ NADAL, A., "Naturaleza (y responsabilidad) de las plataformas digitales: de la directiva de comercio electrónico a la propuesta de reglamento de servicios digitales", en MADRID PARRA, A. / ALVARADO HERRERA, L., (dirs.), *Derecho digital y nuevas tecnologías,* Aranzadi, Cizur Menor, 2022, pp. 387-416; BUITEN, M.C., "The Digital Services Act: From Intermediary Liability to Platform Regulation", *JIPITEC,* vol. 12, 2021, pp. 361-38; FLETCHER, A. / ORMOSI, P.L. / SAVANI, R., "Recommender systems and supplier competition on platforms", *Journal of Competition Law & Economics,* vol. 19, nº3, septiembre 2023, pp. 397-426.

titivas o desleales que lleven a cabo los guardianes de acceso o *gatekeeper*. Por su lado, la DSA trata con mayor precisión la responsabilidad de los intermediarios por los contenidos de terceros y por su actuación en el mercado, así como de los riesgos que deben asumir los usuarios en relación con los contenidos de la sociedad de la información[625].

Varios han sido los informes[626] que han sugerido la necesidad de contar con una regulación *ex ante* que evite la producción de un daño como consecuencia de conductas anticompetitivas mediante la imposición de una serie de prohibiciones y obligaciones para las grandes plataformas digitales[627].

Este Reglamento supone un gran paso pues es necesario desarrollar un marco regulatorio para los guardianes de acceso. Además, es necesario destacar su carácter complementario de las normas tradicionales de defensa de la competencia[628]. Es decir, la DMA se crea con el objetivo de hacer frente a una de

---

625 *Vid.* ECHEBARRÍA SÁENZ, M., "Restricciones de acceso al mercado...", *op cit.*, p. 168.

626 *Vid.*, FURMAN, J. / COYLE, D. / FLETCHER, A. / MCAULEY, D. / MARSDEN, P., "Unlocking digital competition...", *op. cit.*; CENTER STIGLER, *Stigler Committee on Digital Platforms: Final Report. Stigler Center, 2019.* Disponible en: https://www. chicagobooth. edu/-/media/research/stigler/pdfs/digital-platforms—committee-report—-stigler-center. Pdf; JUDICIARY COMMITTEE, *Investigation of Competition in Digital Markets: Majority Staff Report and Recommendations,* US House of Representatives, 2020. Disponible en: https://judiciary.house.gov/uploadedfiles/competition_in_digital_markets.pdf?utm_campaign=4493-519.

627 *Vid.* GERADIN, D., "What Is a Digital Gatekeeper? Which Platforms Should Be Captured by the EC Proposal for a Digital Market Act?", February 18, 2021, pp. 1-20 (en concreto, véase p. 2). Disponible en: SSRN: https://ssrn.com/abstract=3788152 or http://dx.doi.org/10.2139/ssrn.3788152.

628 *Vid.* ALTZELAI ULIONDO, I., "Hacia unos mercados disputables y equitativos más allá del Derecho de la competencia en la Unión

las carencias de la aplicación de la normativa de competencia pues esta llegaba siempre demasiado tarde porque para la aplicación de sus normas se requiere instruir procedimientos que requieren un largo período de tiempo. En muchos casos, cuando adoptan medidas, es decir, cuando se concluye el expediente apreciando la existencia de infracción, imponiendo multas y, en su caso, remedios, puede ser demasiado tarde. En este sentido, el daño que se haya provocado a la estructura competitiva del mercado resultaría irresoluble.

En este sentido, la finalidad de la norma es promover la disputabilidad en los mercados digitales al estar estos dominados por guardianes de acceso y que, por sus características, hacen que existan barreras de entrada al mercado que no pueden salvar las demás empresas[629]. Además, la DMA persigue que tanto los usuarios finales como los usuarios profesionales puedan aprovechar los beneficios de la economía de plataformas y la economía digital en general, siempre en un entorno disputable y equitativo. En estos nuevos mercados, la disputabilidad puede reducirse de manera considerable debido a la existencia de fuertes barreras de entrada salida del mercado como, por ejemplo, enfrentarse a elevados costes de inversión que no podrían recuperarse con facilidad (costes hundidos), y la ausencia de algunos insumos clave como podrían ser los datos.[630]

Europea", *Revista de Derecho Comunitario Europeo,* nº74, enero-abril 2023, pp. 147-189.

629 *Vid.* PODSZUN, R. / BONGARTZ, P. / LANGENSTEIN, S., "Proposals on How to Improve the Digital Markets Act", February 18, 2021, pp. 1-11. En concreto, véase p. 2. Disponible en: SSRN: https://ssrn.com/abstract=3788571 or http://dx.doi.org/10.2139/ssrn.3788571; SANJUÁN Y MUÑOZ, E., "The Digital Market Act and Market Failures in Digital Platforms–A Brief Reflection on Its Relevance", 2021, disponible en https://ssrn.com/abstract=3875158.

630 Considerando tercero DMA.

En relación con otras políticas de la UE, el Reglamento se enmarca en los objetivos generales de la Estrategia Digital de la Comisión, con la finalidad particular de garantizar una economía digital equitativa y competitiva. De este modo, complementará – que no sustituirá – las normas de competencia nacionales y europeas existentes. Para el desarrollo de esta norma, la Comisión Europea tomó el art. 114 TFUE[631] como base legal (y no el art. 103 TFUE[632])[633]. En consecuencia, no estamos propiamente ante una herramienta de Derecho de la

631 *Cfr.* Art. 114 TFUE: «1. Salvo que los Tratados dispongan otra cosa, se aplicarán las disposiciones siguientes para la consecución de los objetivos enunciados en el artículo 26. El Parlamento Europeo y el Consejo, con arreglo al procedimiento legislativo ordinario y previa consulta al Comité Económico y Social, adoptarán las medidas relativas a la aproximación de las disposiciones legales, reglamentarias y administrativas de los Estados miembros que tengan por objeto el establecimiento y el funcionamiento del mercado interior».

632 *Cfr.* Art. 103 TFUE: «1. El Consejo, a propuesta de la Comisión y previa consulta al Parlamento Europeo, adoptará los reglamentos o directivas apropiados para la aplicación de los principios enunciados en los artículos 101 y 102. 2. Las disposiciones a que se refiere el apartado 1 tendrán especialmente por objeto: a) garantizar la observancia de las prohibiciones mencionadas en el apartado 1 del artículo 101 y en el artículo 102, mediante el establecimiento de multas y multas coercitivas; b) determinar las modalidades de aplicación del apartado 3 del artículo 101, teniendo en cuenta la necesidad, por una parte, de asegurar una vigilancia eficaz y, por otra, de simplificar en lo posible el control administrativo; c) precisar, eventualmente, respecto de los distintos sectores económicos, el ámbito de aplicación de los artículos 101 y 102; d) definir las respectivas funciones de la Comisión y del Tribunal de Justicia de la Unión Europea en la aplicación de las disposiciones establecidas en el presente apartado; e) definir las relaciones entre las legislaciones nacionales, por una parte, y las disposiciones de la presente sección y las adoptadas en aplicación del presente artículo, por otra».

633 *Vid.* ALTZELAI ULIONDO, I., "Hacia unos mercados disputables y equitativos…", *op. cit.*, pp. 159-161.

competencia[634], sino que en ella se ven involucrados también otros aspectos e intereses relacionados con la regulación[635]. Por lo tanto, el hecho de que se trate de un instrumento regulatorio y no de una norma de defensa de la competencia, simplifica en gran medida el procedimiento de actuación de la Comisión. En este sentido, la calificación de la plataforma como guardián de acceso será suficiente para que quede sometido al cumplimiento de las obligaciones y prohibiciones establecidas en la norma, no siendo necesario constatar con carácter previo la comisión de una conducta anticompetitiva y su calificación como infracción[636].

Así, el Reglamento trata de minimizar a través de una intervención *ex ante* los efectos estructurales perjudiciales que pueden derivar de la actuación en el mercado de las grandes plataformas dominantes y que pudieran comprometer el funcionamiento justo y equitativo de este. En cambio, no se introduce modificación alguna sobre las posibilidades de intervención *ex post,* misión atribuida a las normas de defensa de la competencia nacionales y de la UE.

Este Reglamento persigue un objetivo complementario, diferente al de proteger la competencia no falseada en el mer-

---

634 *Vid.* OLMEDO PERALTA, E., "Redefiniendo el ámbito de aplicación de la Ley de Mercados Digitales…", *op. cit.*, pp. 93-94.

635 *Vid.* PODSZUN, R. / BONGARTZ, P. / LANGENSTEIN, S., "Proposals on How to Improve the Digital Markets Act", *op. cit.*, p. 2; OLMEDO PERALTA, E., "Fallos en el mercado de intercambio de datos entre empresas (B2B) y medidas para abordarlos desde la regulación y los remedios de competencia: Una perspectiva europea de lege lata y de lege ferenda", *op. cit.,* p.44.

636 *Vid.* OLMEDO PERALTA, E., "Redefiniendo el ámbito de aplicación de la Ley de Mercados Digitales…", *op. cit.*, p. 94; PETIT, N., "The proposed Digital Markets Act (DMA): a legal and policy review", *Journal of European Competition Law & Practice,* vol. 12, nº7, 2021, pp. 529-541.

cado, en concreto, garantizar que los mercados donde haya guardianes de acceso (*gatekeepers*) sigan siendo disputables y equitativos. Por lo tanto, su objeto es proteger un interés jurídico diferente a las normas ya existentes sobre competencia y su aplicación se llevará a cabo sin perjuicio de la de estas últimas[637]. Por último, y no menos importante, la norma también complementará las leyes existentes en materia de protección de datos, en concreto, lo establecido en el RGPD y normativas nacionales aplicables.

2.1.2. Criterios para delimitar cuándo una plataforma puede ser calificada como guardián de acceso

Lo contenido en el Reglamento se aplicará a los servicios básicos de plataforma prestados u ofrecidos por guardianes de acceso a usuarios profesionales en la Unión o usuarios finales establecidos o situados en ella, con independencia del lugar de establecimiento o residencia de dichos guardianes de acceso y de la ley aplicable a la prestación del servicio.

A partir de la definición de los objetivos de la DMA que acabamos de introducir, se recogen en la norma una serie de definiciones necesarias de cara a abordar el contenido del presente Reglamento. En relación con la cuestión que nos ocupa

---

[637] Considerando décimo DMA. En este sentido, tal y como señala el art. 1.6 DMA, el presente Reglamento se entiende sin perjuicio de la aplicación de los artículos 101 y 102 del TFUE, de aquellas normas nacionales que prohíban los acuerdos contrarios a la competencia, las decisiones de las asociaciones de empresas, las prácticas concertadas y los abusos de posición dominante, así como las normas nacionales de competencia que prohíban otras formas de conducta unilateral en la medida en que se apliquen a empresas que no sean guardianes de acceso o equivalgan a imponer obligaciones adicionales a los guardianes de acceso.

son de especial interés la definición de servicio básico de plataforma y de guardián de acceso.

El primero de ellos hace referencia a cualquiera de los siguientes elementos: a) servicios de intermediación en línea; b) motores de búsqueda en línea; c) servicios de redes sociales en línea; d) servicios de plataformas de intercambio de vídeos; e) servicios de comunicaciones interpersonales independientes de la numeración; f) sistemas operativos; g) servicios de computación en nube; h) servicios de publicidad, incluidas las redes de publicidad, los intercambios publicitarios y cualquier otro servicio de intermediación publicitaria, prestados por un proveedor de cualquiera de los servicios básicos de plataforma enumerados en las letras a) a g). El Reglamento no incluye una definición de estos, tan sólo se limita a ofrecer un listado – considerado abierto –, de servicios que merecen tal consideración[638].

Sin embargo, el hecho de que un servicio digital pueda ser calificado como un servicio básico de plataformas no significa que de manera obligatoria nos encontremos ante conductas que afecten gravemente a la disputabilidad de los mercados o ante prácticas consideradas injustas en los mismos. La preocupación por este tipo de prácticas tan sólo surgirá cuando dicho servicio constituya una «gran puerta de acceso controlada por un proveedor con un impacto significativo en el mercado interior y una posición afianzada y duradera»[639], o por un proveedor que alcanzará tal posición en un futuro próximo. Es decir, que una plataforma pueda ser calificada como *gatekeeper* no implica *per se*

---

638 *Vid.* OLMEDO PERALTA, E., "Las plataformas de economía colaborativa ante la propuesta de ley de mercados digital es. ¿Son suficientemente disputables los mercados colaborativos?", en PAGADOR LÓPEZ, J. (dir.), *Desafíos del regulador mercantil en materia de contratación y competencia empresarial,* 2021, pp. 359-380.

639 Considerando décimoquinto DMA.

que nos encontremos ante plataformas que estén llevando a cabo prácticas anticompetitivas en los mercados.

Sobre la calificación como guardián de acceso o *gatekeeper*, la norma lo define como aquel proveedor de servicios básicos de plataforma designado de conformidad con el artículo 3. En este sentido, existen dos procedimientos de designación de los guardianes de acceso: por un lado, el procedimiento sujeto a la superación de los umbrales establecidos por la DMA, considerándose como *gatekeepers* aquellas plataformas que superen dichos umbrales y, desde entonces, han de someterse a sus normas; y, por otro lado, un procedimiento de designación directa por la Comisión a aquellas plataformas que, pese a no superar dichos umbrales, producen los mismos efectos sobre el mercado[640].

En relación con el primer procedimiento mencionado, para ser considerado como guardián de acceso se deberán cumplir los siguientes requisitos[641]:

En primer lugar, tener una repercusión significativa en el mercado interior. Se presumirá que la plataforma cumple con este primer requisito cuando la empresa a la que pertenece alcance un volumen de negocios anual en el EEE igual o superior a 6.500 millones de euros en los tres últimos ejercicios,

---

640 ALTZELAI ULIONDO, I., "Hacia unos mercados disputables y equitativos...", *op. cit.*, pp. 161-163. Para una ampliación del concepto de guardián de acceso, *vid.* DE VIVERO DE PORRAS, C., "Servicios financieros complementarios y guardianes de acceso. Una aproximación y ampliación del concepto de Gatekeeper", en OLMEDO PERALTA, E. (dir.), *La aplicación del derecho de la competencia en la economía de los datos*, Aranzadi, Cizur Menor, 2021, pp. 289-318; OTERO COBOS, M.T., "El uso de información por los guardianes de acceso sobre transacciones de terceros", en OLMEDO PERALTA, E. / ROBLES MARTÍN-LABORDA, A. (dirs.), *Estudios de la Red Académica de Defensa de la Competencia (RADC)*, Aranzadi, Cizur Menor, 2022, pp. 319-338.

641 *Cfr*, Art. 3.1 DMA

o cuando la capitalización bursátil media o el valor justo de mercado equivalente de la empresa a la que pertenece ascienda como mínimo a 65.000 millones de euros en el último ejercicio, y preste un servicio básico de plataforma en al menos tres Estados miembros[642].

El segundo requisito exigido para ser designado como guardián de acceso consistirá en operar un servicio básico de plataforma que sirva como puerta de acceso importante para que los usuarios profesionales lleguen a los usuarios finales. Entenderemos que este se cumplirá cuando proporcione un servicio básico de plataforma que cuente con más de 45 millones de usuarios finales activos mensuales establecidos o situados en la UE y más de 10.000 usuarios profesionales activos anuales establecidos en la misma en el último ejercicio económico[643].

Por último, la plataforma deberá tener una posición afianzada y duradera en sus operaciones o que sea previsible que alcance dicha posición en un futuro próximo. Para el cumplimiento de este último requisito se deben alcanzar los umbrales establecidos en el anterior en cada uno de los tres últimos ejercicios[644].

Cumplidos los requisitos anteriores, la Comisión designará como guardián de acceso al proveedor de servicios básicos de plataforma, salvo que este presente argumentos fundamentados que demuestren que no cumple los requisitos exigidos en el art. 3.1 DMA. Cuando una empresa prestadora de servicios básicos de plataforma alcance todos los umbrales del apartado segundo del mismo artículo, deberá notificarlo a la Comisión en el plazo de dos meses a partir de la fecha en la que se alcanzaran dichos umbrales. Si esta no cumple con el requisito de

---

642 *Cfr.* Art. 3.2.a) DMA

643 *Cfr.* Art. 3.2.b) DMA

644 *Cfr.* Art. 3.2.c) DMA

notificación, la Comisión seguirá teniendo la facultad de designar a dicha empresa como guardián de acceso, tomando como base la información que tenga a su disposición[645].

En segundo término, cuando una empresa prestadora de servicios básicos de plataforma cumpla todos los requisitos del art. 3.1, pero no alcance los umbrales establecidos en su apartado segundo, la Comisión podrá considerar que nos encontramos ante un guardián de acceso teniendo en cuenta las siguientes variables[646]: a) El tamaño, incluidos el volumen de negocios y la capitalización bursátil, las operaciones y la posición del proveedor de servicios básicos de plataforma, b) el número de usuarios profesionales dependientes del servicio básico de plataforma para llegar a los usuarios finales y el número de usuarios finales, c) las barreras de entrada derivadas de los efectos de red y las ventajas basadas en datos, en particular en relación con el acceso del proveedor a los datos personales y no personales o a las capacidades analíticas, así como su recopilación, d) los efectos de escala y alcance de los que se beneficia el proveedor, incluso con respecto a los datos, e) la cautividad de usuarios profesionales o usuarios finales, f) la existencia de una estructura de conglomerado empresarial o integración vertical, así como otras características estructurales del mercado. Para llevar a cabo dicha designación es necesario realizar una investigación de mercado en los términos establecidos en el art. 17 de la norma.

Esta designación directa de las plataformas como guardianes de acceso por parte de la Comisión tiene como objetivo aplicar el Reglamento a aquellas plataformas que, no teniendo aún una posición sólida en el mercado, es posible que la ostenten en un futuro. En este sentido, consideramos que se trata de una finalidad preventiva, es decir, evitar que estas platafor-

---

645 *Cfr.* Art. 3.3. DMA

646 *Cfr.* Art. 3.8 DMA

mas alcancen tal posición en el mercado que pueda resultar perjudicial para la competencia[647]. Sin embargo, en nuestra opinión, la Comisión ha de actuar con cautela ante este tipo de designaciones, pues con ellas puede producirse un freno a la innovación en estos mercados[648] y, en consecuencia, una menor inversión de las empresas en estos.

La Comisión revisará, al menos cada dos años, si los guardianes de acceso siguen cumpliendo los requisitos establecidos en el Reglamento o si existen nuevos proveedores de servicios básicos de plataforma que deban ser considerados como tales.

Además, la Comisión podrá modificar en cualquier momento la calificación como *gatekeeper* cuando se haya producido un cambio sustancial en cualquiera de los hechos en los que se basó su decisión o esta se hubiera basado en informaciones incompletas, incorrectas o engañosas facilitadas por las empresas[649].

Una cuestión importante consistiría en analizar cuándo un proveedor de servicios básicos de plataforma constituye una puerta de acceso importante en el mercado y cómo pueden crearse nuevas barreras de entrada al mismo por el mero hecho de contar con una gran cantidad de usuarios profesionales y finales, contando con una posición afianzada y duradera en sus operaciones. Si un proveedor de servicios básicos de plataforma sirve como puerta de acceso importante o tiene una posición afianzada y duradera en sus operaciones – presente o en un futuro próximo – no depende tan sólo de su

---

647 *Vid.* OLMEDO PERALTA, E., "Redefiniendo el ámbito de aplicación de la Ley de Mercados Digitales…", *op. cit.*, p. 100.

648 *Vid.* CENNAMO, C. / KRETSCHMER, T. / CONSTANTINIDES, P. / ALAIMO, C. / SANTALÓ, J., "Digital platforms regulation: an innovation-centric view of the EU's Digital Markets Act", *Journal of European Competition Law & Practice*, vol. 14, nº1, 2023, pp. 44-51.

649 *Cfr.* Art. 4 DMA

número de usuarios, también dependerá del mercado en el que opere, pues este jugará un papel fundamental en su designación como guardián de acceso[650]. En este sentido, sería interesante no centrarse tanto en la cuota de mercado sino en el porcentaje de ventas que se realiza a través de un canal determinado. Para ello, es necesario una revisión de la definición del mercado relevante en los mercados digitales y de los criterios utilizados hasta ahora para su determinación[651].

Por todo ello, es importante asegurarse de que la designación de plataformas como *gatekeepers* se limite a un pequeño grupo de plataformas digitales de las que en realidad dependa una gran cantidad de usuarios profesionales y usuarios finales. Además, debido a que los recursos con los que cuenta la Comisión tanto para la implementación como para el seguimiento y cumplimiento de la DMA serán de manera considerable limitados es importante garantizar una legislación que se deba aplicar a sólo a aquellas plataformas que de verdad sean guardianes de acceso[652]. Quizás sería necesario que otras plataformas que ostenten una posición importante en el mercado y que dominen mercados relevantes en definiciones más estrechas sean objeto de tratamiento por parte de las autoridades de competencia nacionales, a través del desarrollo de normas similares a la DMA para proteger la competencia en mercados digitales dentro de sus territorios[653].

---

650 *Vid.* GERADIN, D., "What Is a Digital Gatekeeper?...", *op. cit.*, pp. 13 y ss.

651 *Vid. Supra.* Capítulo II.

652 *Vid.* GERADIN, D., "What Is a Digital Gatekeeper?...", *op. cit.*, p. 20.

653 Esto sucedió, por ejemplo, en Alemania con la reforma de la GWB. Alemania ha realizado una reforma de su normativa interna con el objetivo de afrontar los nuevos retos y desafíos que tienen lugar en los mercados digitales. En concreto, el pasado año 2021 se llevó a cabo la reforma de la ley de defensa de la competencia alemana (GWB-10). Esta introduce importantes cambios en relación con la

protección de la competencia en la nueva economía digital, permitiendo a la autoridad alemanda de competencia, la Bundeskartellamt, actuar de forma preventiva – ex ante –, en lugar de actuar ex post, mediante la prohibición de ciertas formas de conducta que pueden resultar anticompetitivas. En este sentido, en la sección 19 del texto se establece un nuevo régimen especial de control ante aquellas conductas que puedan resultar abusivas por parte de agentes económicos que sean muy significantes para la competencia entre mercados, pudiendo establecer dicha autoridad ciertas prohibiciones específicas. Nos referimos, por ejemplo, a prácticas como *self-preferencing* o impedir que terceras empresas entren en el mercado mediante el procesamiento de datos relevantes para la competencia. Para poder determinar si un agente económico cuenta con "suprema significancia" para la competencia entre mercados, la Bundeskartellamt deberá examinar, entre otros, los siguientes requisitos: (1) si tiene o no una posición dominante en uno o más mercados, (2) su capacidad financiera y el acceso a fuentes de financiación, (3) las actividades desarrolladas en mercados relacionados, (4) la posibilidad de acceso a datos relevantes para la competencia, (5) su influencia sobre las actividades de negocio de terceros, etc. Como vemos, resultan criterios similares a los establecidos en el Reglamento de Mercados Digitales cuando hablamos de gatekeeper. Sin embargo, la reforma alemana ha añadido de manera expresa en su texto como práctica de abuso de posición de dominio la negativa injustificada de prestar acceso a los datos, redes o infraestructuras necesarias para competir bien aguas arriba, bien aguas abajo.

Sobre esta cuestión, *vid.*, FERRARI, G / MAGGIOLINO, M., "Il potere across markets delle GAFAM: come reagire?, *op. cit.*, pp. 463-488; FRANCK, J.U. / PEITZ, M., "Digital platforms and the new 19 Tool in the German Competition Act", *Journal of European Competition Law & Practice*, vol. 12, nº7, 2021, pp. 513-528; FUCHS NISSIM, A. / MUFDI GUERRA, N., "Derecho de la competencia y Regulación de Mercados Digitales: Desafíos y Propuestas para Latinoamérica", *Centro de Competencia*, 2021, disponible en: https://centrocompetencia.com/wp-content/uploads/2021/07/Fuchs-y-Mufdi-Derecho-de-la-Competencia-y-Regulacion-de-mercado-digitales-Desafios-y-Propuestas-para-Latinoamerica.pdf; JOHANNSEN,

Con fecha 7 de marzo de 2024, la Comisión designó los primeros seis guardianes de acceso que debían cumplir lo establecido en el Reglamento en un plazo de seis meses. En concreto, estos fueron Alphabet, Amazon, Apple, ByteDance, Meta y Microsoft. En total, se designaron 22 servicios básicos de plataforma prestados por estos guardianes de acceso[654]. A pesar de que Samsung también alcanzaba los umbrales establecidos en la normativa, este no fue finalmente designado como *gatekeeper*. Esto es así debido a que la Comisión Europea consideró que había presentado argumentos lo suficientemente motivados para demostrar que no merecía tal calificación[655]. Dos meses más tarde, la Comisión designó a Booking como guardián de acceso para su servicio de intermediación en línea Booking.com.

G., "Vanguardia Alemana en Libre Competencia. Comentario al Proyecto de Ley de Digitalización (GWB-10)", *Investigaciones CeCo*, junio 2020, disponible en: http://www.centrocompetencia.com/category/investigaciones/.

654 Sobre el proceso de designación de los gatekeepers, *vid.* RIBERA MARTÍNEZ, A., "The Requisite Legal Standard of the Digital Markets Act's Designation Process", 2024, disponible en https://ssrn.com/abstract=4681963.

655 Más información disponible en https://ec.europa.eu/commission/presscorner/detail/es/ip_23_4328.

Figura 3. Gatekeepers y servicios básicos de plataforma designados por la CE

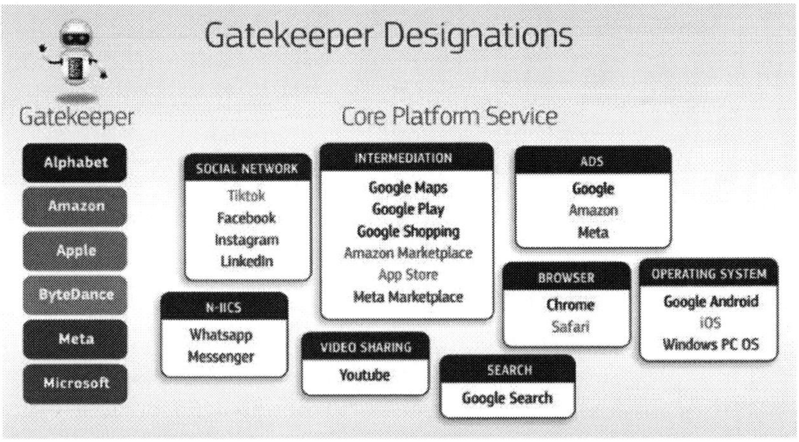

Fuente: Comisión Europea, disponible en https://ec.europa.eu/commission/presscorner/detail/es/ip_23_4328.

2.1.3. Obligaciones y prohibiciones que se aplican a los gatekeepers

Una vez calificada una plataforma como guardián de acceso, la DMA impone una serie de obligaciones y le somete a ciertas prohibiciones. Estas están reguladas en los arts. 5 y 6 del Reglamento que diferencian, respectivamente, entre aquellas medidas que resultarán de aplicación inmediata y sin necesidad de concreción ulterior, de aquéllas que requieren una mayor especificación por parte de la Comisión[656]. En relación

656 Sobre las obligaciones recogidas en los arts. 5 y 6 DMA, *vid.* RUIZ PERIS, J.I., "La nueva digital market act, una respuesta híbrida de la Unión Europea a los "gatekeepers" GAFA", *Revista Aranzadi de Derecho y Nuevas Tecnologías,* nº57, 2021, BIB 2021\5357; ZURIMENDI ISLA, A., "El abuso de posición de dominio en mercados digitales",

con las primeras, además, podríamos clasificarlas como obligaciones de hacer o de no hacer, positivas o negativas[657]. Junto a esta clasificación, otros autores consideran que dichas medidas deberían haber sido ordenadas diferenciando entre aquellas dirigidas a derribar barreras de entrada en el mercado o conductas exclusionarias, la prohibición de prácticas explotativas y desleales y, por último, las medidas estructurales sobre el dominio de los datos y los flujos de información[658].

De este modo, por un lado, en el art. 5 DMA se recogen, entre otras, las siguientes obligaciones que han deben cumplir las plataformas designadas como gatekeepers.

En primer lugar, el guardián de acceso se abstendrá del tratamiento, combinación y cruce de los datos personales procedentes de los servicios básicos de plataforma en los términos establecidos en la norma, así como el inicio de sesión de usuarios finales en otros servicios del guardián de acceso con

---

op. cit.; OLMEDO PERALTA, E., "Fallos en el mercado de intercambio de datos entre empresas (B2B) y medidas para abordarlos desde la regulación y los remedios de competencia: Una perspectiva europea de lege lata y de lege ferenda", *op. cit.,* pp. 45 y 46; OLMEDO PERALTA, E., "The Creation of Data Pools as Information Exchanges: Antitrust Concerns", *Yearbook of Antitrust and Regulatory Studies,* vol. 17, nº28, (en prensa); RIBERA MARTÍNEZ, A., "The Digital Markets Act Is More Intricate Than Regulators and Detractors Give It Credit For", 2024, disponible en https://www.promarket.org/2024/01/08/the-digital-markets-act-is-more-intricate-than-regulators-and-detractors-give-it-credit-for/.

657 *Vid.* ECHEBARRÍA SÁENZ, M., "Restricciones de acceso al mercado…", *op. cit.,* p. 169.

658 En este sentido, *vid.* OLMEDO PERALTA, E., "Redefiniendo el ámbito de aplicación de la Ley de Mercados Digitales…", *op. cit.,* p. 103. Otras clasificaciones diferencian entre obligaciones de transparencia, acceso a los datos, elección del consumidor, etc., *vid.* PETIT, N., "The proposed Digital Markets Act (DMA)…", *op. cit.,* p. 535 y ss.

el objetivo de combinar datos personales[659]. Esto tan sólo será posible cuando el usuario disponga de una opción específica en la que pueda prestar su consentimiento[660]. No se considera este precepto demasiado claro pues, como se ha analizado en numerosas ocasiones, el hecho de que exista consentimiento no significa que nos encontremos ante un verdadero consentimiento informado y puede suponer una barrera de acceso o un obstáculo a la contratación del servicio[661].

Además, también se abstendrá de aplicar obligaciones que impidan a los usuarios profesionales ofrecer los mismos productos o servicios a usuarios finales a través de servicios de intermediación en línea de terceros -o de su propio canal de venta directa en línea- a precios o condiciones que sean diferentes de los ofrecidos a través de los servicios de intermediación en línea del guardián de acceso[662]. Esta obligación parece tener origen en el caso *Amazon Books*[663]. Es decir, esta obligación tie-

---

659 *Cfr.* Art. 5.2 DMA.

660 Según lo establecido en el Reglamento (UE) 2016/679. Cfr. Art. 5.2 DMA. Sobre esta cuestión, *vid.* RIBERA MARTÍNEZ, A., "The Circularity of Consent in the DMA: A Close Look into the Prejudiced Substance of Articles 5(2) and 6(10)", *Rivista Concorrenza e Mercato,* vol. 29, 2022, pp. 191-212.

661 *Vid.* ECHEBARRÍA SÁENZ, M., "Restricciones de acceso al mercado...", *op. cit.*, p.171.

662 *Cfr.* Art. 5.3 DMA.

663 *Vid.* Decisión de la Comisión Europea, de 4 de julio de 2017, asunto AT.40153, *E-book MFNs and related matters.* En este asunto, la Comisión llegó a la conclusión preliminar de que Amazon abusó de su posición de dominio en «los mercados de distribución minorista de libros electrónicos en lengua inglesa y alemana a los consumidores del EEE, al exigir a los proveedores de libros electrónicos i) que comuniquen a Amazon condiciones más favorables o alternativas a las ofrecidas en otros casos, o ii) ofrezcan a Amazon condiciones que, directa o indirectamente, dependen de las condiciones ofrecidas a

ne como objetivo hacer frente las cláusulas de paridad o de la nación más favorecida (MFN) [664].

Junto a ello, otra de las obligaciones recogidas en la norma es aquella mediante la cual el guardián de acceso no exigirá a los usuarios profesionales o a los usuarios finales que se suscriban o registren en cualquier servicio básico de plataforma identificado de conformidad con el artículo 3 o que cumpla los umbrales establecidos en el artículo 3, apartado 2, letra b), como condición para acceder, inscribirse o registrarse en cualquiera de sus servicios básicos de plataforma identificados de conformidad con ese artículo[665]. En este caso, consideramos que esta medida se basa en los asuntos *Facebook/Instagram* o *Facebook/WhatsApp*[666] y en el asunto *Google Android*[667], abogando por una política de comunicación de datos entre plataformas más transparente, sin la imposición de condiciones al usuario profesional o final.

Por último, otra de las obligaciones recogidas en su artículo quinto es aquella por la cual el guardián de acceso «permitirá a los usuarios profesionales, de forma gratuita, comunicar y promover ofertas en particular con condiciones diferentes, entre los usuarios finales adquiridos a través de su servicio básico de

---

otros minoristas de libros electrónicos». Es decir, la Comisión hace referencia a las denominadas «cláusulas de paridad».

664 *Vid.* ECHEBARRÍA SÁENZ, M., "Restricciones de acceso al mercado…", *op. cit.*, pp. 169-170. Siguiendo a VEZZOSO, S., "The proposed Digital Market Ac What Kind of regulatory Animal is i?", 2021; BLOCKX, J., "The expected impact of the DMA on the *antitrust* enforcement of unilateral practices", *Journal of European Competition Law & Practice*, vol. 14, nº6, 2023, pp. 325-333.

665 *Cfr.* Art. 5.8 DMA.

666 *Vid.* Decisión de la Comisión Europea, asunto M.8228, *Facebook/WhatsApp*.

667 *Vid.* Decisión de la Comisión Europea, asunto AT.40099, *Google Android*.

plataforma u otros canales y celebrar contratos con esos usuarios finales, independientemente de si, para este fin, utilizan los servicios básicos de plataforma del guardián de acceso»[668]. Sobre esta medida, consideramos que sus antecedentes serán los asuntos *Apple Store/music*[669] y, de nuevo, *Google Android*[670].

Además de las anteriores, el Reglamento, en su art. 6, recoge una serie de obligaciones que son susceptibles de ser especificadas y desarrolladas con posterioridad.

Entre ellas, podemos destacar, en primer lugar, aquellas cuyo objetivo es evitar la creación de barreras de entrada en los mercados[671]. Así, por ejemplo, el guardián de acceso está obligado a aplicar a los usuarios profesionales condiciones generales equitativas, razonables y no discriminatorias de acceso a sus motores de búsqueda, servicios de redes sociales[672], etc., así como no podrá restringir técnicamente la capacidad de los usuarios finales para cambiar y suscribirse a diferentes programas de aplicación y servicios accesibles mediante el sistema operativo del guardián de acceso, incluso en lo que respecta a la elección del proveedor de acceso a Internet para los usuarios finales[673]. De nuevo, vemos cómo dicha obligación parece tener origen en casos como el asunto *Google Android*[674].

---

668 Art. 5.4 DMA.

669 *Vid.* Decisión de la Comisión Europea, asunto AT.40437, *Apple Store/music.*

670 *Vid.* Decisión de la Comisión Europea, asunto AT.40099, *Google Android.*

671 *Vid.* ECHEBARRÍA SÁENZ, M., "Restricciones de acceso al mercado…", *op. cit.*, p. 173.

672 *Cfr.* Art. 6.12 DMA.

673 *Cfr.* Art. 6.6. DMA.

674 *Vid.* BLOCKX, J., "The expected impact of the DMA…", *op. cit.*, p. 328.

Por otro lado, el Reglamento recoge una serie de obligaciones relativas al uso de datos por parte del guardián de acceso, así como a la portabilidad e interoperabilidad de estos[675]. Establecer la portabilidad e interoperabilidad de datos, como vimos, adquiere gran importancia en los mercados digitales ya que puede evitar la creación de nuevas barreras de entrada en estos mercados, así como que pocas plataformas tenga acceso único a los datos del usuario, adquiriendo un elevado poder de mercado que pueda provocar problemas de competencia[676]. Sobre la prohibición de utilizar datos que no sean accesibles al público[677], recordamos la investigación abierta a Amazon por parte de la Comisión en el año 2019, mediante la cual se pretendía determinar si la compañía había estado usando información sensible de las empresas que usan la plataforma para hacer sus propios cálculos empresariales[678].

Además, el guardián de acceso permitirá a los usuarios finales desinstalar cualquier programa de aplicación preinstalado en su servicio de plataforma básico sin perjuicio de la posibilidad de que un guardián de acceso restrinja la desinstalación de programas de aplicación preinstalados que sean esenciales para el funcionamiento del sistema operativo o el dispositivo y que, desde un punto de vista técnico, no puedan ser ofrecidos de manera autónoma por terceros[679]. Quizás aquí cabría preguntarse qué debe entenderse por "aplicación preinstalada

---

675 *Cfr.* Arts. 6.7 y 6.9 DMA.

676 *Vid. supra.* Capítulo IV, apartado 2.3.

677 *Cfr.* Art. 6.2 DMA.

678 *Vid.* IBÁÑEZ COLOMO, P., "The draft Digital Markets Act: a legal and institutional analysis", *Journal of European Competition Law & Practice*, nº12, septiembre 2021, pp. 561-575.

679 *Cfr.* Art. 6.3 DMA.

esencial", pues será su carácter esencial lo que determine la aplicación de dicho precepto[680].

En último lugar, con el objetivo de hacer frente a las conocidas como conductas de autopreferencia o *self-preferencing*[681], el guardián de acceso deberá abstenerse de tratar de un modo más favorable en la clasificación a los servicios y productos ofrecidos por el propio guardián de acceso o por terceros pertenecientes a la misma empresa, así como aplicar condiciones justas y no discriminatorias a dicha clasificación[682]. Aquí podemos encontrar reflejada la preocupación mostrada por la Comisión en el caso *Google Shopping*[683], es decir, no tratar de manera más favorable los productos o servicios ofrecidos por la propia plataforma que aquellos ofrecidos por terceros en ella[684].

---

680 Su origen se encuentra en el conocido asunto Microsoft. *Vid.* STPI (Gran Sala), de 17 de septiembre de 2007, asunto T-201/04, *Microsoft Corp. c. Comisión* (TOL4.628.847).

681 Sobre este caso, *vid.* DEUTSCHER, E., "Google Shopping and the Quest for a Legal Test for Self-preferencing Under Article 102 TFEU", *European papers: a journal on law and integration*, vol. 6, nº3, 2021, pp. 1345-1361; PEITZ, M., "How to apply the self-preferencing prohibition in the DMA", *Journal of European Competition Law & Practice*, vol. 14, nº5, 2023, pp. 310-315; BINOTTO, A. / DELUCA, P., "Self-preferencing between all and nothing: in search for a definition under Brazilian competition law", *Latin America Law Review*, nº11, 2023, pp. 73-92; RUIZ PERIS, J.I., "Gatekeepers, discriminación autopreferente exclusionaria y reforzamiento de la posición de dominio: La nueva propuesta europea de Digital Market Act", en MARTÍ MIRAVALLS, J. (dir.), *Competencia en mercados digitales y sectores regulados*, Tirant lo Blanch, Valencia, 2021, pp. 29-64.

682 *Cfr.* Art. 6.5 DMA

683 *Vid.* Decisión de la Comisión Europea, asunto AT.39740, *Google Search (Shopping)*, 2017.

684 *Vid.* ECHEBARRÍA SÁENZ, M., "Restricciones de acceso al mercado…", *op. cit.*, p. 175; BLOCKX, J., "The expected impact of the DMA…", *op. cit.*, p. 328; BOSTOEN, F., "The General Court's Goo-

En resumen, todas esas prohibiciones y obligaciones parecen tener origen en los diferentes casos analizados por la Comisión en los últimos años, en concreto, aquellos que afectan a plataformas como Google, Amazon, Apple, Microsoft o Facebook, tal y como se puede observar en la siguiente tabla[685].

Tabla 3. Algunas obligaciones recogidas en la DMA (arts. 5 y 6)

Algunas obligaciones recogidas en el art. 5 DMA	Casos CE
Abstenerse de combinar datos personales procedentes de los servicios básicos de plataforma pertinentes con datos personales procedentes de cualesquiera servicios básicos de plataforma adicionales o de cualquier otro servicio que proporcione el guardián de acceso o con datos personales procedentes de servicios de terceros.	Facebook Google
El guardián de acceso se abstendrá de aplicar obligaciones que impidan a los usuarios profesionales ofrecer los mismos productos o servicios a usuarios finales a través de servicios de intermediación en línea de terceros o de su propio canal de venta directa en línea a precios o condiciones que sean diferentes de los ofrecidos a través de los servicios de intermediación en línea del guardián de acceso.	Amazon

gle Shopping judgment finetuning the legal qualifications and test for platform abuse", *Journal of European Competition Law & Practice*, vol. 13, nº2, 2022, pp. 75-86.

685 El pasado año 2024, la Comisión Europea abrió varias investigaciones por incumplimiento del Reglamento. Estas iban dirigidas a Alphabet, Apple y Meta. La Comisión consideró que algunas de las medidas puestas en marcha por estas plataformas no cumplían con las obligaciones establecidas en el mismo. En este sentido, en el mes de abril la Comisión ha concluido que tanto Apple como Meta incumplen algunas obligaciones del Reglamento, encontrándose aún abierta la investigación en el asunto Alphabet. Para más información, *vid.* https://spain.representation.ec.europa.eu/noticias-eventos/noticias-0/la-comision-considera-que-apple-y-meta-infringen-la-ley-de-mercados-digitales-2025-04-23_es.

El guardián de acceso permitirá a los usuarios profesionales, de forma gratuita, comunicar y promover ofertas, en particular con condiciones diferentes, entre los usuarios finales adquiridos a través de su servicio básico de plataforma u otros canales y celebrar contratos con esos usuarios finales, independientemente de si, para este fin, utilizan los servicios básicos de plataforma del guardián de acceso.	Apple
El guardián de acceso proporcionará a cada anunciante al que preste servicios de publicidad en línea, o a terceros autorizados por los anunciantes, a petición del anunciante, información diaria y gratuita sobre cada anuncio del anunciante, en relación con, por ejemplo, el precio y las comisiones pagadas por ese anunciante.	Facebook Google
Algunas obligaciones recogidas en el art.6 DMA	**Casos CE**
El guardián de acceso no utilizará, en competencia con los usuarios profesionales, ningún dato que no sea públicamente accesible generado o proporcionado por dichos usuarios profesionales en el contexto de su uso de los servicios básicos de plataforma pertinentes o de los servicios prestados junto con los servicios básicos de plataforma pertinentes, o en apoyo de tales servicios, incluidos los datos generados o proporcionados por los clientes de dichos usuarios profesionales.	Amazon Google
El guardián de acceso permitirá y posibilitará técnicamente a los usuarios finales desinstalar con facilidad cualquier aplicación informática del sistema operativo de dicho guardián de acceso, sin perjuicio de la posibilidad de que dicho guardián de acceso restrinja la desinstalación de aplicaciones informáticas preinstaladas que sean esenciales para el funcionamiento del sistema operativo o el dispositivo y que, desde un punto de vista técnico, no puedan ser ofrecidos de manera autónoma por terceros.	Google Apple Microsoft
El guardián de acceso no tratará más favorablemente, ni en la clasificación ni en las funciones relacionadas de indexado y rastreo, a los servicios y productos ofrecidos por el propio guardián de acceso que a los servicios o productos similares de terceros. El guardián de acceso aplicará condiciones transparentes, equitativas y no discriminatorias a dicha clasificación	Google Amazon Apple
El guardián de acceso aplicará a los usuarios profesionales condiciones generales equitativas, razonables y no discriminatorias de acceso a sus tiendas de aplicaciones informáticas, motores de búsqueda en línea y servicios de redes sociales en línea.	Apple Google

Fuente: elaboración propia.

2.1.4. Incumplimiento sistemático de las obligaciones

Cuando nos encontremos ante un incumplimiento sistemático de las obligaciones recogidas en los arts. 5 y 6 del Reglamento por parte de la plataforma[686], es decir, cuando la Comisión haya emitido al menos tres decisiones de incumplimiento en un plazo de ocho años antes de la adopción de la decisión de apertura de dicha investigación de mercado, esta podrá imponer al guardián de acceso correspondiente cualquier medida correctora del comportamiento o estructural que sea proporcional a la infracción cometida y necesaria para garantizar el cumplimiento de lo establecido en el Reglamento[687]. Sin embargo, siguiéndose los principios ya sentados en el Reglamento 1/2003, tan sólo se podrán imponer medidas estructurales cuando no exista una medida correctora del comportamiento que sea igual de eficaz o cuando esta sea más gravosa que la medida estructural en cuestión[688]. Por lo tanto, la imposición de medidas estructurales se llevará a cabo tan sólo en situaciones excepcionales.

Por último, si durante dicha investigación el guardián de acceso ofrece una serie de compromisos para garantizar el cumplimiento de sus obligaciones – arts. 5 y 6 DMA –, la Comisión podrá dictar una decisión en la que se hagan jurídicamente vinculantes para las partes los compromisos propuestos. Supondría este caso, una forma de cierre del expediente de investigación sobre la base de una terminación convencional[689]. Con todo, y frente a este cierre provisional del expediente, la Comisión podrá todavía reabrir la investigación

---

686 *Cfr.* Art. 18.3 DMA.

687 *Cfr.* Art. 18.1 DMA.

688 *Cfr.* Art. 18.2 DMA.

689 Sobre la terminación convencional del procedimiento, *vid.* OLMEDO PERALTA, E., *Las decisiones de compromisos (commitment decisions) y la terminación convencional de los procedimientos en el Derecho de la competencia europeo y español*, Aranzadi, Cizur Menor, 2020.

cuando (1) se haya producido un cambio significativo en cualquiera de los hechos en los que se basó su decisión, (2) el guardián de acceso afectado incumpla sus compromisos y no actúe conforme a ellos o (3) la decisión adoptada se haya basado en informaciones incompletas, incorrectas o engañosas facilitadas por las partes[690].

Como se observa, se trata de las mismas condiciones que se emplean para la reapertura del expediente sancionador ante la frustración del cumplimiento con los compromisos asumidos en una decisión de terminación convencional en virtud del Reglamento 1/2003.

2.1.5. Información sobre algoritmos y obligación de auditoría

Los algoritmos pueden ser el instrumento sobre la base del cual se ejecuten las conductas recogidas en los arts. 5 y 6 del Reglamento, así como pueden ser de gran utilidad para dificultar su detección por parte de la Comisión.

De este modo, cuando esta lleve a cabo una investigación para controlar el cumplimiento de las obligaciones establecidas en el Reglamento, podrá solicitar y tener acceso a los algoritmos y bases de datos utilizados por los *gatekeepers*, siempre indicando la finalidad de su solicitud, así como los plazos en los que deberá facilitarse dicha información[691].

---

690 *Cfr.* Art. 25 DMA.

691 *Cfr.* Arts. 21 y 23 DMA. Así se establecía desde un primer momento en el considerando 69 de la Propuesta, el cual señalaba que «la Comisión debe tener competencia para solicitar la información necesaria a efectos del presente Reglamento en toda la Unión. En particular, la Comisión debe tener acceso a los documentos, datos, bases de datos, algoritmos e información pertinentes y necesarios para iniciar y llevar a cabo investigaciones y para supervisar el cumplimiento de las obligaciones establecidas en el presente Reglamento,

Una de las prácticas en las que el uso de algoritmos resulta imprescindible es la elaboración de perfiles de los usuarios. Por ello, en concreto, la Comisión solicita a los guardianes de acceso que presenten una descripción auditada sobre la metodología y las técnicas utilizadas para elaborar los perfiles de los consumidores[692]. Este informe debe ser presentado en los seis meses siguientes a su designación como gatekeepers.

Para ello, la Comisión ha publicado una plantilla[693] con toda la información que debe incluir dicha auditoría. En términos generales, esta debe recoger las técnicas aplicadas para llevar a cabo la elaboración de perfiles, así como los algoritmos o sistemas informáticos utilizados para ello; la finalidad perseguida por cada una de estas técnicas; una descripción detallada de las categorías de datos utilizadas; las acciones llevadas a cabo para informar al consumidor sobre dicha elaboración de perfiles, así como la prestación de su consentimiento. Junto a ello, debe incluir la información relativa a los auditores, al procedimiento de auditoría y las conclusiones de este.

---

independientemente de quién posea los documentos, datos o información en cuestión, y sin importar su forma o formato, su soporte de almacenamiento, o el lugar donde se almacenan». Del mismo modo, en el art. 21 DMA se señala que «la Comisión podrá, por medio de una solicitud simple o por decisión, exigir a las empresas y asociaciones de empresas que faciliten toda la información necesaria, incluso para la supervisión, la ejecución y la aplicación de las normas establecidas en el presente Reglamento. La Comisión también podrá solicitar el acceso a las bases de datos y algoritmos de las empresas y solicitar explicaciones sobre ellas mediante una solicitud simple o por decisión».

692 *Cfr.* Art. 15 DMA.

693 *Vid.* Plantilla relativa a la descripción auditada independientemente de las técnicas para elaborar perfiles de los consumidores, conforme a lo establecido en el art. 15 DMA, disponible en https://digital-markets-act.ec.europa.eu/legislation_en#templates.

Estas medidas parecen tener como objetivo el control de posibles prácticas colusorias y la utilización de precios algorítmicos que puedan resultar perjudiciales para la competencia en el mercado. Sin embargo, no podemos olvidar que se trata de medidas regulatorias, no de aplicación del derecho *antitrust.*

2.1.6. Algunas críticas al nuevo Reglamento

La DMA también ha sido objeto de críticas ya que se ha señalado que carece de un enfoque basado en principios. Es decir, no establece unos principios claros que puedan servir como guía para dar forma a los mercados digitales. Las obligaciones contenidas en los arts. 5 y 6 de la propuesta se parecen más a una selección aleatoria de casos pasados y en curso[694]. En este sentido, se proponen tres principios que estructurarían las obligaciones de los guardianes y podrían formar parte del art. 1 del Reglamento[695].

El primero de ellos sería la disputabilidad de los mercados. Los guardianes de acceso tienen una mayor responsabilidad para asegurar la disputabilidad de los mercados ya que con frecuencia restringen o dan acceso a otros usuarios que quieren entrar en el mercado. Por ello, no deben existir barreras legales ni técnicas a la entrada al mercado que puedan debilitar la competencia.

El segundo principio propuesto es la equidad. Los guardianes de acceso deben tratar todos los lados del mercado de manera justa cuando se prestan servicios de intermediación. Estos actuarán como agentes de varios lados del mercado y no

---

694 *Vid.* PODSZUN, R. / BONGARTZ, P. / LANGENSTEIN, S., "Proposals on How to Improve the Digital Markets Act", *op. cit.*, p. 3 y ss.

695 Encontramos un análisis en profundidad de los tres principios propuestos en PODSZUN, R. / BONGARTZ, P. / LANGENSTEIN, S., "Proposals on How to Improve the Digital Markets Act", *op. cit.*, p. 3 y ss.

pueden abusar de su poder o de la información que obtienen. En el fondo, nos encontramos ante el conflicto, por su doble condición, como principal, por un lado, y agente, por otro.

Por último, sería necesaria la independencia de decisión. Es decir, tomar decisiones de manera autónoma, libertad básica de todos los agentes o usuarios que participan en el mercado. Para que se pueda cumplir este último principio será necesario que exista: (1) soberanía de datos, es decir, los usuarios puedan decidir sobre el uso de sus datos; (2) elección real, los usuarios deben contar con una opción real con respecto a los productos o servicios que utilizan; (3) comunicación libre, ya que debe garantizarse la libre comunicación entre los usuarios, tanto entre usuarios profesionales como entre éstos y los usuarios finales; y, en último lugar, (4) tanto los usuarios profesionales como los finales deben tener la posibilidad de defenderse de las prácticas cometidas por los guardianes con la ayuda de las autoridades y tribunales sin que exista ninguna sanción por parte de los guardianes.

En nuestra opinión, el Reglamento, junto al resto de normas aplicables en Derecho de la competencia, es adecuado para hacer frente a las nuevas prácticas que se están desarrollando en los mercados digitales. La inclusión, en su art. 24, de la posibilidad de adoptar medidas cautelares cuando existan indicios de una infracción de los arts. 5 a 7 será de gran utilidad para evitar mayores perjuicios para la competencia, dada la extensión temporal que puede tener la investigación.

Las obligaciones y prohibiciones recogidas en la norma han sido establecidas tomando como base casos pasados pero que, con total seguridad, seguirán teniendo lugar en el futuro. Si bien su aplicación aún puede llevar demasiado tiempo y parece depender demasiado de la Comisión Europea[696]. Por ello, se

---

[696] Sobre esta cuestión, *vid.* RUIZ PERIS, J.I., "El Reglamento de mercados digitales (Reglamento (UE) 2022/1925) y la acción de

aboga por una mayor integración de las partes implicadas, las autoridades encargadas de su aplicación y los Estados miembros en el desarrollo e implementación de la norma[697].

2.2. La protección de los datos: nuevos instrumentos normativos

Con fecha 25 de noviembre de 2020 se publicó la Propuesta de Reglamento del Parlamento Europeo y del Consejo relativo a la gobernanza europea de datos (Ley de Gobernanza de Datos)[698], que sería finalmente aprobada en el mes de mayo de 2022[699]. Este Reglamento es uno de los primeros resultados concretos de la Estrategia Europea de Datos de 2020[700]. Su

---

las Autoridades nacionales de competencia (ANCs) de los Estados miembros", *Revista de Derecho de la Competencia y la Distribución*, nº33, 2023, LA LEY *13978/2023*.

697 Además de la publicación de la DMA y la DSA, la Comisión Europea ha publicado la Declaración Europea sobre los Derechos y Principios Digitales para la Década Digital. Entre ellos, especial importancia adquiere el principio a la libertad de elección de los usuarios en la interacción con algoritmos e inteligencia artificial, con el objetivo de preservar la transparencia y la no discriminación mediante su empleo. En este sentido, *vid.*, COMISIÓN EUROPEA, *Declaración Europea sobre los Derechos y Principios Digitales para la Década Digital*, 23 de enero de 2023, disponible en https://eur-lex.europa.eu/legal-content/ES/TXT/PDF/?uri=CELEX:32023C0123(01).

698 *Vid.* Propuesta de Reglamento del Parlamento Europeo y del Consejo relativo a la gobernanza europea de datos (Ley de Gobernanza de Datos) COM/2020/767 final. Disponible en https://eur-lex.europa.eu/legal-content/ES/ALL/?uri=CELEX:52020PC0767.

699 *Vid.* Reglamento (UE) 2022/868 del Parlamento Europeo y del Consejo de 30 de mayo de 2022 relativo a la gobernanza europea de datos y por el que se modifica el Reglamento (UE) 2018/1724 (Reglamento de Gobernanza de Datos) (TOL9.000.577), *Data Governance Act* (DGA), por sus siglas en inglés.

700 *Vid. supra.* Capítulo I, apartado sexto. Margrethe Vestager, en el marco de la estrategia "Una Europa adaptada a la Era Digital", ha

objetivo es ampliar la disponibilidad de los datos y mejorar su utilización e intercambio, a partir de un aumento de la confianza en los intermediarios de los datos y el refuerzo de los mecanismos para llevarlo a cabo dentro de la UE[701].

En concreto, este nuevo Reglamento aborda las siguientes situaciones[702]: (1) las condiciones para la reutilización e intercambio de determinadas categorías de datos que obren en poder de organismos del sector público, (2) un marco de notificación y supervisión para la prestación de servicios de intermediación de datos[703], (3) un marco para la inscripción voluntaria en un registro de las entidades que recojan y traten datos cedidos con fines altruistas y, por último, (4) la creación de un Comité Europeo de Innovación en materia de Datos.

---

señalado que «no hay por qué compartir todos los datos, pero, en caso de hacerlo, y si los datos son sensibles, es preciso que se haga de manera que los datos sean fiables y estén protegidos. Queremos dar a las empresas y a los ciudadanos las herramientas para que mantengan el control de los datos, así como generar confianza en que los datos se tratan de conformidad con los valores europeos y los derechos fundamentales». Disponible en https://ec.europa.eu/commission/presscorner/detail/es/IP_20_2102.

701 *Vid.* OLMEDO PERALTA, E., "La construcción de un régimen jurídico para el sector digital más allá del Reglamento de Mercados Digitales", en RUIZ PERIS, J.I. / GONZÁLEZ CASTILLA, F. / ESTEVAN DE QUESADA, C. (dirs.), *Mercados digitales y competencia*, Tirant lo Blanch, Valencia, 2023, pp. 153- 208, en concreto, véase p. 197 y ss.

702 *Cfr.* Reglamento de Gobernanza de Datos, artículo primero. Un análisis de la cesión de datos en este nuevo Reglamento es realizado en MOLINA DEL POZO, C.F. / GONZÁLEZ CRESPO, L., "La cesión de datos en la nueva Ley de Gobernanza europea de Datos", *Revista Internacional Consinter de Direito*, nº26, 2023, pp. 1-13.

703 Sobre esta cuestión, *vid.* DE MIGUEL ASENSIO, P.A., "Los servicios de intermediación de datos en el nuevo Reglamento de Gobernanza de Datos", *op. cit.*

Para la aplicación del presente Reglamento se deberá tener en cuenta las obligaciones dispuestas en el RGPD[704], así como lo establecido en la normativa del Derecho de la competencia. Como vimos[705], el intercambio de datos puede traer consigo una gran cantidad de beneficios, pero también puede dar lugar a la aparición de nuevas restricciones de la competencia[706].

Una de las novedades que introduce el nuevo Reglamento es la creación de un Comité Europeo de Innovación en materia de Datos[707]. Este estará compuesto por un grupo de expertos[708]

---

704 *Vid.* PLAZA PENADÉS, J., "El nuevo Reglamento europeo sobre "gobernanza de los datos" o "DGA" "y la futura 'Ley de datos'"", *Revista Aranzadi de Derecho y Nuevas Tecnologías,* 2022, nº59, BIB 2022\2496.

705 *Vid. supra.* Capítulo III.

706 En especial en lo que se refiere al intercambio de información sensible entre empresas, desde el punto de vista de la competencia. Como indica la Comisión, este es el caso, por ejemplo, de determinadas situaciones en las que la puesta en común de datos permite a las empresas estar al corriente de las estrategias de mercado de sus competidores -reales o potenciales-. «La información sensible desde el punto de vista de la competencia suele incluir detalles relacionados con los precios futuros, los costes de producción, cantidades, facturación, ventas», etc. En este sentido, véase Reglamento de Gobernanza de Datos, considerando 37.

707 *Cfr.* Reglamento de Gobernanza de Datos, art. 29.

708 Tal y como establece el citado art. 29, el Comité estará integrado por: 1) representantes de las autoridades competentes en materia de servicios de intermediación de datos y las autoridades competentes para la inscripción en el registro de las organizaciones de gestión de datos con fines altruistas de todos los Estados miembros, 2) el Comité Europeo de Protección de Datos, 3) el Supervisor Europeo de Protección de Datos, 4) a Empresa Nacional de Innovación (ENISA), 5) la Comisión, 6) el representante de la UE para las pymes o un representante designado por la red de representantes nacionales para las pymes y otros representantes de los organismos pertinentes de sectores específicos, así como 7) organismos con conocimientos especializados.

cuyas funciones, entre otras, consistirán en asesorar y asistir a la Comisión en la aplicación del Reglamento, facilitar la cooperación entre Estados Miembros y crear un marco común sobre normas de interoperabilidad e intercambio de datos[709].

Junto a esta norma, la segunda medida emprendida en desarrollo de la Estrategia Europea de Datos fue la Propuesta de Reglamento de Datos[710]. Su objetivo es fortalecer el derecho a la portabilidad e interoperabilidad de los datos cuando estos se generen a través de productos conectados o servicios relacionados (IoT). En este sentido, se pretende mejorar el acceso, disposición y reutilización de dichos datos por parte del usuario[711].

---

709 *Vid.* MOLINA DEL POZO, C.F. / GONZÁLEZ CRESPO, L., "La cesión de datos...", *op. cit.*, p11.

710 Finalmente publicado en diciembre de 2023. *Vid.* Propuesta de Reglamento del Parlamento Europeo y del Consejo sobre normas armonizadas para un acceso justo a los datos y su utilización (Ley de Datos), COM(2022) 68 final.

711 Sobre el Reglamento de Datos, *vid.* OLMEDO PERALTA, E., "La construcción de un régimen jurídico para el sector digital más allá del Reglamento de Mercados Digitales", *op. cit.*, pp. 188 y ss; OLMEDO PERALTA, E., "Fallos en el mercado de intercambio de datos entre empresas (B2B) y medidas para abordarlos desde la regulación y los remedios de competencia: Una perspectiva europea de lege lata y de lege ferenda", *op. cit.*, pp. 47 y ss; OLMEDO PERALTA, E., "The Creation of Data Pools as Information Exchanges: Antitrust Concerns", *op. cit.*; GRAEF, I., / HUSOVEC, M., "Seven Things to Improve in the Data Act", marzo, 2022, disponible en https://papers.ssrn.com/sol3/papers.cfm?abstract_id=4051793; PERARNAUD, C. / FANNI, R., "The EU Data Act. Towards a new European data revolution?, *CEPS Policy Insights*, nº 5, marzo, 2022; EFRONI, Z. / HAGEN, P.V. / VÖLZMANN, L. / PETER, R. / SATTOROV, M., "Position Paper regarding Data Act (Proposal of the European Commission, 23.02.22)", *Weizenbaum Policy Paper*, 2022, disponible en https://doi.org/10.34669/WI.WPP/2.

Como vemos, no son pocos los nuevos instrumentos normativos aprobados para hacer frente a los retos que plantea la era digital. Si bien, habrá que esperar algunos meses para constatar su aplicación por parte de las autoridades competentes, así como para valorar las bondades de sus efectos.

3. DELIMITACIÓN DE RESPONSABILIDAD ANTE LA APARICIÓN DE NUEVAS PRÁCTICAS RESTRICTIVAS DE LA COMPETENCIA

3.1. El responsable de la infracción cometida mediante algoritmos informáticos

Las conductas restrictivas de la libre competencia, bien mediante acuerdos colusorios entre empresas, bien por el abuso de una posición dominante o por el falseamiento de la libre competencia por actos desleales, pueden generar significativos daños económicos a terceros, en concreto, a clientes y competidores -actuales y potenciales- de las empresas responsables de estas prácticas. Por ejemplo, este daño tiene lugar cuando los consumidores o usuarios finales han de afrontar un incremento de los precios como consecuencia de un cártel entre empresas, o la limitación sufrida por alguna de ellas como consecuencia de un acuerdo entre el resto de competidores, afectando todo ello a una libre competencia en el mercado basada en los méritos (*competition on the merits*).

En páginas anteriores[712] analizamos cómo la aplicación pública de los artículos 101 y 102 TFUE corresponde a la Comisión Europea y a las autoridades nacionales de los Estados miembros. La infracción de cualquiera de estos preceptos pue-

---

712 *Vid. Supra*. Capítulo V.

de dar lugar a la incoación de un procedimiento administrativo sancionador por parte bien de la Comisión Europea bien, en el caso español, de la Comisión Nacional de los Mercados y de la Competencia (CNMC). Ambas actúan en interés público con una función preventiva punitiva, finalizando dicho expediente con la declaración de la existencia de una conducta prohibida y, en tal caso, la imposición de la multa correspondiente.

En paralelo a estos mecanismos de aplicación pública, se ha de considerar el impacto de las conductas anticompetitivas cometidas mediante el uso de algoritmos también sobre la base de la posible interposición de acciones privadas reclamando el resarcimiento de los daños sufridos. En este sentido, la LDC establece que «los infractores del Derecho de la competencia serán responsables de los daños y perjuicios causados»[713].

Resulta evidente que las acciones de responsabilidad civil derivadas de la comisión de infracciones en el Derecho de la competencia tienen su base en la responsabilidad extracontractual prevista con carácter general en el art. 1902 del C.c. Es decir, nos basamos en los mismos elementos que la responsabilidad civil general, la existencia de una acción u omisión de un actor, de un daño en otro sujeto y un nexo de causalidad entre los dos anteriores. Si bien, en estos casos, la acción que da lugar a responsabilidad es la infracción de la norma *antritrust*, es decir, la infracción bien de los artículos 101 y 102 TFUE o de los artículos 1 y 2 LDC[714].

---

713 *Vid.* art. 71.1 LDC.

714 Son varios ya los pronunciamientos del TJUE que afirman el derecho de las víctimas de una infracción del derecho *antitrust* a reclamar la compensación por los daños sufridos. En este sentido, podemos destacar, por ejemplo, la STJUE (Gran Sala), de 20 de septiembre de 2001, C-453/99, *Courage c. Crehan, MP M Wathelet* (TOL105.826), y la Sentencia de 6 de noviembre de 2012, C-199/11, *Europese Gemeenschap c. Otis et al* (TOL9.915.845). Tal y como se establece en la

Tal y como establece el artículo 71 LDC[715], los infractores del Derecho de la competencia serán responsables de los daños causados. Además, en el artículo 73.1 del mismo texto se establece un régimen de responsabilidad conjunta y solidaria para todas las empresas infractoras[716]. Por otro lado, se fija en cinco años el plazo de prescripción para exigir dicha responsabilidad (art.74) y, pese a que en cualquier reclamación por daños la carga de la prueba recae sobre la parte demandante, cuando el ejercicio de esta acción sea consecuencia de la constatación de un cártel, se presumirá la existencia de tales daños y perjuicios.

---

primera de ellas, «la plena eficacia del artículo 85 del Tratado y, en particular, el efecto útil de la prohibición establecida en su apartado 1 se verían en entredicho si no existiera la posibilidad de que cualquier persona solicite la reparación del perjuicio que le haya irrogado un contrato o un comportamiento susceptible de restringir o de falsear el juego de la competencia. En efecto, un derecho de esta índole refuerza la operatividad de las normas comunitarias de competencia y puede disuadir los acuerdos o prácticas, a menudo encubiertos, que puedan restringir o falsear el juego de la competencia. Desde este punto de vista, las acciones que reclaman indemnizaciones por daños y perjuicios ante los órganos jurisdiccionales nacionales pueden contribuir sustancialmente al mantenimiento de una competencia efectiva en la Comunidad». En la segunda, párrafos 41 a 43, se determina que toda persona tiene derecho a reclamar una indemnización por los daños sufridos cuando existe una relación de causalidad entre el perjuicio ocasionado y el cártel o práctica prohibida.

715 El Real Decreto-ley 9/2017 traspuso la *Directiva 2014/104/UE sobre reclamación de daños y perjuicios por infracciones de las normas de la competencia*, entrando en vigor en el mes de mayo del mismo año. Con la trasposición de dicha Directiva se ha añadido el Título VI de la Ley 15/2007 de Defensa de la Competencia. De este modo, se pretende definir y facilitar las reclamaciones en la materia mencionada.

716 Debe tenerse en cuenta lo establecido en el apartado segundo del mismo artículo para pequeñas y medianas empresas. Cfr. Art. 73.2 LDC.

Determinar quién es el sujeto responsable de una infracción es una de las principales cuestiones que deben diseminarse en los procesos de reclamación de responsabilidad civil extracontractual. En este sentido, se considera que sólo pueden ser responsables de los daños causados por la infracción aquellas que con carácter previo hayan sido calificadas como "infractoras"[717], en una resolución firme de una autoridad de competencia o de un órgano jurisdiccional competente (como puede ser el Juez de lo Mercantil en el procedimiento de aplicación privada)[718].

Centrándonos en el tema que nos ocupa, el uso de algoritmos informáticos e inteligencia artificial como estrategia para la maximización de beneficios de las empresas, entre otros objetivos, aún no encontramos una resolución que establezca si es aplicable el mismo tipo de responsabilidad exigible que ante cualquier otro comportamiento anticompetitivo[719]. Sin embargo, a la luz de los arts. 61 o 71 LDC, podemos concluir sin duda que las empresas serán responsables directos de toda infracción cometida mediante la utilización de algorit-

---

717 Así lo ha establecido también TJUE en su Sentencia de 14 de marzo de 2019, asunto C-742/17, *Vantaan Kaupunki c. Skanska Industrial Solution O y otros* (TOL7.105.638), apartado 31: «pues bien, habida cuenta de que la responsabilidad del perjuicio resultante de las infracciones de las normas de la Unión en materia de competencia tiene carácter personal, incumbe a la empresa infractora responder del perjuicio causado por la infracción». Sobre esta *vid.*, BROKELMANN, H., "La sentencia Skanska del TJUE: el concepto de "empresa" en las acciones de daños por infracciones del derecho de la competencia", *Cuadernos de Derecho Transnacional*, vol. 12, nº2, octubre 2020, pp. 903-912.

718 *Vid.* MARTÍ MIRAVALLS, J., *Responsabilidad civil por la infracción del Derecho de la competencia*, Tirant lo Blanch, Valencia, 2022, pp. 242-243.

719 *Vid.* GAL, M. / SCHREPEL, T., "Algorithms and Competition Law", *op. cit.*, p.5.

mos de precios cuando estos se hayan configurado de manera expresa para llevar a cabo una conducta prohibida, con el objetivo de incrementar los efectos colusorios en el mercado correspondiente[720].

Sin embargo, existen otros supuestos de participación en este tipo de prácticas que pueden generar mayores dudas a la hora de identificar la responsabilidad de cada uno de los agentes que intervienen en ella. Esto es debido a la dificultad de imputación subjetiva del daño causado a una conducta que no puede ser atribuida directamente a un sujeto, al haberse cometido *informáticamente*, a través de un algoritmo[721]. En este ámbito, hemos de considerar de manera diferenciada la infracción cometida por los empleados y proveedores externos de la empresa, por el proveedor común del programa utilizado por varias empresas y, por último, por los llamados algoritmos de aprendizaje automático[722].

En el primer caso, esto es, la responsabilidad correspondiente a las empresas derivada de una infracción cometida por sus empleados o proveedores externos a la misma, entendemos que la empresa sería responsable como si de ella misma se tratara. Como derivación general de las teorías de causalidad, el principal responde de las actuaciones que se hagan en nombre

---

720 El ejercicio de estas acciones se basa en la estructura del art. 1902 del Código civil: "[e]l que por acción u omisión causa daño a otro, interviniendo culpa o negligencia, está obligado a reparar el daño causado ". En este sentido, el daño ocasionado por la conducta ilícita imputable a los infractores y la relación de causalidad entre uno y otro, serán los elementos que se han de probar de cara a apreciar una acción por daños en estos casos.

721 *Vid. supra.* Capítulo III.

722 En este sentido, se ha señalado también que la responsabilidad se debería cargar de manera conjunta sobre la persona que diseña el algoritmo, la persona que lo usa y aquella que se beneficia del mismo. OECD, *Algortithms and Collusion …*, *op. cit.*, p. 38.

y beneficio de la empresa, sean llevadas a cabo de un modo directo o indirecto por ellas. En este sentido, así lo ha declarado el TJUE al señalar que podrá considerarse a una empresa responsable de un acuerdo o práctica contraria a la competencia cuando «tuvo conocimiento de los comportamientos materiales previstos o ejecutados por otras empresas en la consecución de los mismos objetivos o pudo de forma razonable haberlos previsto y estaba dispuesta a asumir el riesgo»[723].

En segundo lugar, con respecto a la responsabilidad del proveedor común del programa o servicio informático, las empresas serán responsables de sus conductas cuando conozcan que los servicios que prestan van a contribuir a la comisión de conductas contrarias al Derecho de la competencia, actuando de manera voluntaria y activa en la comisión de dicha infracción[724]. Es importante considerar que, gracias al avance experimentado por las nuevas tecnologías, en muchas ocasiones podemos encontrarnos con que sea una plataforma digital la que actúe como proveedor común de las empresas competidoras, entendiendo que se le ha de aplicar el mismo grado de responsabilidad que si de un proveedor físico se tratara ya que, del mismo modo, facilita y participa en la comisión de la infracción.

Por último, cuando hablamos de algoritmos de aprendizaje automático[725], es decir, aquellos que se adaptan de manera automática a los cambios que sufre el mercado gracias a ex-

---

723 En este sentido, *vid.* STJUE, de 21 de julio de 2016, asunto C-542/14, *SIA «VM Remonts»* (TOL5.778.954), apdos. 27-33. En ella, mediante cuestión prejudicial, el órgano jurisdiccional remitente desea conocer si el apartado 1 del artículo 101 TFUE debe interpretarse en el sentido de que una empresa pueda ser considerada responsable de una práctica concertada por una acción de un proveedor independiente a esta.

724 *Vid.* ROBLES MARTÍN-LABORDA, A., “Cuando el cartelista es un robot…”, *op. cit.*, p. 22.

725 *Vid. supra.* Capítulo I.

periencias ya pasadas, parece más complicado delimitar dicha responsabilidad debido a la mayor dificultad de control y manipulación de estos. De este modo, la ACM (Association for Computing Machinery)[726] ha establecido siete principios relacionados con la transparencia y la responsabilidad de las empresas ante el uso de algoritmos informáticos que deben cumplir todas ellas. Con respecto a la responsabilidad de las compañías señalan que dichas instituciones deben ser responsables de las decisiones tomadas por los algoritmos que utilizan, incluso si no pueden explicar con detalle cómo estos alcanzan sus resultados[727]. Esto es así, debido a que puede equipararse a una actuación llevada a cabo por un trabajador de la propia empresa.

La imputación de la responsabilidad jurídica en estos casos requiere de la participación consciente de varios sujetos de derecho que actúan de manera colaborativa. Por ello, parte de la doctrina ha sugerido un cambio de enfoque jurídico, es decir, que los conocidos como algoritmos de aprendizaje no sean tratados tan sólo como herramientas o instrumentos al servicio de los empresarios, sino como sujetos de derecho, como entidades con personalidad jurídica propia.

---

726 La ACM, acrónimo de Association for Computer Machinery, fue fundada en el año 1947 como la primera sociedad científica y educativa con el objetivo de educar en el campo de la computación. Toda la información relativa a dicha asociación se encuentra disponible en: https://www.acm.org/. ASSOCIATION FOR COMPUTING MACHINERY US PUBLIC POLICY COUNCIL, *Statement on algorithmic transparency and accountability*, January 12, 2017, disponible en https://www.acm.org/binaries/content/assets/public-policy/2017_usacm_statement_algorithms.pdf.

727 Además del principio de responsabilidad, señalan los principios de conciencia, acceso y reparación, explicación, procedencia de datos, auditabilidad y validación. Para ampliar véase ACM, U. Public Policy Council., *Statement on algorithmic transparency and accountability*, January 12, 2017.

En este sentido, el Parlamento Europeo consideró que sería necesario valorar la creación a «largo plazo una personalidad jurídica específica para los robots, de forma que como mínimo los robots autónomos más complejos puedan ser considerados personas electrónicas responsables de reparar los daños que puedan causar, y posiblemente aplicar la personalidad electrónica a aquellos supuestos en los que los robots tomen decisiones autónomas inteligentes o interactúen con terceros de forma independiente»[728]. Se trata de una idea que no termina de encajar con la actual concepción de la personalidad jurídica debido a los problemas[729] que plantea tanto éticos como de índole jurídico[730]. Sin embargo, esta propuesta no ha sido mantenida en textos europeos posteriores[731], pues la Comisión se

---

728 Resolución del Parlamento Europeo, de 16 de febrero de 2017, con recomendaciones destinadas a la Comisión sobre normas de Derecho civil sobre robótica (2015/2103(INL)) (2018/C 252/25), apartado 59 f), disponible en https://eur-lex.europa.eu/legal-content/ES/TXT/PDF/?uri=CELEX:52017IP0051&from=EN#:~:text=C%20252%2F241-,Jueves%2C%2016%20de%20febrero%20de%202017,conflicto%20con%20la%20primera%20ley.

729 *Vid.* EBERS, M., "Regulating AI and robotics: ethical and legal challenges", en EBERS, M. / NAVAS, S. (eds.), *Algorithms and Law*, Cambridge University Press, 2022, pp. 56-61. Tras analizar diferentes problemas que puede ocasionar el considerar al robot sujeto de derecho, el autor considera que una solución más sencilla sería fijar una responsabilidad objetiva, así como la contratación de un seguro.

730 Sobre la consideración de los robots como sujetos de derecho *vid.* LACRUZ MANTECÓN, M.L., "Inteligencia artificial: hacia una subjetividad cibernética", en BAYOD LÓPEZ, M.C. (dir.), *Persona y derecho civil, los retos del siglo XXI: (persona, género, transgénero, inteligencia artificial y animales sensibles)*, Tirant lo Blanch, Valencia, 2023, pp. 151-184; ANDRÉS MOLINA, O. / JIMÉNEZ BERNAL. M., "Robots e inteligencia artificial como sujetos de derecho", *op. cit.*, pp. 287-294.

731 Entre otros, *vid.* Dictamen del Comité Económico y Social Europeo sobre la «Inteligencia artificial: las consecuencias de la inteligencia

mantiene firme -de momento- en la imputación de la responsabilidad de los agentes que se encuentran detrás del desarrollo o la comercialización del sistema[732].

---

artificial para el mercado único (digital), la producción, el consumo, el empleo y la sociedad» (2017/C 288/01), disponible en https://eur-lex.europa.eu/legal-content/ES/TXT/PDF/?uri=CELEX:52016IE5369&from=BG; Resolución del Parlamento Europeo, de 20 de octubre de 2020, con recomendaciones destinadas a la Comisión sobre un régimen de responsabilidad civil en materia de inteligencia artificial (2021/C 404/05); Propuesta de Reglamento del Parlamento Europeo y del Consejo por el que se establecen normas armonizadas en materia de Inteligencia Artificial (Ley De Inteligencia Artificial), de 21 de abril de 2021, COM(2021) 206 final, disponible en https://eur-lex.europa.eu/resource.html?uri=cellar:e0649735-a372-11eb-9585-01aa75ed71a1.0008.02/DOC_1&format=PDF.

732 Tomemos como ejemplo la plataforma Netflix, con base en el estudio realizado por PLATERO ALCÓN, A., "Breves notas sobre el régimen de responsabilidad civil derivado de los sistemas de inteligencia artificial: especial referencia al algoritmo de recomendaciones de Netflix", *US ET SCIENTIA,* vol. 7, nº1, 135–154. En dicha plataforma nos encontramos ante un sistema que permite recomendar al usuario de esta una serie de películas o series según su personalidad. En este sentido, se suministrará el contenido que más interesa al usuario y este variará según las preferencias de cada tipo de persona. Todo esto se consigue gracias a la gran recopilación de datos de la plataforma. Éstos, según indica Netflix en su política de privacidad, se obtienen de cuatro fuentes distintas: (1) información suministrada por el propio usuario, (2) información obtenida de manera automática, (3) información obtenida de entidades colaboradoras e (4) información proveniente de otras fuentes. Pero, ¿cómo funciona el sistema de inteligencia artificial y el algoritmo de predicción de preferencias utilizado por la plataforma para llevar a cabo la recomendación de contenidos a sus usuarios? El sistema utilizado por la plataforma estaría basado en el ya analizado *machine learning*, es decir, los propios algoritmos se encontrarían diseñados para captar y recopilar los gustos de sus usuarios y poder ofrecerles, así, nuevas recomendaciones adaptadas a la personalidad de cada uno de ellos. La complejidad del sistema es mayor desde un punto

Si consideramos que los robots o algoritmos son responsables de las consecuencias de sus actos, ello podría constituir la base para imponer un deber de suscripción de un seguro de responsabilidad civil para utilizarlo[733]. Si los seguros -por regla general- han de tener la capacidad de cubrir la indemnización

de vista jurídico, «aunque, al tratarse de una inteligencia artificial de bajo riesgo y, debido a la unión contractual existente entre usuario y plataforma, los daños que se pudieran producir como consecuencia de esta deberían dilucidarse de acuerdo con la normativa de protección de datos, que lleva ya un tiempo, intentando adelantarse a un escenario donde el Big data, es parte básica de casi cualquier actividad tecnológica». Cuando el usuario se registra por primera vez en la plataforma, se le recomienda indicar entre una serie de películas, series, etc., cuales son su preferidas. Es en este momento cuando el algoritmo, junto con los datos personales que conoce del usuario, comienza a hacer su recomendación. A medida que el usuario hace un mayor uso de la aplicación, dichas recomendaciones van variando ya que el algoritmo va adaptándose al comportamiento de este. Si nos detenemos a realizar un análisis de la responsabilidad de la plataforma, Netflix, se puede observar que dicho sistema de recomendaciones no podría provocar, a priori, un daño en sus usuarios. Esta responsabilidad surgiría, más bien, como resultado de aquellos daños que se puedan producir por la aparición de posibles brechas de seguridad y el acceso a los datos personales de los mismos. Se considera que, aunque se esté haciendo uso de algoritmos que pueden llegar a aprender sin ningún tipo de ayuda, alguien ha tenido que programarlos por primera vez para que éstos puedan realizar sus funciones. Por ello, hay autores que defienden que no tendría ningún sentido atribuir capacidad jurídica a los robots que, además, ¿cómo y con qué patrimonio responderá el robot responsable? Los sistemas basados en algoritmos e inteligencia artificial necesitan una gran cantidad de datos para mejorar su funcionamiento. Por ello, como vimos en páginas anteriores, es de suma importancia tener en cuenta, además de las normas de competencia, la normativa existente sobre protección de datos.

733 EBERS, M., "Regulating AI and robotics: ethical and legal challenges", *op.cit.*, p.61.

de los daños que puedan producir y, en el caso de la colusión por el uso de algoritmos de fijación de precios, las multas pueden llegar a ser muy elevadas, ello haría que el coste de utilizar este tipo de algoritmos (de robots) fuera muy alto, con independencia de que de su empleo se derive o no una colusión[734]. En consecuencia, la opción por personalizar y dar responsabilidad a los robots puede ser contraproducente o producir el efecto de frenar la innovación debido a que pocas empresas estarán en grado de invertir la cantidad de dinero que requieran los seguros y las medidas de precaución que se hagan necesarias para cubrir los eventuales daños que se puedan derivar del uso de algoritmos. Supondría un freno a la innovación y al uso de esta tecnología. En nuestra opinión, esta no ha de ser la solución.

En conclusión, consideramos que, una vez constatada la infracción de los arts. 101 o 102 TFUE o 1 y 2 LDC mediante la utilización de algoritmos o nuevos sistemas de inteligencia artificial[735], la responsabilidad derivada de dicha infracción debe recaer en la empresa que ha hecho uso de este, siempre y cuando se cumplan los requisitos exigidos hasta el momento

---

734 *Vid.* SOLERNOU SANZ, S., *op. cit.*, p. 52. La autora considera que «de algún modo, hay que concienciar a los empresarios de los riesgos que comportan estos algoritmos para la libre competencia. Ello se podría conseguir haciéndoles partícipes de las consecuencias de un resultado colusorio; por lo que sería procedente abordar una reflexión sobre la reconstrucción del régimen de responsabilidad por infracciones del Derecho de la competencia. En este sentido, convendría considerar la posible imputación de la responsabilidad a la empresa que elabora el algoritmo y a la empresa que lo utiliza, en la línea de las normas de responsabilidad objetiva. Asimismo, deben afrontarse los peligros que supone el desconocimiento absoluto del proceso de toma de decisión de los algoritmos de aprendizaje reforzado (cajas negras). Su control parece necesitar de obligaciones legales de transparencia».

735 *Vid supra.* Capítulos III y IV.

en materia de responsabilidad civil por infracción del Derecho de la competencia. En nuestra opinión, la normativa actual reguladora de dicha cuestión es suficiente para hacer frente a esta problemática. Por ello, será necesario verificar si se cumplen dos presupuestos: por un lado, la existencia del nexo de causalidad y, por otro, la previsibilidad del daño causado[736].

3.2. Presupuestos: la relación de causalidad y la previsibilidad del daño

Para poder determinar la responsabilidad derivada de una infracción del Derecho de la competencia deben analizarse dos presupuestos especialmente conflictivos: el nexo de causalidad y la previsibilidad del daño causado.

Sobre el primero de ellos, para poder reparar el daño causado es imprescindible la existencia de una relación de causalidad, es decir, una relación causa-efecto entre la infracción que se ha cometido y el daño real causado[737]. Del mismo modo, en los casos mencionados con anterioridad, deberá analizarse si

---

736 *Vid.* MARTÍ MIRAVALLS, J., *Responsabilidad civil…, op. cit.*, pp. 129-209.

737 Así lo ha señalado el TJUE en varias ocasiones. *Vid*, por ejemplo, STJUE (Sala Tercera), de 13 de julio de 2006, asuntos acumulados C-295/04 a C-298/04, *Manfredi y otros*, ECLI:EU:C:2996:461: «se desprende de esto que cualquier persona está legitimada para solicitar la reparación del daño sufrido cuando exista una relación de causalidad entre dicho daño y el acuerdo o la práctica prohibidos por el artículo 81 CE»; STJUE (Sala Primera), de 22 de junio de 2022, asunto C267/20, *Volvo AB y DAF Trucks NV c. RM* (TOL9.042.586): «procede recordar que, según reiterada jurisprudencia del Tribunal de Justicia, cualquier persona tiene derecho a solicitar la reparación del daño sufrido cuando exista una relación de causalidad entre dicho daño y un infracción del Derecho de la Unión en materia de competencia».

existe tal relación de causalidad, con independencia de que la infracción haya sido cometida a través o por un algoritmo informático. En nuestro ordenamiento, la jurisprudencia distingue y exige tanto una causalidad de hecho como una causalidad jurídica o imputación objetiva[738].

La causalidad de hecho encuentra su fundamento en el criterio de la *conditio sine qua non*, es decir, no podríamos hablar de causalidad si el daño no hubiera tenido lugar al no haberse realizado la conducta. A diferencia de esta, la imputación objetiva tiene un carácter puramente jurídico, llevándose a cabo un análisis valorativo del hecho[739]. Es decir, bajo esta valoración se seleccionará con criterio jurídico aquellas causas relevantes para el Derecho de la competencia, es decir, la infracción cometida.

En segundo término, debe analizarse la previsibilidad del daño. Es decir, si el infractor podía prever los daños que se producirían como consecuencia de la infracción cometida. El análisis de este segundo requisito puede resultar más problemático ante una infracción cometida por algoritmos de aprendizaje automático. Si bien, como mencionamos en páginas

---

738 Así lo distingue el TS en su sentencia de 30 de noviembre de 2011, señalando que «para imputar a una persona un resultado dañoso (esto es, para determinar si una determinada acción u omisión imprudente es susceptible de haberlo causado) no basta con la constancia de la relación causal material o física, sino que además se precisa la imputación objetiva del resultado o atribución del resultado, lo que en la determinación del nexo de causalidad se conoce como causalidad material y jurídica».

739 *Vid.* MARTÍ MIRAVALLS, J., *Responsabilidad civil…, op. cit.*, pp. 149-150; ROBLES MARTÍN-LABORDA, A., "La función normativa de la responsabilidad por daños derivados de infracciones del Derecho de la competencia", en *Estudios sobre el futuro Código Mercantil: libro homenaje al profesor Rafael Illescas Ortiz*, Universidad Carlos III de Madrid, Getafe, 2015, pp. 1110-1126, en concreto, véase p. 1118.

anteriores, el algoritmo habría sido configurado con carácter previo por la empresa infractora y esta debe conocer su funcionamiento, así como una posible desviación de los parámetros establecidos y sus posibles consecuencias. En nuestra opinión, las empresas no pueden utilizar como argumento para eludir su responsabilidad el no conocer cómo funciona el algoritmo y que este haya cometido una infracción sin haber sido programado de manera expresa para ello.

A pesar de considerar que la empresa que utiliza el algoritmo debe ser la responsable de la infracción y de los daños causados, con base en lo establecido en el art. 64 LDC sobre los criterios para la determinación de las multas, sí debe tenerse en cuenta su utilización para determinar la existencia de una circunstancia agravante. En este sentido, según el caso concreto, el uso de algoritmos[740] podría considerarse desde dos vías: la adopción de medidas para imponer o garantizar el cumplimiento de las conductas ilícitas[741] o como obstrucción de la labor inspectora[742], dado el funcionamiento de estos[743].

Por todo ello, una vez analizados en el caso concreto los requisitos exigidos en materia de responsabilidad, se determinará la obligación de responder ante el daño causado, así como valorar su cuantía[744]. En este sentido, consideramos que

---

740 En el caso Idealista, por ejemplo, si bien se determinó que las empresas que habían participado en el cártel habían utilizado un sistema informático o algoritmo para implementar los acuerdos adoptados, finalmente no se tuvo en cuenta como circunstancia agravante a la hora de fijar la sanción, tan sólo como un medio utilizado para llevar a cabo el acuerdo. *Vid. supra.* Capítulo III.

741 Art. 64.2.c) LDC.

742 Art. 64.2.d) LDC.

743 *Vid. supra.* Capítulo I.

744 Sobre esta cuestión, *vid.*, entre otros, SANJUÁN Y MUÑOZ, E., "El plazo para la reclamación privada de daños en supuestos "*antitrust*"", *Responsabilidad civil, seguro y trafico: cuaderno jurídico*, nº. 66,

la principal problemática estriba en determinar si la práctica realizada es o no una práctica prohibida en el Derecho de la competencia[745], siendo aplicable, tal y como está configurada en la actualidad, el régimen existente sobre responsabilidad de la empresa infractora.

2019, pp. 15-25; SANJUÁN Y MUÑOZ, E., "La estimación judicial del daño desde la teoría económica del derecho", en OLMEDO PERALTA. E. / ROBLÉS MARTÍN-LABORDA, A. (coords.), *Estudios de la red académica de defensa de la competencia (RADC),* Aranzadi, Cizur Menor, 2022, pp. 223-246; SANJUÁN Y MUÑOZ, E., "La determinación y distribución de los daños en infracciones del derecho de la competencia, en supuestos de dificultad de cuantificación e individualización con múltiples afectados", en OLMEDO PERALTA, E. (dir.), *La aplicación del derecho de la competencia en la economía de los datos,* Aranzadi, Cizur Menor, 2021, pp. 343-372; CONTRERAS DE LA ROSA, I., "La reparación de daños masivos ocasionados por ilicitos concurrenciales", *Actas de Derecho Industrial y Derecho de Autor,* nº35, 2014-2015, pp. 67-90.

745 *Vid. supra.* Capítulos III y IV.

Conclusiones

PRIMERA

El desarrollo de las nuevas tecnologías ha favorecido la aparición de nuevos mercados digitales en los que se ha simplificado la tarea de recolectar, almacenar y analizar una gran cantidad de datos por medio de algoritmos y nuevas técnicas de inteligencia artificial. De este modo, se reducen al mínimo los costes de transacción y se favorece la toma automatizada de decisiones por parte de empresas y consumidores. El uso de estas nuevas tecnologías, como son los algoritmos, el *big data* o la inteligencia artificial, ha reforzado las barreras de entrada existentes y ha propiciado el levantamiento de otras nuevas en el mercado. En este sentido, el acceso a los datos y su tratamiento mediante algoritmos constituirán una barrera de entrada cuando se prive a otras empresas de la posibilidad real de acceder al mercado puesto que la disposición de tales datos resulte crítica para entrar al mercado y no puedan obtener por sí misma tales recursos. Aquellas empresas que tengan acceso o dispongan de un gran volumen de datos podrán ser más eficientes y mejorar su posición en el mercado, alcanzando una mayor competitividad.

El uso de estas nuevas herramientas incide sobre el desarrollo de prácticas que pueden ser consideradas anticompetitivas a la luz de lo establecido en los arts. 101 y 102 TFUE o 1 y 2 LDC, impidiendo una competencia basada en los méritos (*competition on the merits*). De este modo, el uso del *big data* y su procesamiento mediante algoritmos puede fortalecer los acuerdos competitivos, así como dificultar su detección por parte de las autoridades de competencia, ya que resultará más difícil obtener las pruebas materiales para constatar su existencia.

Cuando estas conductas son llevadas a cabo por grandes plataformas digitales son susceptibles de producir un impacto mayor en el mercado, incidiendo no sólo en una disminución del bienestar de los consumidores finales, sino en cambios en la estructura del mercado que los aleja del funcionamiento en condiciones de competencia. Además, por la sofisticación tecnológica a través de las que se pueden articular tales conductas se puede dificultar su detección. Estas plataformas están consolidando el poder de mercado que ostentan o incluso se están expandiendo hacia otros nuevos mercados en los que hasta ahora no operaban (*market leveraging*). Muchos son los ejemplos sobre los que hemos trabajado, plataformas como Amazon, Uber, Facebook, etc., han desarrollado nuevos modelos de negocio en diferentes mercados gracias a la gran cantidad de datos que han conseguido recopilar, procesar y analizar a lo largo de estos últimos años en los mercados en los que de forma originaria disfrutaban de dominio.

Estas plataformas han adquirido una posición esencial para la competencia en los mercados digitales ya que resultan imprescindibles para poder operar en estos. De ahí la importancia de que el Derecho disponga de un régimen jurídico que garantice que las relaciones económicas que se entablan entre los agentes no se ven afectadas por conductas anticompetitivas, desleales o discriminatorias. Las plataformas digitales permiten, además, la creación de ecosistemas digitales caracterizados por su dinamismo y complejidad, así como por su capacidad para adaptarse a las circunstancias cambiantes del mercado y ofrecer una mejor experiencia – y más personalizada- al usuario. En estos, las aplicaciones, servicios y datos se encuentran interconectados, siendo necesario prestar especial atención a las cuestiones relativas a la competencia, seguridad y privacidad de los datos, así como garantizar prácticas comerciales justas en los mercados.

De este modo, el surgimiento de estas grandes plataformas digitales ha traído consigo nuevos interrogantes para el Derecho de la competencia, desde la aparición de nuevas conductas que producen un impacto anticompetitivo sobre el mercado y que pueden dar lugar a nuevas formas de colusión o de abuso de posición dominante hasta un replanteamiento de cuáles son los fines que haya de perseguir el Derecho de la competencia. En este sentido, se supera la consideración central de la economía neoclásica del bienestar del consumidor como base para el análisis de los efectos de las conductas y se empiezan a considerar otros objetivos del Derecho de la competencia, más centrados en la preservación de la estructura competitiva de los mercados (estructuralismo o neobrandesianismo).

SEGUNDA

El primer problema al que se enfrenta la aplicación del Derecho de la competencia ante las conductas realizadas en la economía digital es la necesidad de ajustar los instrumentos utilizados hasta el momento para la definición del mercado relevante a las características especiales de estos mercados.

Dado que hasta ahora el criterio principal utilizado para su determinación era el precio, es necesario actualizar los criterios fijados para la definición del mercado de referencia y adaptarlos a estos nuevos mercados digitales donde, en numerosas ocasiones, el precio es cero. En este sentido, al hablar de plataformas digitales, por un lado, los modelos de negocio no se basan únicamente en el precio, sino -sobre todo- en la obtención de datos de sus usuarios. Si bien, estos modelos de negocio a precio cero deberán hacer frente a una serie de costes relacionados con su implementación y mantenimiento, desarrollo de plataformas, análisis de datos, etc., siendo estos, por regla general, sufragados mediante ingresos indirectos, como puede ser la publicidad o el rendimiento de los datos captados de sus usuarios. Por ello, el mercado principal puede no ser el evidente, sino que podrán existir uno o varios mercados subyacentes de mayor valor económico para la plataforma.

Por otro lado, es necesario revisar la separación de los mercados ya que, en la mayoría de estos casos, la extracción y usos potenciales de los datos construyen puentes que conectan mercados que se consideraban -inicialmente- separados. De este modo, se debe llevar a cabo una revisión en profundidad de la Comunicación de la Comisión sobre la definición de mercado relevante, ante la necesidad de adaptarla a los nuevos mercados digitales. En concreto, se deberá aclarar si nos encontramos ante mercados relevantes independientes para cada lado de la plataforma–y cuáles serán los criterios aplicables para su determinación- o si, por el contrario, esta constituye un único mercado relevante.

TERCERA

Respondiendo a los interrogantes planteados en la anterior conclusión, por un lado, consideramos que ha quedado justificado que, en los mercados digitales, el precio cero también debe considerarse un precio. En este sentido, los mercados de precio cero constituirán, cuando sea necesario, mercados de referencia a efectos de defensa de la competencia. Cuando nos encontremos ante este tipo de mercados, otros elementos como son el uso previsto del producto, su calidad, funcionalidad, costes derivados de la interoperabilidad, etc, deberán ser examinados para llevar a cabo la evaluación de la sustitución. Por lo tanto, podrá ser aplicable el test SSNIP, sustituyendo la variable precio por otra más adecuada en cada caso.

Por otro lado, para determinar si nos encontramos ante un único mercado relevante o si existen diferentes mercados independientes, tal y como ha indicado la Comisión en el borrador del Proyecto de Comunicación relativa a la definición de mercado de referencia, será necesario analizar el caso concreto.

No es posible determinar un único criterio ya que el principal problema estribará en delimitar la conexión existente entre los diferentes mercados o lados de la plataforma y, en consecuencia, considerarlos como uno o varios mercados relevantes.

CUARTA

El segundo de los retos planteados en los nuevos mercados digitales es el surgimiento de nuevas formas de ejecutar prácticas anticompetitivas, que hasta el momento no existían. En este sentido, se deben analizar las nuevas formas en que se pueden ejecutar las prácticas colusorias y el abuso de posición de dominio mediante el empleo de algoritmos junto a *big data* e inteligencia artificial. Estos instrumentos permiten disponer de mayor y mejor información sobre el comportamiento pasado y presente y también atinadas prospecciones sobre el comportamiento de los competidores, detectar cambios relevantes en el mercado (por ejemplo, las preferencias de los consumidores) y, en consecuencia, adaptar de forma sincronizada (o contemporánea) la estrategia comercial de las empresas. Si bien, es necesario resaltar que la supervisión y análisis del mercado para la adopción de una reacción estratégica a partir de su funcionamiento es una conducta completamente lícita y racional del empresario. En este sentido, el empleo de algoritmos puede llevar a un uso más eficiente de recursos y una mejora de las condiciones de competencia en los mercados.

Nos centraremos en esta conclusión en el análisis de las primeras de ellas, es decir, las prácticas colusorias.

Entre la tipología de algoritmos analizada a lo largo de este trabajo, aquellos que merecen especial atención son los algoritmos de autoaprendizaje, aprendizaje automático o *self-learning*. Este tipo de algoritmos a partir del almacenamiento y procesamiento de datos consigue construir su propio aprendizaje desde su experiencia, modificando sus reglas internas de análisis y permitiendo optimizar los resultados que obtienen. Ello redunda en un aumento progresivo de su rendimiento, permitiendo que puedan adaptarse cada vez mejor a las circunstancias cambiantes del mercado y que sea mucho más difícil predecir su comportamiento. Los algoritmos funcionan como una forma de procesar los datos que se van aportando al procesamiento (*in-puts*) con unas instrucciones predeterminadas que se le han ofrecido por su programador a los efectos de conseguir unos resultados determinados (*out-puts*). Los algoritmos de autoaprendizaje permiten ir adaptando el código de instrucciones que se les ha dado en su diseño para conseguir unos resultados cada vez más adecuados a la finalidad perseguida. De este modo, la configuración matemática del algoritmo resultado del auto-aprendizaje cada vez más se va distanciando del diseño de órdenes que se ofreció al sistema informático cuando se configuró.

Estos permiten la realización de prácticas colusorias a través de nuevos mecanismos en los que no es necesaria la comunicación o el contacto directo entre los competidores, pues será consecuencia de la interacción directa entre los propios algoritmos. Ante el avance de las nuevas tecnologías, el uso de algoritmos permite interacciones cada vez más rápidas entre los competidores, lo que puede dificultar la detección de un acuerdo entre ellos.

Esto ha generado un debate sobre si el concepto de acuerdo manejado hasta ahora por las autoridades encargadas de aplicar el Derecho de la competencia es adecuado para hacer frente a este tipo de prácticas o si es necesario llevar a cabo una revisión de su definición. Para determinar la existencia de un acuerdo, hasta el momento, era esencial la existencia de una concordancia de voluntades entre las partes, mediante un acuerdo de carácter expreso o implícito, escrito u oral. Sin embargo, mediante el uso de algoritmos o el procesamiento de información a través de inteligencia artificial se puede alcanzar acuerdos mediante la implantación y gestión automática de datos, sin que se requiera intervención alguna por parte de las empresas. Ha quedado justificado que esta forma de proceder ha de quedar incluida también en la noción de colusión manejada por el Derecho de la competencia. En particular, estas conductas pueden ser consideradas como supuestos de colusión tácita o como conductas conscientemente paralelas, entendidas por la normativa como formas específicas de colusión.

Si bien consideramos que las conductas analizadas a lo largo de este trabajo podrían tener cabida bajo ambos conceptos, al utilizar algoritmos para monitorizar el funcionamiento del mercado y determinar la propia estrategia de precios, se aprecia un riesgo subyacente de coordinación que no puede ser ignorado por el empresario que utiliza ese algoritmo. Esto supondría un principio de conocimiento que justificaría la aplicación de los ilícitos *antitrust*. Es decir, con base en los diferentes casos analizados a lo largo de este trabajo y en este principio de conocimiento por parte de la empresa, podemos considerar la existencia de un acuerdo tácito ya que, al utilizar y programar el algoritmo, el empresario puede o debe predecir las consecuencias que pueden derivarse de su utilización y, más concretamente, que el uso de estas técnicas de procesamiento de datos puedan dar lugar a resultados anticompetitivos. En consecuencia, se podrá responsabilizar de las colusiones a las empresas que hayan implementado tales algoritmos, como si de un trabajador más de la empresa se tratara.

El uso de algoritmos y de cada vez más sofisticados sistemas de inteligencia artificial favorece la colusión tácita ya que facilita la monitorización de las decisiones de sus competidores y modeliza sus reacciones ante los distintos cambios en el mercado. En el marco de la ejecución de un acuerdo anticompetitivo, el uso de estos sistemas permite detectar desviaciones frente a los comportamientos acordados, así como adoptar represalias frente a las mismas. De igual forma, permite construir complejos sistemas de liquidación y compensación de beneficios y pérdidas entre los socios en un acuerdo anticompetitivo, adoptando, además, medidas activas para dificultar su detección. Además, favorecerá una adaptación mucho más rápida de los precios a las circunstancias cambiantes del acuerdo o del mercado, ofreciendo una apariencia de comportamiento competitivo por parte de las empresas implicadas. Por ello, podemos concluir que el uso de algoritmos permite robustecer los acuerdos anticompetitivos y, especialmente, los cárteles, así como reforzar su estabilidad.

QUINTA

Pese a que el uso de algoritmos e IA puede favorecer la colusión tácita en los mercados y la realización de conductas anticompetitivas, no todas las prácticas empresariales que se lleven a cabo mediante el uso de estos medios deben ser consideradas contrarias al Derecho de la competencia. De este modo, nos planteamos su posible exención al amparo de los arts. 101.3 TFUE y 1.3 LDC. Si bien es cierto que estas conductas pueden generar mayores eficiencias e importantes beneficios tanto para las empresas como para los consumidores, no parece quedar demostrado el carácter indispensable de la conducta para alcanzarlos. Además, tomando como base los asuntos ya analizados por las autoridades de competencia en los últimos años, este tipo de prácticas llevadas a cabo por los llamados “gigantes” digitales pueden conducir al resultado de la eliminación sustancial de la competencia en el mercado, sobre todo, elevando nuevas barreras de entrada o fortaleciendo sustancialmente la posición de dominio de las empresas que coluden y utilizan tales algoritmos. Por lo tanto, no podrían ser exencionadas mediante esta vía.

La aparición de estas nuevas conductas hace plantearnos la necesidad de llevar a cabo una reforma normativa para que las nuevas formas algorítmicas de colusión encajen mejor dentro de la prohibición de acuerdos anticompetitivos. Si bien se plantean diversas soluciones, consideramos más adecuado adaptar la aplicación de la normativa vigente mediante la consideración de estas nuevas conductas de colusión algorítmica como uno de los supuestos de colusión señalados en los arts. 101 TFUE y 1 LDC. Además, consideramos fundamental que, sin carácter normativo y aportando una mayor seguridad jurídica, las autoridades de competencia adopten unas Directrices sobre colusiones algorítmicas en las cuales se establezca una interpretación clara de cuándo estas conductas son o pueden ser anticompetitivas y cómo se debería actuar en cada caso. En este supuesto, no sería necesario modificar la normativa vigente, lo cual resultaría más sencillo.

Antes de adoptar cualquier medida normativa o que suponga un cambio de interpretación es necesario calibrar las consecuencias de la medida, analizando adecuadamente los efectos que estas nuevas formas de acuerdos producen sobre la competencia En este sentido, es importante partir de la premisa de que la mera utilización de algoritmos no constituye, per se, una conducta anticompetitiva, siendo fundamental analizar con cautela este tipo de prácticas para evitar que tenga lugar un freno al desarrollo tecnológico y la innovación.

SEXTA

Las plataformas que ostentan poder de mercado y, principalmente, las grandes plataformas (las llamadas GAFAM) en el mercado digital pueden utilizar las nuevas posibilidades que ofrecen el *big data*, el procesamiento algorítmico y la IA para perpetrar nuevas formas de prácticas abusivas. Muchas son las conductas de abuso de posición dominante que pueden llevar a cabo estas grandes plataformas en los mercados digitales, sin embargo, especial interés recae sobre aquellas prácticas de discriminación mediante la aplicación de precios personalizados. Las empresas están invirtiendo cada vez más recursos en la adquisición y desarrollo de sistemas informáticos mediante los que captar el mayor número de datos de sus usuarios y definir, así, diferentes estrategias empresariales. De este modo, resulta más sencillo conocer las preferencias del consumidor, así como su disponibilidad a pagar por un determinado bien o servicio, permitiendo a las empresas ofrecer bienes y servicios cada vez más atractivos y personalizados en función de las circunstancias de cada consumidor. Pensemos, por ejemplo, en plataformas como Uber. Esto ha dado lugar al desarrollo de conductas restrictivas de la competencia, ya que gracias al empleo de algoritmos es posible llevar a cabo la discriminación del consumidor mediante precios personalizados o la diferenciación de calidades en función del perfil de cada uno de estos.

Este tipo de conductas han abierto de nuevo el debate sobre cuál es la finalidad perseguida por el Derecho de la competencia (como ya indicamos en la conclusión primera). Esta cuestión es de gran importancia ya que, si no se produce un aumento en los precios y un daño mesurable económicamente en el consumidor, no podríamos hablar de prácticas de discriminación de precios al amparo del art. 102 TFUE. Por lo tanto, si se mantienen los postulados neoclásicos, este tipo de conductas deberían ser analizadas como una práctica de competencia desleal y no de defensa de la competencia. Sin embargo, si se adopta una visión más estructuralista de los objetivos y fines del Derecho de la competencia, sí se puede considerar estas conductas de abuso de posición de dominio desde el Derecho *antitrust*.

SÉPTIMA

Para determinar la existencia de una conducta anticompetitiva de abuso, el primer paso será considerar que el sujeto que la lleva a cabo tiene efectivamente posición de dominio en el mercado. Ello nos lleva a analizar el poder de mercado de la plataforma. Nuevamente, para la determinación de este poder de mercado resultará crítica la definición que se haya realizado del mercado relevante, lo que precisará disponer de unos criterios de delimitación adecuados para la economía digital (criterios de los que aún no se dispone en el marco jurídico europeo). El uso de las nuevas tecnologías está incrementando el poder de mercado que tienen las grandes empresas gracias a la capacidad de estas para recopilar, combinar, actualizar, procesar y analizar información de sus usuarios a gran velocidad, así como, posteriormente, monetizar dichos datos. Estas empresas pueden definir su estrategia empresarial de una manera mucho más precisa gracias a los datos extraídos de los consumidores y a la utilización de un algoritmo que permita su clasificación, procesamiento y análisis de una manera mucho más rápida y eficiente.

Para abordar este tipo de prácticas resultará preciso combinar la aplicación de las normas de defensa de la competencia con la normativa sobre protección de datos, privacidad y protección de los consumidores. Si bien nos podemos plantear que se trate únicamente de una cuestión de privacidad, consideramos que, además, este tipo de conductas son especialmente relevantes en el Derecho de la competencia ya que se pueden crear o aumentar las barreras de entrada en el mercado gracias al acceso y control de fuentes de datos que sean difícilmente replicables o accesibles.

Por lo tanto, resulta fundamental analizar si el *big data* puede o no ser considerado como recurso esencial, es decir, si otra empresa no puede competir en el mercado sin este ya que es un recurso indispensable y, además, no existen otras alternativas viables que permitan su reproducción. En estos casos, la conducta abusiva no consiste únicamente en la recopilación y tratamiento de datos, sino en la utilización que se hace de la información resultado de su procesamiento mediante algoritmos o sistemas de IA. Las empresas pueden hacer uso de dicha información para perjudicar la libre competencia en el mercado y reforzar su posición en el mismo. Sin embargo, es importante recordar que el hecho de que sean considerados como *essential facility* no implica que constituyan una conducta prohibida, simplemente que se consideran indispensables para competir en un mercado determinado. Lo que podrá calificarse como tal será la actuación y el uso que de estos recursos hagan algunas empresas en el mercado y de forma particular los mecanismos de acceso a tal *essential facility*.

Si consideramos que estos son un recurso esencial, con las consecuencias derivadas de dicha concepción, estaríamos frenando la inversión de muchas empresas en el mercado y, como resultado, el desarrollo tecnológico en relación con la captación y el procesamiento de datos. En este sentido, imponer la obligación de compartir o transmitir datos que las propias empresas han creado mediante algoritmos o IA, y que son el resultado del ejercicio de su actividad, nos resulta excesivo.

Como mencionábamos, no nos encontramos ante una cuestión que afecte únicamente al Derecho de la competencia. La normativa de protección de datos está sumamente relacionada con la aplicación de estas normas, existiendo una gran conexión entre ambas. Por ello, consideramos que esta problemática debería ser afrontada, en primer lugar, con medidas de portabilidad e interoperabilidad de datos y, en casos extremos, mediante la doctrina de las facilidades esenciales. De este modo, se podrá lograr una reducción de costes de cambio y barreras de entrada en el mercado. De este modo, a través del Reglamento de Datos (o *Data Act*) se intenta imponer deberes de portabilidad y de compartición de datos a las plataformas digitales que dominan ciertas fuentes indisputables de datos. Esta solución normativa trata de solucionar el problema sin necesidad de recurrir, ex post, a la aplicación del Derecho de la competencia.

Dado que la portabilidad de los datos tendrá lugar cuando el usuario la solicite, esto puede ser menos desmotivador para las empresas que el hecho de verse obligados a compartir sus datos con el resto de los competidores. Sin embargo, esta solución también genera preocupaciones. Por un lado, no podemos olvidar que, para poder llevar a cabo la portabilidad de los datos, es necesario contar con estructuras entre empresas que sean compatibles, creando, si resulta necesario, estándares tecnológicos que faciliten su interoperabilidad y conexión. Por otro lado, se deberá reforzar la privacidad de los consumidores, pues puede resultar perjudicada ante un incorrecto sistema de verificación del usuario interesado en llevar a cabo la portabilidad. De este modo, es fundamental evitar que terceros no autorizados puedan acceder a dicha información. Además, es necesario contar con sistemas que permitan realizar esta portabilidad de forma totalmente segura, para evitar la comisión de ciberataques que pongan en riesgo la privacidad del usuario.

OCTAVA

Para hacer frente a estas conductas desde el punto de vista de la regulación, el Reglamento de Mercados Digitales o Digital Markets Act (DMA) incluye una serie de obligaciones que deberán cumplir aquellas plataformas que sean designadas como guardián de acceso o *gatekeeper*. Es decir, aquellas que tengan una repercusión significativa en el mercado interior, que operen un servicio básico de plataforma que sirva como puerta de acceso importante para que los usuarios profesionales lleguen a los usuarios finales y, por último, que cuente, o pueda contar en un futuro próximo, con una posición afianzada y duradera en sus operaciones

Las obligaciones y prohibiciones recogidas en esta norma serán un complemento a la normativa existente sobre competencia, protección de datos, privacidad y consumidores. Junto a la DMA, estas deberán aplicar lo establecido en el Reglamento sobre Gobernanza de Datos y el Reglamento de datos, recientemente aprobado.

El Reglamento de Mercados Digitales incluye un conjunto de obligaciones -divididas entre sus arts. 5 y 6- que las plataformas que sean consideradas guardianes de acceso también deberán cumplir. En concreto, como analizamos a lo largo del trabajo, se trata de medidas sobre transparencia, protección de datos, medidas cuyo objetivo es evitar la creación de barreras de entrada en el mercado, la prohibición de las conductas de *self-preferencing*, medidas en materia de portabilidad e interoperabilidad de datos, etc. Este conjunto de medidas puede ser calificadas como conductuales o de comportamiento, ante la dificultad de imponer remedios estructurales en estos casos. Todas estas obligaciones y prohibiciones parecen tener origen en los diferentes casos analizados por las autoridades de competencia en los últimos años (Amazon, Google, Facebook, Microsoft...). Así, sobre la base de la práctica reciente de las autoridades de competencia, se están definiendo nuevas teorías del daño a partir de las conductas llevadas a cabo por parte de las plataformas digitales. Habiéndose identificado los orígenes más frecuentes de tales abusos, se procede, ahora, a su prohibición, impidiendo que las empresas que juegan un protagonismo especial en mercados digitales puedan perjudicar más el funcionamiento anticompetitivo de los mercados.

Uno de los principales aciertos de la DMA es la posibilidad de adoptar medidas cautelares cuando existan indicios de la existencia del incumplimiento de las obligaciones establecidas por parte del guardián de acceso. Consideramos que es fundamental poder aplicar este tipo de medidas dada la duración del procedimiento de designación. Si no conseguimos frenar este tipo de conductas a tiempo, será imposible evitar algunos de sus efectos en el mercado. Sin embargo, la Comisión deberá aplicar dicha medida con precaución ya que esta se basa en un análisis previo y superficial de la situación, considerándose a priori como gatekeeper a una empresa que puede no serlo.

NOVENA

A uno y otro lado del Atlántico -así como a ambas orillas del Pacífico- las autoridades de competencia están tratando de concebir una respuesta normativa adecuada a los problemas que el procesamiento masivo de datos y su análisis algorítmico puede suscitar para el funcionamiento competitivo del mercado. La solución parece requerir una combinación de dos medidas. De un lado, la superación de ciertas carencias aplicativas apreciadas en el Derecho de la competencia. Su aplicación en el ámbito digital ha de ser más ágil y las autoridades han de disponer de una mayor capacidad -y creatividad- para diseñar remedios más adecuados a la compleja problemática que se ha de abordar. Quizá en este ámbito no resulten suficientes los remedios de comportamiento y las autoridades de competencia -tan reacias a ello- deban empezar a implementar remedios estructurales más rotundos. Igualmente, es precisa una reformulación del marco analítico empleado por las autoridades para abordar las conductas y aplicar las teorías del daño. Probablemente, la digitalización de la economía y de las decisiones de las empresas haya puesto en jaque el sistema metodológico basado en los postulados de la Escuela de Chicago y el Derecho de la competencia deba abrirse a un marco de razonamiento que no coloque el criterio del bienestar del consumidor medido a través de lógicas de precios como centro del sistema.

De otro lado, se percibe que los fallos de mercado apreciados en la economía digital y derivados de la aplicación de la lógica de los datos en el diseño de las estrategias empresariales no sólo pueden ser abordados con la aproximación ex post -y tardía- del Derecho de la competencia. En tal sentido, resulta ilustrativo que, en modo similar a como se ha procedido en Europa con la adopción del Reglamento de Mercados Digitales, se haya propuesto en Estados Unidos la implementación de la American Innovation and Choice Online Act. En uno y otro caso se parte de la necesaria designación de las plataformas que juegan un papel central en el funcionamiento del mercado digital (gatekeepers / covered platforms), a las que por su singular posición de dominio y de control del mercado se imponen una serie de obligaciones singulares.

DÉCIMA

Bajo la conocida *Estrategia Digital de la UE,* la preocupación de la Comisión por el desarrollo de este tipo de prácticas ha tenido como resultado la reciente publicación de un conjunto de normas (entre ellas el Reglamento de Mercados Digitales, Reglamento de Servicios Digitales y Reglamento de Gobernanza de Datos). Estas, mediante la imposición de una amplia lista de obligaciones y prohibiciones, tienen como objetivo prevenir el desarrollo de estas conductas en los mercados. Si bien consideramos que estas normas –junto con la normativa ya existente– son adecuadas para hacer frente a los nuevos retos planteados en el Derecho de la competencia, aún es pronto para evaluar su aplicación por parte de las autoridades de competencia. En este sentido, consideramos fundamental la coordinación entre la Comisión y las autoridades nacionales de competencia en aras de lograr una aplicación más rápida y eficiente.

De este modo, para hacer frente a este tipo de conductas consideramos imprescindible la especialización de las autoridades de competencia en la materia, ya que, si estas cuentan con nuevos sistemas más eficientes, estas prácticas podrán detectarse lo antes posible en aras de evitar algunas de sus consecuencias en el mercado. Hasta el momento, su atención se ha centrado en la detección de cárteles, con la aplicación del programa de clemencia. Sin embargo, este no es lo suficientemente útil para hacer frente a las nuevas conductas anticompetitivas desarrolladas en los mercados digitales. Por ello, -tomando como ejemplo la CNMC- la actual UIE deberá incidir en este tipo de prácticas y aplicar estas nuevas herramientas para facilitar su detección. No es tarea fácil, pero consideramos de gran importancia el desarrollo por parte de estas autoridades de nuevos sistemas, programas o algoritmos que puedan detectar un posible mal funcionamiento del mercado.

UNDÉCIMA

Ante la utilización de estas nuevas herramientas tecnológicas, como son los algoritmos o la IA, uno de los principales problemas a los que se enfrenta en la actualidad el Derecho de la competencia en los mercados digitales es la dificultad para diseñar remedios eficaces mediante los que hacer frente a aquellas conductas anticompetitivas que afectan de una manera tan grave a la propia estructura de los mercados. De este modo, consideramos necesario combinar una aproximación *ex ante*, mediante la imposición a través de la regulación, de ciertas obligaciones y prohibiciones a las empresas, disciplinando el modo en que se puede utilizar la IA y el modo en que se gestiona el mercado de datos; y la aplicación *ex post* del Derecho de la competencia.

El paralelismo en las soluciones normativas mantenidas en las distintas regiones del mundo ejemplifica, de nuevo, la globalización de la economía. Los comportamientos empresariales eficientes -y los ineficientes a nivel agregado pero que generan beneficios para aquéllos que consiguen acumular poder de mercado- tienden a replicarse en todas las áreas del globo. No se trata ya sólo de mecanizar procesos o agilizar tareas, la digitalización de la Cuarta Revolución Industrial ha impactado sobre la lógica interpretativa del funcionamiento de los mercados desde la teoría clásica. Baste enumerar algunas de las nuevas realidades que ha traído consigo la economía digital con fenómenos tales como el protagonismo de los mercados bilaterales o multilaterales, el peso cada vez mayor de los efectos de escala directos e indirectos, el surgimiento de modelos de negocio en los que los productos se ofrecen a un coste monetario de cero o las dinámicas de concentración de los mercados (basadas en procesos de *winner-takes-all*). Estos nuevos fenómenos requieren el desarrollo de una nueva teoría económica para abordarlos y, a partir de ella, requiere una nueva aproximación regulatoria y del Derecho de la competencia. Al igual que los modelos económicos construidos exclusivamente a partir del factor precio, los instrumentos normativos y las herramientas de que disponen las autoridades de competencia parecen haber quedado obsoletos. Aunque los esfuerzos normativos que se están adoptando en los últimos años estén permitiendo acercar los instrumentos jurídicos a las necesidades cambiantes de los mercados, queda mucho por hacer. Los costes de la inacción por parte de las autoridades eran demasiado altos.

Por ello, se ha de valorar muy positivamente el marco normativo adoptado y la labor de reflexión de las autoridades de competencia para tratar de adaptar sus instrumentos a las nuevas realidades. Sin embargo, los tiempos y la tecnología siguen avanzando y aunque, ahora, estemos tratando de solucionar los problemas derivados del procesamiento algorítmico del Big Data para el desarrollo de estrategias empresariales (anticompetitivas), empiezan a aventurarse los problemas que puede suponer para el funcionamiento competitivo de los mercados nuevas realidades como el surgimiento de mundos virtuales (metaversos) o la aplicación de inteligencia artificial generativa[746]. Pese a que estas tecnologías por regla

[746] No en vano, el 9 de enero de 2024, la Comisión Europea ha publicado dos llamadas a contribuciones en materia de competencia en mundos virtuales e Inteligencia Artificial generativa.

general sean afrontadas como un problema, las nuevas posibilidades tecnológicas no sólo suponen una oportunidad para la innovación y el desarrollo de nuevos y mejores productos y servicios, sino que, si se construyen de forma adecuada, pueden contribuir también a la construcción de mercados más dinámicos y competitivos.

Bibliografía

ALFARO ÁGUILA-REAL, J., *Artículo 101.3 TFUE*, 2020. Disponible en https://derechomercantilespana.blogspot.com/2020/05/1013-tfue.html.

ALFARO ÁGUILA-REAL, J., "Precios personalizados y discriminación", *El Almacén del Derecho*, 2017. Disponible en https://almacendederecho.org/precios-personalizados-discriminacion.

ALONSO SOTO, R., "La defensa de la libre competencia en España", en URÍA, R. / MENÉNDEZ MENÉNDEZ, A. (dirs.), *Curso de Derecho Mercantil*, vol. I., Civitas, Madrid, 2006, pp. 297-333.

ALTZELAI ULIONDO, I., "Hacia unos mercados disputables y equitativos más allá del Derecho de la competencia en la Unión Europea", *Revista de Derecho Comunitario Europeo*, nº74, enero-abril 2023, pp. 147-189.

ALTZELAI ULIONDO, I., "Algunas cuestiones del análisis *antitrust*: delimitación del mercado de referencia y efectos sobre el comercio intracomunitario", *Revista de Derecho de la Competencia y la Distribución*, nº9, julio-septiembre 2011, pp. 1-23.

ANDOMI, A. / HAIDER, M., "Beyond the hype: Big data concepts, methods, and analytics", *International Journal of Information Management*, vol. 35, nº2, 2015, pp. 137-144.

ANDRÉS MOLINA, O. / JIMÉNEZ BERNAL, M., "Robots e inteligencia artificial como sujetos de derecho", en BAYOD LÓPEZ, M.C. (dir.), *Persona y derecho civil, los retos del siglo XXI: (persona, género, transgénero, inteligencia artificial y animales sensibles)*, Tirant lo Blanch, Valencia, 2023, pp. 287-294.

ANITHA, P. / KRITHKA, G. / CHOUDHRY, M.D., "Machine Learning Techniques for learning features of any kind of data: A Case Study", *International Journal of Advanced Research in Computer Engineering & Technology*, vol. 3, nº12, diciembre 2014, pp. 4324-4331.

ANTÓN JUÁREZ, I., "Marketplaces que personalizan precios a través del big data y de los algoritmos: ¿esta práctica es legal en atención al derecho de la competencia europeo?", *Cuadernos de Derecho Transnacional*, vol. 13, nº1, marzo 2021, pp. 42-69.

ARAYA PAZ, C., "Transparencia algorítmica ¿un problema normativo o tecnológico?", *CUHSO (Temuco)*, vol.31, nº2, 2021, disponible en https://www.scielo.cl/scielo.php?script=sci_arttext&pid=S2452-610X2021000200306.

ARCILA-CALDERÓN, C. / BARBOSA-CARO, E. / CABEZUELO-LORENZO, F., "Técnicas big data: análisis de textos a gran escala para la investigación científica y periodística", *El profesional de la información,* vol. 25, nº4, 2016, pp. 623-631.

ASSAD, S. / CLARK, R. / ERSHOV, D. / XU, L., "Algorithmic Pricing and Competition: Empirical Evidence from the German Retail Gasoline Market", *Center for Economic Studies and Ifo Institute (CESifo),* nº 852, Agosto, 2020, pp. 1-75.

ASSOCIATION FOR COMPUTING MACHINERY US PUBLIC POLICY COUNCIL, *Statement on algorithmic transparency and accountability,* January 12, 2017, disponible en https://www.acm.org/binaries/content/assets/public-policy/2017_usacm_statement_algorithms.pdf.

BACHES OPI, S., *Distribución y Derecho de la competencia,* Marcial Pons, Madrid, 2014.

BAHAMONDE DELGADO, R., "El poder de mercado y su relevancia en el Derecho de la competencia europeo", *Anuario da Facultade de Dereito da Universidade da Coruña,* 2013, pp. 487-499.

BAKER, J.B., "Two Sherman Act section 1 dilemmas: parallel pricing, the oligopoly problem and contemporary economic theory", *The Antitrust Bulletin,* vol. 38, nº 1, 1993, pp. 145-149.

BALLARD, D. I. / NAIK, A. S., "Algorithms, artificial intelligence, and joint conduct", *Antitrust Chronicle,* vol. 2, nº29, 2017, pp.1-6.

BAMBERGER, K. / LOEBEL, O., "Platform market power", *Berkeley Tech Law Journal,* nº32, 2017, pp. 1051-1092.

BANICEVIC, A. / KOHLMEIER, G. Z. A. / PECHERSKY, D. / HOWLETT, A., "Algorithms: challenges and opportunities for *antitrust* compliance", *Antitrust Law,* 2018, pp.1-22.

BAR-GILL, O., "Algorithmic Price Discrimination: When Demand Is a Function of Both Preferences and (Mis) Perceptions", *The Harvard John M. Olin Discussion Paper Series,* nº05, pp. 18-32.

BEDNARZ, S., "Retos y oportunidades de la aplicación de la tecnología blockchain a la actividad aseguradora", en PÉREZ-SERRABONA GONZÁLEZ, J.L. (dir.), *Derecho de seguros: nuevas realidades y nuevos retos,* Marcial Pons, Madrid, 2021, pp. 289-302.

BEDNARZ, S., "Prácticas colusorias y otras anticompetitivas a través del blockchain: ¿necesidad de nuevas soluciones legales?", *Actas de Derecho Industrial y Derecho de Autor,* nº39, 2018-2019, pp. 305-320.

BENAVIDES VELASCO, P., "Efectos de las decisiones de compromisos (commitment decisions) adoptados por la Comisión Europea en las jurisdicciones nacionales", *Actas de Derecho Industrial y Derecho de Autor*, nº41, 2021, pp. 29-50.

BENAVIDES VELASCO, P., "Estrategias regulatorias para abordar los problemas de explotación de las viviendas turísticas ofertadas a través de plataformas colaborativas", en GONZÁLEZ CABRERA, I. / DEL PINO RODRÍGUEZ, M. (dirs.), *Las viviendas vacacionales: entre la economía colaborativa y la actividad mercantil*, Dykinson, Madrid, 2019, pp. 117-144.

BENAVIDES VELASCO, P., "Sentencia de 16 de abril de 2012: Prácticas restrictivas de la competencia. Exención por categorías y acuerdos de mínimis", *Cuadernos Civitas de jurisprudencia civil*, nº90, 2012, pp. 327-348.

BENEKE, F. / MACKENRODT, M.O., "Remedies for algorithmic tacit collusion", *Journal of Antitrust Enforcement*, nº9, 2021, pp. 152–176.

BINOTTO, A. / DELUCA, P., "Self-preferencing between all and nothing: in search for a definition under Brazilian competition law", *Latin America Law Review*, nº11, 2023, pp. 73-92.

BLOCKX, J., "The expected impact of the DMA on the *antitrust* enforcement of unilateral practices", *Journal of European Competition Law & Practice*, vol. 14, nº6, 2023, pp. 325-333.

BORENSTEIN, S., "Rapid Price Communication and Coordination: The Airline Tariff Publishing Case", en KWOKA, J.E. / WHITE, L.J. (eds.), *The Antitrust Revolution: Economics, Competition and Policy*, Oxford University Press, New York, 1994, pp. 310-328.

BOSTOEN, F., "The General Court's Google Shopping judgment finetuning the legal qualifications and test for platform abuse", *Journal of European Competition Law & Practice*, vol. 13, nº2, 2022, pp. 75-86.

BOTTA, M. / WIEDEMANN, K., "To discriminate o not to discriminate? Personalised pricing in online markets as exploitative abuse of dominance", *European Journal of Law and Economics*, 2020, pp. 381-404.

BOUGETTE, P. / BUDZINSKI, O. / MARTY, F., "Self-Preferencing and Competitive Damages: A Focus on Exploitative Abuses", *The antitrust bulletin*, vol. 67, nº2, 2022, pp. 190-207.

BOURREAU, M. / PERROT, A., "Digital platforms: regulate before it´s too late", *Notes du Conseil D´analyse Économique*, vol. 6, nº 6, junio, 2020, pp. 1-12.

BRENES CORTÉS, J., "Sobreendeudamiento del consumidor: crédito al consumo y crédito inmobiliario", *Revista Aranzadi de derecho patrimonial*, nº52, 2020, BIB 2020\34072.

BROKELMANN, H., "La sentencia Skanska del TJUE: el concepto de "empresa" en las acciones de daños por infracciones del derecho de la competencia", *Cuadernos de Derecho Transnacional*, vol. 12, nº2, octubre 2020, pp. 903-912.

BROKELMANN, H., "Las prácticas concertadas y conscientemente paralelas", en MARTÍNEZ LAGE, S. / PETITBÒ, A. (dirs.), *Los acuerdos horizontales entre empresas*, Madrid, 2009, pp. 87-114.

BROOK, O., *Non-Competition Interests in EU Antitrust Law: An Empirical Study of Article 101 TFEU*, Cambridge University Press, Cambridge, 2022.

BROOK, O., "Struggling with Article 101(3) TFEU: Diverging approaches of the Commission, EU Courts, and five Competition Authorities", *Common Market Law Review*, vol. 56, nº 1, 2019, pp. 121-156.

BROOKE, F., "AI For the Antitrust Regulator", 2023, disponible en https://www.promarket.org/2023/06/06/ai-for-the-antitrust-regulator/.

BUITEN, M.C., "The Digital Services Act: From Intermediary Liability to Platform Regulation", *JIPITEC*, vol. 12, 2021, pp. 361-38.

CALVANO, E. / CALZOLARI, G. / DENICOLÒ, V. / PASTORELLO, S., "Artificial Intelligence, Algorithmic Pricing and Collusion", *American Economic Review*, vol. 110, nº10, 2020, pp. 3267-2397.

CALVANO, E. / CALZOLARI, G. / DENICOLÒ, V. / PASTORELLO, S., "Algorithmic Pricing: What Implications for Competition Policy?", 2018, disponible en https://ssrn.com/abstract=3209781.

CALVO CARAVACA, A. L. / RODRÍGUEZ RODRIGO, J., *La doctrina de las infraestructuras esenciales en Derecho antitrust europeo*, La Ley, Madrid, 2012.

CAMPUZANO FERNÁNDEZ, S. / VEGA VICENTE, P., "Riesgos y oportunidades de la inteligencia artificial desde la perspectiva de la competencia. Un análisis desde la CNMC", *Boletín Económico de ICE*, nº3137, julio 2021, pp. 43-55.

CANEDO ARRILLAGA, M.P., "Cómo conseguir la necesaria disuasión ante las infracciones de competencia", en BENEYTO PÉREZ, J.M. / MAÍLLO GONZÁLEZ-ORUS, J. (dirs.), *Novedades y retos en la lucha contra los cárteles económicos*, Aranzadi, Cizur Menor, 2019, pp. 213-250.

CANEDO ARRILLAGA, M.P., "Fallos de mercado y fallos de la administración en la economía colaborativa", en PEINADO GRACIA, J.I.

(coord.), *Cuadernos de Derecho para ingenieros. Economía colaborativa*, La Ley, Madrid, 2018, pp. 75-94.

CARBAJO GASCÓN, F., "La problemática de las patentes indispensables en estándares técnicos y la eficacia de los compromisos de licencia en términos FRAND", *Revista electrónica de Direito*, nº3, 2016, pp. 1-55.

CASADO NAVARRO, A., "Precios personalizados y competencia desleal", *LA LEY Mercantil*, nº106, 2023, LA LEY 10425/2023.

CASTILLO PARRILLA, J.A., "El pago con datos. Tensiones normativas entre la Directiva 2019/770 (y su transposición en España) y el RGPD", en GARCÍA GOLDAR, M. / NÚÑEZ CERVIÑO, J. (dirs.), *El Derecho ante la tecnología: innovación y adaptación*, COLEX, La Coruña, 2022, pp. 225-245.

CASTILLO PARRILLA, J.A., "Los datos personales como contraprestación en la reforma del TRLGDCU y las tensiones normativas entre la economía de los datos y la interpretación garantista del RGPD", *La Ley mercantil*, nº82, julio 2021, LA LEY 8528/2021.

CAYSEELE, V. / PATRICK, J.G., "Hub and spoke Collusion: Some Nagging Questions Raised by Economists", *Journal of European Competition Law & Practice*, vol. 5, nº3, 2014, pp. 164-168.

CENNAMO, C. / KRETSCHMER, T. / CONSTANTINIDES, P. / ALAIMO, C. / SANTALÓ, J., "Digital platforms regulation: an innovation-centric view of the EU's Digital Markets Act", *Journal of European Competition Law & Practice*, vol. 14, nº1, 2023, pp. 44-51.

CHAPDELAINE, P., "Algorithmic personalized pricing", *Journal of Law & Business*, vol. 17, 2020, pp. 1-47.

CHEN, L. / MISLOVE, A. / WILSON, C., "An empirical analysis of algorithmic pricing on amazon marketplace", *Proceedings of the 25th International Conference on World Wide Web*, International World Wide Web Conferences Steering Committee, 2016. pp. 1339-1349.

CIACCAGLIA, M., "Blockchain y Smart contracts entre la normativa europea y el Código civil español", *Revista Aranzadi de Derecho y Nuevas Tecnologías*, nº51, 2019, BIB 2019\9355.

CONDORELLI, D. / PADILLA, J., "Data-driven envelopment with privacy-policy tying", 2020, disponible en https://ssrn.com/ abstract=3600725.

CONDORELLI, D. / PADILLA, J., "Harnessing platform envelopment in the digital world", *Journal of Competition Law & Economics*, vol. 16, nº 2, 2020, pp. 143-187.

CONTRERAS DE LA ROSA, I., "La reparación de daños masivos ocasionados por ilícitos concurrenciales", *Actas de Derecho Industrial y Derecho de Autor*, nº35, 2014-2015, pp. 67-90.

CORTI VARELA, J., "Tipología de cárteles duros: un estudio de los casos resueltos por la CNC y la CNMC", en BENEYTO PÉREZ, J.M. / MAÍLLO GONZÁLEZ-ORÚS, J. (dirs.), *La lucha contra los cárteles en España*, Aranzadi, Cizur Menor, 2015, pp. 109-130.

COSTAS COMESAÑA, J., "La imposición de multas por conductas anticompetitivas en España", en ROBLES MARTÍN-LABORDA, A. (dir.), *La lucha contra las restricciones de la competencia. Sanciones y remedios en el ordenamiento español*, Comares, Granada, 2017, pp. 11-78.

COSTAS COMESAÑA, J., "El concepto de restricciones de la competencia por el objeto y su aplicación a los intercambios de información entre competidores", *Actas de Derecho Industrial y Derecho de Autor*, nº30, 2010, pp. 167-182.

COSTAS COMESAÑA, J., "Prohibición de falseamiento de la libre competencia por actos de competencia desleal", en BELLO MARTÍN-CRESPO, M.P. / HERNÁNDEZ RODRÍGUEZ, F. (coords.), *Derecho de la libre competencia comunitario y español*, Aranzadi, Cizur Menor, 2009, pp. 213-232.

COSTAS COMESAÑA, J., *Los cárteles de crisis. Crisis económica y defensa de la competencia*, Marcial Pons, Madrid, 1997.

CUENA CASAS, M., "La contratación a través de plataformas intermediarias en línea", *Cuadernos de Derecho Transnacional*, nº2, octubre, 2020, pp. 283-348.

CURTO POLO, M., "Hacia una noción ampliada del abuso de posición dominante (Comentario a la Sentencia del TJCE de 14 de noviembre de 1996, Tetra Pak Internacional, S. A. c. Comisión de las Comunidades Europeas, Asunto C-333/94 P)", *Actas de Derecho Industrial y Derecho de Autor*, nº18, 1997, pp. 347-360.

DA SILVA, F. / NÚÑEZ REYES, G., *La libre competencia en la era digital y la postpandemia: el impacto sobre las pequeñas y medianas empresas*, 2021, disponible en https://repositorio.cepal.org/items/cf8d4d79-190f-4d84-9c7c-3c6a2b793740.

DA SILVA, F. / NÚÑEZ REYES, G., "La era de las plataformas digitales y el desarrollo de los mercados de datos en un contexto de libre competencia", *Documentos de Proyectos* (LC/TS.2021/173), Santiago, CEPAL, 2021, pp. 1-47.

DE LA VEGA GARCÍA, F., "El Derecho europeo de la competencia ante los «acuerdos de sostenibilidad»", *Cuadernos de Derecho Transnacional*, vol. 14, nº2, octubre 2022, pp. 825-85.

DE LA VEGA GARCÍA, F.L., *La clemencia (leniency) en el derecho de la competencia (antitrust): exención o reducción de multa en caso de cártel*, Dykinson, Madrid, 2017.

DE MIGUEL ASENSIO, P. A., "Obligaciones de diligencia y responsabilidad de los intermediarios: El Reglamento (UE) de Servicios Digitales", *La Ley Unión Europea*, nº109, diciembre 2022, LA LEY 11104/2022.

DE MIGUEL ASENSIO, P.A., "Los servicios de intermediación de datos en el nuevo Reglamento de Gobernanza de Datos", *La Ley Unión Europea*, nº105, 2022, LA LEY 6711/2022.

DE STREEL, A. / JACQUES, F., "Personalised pricing and EU law", 2019, disponible en https://www.econstor.eu/bitstream/10419/205221/1/de-Streel-Jacques.pdf.

DE VIVERO DE PORRAS, C., "Servicios financieros complementarios y guardianes de acceso. Una aproximación y ampliación del concepto de Gatekeeper", en OLMEDO PERALTA, E. (dir.), *La aplicación del derecho de la competencia en la economía de los datos*, Aranzadi, Cizur Menor, 2021, pp. 289-318.

DELGADO ECHEVARRÍA, M., "Los remedios en el `Caso Google´", *Actualidad Jurídica Aranzadi*, nº934, 2017, BIB 2018\8400.

DEUTSCHER, E., "Google Shopping and the Quest for a Legal Test for Self-preferencing Under Article 102 TFEU", *European papers: a journal on law and integration*, vol. 6, nº3, 2021, pp. 1345-1361.

DI PORTO, F. / FOÀ, D., "Defining Virtual Worlds: Main Features and Regulatory Challenges", 2023, disponible en https://ssrn.com/abstract=4507397.

DI PORTO, F., "Good Algorithms, Better Rules: How Algorithmic Tools Could Revive Disclosure Regulation", *Rivista Trimestrale Diritto Pubblico*, nº1, 2022, pp. 117-138.

DI PORTO, F. / ZUPPETTA, M., "Co-regulating algorithmic disclosure for digital platforms", *Policy and Society*, vol. 40, nº2, 2021, pp. 272–293.

DI PORTO, F. / GHIDINI, G., "Big data between privacy and competition: dominance by exploitation? Which remedies?", *International Scientific Conference EKOB*, 2018, pp. 1-30.

DÍEZ ESTELLA, F. / GUERRA FERNÁNDEZ, A., "Artículo 1", en MASSAGUER FUENTES, J. / SALA ARQUER, J.M. / FOLGUERA CRESPO,

J. / GUTIÉRREZ HERNÁNDEZ, A. (dirs.), *Comentario a la Ley de Defensa de la Competencia,* Aranzadi, Cizur Menor, 2017, pp. 45-165.

DÍEZ ESTELLA, F. / RIBERA MARTÍNEZ, A., "Derecho de la competencia vs Privacidad: ¿el gran dilema en los nuevos mercados digitales?", *Cuadernos de Derecho Transnacional,* vol. 14, nº1, 2022, 169-195.

DÍEZ ESTELLA, F. / FERNÁNDEZ ÁLVAREZ-LABRADOR, M., "El estrechamiento de márgenes en los mercados de telecomunicaciones: comentario a la Decisión de la Comisión Europea de 4 de julio de 2007, asunto COMP/38.784-Wanadoo España contra Telefónica", *Revista de Derecho de la competencia y la distribución,* nº2, 2008, pp. 219-238.

DÍEZ ESTELLA, F. "La aplicación del Derecho de la competencia en la era digital (Casos Google, Facebook, Apple/Shazaam, y el Informe de la Comisión Europea de Abril 2019)", en RECUERDA GIRELA, M.A. (dir.), *Anuario de Derecho de la Competencia 2019,* Madrid, 2019, pp. 231-262.

DÍEZ ESTELLA, F., "Remedios, sanciones y condiciones impuestas al término de un expediente sancionador", en MARTÍNEZ LAGE, S. / PETITBÒ JUAN, A. (dirs.), *Remedios sanciones en el Derecho de la competencia,* Fundación Rafael del Pino, Marcial Pons, Madrid, 2008, pp.103-134.

DÍEZ ESTELLA, F., "La doctrina del abuso en los mercados conextos: del "*monopoly leveraging*" a las "*essential facilities*", *Revista de Derecho Mercantil,* nº248, 2003, pp. 1-35.

DÍEZ ESTELLA, F., *La discriminación de precios en el Derecho de la competencia,* Thomson Civitas, Madrid, 2003.

DÍEZ ESTELLA, F., "Algunas consideraciones en torno a la Comunicación sobre Definición de Mercado Relevante de la Comisión Europea y las Merger Guidelines del Departamento de Justicia de EEUU", *Anuario de la Competencia,* nº1, 2000, pp. 321-344.

EBEN, M. / NOTES, A., "The *antitrust* market does not exist: pursuit of objectivity in a purposive process", *Journal of Competition Law & Economics,* vol. 17, nº3, septiembre 2021, pp. 586-619.

EBERS, M., "Regulating AI and robotics: ethical and legal challenges", en EBERS, M. / NAVAS, S. (eds.), *Algorithms and Law,* Cambridge University Press, 2022, pp. 37-98.

ECHEBARRÍA SÁENZ, M., "Restricciones de acceso al mercado y plataformas digitales: el caso Amazon como ejemplo", *Revista de Estudios Europeos,* nº78, julio-diciembre, 2021, pp. 154-182.

EFRONI, Z. / HAGEN, P.V. / VÖLZMANN, L. / PETER, R. / SATTOROV, M., "Position Paper regarding Data Act (Proposal of the European Commission, 23.02.22)", *Weizenbaum Policy Paper*, 2022, disponible en https://doi.org/10.34669/WI.WPP/2.

ESTEVAN DE QUESADA, C., "Desequilibrios de poder en los mercados digitales: Plataformas y dependencia", *Actas de Derecho Industrial y Derecho de Autor*, nº22, 2022, pp. 57-79.

ESTEVAN DE QUESADA, C., *Las prácticas facilitadoras: control de la colusión en los mercados oligopolísticos*, Tirant lo Blanch, Valencia, 2013.

ESTEVAN DE QUESADA, C., "Prácticas facilitadoras y sistemas de intercambio de información", en VELASCO SAN PEDRO, L.A. / ALONSO LEDESMA, C. / ECHEBARRÍA SÁENZ, M. / HERRERO SUÁREZ, C. / GUTIÉRREZ GILSANZ, A. (dirs.), *La aplicación privada del Derecho de la competencia*, Lex Nova, Valladolid, 2011, pp. 851-862.

EZRACHI, A. / STUCKE, M.E., *How Bich-Tech Barons Smash Innovation and How to Stricke Back*, Harper Business, Nueva York, 2022.

EZRACHI, A. / STUCKE, M., "Sustainable and unchallenged algorithmic tacit collusion", *Northwestern Journal of Technology and Intellectual Property*, vol. 17, nº 2, 2020, pp. 217-260.

EZRACHI, A. / STUCKE, M., "Artificial Intelligence & Collusion: When Computers Inhibit Competition", *University of Illinois Law Review*, nº5, 2017, pp. 1775-1810.

EZRACHI, A. / STUCKE, M., *Virtual Competition: The Promise and Perils of the Algorithm-Driven Economy*, Harvard University Press, United States, 2016.

FARMIÑÁN SANTAS, J., "La colusión tácita mediante algoritmos de precios", en GARCÍA VIDAL, A. (dir.), *Big data e internet de las cosas: nuevos retos para el Derecho de la competencia y de los bienes inmateriales*, Tirant lo Blanch, Valencia, 2020, pp. 255-303.

FAULL, J. / NIKPAY, A., "The EU law of competition", *Oxford University Press*, 2014, pp. 524-533.

FERNÁNDEZ-NOVOA, C., "Significado y delimitación del mercado relevante", *Actas de Derecho Industrial y Derecho de Autor*, nº6, 1979-1980, pp. 247-262.

FERNÁNDEZ, C.B., "China presenta su proyecto de Reglamento sobre algoritmos de recomendación en Internet", *Diario La Ley*, 2021, versión digital.

FERNÁNDEZ, C.B., “EEUU: propuesta de Ley para combatir los algoritmos perjudiciales utilizados por las plataformas en línea e imponer un nuevo régimen de transparencia”, *Diario La Ley*, 2021, versión digital.

FERNÁNDEZ, C. B., “Se presenta en los Estados Unidos un proyecto de Ley de responsabilidad algorítmica (Algorithmic Accountability Act)”, *Diario La Ley*, nº 28, 2019, versión digital.

FERRARI, G. / MAGGIOLINO, M., “Il potere across markets delle GAFAM: come reagire?”, *Orizzonti del Diritto Commerciale,* 2021, pp. 463-488.

FLETCHER, A. / ORMOSI, P.L. / SAVANI, R., “Recommender systems and supplier competition on platforms”, *Journal of Competition Law & Economics,* vol. 19, nº3, septiembre 2023, pp. 397-426.

FOLGUERA CRESPO, J. / GUTIÉRREZ HERNÁNDEZ, A., “El abuso de posición dominante en mercados conexos: evolución reciente de la doctrina del Tribunal de Defensa de la Competencia”, *Anuario de la Competencia,* nº1, 2003, pp. 221-238

FONT GALÁN, J.I. / MIRANDA SERRANO, L.M., *Competencia desleal y “antitrust”: Sistema de ilícitos,* Marcial Pons, Madrid, 2005.

FRANCK, J.U. / PEITZ, M., “Digital platforms and the new 19 Tool in the German Competition Act”, *Journal of European Competition Law & Practice,* vol. 12, nº7, 2021, pp. 513-528.

FUCHS NISSIM, A. / MUFDI GUERRA, N., “Derecho de la competencia y Regulación de Mercados Digitales: Desafíos y Propuestas para Latinoamérica”, *Centro de Competencia,* 2021, pp. 1-57.

GAL, M.S. / RUBINFELD, D.L., “Algorithms, AI and Mergers”, *Antitrust Law Journal,* NYU Law and Economics Research Paper nº 23-36, septiembre 2023, pp. 1-50.

GAL, M.S. / PETIT, N., “Radical restorative remedies for digital markets”, *Berkeley Technology Law Journal,* vol. 36, 2021, pp. 618-673.

GAL, M.S. / SCHREPEL, T., “Algorithms and Competition Law”, *Concurrences,* 2020, pp. 1-8.

GAL, M. S. / ELKIN-KOREN, N., “Algorithmic Consumers”, *Harvard Journal of Law and Technology,* nº30, 2017, pp. 309-353.

GAL, M.S., “Limiting Algorithmic Coordination”, *Berkeley Technology Law Journal,* vol.38, nº1, 2023, pp. 1-49.

GAL, M. S., “Algorithms as illegal agreements”, *Berkeley Technology Law Journal,* vol. 34, 2019, pp. 67-118.

GAL, M.S., “Algorithmic Challenges to Autonomous Choice”, *Michigan Telecommunications and Technology Law Review*, vol. 25, nº1, 2018, pp. 60-104.

GANTZ, J. / REINSEL, D., “Extracting value from chaos”, *IDC iview*, junio 2011, disponible en https://www.yumpu.com/en/document/read/3703408/extracting-value-from-chaos-emc.

GARCÍA RODRÍGUEZ, M.J. / MONTES LUNA, J. C., “Detección de licitaciones irregulares en España mediante el análisis masivo de datos y la inteligencia artificial”, en VESTRI, G. (dir.), *La disrupción tecnológica en la Administración Pública: retos y desafíos de la inteligencia artificial*, Thomson Reuters, Cizur menor, 2022, pp. 219-233.

GARTNER IT Glossary, *What is Big Data?*, disponible en http://www.gartner.com/itglossary/ big-data/.

GAWER, A. R., “Big data: bringing competition policy to the digital era”, DAF/COMP/WD(2016)74, 2016.

GAWER, A. R., “Competition Policy and Regulatory Reforms for Big data: Propositions to Harness the Power of Big data while Curbing Platforms’ Abuse of Dominance”, note submitted to the Hearing on Big Data of the 126th meeting of the OECD Competition Committee, 2016, DAF/COMP/WD, 74.

GERADIN, D., “What Is a Digital Gatekeeper? Which Platforms Should Be Captured by the EC Proposal for a Digital Market Act?”, February 18, 2021, pp. 1-20.

GERARDIN, D., “Standardization and Technological Innovation: Some Reflections on Ex-ante Licensing, FRAND, and the Proper Means to Reward Innovators”, *World Competition*, vol. 4, nº 29, 2006, pp. 1-17.

GHEZZI, F. / MAGGIOLINO, M.T., “The notion of abuse. Cues from the Italian FBA Amazon Case”, en TYAGI, K. / KAMPERMAN SANDERS, A. / CAUFFMAN, C. (eds.), *Digital Platforms, Competition Law and Regulation*, Hart Publishing, 2024, pp. 25-42.

GHIDINI, G., “The interplay between antitrust law and intellectual property: stages of the European evolution”, *Journal of Antitrust Enforcement*, vol. 11, nº1, 2023, pp.24-36.

GHIDINI, G., “What IP Owes to Antitrust”, *International Review of Intellectual Property and Competition Law*, vol. 53, 2022, pp. 1441-1443.

GHIDINI, G. / TRABUCCO, G., “Calculating FRAND Licensing Fees: A Proposal of Basic Pro-competitive Criteria”, en BHARADWAJ, A. /

DEVAIAH, V.H. / GUPTAPP, I. (eds.), *Complications and Quandaries in the ICT Sector. Essential Patents and Competition Issues*, Springer, 2018, pp. 63-77.

GHIDINI, G. / AREZZO, E., "On the Intersection of IPRS and Competition Law with Regard to Information Technology Markets", en ELHERMAN, C.D. / ATANASIU, I. (eds.), *European Competition Law annual 2005: the relationship between competition law and intellectual property law,* Hart Publishing, 2006, pp. 1-15.

GIPPINI FOURNIER, E., "Essential facilities y la aplicación del artículo 82 CE a la negativa unilateral a contratar. Algunas consideraciones tras la sentencia Bronner", *Gaceta Jurídica de la Competencia y de la UE,* nº205, enero/febrero 2000, pp. 77-95.

GÓMEZ SANTOS, M., "Big data y discriminación de precios en el sector asegurador", *Revista de Derecho Mercantil,* nº314, 2019, BIB 2019\10777.

GONZÁLEZ CASTILLA, F., "En torno a las consecuencias de la conexión contractual en el crédito al consumo: la superación jurisprudencial de las exigencias de la Ley 7/1995", *Revista de Derecho Mercantil,* nº279, 2011, pp. 286-298.

GONZÁLEZ CASTILLA, F., "La Ley de Crédito al Consumo en el ámbito bancario", *Estudios de Derecho Judicial,* nº79, 2005, pp. 137-188.

GONZÁLEZ FERNÁNDEZ, M.B., "Economía colaborativa, competencia y viviendas turísticas: buscando el equilibrio", en GONZÁLEZ CABRERA, I. / DEL PINO RODRÍGUEZ, M. (dirs.), *Las viviendas vacacionales: entre la economía colaborativa y la actividad mercantil,* Dykinson, Madrid, 2019, pp. 193-206.

GONZÁLEZ FERNÁNDEZ, M.B., "El intercambio de información entre empresas y la libre competencia", en PINO ABAD, M. / FONT GALÁN, J.I. (coords.), *Estudios de Derecho de la competencia,* Marcial Pons, Madrid, 2005, pp. 363-370.

GONZÁLEZ JIMÉNEZ, P. M., *Las conductas de menor importancia en el Derecho de la competencia,* Marcial Pons, Madrid, 2023.

GONZÁLEZ JIMÉNEZ, P.M., "Restricciones de la competencia por el objeto y acuerdos de menor importancia: sus posibles interacciones a la luz de la reciente doctrina del TJUE", *Actas de Derecho Industrial y Derecho de Autor,* nº40, 2019-2020, pp. 165-188.

GRAEF, I., "Algorithms and fairness: what role for competition law in targeting price discrimination towards end consumers?", *The Columbia Journal of European Law,* vol. 24, nº3, 2018, pp. 541-559.

GRAEF, I., / HUSOVEC, M., "Seven Things to Improve in the Data Act", marzo 2022, disponible en https://papers.ssrn.com/sol3/papers.cfm?abstract_id=4051793.

GREENE, E. J. / MORDOJ B., "Mercado relevante en plataformas: el caso Ohio v. Amex", *Investigaciones CeCo*, febrero, 2020. Texto disponible en https://centrocompetencia.com/wp-content/uploads/2020/02/Greene_Mordoj-Mercado-relevante-en-plataformas_el-caso-Ohio_v_Amex.pdf.

HANNAK, A. / MISLOVE, A. / SOELLER, G. / WILSON, C. / LAZER, D., "Measuring price discrimination and steering on e-commerce web sites", *IMC*, 2014, pp. 1-14.

HANSBERRY, D. / HUMMER, C. / LE BERRE, M. / LECLERC, M., "Umbrella Effect: Damages Claimed by Customers of Noncartelists Competitors", *Journal of European Competition Law & Practice*, vol. 5, nº 4, 2014, pp. 196-205.

HAWK, B. E., *United States, Common Market and International Antitrust: A comparative Guide*, Tomo II, 2º Ed., Nueva York, 1989.

HELLSTRÖM, P. / MAIER-RIGAUD, F. / BULST, F., "Remedies in European *antitrust* law", *Antitrust Law Journal*, vol.76, nº1, 2009, pp. 43–63.

HERGUERA, I., "Competencia y regulación de (algunas) plataformas digitales en la UE", Documento de Trabajo–2021/10, junio, 2021, disponible en https://documentos.fedea.net/pubs/dt/2021/dt2021-10.pdf.

HERNÁNDEZ RODRÍGUEZ, F., *Precios predatorios y derecho antitrust: estudio comparado de los ordenamientos estadounidense, comunitario y español*, Marcial Pons, Madrid, 1997.

HERRERO SUÁREZ, C., "Big Data: ¿hacia un nuevo instrumento de poder de mercado?", en MIRANDA SERRANO, L.M. / PAGADOR LÓPEZ, J. (dirs.), *Desafíos del regulador mercantil en materia de contratación y competencia empresarial*, Marcial Pons, Madrid, 2021, pp. 341-357.

HERRERO SUÁREZ, C., "Gigantismo empresarial en los mercados digitales. ¿Una vuelta a los orígenes y... nuevos desafíos?", *Revista de Estudios Europeos*, nº78, 2021, pp. 111-124.

HERRERO SUÁREZ, C., "La economía de los grandes datos o Big Data desde el Derecho de la competencia: ¿nuevos problemas? ¿nuevas soluciones?", *Revista de Derecho de la competencia y la distribución*, nº23, 2018, LA LEY 14937/2018.

HERRERO SUÁREZ, C., "La fijación de precios de reventa: ¿nuevos vientos?", *Revista de Derecho de la Competencia y la Distribución*, n°4, enero-junio 2009, pp. 53-88.

HICKMAN, L., "How algorithms rule the world", *The Guardian*, n°1, 2013. Disponible en https://www.theguardian.com/science/2013/jul/01/how-algorithms-rule-world-nsa.

HINGSTON, P. / KENDALL, G., "Learning Versus Evolution in Iterated Prisoner's Dilemma", *Proceedings of the Congress on Evolutionary Computation* (CEC'04), 2004. Disponible en http://www.cs.nott.ac.uk/~pszgxk/papers/cec2004ph.pdf.

HJELMENG, E., "Competition law remedies: Striving for coherence or finding new ways?", *Common Market Law Review*, vol. 50, n°4, 2013, pp. 1007–1038.

HOVENKAMP, H.J., "Competition for innovation", *Columbia Business Law Review*, n°3, 2012, pp. 799-833.

HOVENKAMP, H.J., "*Antitrust* and innovation: where we are and where we should be going", *Antitrust Law Journal*, vol. 77, n°3, 2011, pp. 749-756.

HUERGO LORA, A., *El proyecto de Reglamento sobre la Inteligencia Artificial*, abril, 2021. Disponible en https://almacendederecho.org/el-proyecto-de-reglamento-sobre-la-inteligencia-artificial.

IBÁÑEZ COLOMO, P., "The draft Digital Markets Act: a legal and institutional analysis", *Journal of European Competition Law & Practice*, n°12, septiembre 2021, pp. 561-575.

IBÁÑEZ JIMÉNEZ, J. W., *Blockchain: primeras cuestiones en el ordenamiento español*, Dykinson, Madrid, 2018.

IBÁÑEZ JIMÉNEZ, J. W., *Derecho de Blockchain y de la Tecnología de Registros Distribuidos*, Aranzadi, Cizur Menor, 2018.

JIMÉNEZ SERRANÍA, V., "La Blockchain como medio de protección del diseño: "Design blockchain by design"", *Centro de Estudios en Diseño y Comunicación*, n°106, 2021, pp. 181-199.

JOHANNSEN, G., "Vanguardia Alemana en Libre Competencia. Comentario al Proyecto de Ley de Digitalización (GWB-10)", *Investigaciones CeCo*, junio 2020, pp. 1-12.

KAPLOW, L., "Market definition: impossible and counterproductive", *Antitrust Law Journal*, vol. 79, n°1, 2013, pp. 361-379.

KAPLOW, L., "Why (ever) define markets?", *Harvard Law Review*, n°124, 2010, pp. 438-517.

KHAN, L.M., "The separation of platforms and commerce", *Columbia Law Review*, vol. 119, nº4, 2019, pp. 973-1093.

KHAN, L.M., "Sources of tech platform power", *Georgetown Law Technology Review*, vol. 2.2, 2018, pp. 325-334.

KHAN, L.M., "Amazon's *Antitrust* Paradox", *The Yale Law Journal*, vol. 126, nº3, 2017, pp. 710-805.

KUMAR VERMA, P. *et. al.*, "Machine-to-Machine (M2M) communications: a survey", *Journal of Network and Computer Applications*, vol. 66, 2016, pp. 83-105.

KUPCIK, J., "Why real big data may not matter that much and why data portability is crucial", 2018. Disponible en https://ec.europa.eu/competition/information/digitisation_2018/contributions/jan_kupcik.pdf.

LACRUZ MANTECÓN, M.L., "Inteligencia artificial: hacia una subjetividad cibernética", en BAYOD LÓPEZ, M.C. (dir.), *Persona y derecho civil, los retos del siglo XXI: (persona, género, transgénero, inteligencia artificial y animales sensibles)*, Tirant lo Blanch, Valencia, 2023, pp. 151-184.

LANDES, W. M. / POSNER, R. A., "Market power in *antitrust* cases", *Harvard Law Review.*, nº 94, 1980, pp. 937-996.

LEIBBRANDT, A., "Behavioral constraints on pricing: Experimental evidence on price discrimination and customer antagonism", *CESifo Working Paper*, nº6214, 2019, disponible en https://www.sciencedirect.com/science/article/abs/pii/S0014292119301552.

LIANOS, I., "Competition Law for the Digital Era: A Complex Systems' Perspective", *Centre for Law, Economics and Society Research Paper*, nº6, 2019, pp. 1-163.

LÓPEZ GÁLVEZ, I., "El programa de clemencia y el concepto de cártel", *Anuario de la Competencia*, nº1, 2010, pp. 103-126.

LOUREDO CASADO, S., "La creación de barreras de entrada por las plataformas de e-commerce a partir de los datos de los usuarios", en ZURIMENDI ISLA, A. / ROBLES MARTÍN-LABORDA, A. (dirs.), *Estudios de la Red Académica de Defensa de la Competencia (RADC) 2022*, Aranzadi, Cizur menor, 2022, pp. 121-141.

LOUREDO CASADO, S., "El posible carácter desleal e injusto de los precios personalizados en internet", *Derecho Digital e Innovación. Digital Law and Innovation Review*, nº7, 2020, LA LEY 520/2021.

MACEDO, L., *Economía digital y competencia*, en FACUSE ANDREUCCI, V. / MONTOYA SQUIF, A. (eds.), *Desafíos de la libre competencia en Iberoamérica*, Santiago de Chile, 2019.

MAGGIOLINO, M., "Personalized prices in European competition law", *Bocconi Legal Studies Research Paper*, 2017, pp. 1-24.

MAHRT, M. / SCHARKOW, M., "The Value of Big Data in Digital Media Research", *Journal of Broadcasting & Electronic Media*, vol. 57, nº1, 2013, pp. 20-33.

MÄIHÄNIEMI, B., *Competition Law and Big Data: Imposing Access to Information in Digital Markets*, Edward Elgar Publishing, 2020.

MANYIKA, J. / CHUI, M. / BROWN, B. / BUGHIN, J. / DOBBS, R. / ROXBURGH, C. / HUNG BYERS, A., "Big data: The next frontier for innovation, competition, and productivity", *McKinsey Global Institute*, 2011.

MARCOS FERNÁNDEZ, F., "Cese de la infracción, remoción de efectos e imposición de obligaciones estructurales de conducta", en ROBLES MARTÍN-LABORDA, A. (dir.), *La lucha contra las restricciones de la competencia. Sanciones y remedios en el ordenamiento español*, Comares, Granada, 2017, pp. 123-182.

MARCOS FERNÁNDEZ, F., "A vueltas con la definición del mercado relevante: U.S. v. Bazaarvoice", *Actas de Derecho Industrial y Derecho de Autor*, nº34, 2013-2014, pp. 640-643.

MARÍN LÓPEZ, M.J., *Crédito al consumo y contratos vinculados: estudio jurisprudencial*, Aranzadi, Cizur Menor, 2009.

MARKOVITS, R.S., "On the inevitable arbitrariness of market definitions", *The Antitrust Bulletin*, vol. 47, nº4, 2002, pp. 571-601.

MÁRQUEZ LOBILLO, P., "Las plataformas de comercialización de contenidos o servicios digitales y sus usuarios profesionales (aclarando conceptos)", en MIRANDA SERRANO, L.M. / PAGADOR LÓPEZ, J. (coords.), *Contratación mercantil: digitalización y protección del cliente-consumidor*, Marcial Pons, Madrid, 2023, pp. 497-515.

MÁRQUEZ LOBILLO, P., "Falseamiento de la libre competencia por actos desleales", en PINO ABAD, M. / FONT GALÁN, J.I. (coords.), *Estudios de Derecho de la competencia*, Marcial Pons, Madrid, 2005, pp. 217-228.

MARTÍ MIRAVALLS, J., *Responsabilidad civil por la infracción del Derecho de la competencia*, Tirant lo Blanch, Valencia, 2022.

MARTÍNEZ NADAL, A., "Naturaleza (y responsabilidad) de las plataformas digitales: de la directiva de comercio electrónico a la propuesta de reglamento de servicios digitales", en MADRID PARRA, A. / ALVARADO HERRERA, L., (dirs.), *Derecho digital y nuevas tecnologías*, Aranzadi, Cizur Menor, 2022, pp. 387-416.

MARTÍNEZ SÁNCHEZ, A., "Artículo 61", en MASSAGUER FUENTES, J. / SALA ARQUER, J.M. / FOLGUERA CRESPO, J. / GUTIÉRREZ HERNÁNDEZ, A. (dirs.), *Comentario a la Ley de Defensa de la Competencia,* Aranzadi, Cizur Menor, 2017, pp. 1313-1335.

MASSAGUER FUENTES, J. / SALA ARQUER, J.M. / FOLGUERA CRESPO, J. / GUTIÉRREZ HERNÁNDEZ, A. (dirs.), *Comentario a la Ley de Defensa de la Competencia,* Aranzadi, Cizur Menor, 2017.

MASSAGUER FUENTES, J., "Por un replanteamiento de la protección jurídica de las presentaciones comerciales", *La Ley mercantil,* nº60, 2019, LA LEY 8984/2019.

MATÉ JIMÉNEZ, C., "Big data. Un nuevo paradigma de análisis de datos", *Anales de mecánica y electricidad,* noviembre/diciembre, 2014, pp. 10-16.

MATTIOLI, E., "Hub and Spoke: Towards a Belgian Precedent?", *Journal of European Competition Law & Practice,* vol.7, nº 4, 2016, pp. 261-266.

MAURER, V.G., "Umbrella Pricing and *Antitrust* Standing: An Economic Analysis", *Utah Law Review,* 1982, pp. 763-796.

MAYORGA TOLEDANO, M.C., "Limitaciones legales de la analítica predictiva y el *big data* en el ámbito asegurador", en PÉREZ-SERRABONA GONZÁLEZ, J.L. (dir.), *Derecho de seguros: nuevas realidades y nuevos retos,* Marcial Pons, Madrid, 2021, pp. 313-327.

MEHRA, S.K., "US v. Topkins: can price fixing be based on algorithms?", *Journal of European Competition Law & Practice,* vol. 7, nº7, 2016, pp. 470–474.

MEHRA, S.K., "*Antitrust* and the Robo-Seller: Competition in the Time of Algorithms", *Minnesota Law Review,* nº100, 2015, pp. 1323-1375.

MEHRA, S.K., "De-Humanizing *Antitrust*: The Rise of the Machines and the Regulation of Competition", *Temple University Legal Studies Research Paper,* nº43, 2014, pp. 1-58.

MIRANDA SERRANO, L.M., "Prácticas desleales sobre reseñas online de bienes y servicios", *InDret: Revista para el Análisis del Derecho,* nº2, 2023, pp.155-253.

MIRANDA SERRANO, L.M., "Contratos de consumo, reseñas online de bienes y servicios y libertad de expresión: a propósito de las cláusulas mordaza o antirreseñas", en MIRANDA SERRANO, L.M. / PAGADOR LÓPEZ, J. (dirs.), *Contratación mercantil: digitalización y protección del cliente-consumidor*, Marcial Pons, Madrid, 2023, pp. 203-234.

MIRANDA SERRANO, L.M., "Sobre una posible reforma de las normas de control de las concentraciones económicas", *Diario La Ley*, nº9865, 2021, LA LEY *5913/2021*.

MIRANDA SERRANO, L.M., "El derecho de desistimiento en los contratos de consumo sobre contenidos digitales", *La Ley Mercantil*, nº76, 2021, LA LEY *920/2021*.

MIRANDA SERRANO, L.M., "Prácticas colusorias: ancillary restraints y conductas de minimis", en RUIZ PERIS, J.I. (dir.), *Derecho europeo de la competencia: "Training of National Judges in EU Competition Law"*, Tirant lo Blanch, Valencia, 2017, pp. 57-100.

MIRANDA SERRANO, L.M., "La "regla de minimis" en la Ley 15/2007, de Defensa de la Competencia, y su Reglamento de desarrollo", *Derecho de los negocios*, año nº19, nº216, 2008, pp. 5-36.

MOLINA DEL POZO, C.F. / GONZÁLEZ CRESPO, L., "La cesión de datos en la nueva Ley de Gobernanza europea de Datos", *Revista Internacional Consinter de Direito*, nº26, 2023, pp. 1-13.

MONTERO PASCUAL, J.J. / FINGER, M., "La regulación de las plataformas digitales como industrias en red", *Revista General de Derecho de los Sectores Regulados*, nº9, 2022, pp. 1-27.

MOORE, J.F., "Business ecosystems and the view from the firm", *The Antitrust Bulletin*, vol. 51, nº1, 2006, pp. 31 y ss.

MOTTA, M., *Competition policy: theory and practice*, Cambridge University Press, 2004.

NAVARRO SUAY, M.C., *Las conductas conscientemente paralelas*, Civitas, Madrid, 2005.

NAVARRO SUAY, M.C., "Las conductas conscientemente paralelas: revalorización del concepto", *Gaceta de la UE y de la Competencia*, nº232, julio-agosto 2004, pp. 49-63.

NORMANN, H.T. / STERNBERG, M., "Do machines collude better than humans?, *Journal of European Competition Law & Practice*, vol. 12, nº 10, 2021, pp. 765-771.

OLMEDO PERALTA, E., "Colaboración en la generación, intercambio y procesamiento de datos (Big Data): entre la cooperación lícita y las conductas antitrust", en RUIZ PERIS, J.I. / ESTEVAN DE QUESADA, C. (dirs.), *Cooperación y mercados digitales,* Atelier, Barcelona, 2024, pp. 107-143.

OLMEDO PERALTA, E., "Fallos en el mercado de intercambio de datos entre empresas (B2B) y medidas para abordarlos desde la regulación y los remedios de competencia: Una perspectiva europea de lege lata y de lege ferenda", *Revista Jurídica Digital UANDES,* vol. 7, 2, 2023, pp. 31-60.

OLMEDO PERALTA, E., "La construcción de un régimen jurídico para el sector digital más allá del Reglamento de Mercados Digitales", en RUIZ PERIS, J.I. / GONZÁLEZ CASTILLA, F. / ESTEVAN DE QUESADA, C. (dirs.), *Mercados digitales y competencia,* Tirant lo Blanch, Valencia, 2023, pp. 153- 208.

OLMEDO PERALTA, E., "Redefiniendo el ámbito de aplicación de la Ley de Mercados Digitales: ¿a quién? ¿cómo? ¿para qué?", en TATO PLAZA, A. / COSTAS COMESAÑA, J. / FERNÁNDEZ CARBALLO-CALERO, P. / TORRES PÉREZ, F.J. / LOUREDO CASADO, S. (dirs.), *Nuevas tendencias en el derecho de la competencia y de la propiedad industrial III,* Comares, Granada, 2022, pp. 87-116.

OLMEDO PERALTA, E., "El nuevo procedimiento de cooperación ante infracciones de la normativa europea de defensa de la competencia: el instrumento cooperativo que cierra el círculo", en REBOLLO PUIG, M. / HUERGO LORA, A.J. / GUILLÉN CARAMÉS, J. / CANO CAMPOS, T. (dirs.), *Anuario de Derecho Administrativo Sancionador,* Aranzadi, Cizur Menor, 2022, pp. 517-557.

OLMEDO PERALTA, E., "Comercialización de servicios hoteleros a través de plataformas digitales de reserva de habitaciones: el controvertido uso de las cláusulas de nación más favorecida (most favoured nation)", *Revista General de Derecho del Turismo,* nº4, 2021, pp. 1-48.

OLMEDO PERALTA, E., "Las plataformas de economía colaborativa ante la propuesta de ley de mercados digital es. ¿Son suficientemente disputables los mercados colaborativos?", en PAGADOR LÓPEZ, J. (dir.) *Desafíos del regulador mercantil en materia de contratación y competencia empresarial,* 2021, pp. 359-380.

OLMEDO PERALTA, E., *Las transacciones (settlements) en el derecho antitrust,* Aranzadi, Cizur Menor, 2021.

OLMEDO PERALTA, E., *Las decisiones de compromisos (commitment decisions) y la terminación convencional de los procedimientos en el Derecho de la competencia europeo y español,* Aranzadi, Cizur Menor, 2020.

OLMEDO PERALTA, E., “El valor probatorio de las resoluciones de terminación convencional en procedimientos de aplicación privada del Derecho de la competencia”, *Revista de Derecho de la Competencia y la Distribución,* nº24, 2019, LA LEY 7872/2019.

OLMEDO PERALTA, E., “The evidential effect of commitment decisions in damage claims: what is the assumptive value of a pledge?”, *Common Market Law Review,* vol. 56, nº4, 2019, pp. 979-1004.

OLMEDO PERALTA, E., “Compresión de márgenes y bloqueo del acceso a recursos esenciales en el mercado de las telecomunicaciones”, en RUIZ PERIS, J.I. / CERDÁ MARTÍNEZ-PUJALTE, C. (coords.), *Competencia en mercados con recursos esenciales compartidos: telecomunicaciones y energía,* Aranzadi, Cizur Menor, 2019, pp. 157-179.

OLMEDO PERALTA, E., “La discrecionalidad de la Comisión Europea y las ANCs en la tramitación de expedientes de defensa de la competencia: incoación, negociación de compromisos y control de sus decisiones”, en TATO PLAZA, A. / COSTAS COMESAÑA, J. / FERNÁNDEZ CARBALLO-CALERO, P. / TORRES PÉREZ, F.J. (dirs.), *Nuevas tendencias en el Derecho de la competencia y de la propiedad industrial II,* Comares, Granada, 2019, pp. 105-126.

OLMEDO PERALTA, E., “Una vuelta a la aplicación de la doctrina de las facilidades esenciales (essential facilities) a la propiedad intelectual e industrial”, *Revista de Derecho de la competencia y la distribución,* nº19, 2016, pp. 1-19.

OLMEDO PERALTA, E., “Las licencias obligatorias de patentes para poner remedio a prácticas anticompetitivas: (análisis sistemático del art. 94 de la nueva Ley de Patentes)”, *Actas de Derecho Industrial y Derecho de Autor,* nº36, 2016, pp. 197-222.

OLMEDO PERALTA, E., “Daños derivados de la subida de precios bajo el paraguas de un cartel (umbrella pricing): Una lectura jurídica del nuevo paso en la aplicación del Derecho de la Competencia”, *Revista de Derecho de la Competencia y Distribución,* nº15, 2014, pp. 107-130.

OLMEDO PERALTA, E., “The Creation of Data Pools as Information Exchanges: Antitrust Concerns”, *Yearbook of Antitrust and Regulatory Studies,* vol. 17, nº28, (en prensa).

OLMEDO PERALTA, E. / GONZÁLEZ VÁZQUEZ, J., “Internet de las cosas: retos para la comunicación y la competencia”, en PANIAGUA ZURERA, M. (dir.), *El sistema jurídico ante la digitalización: estudios de Derecho privado,* Tirant lo Blanch, Valencia, 2021, pp. 333-360.

ORDÓÑEZ DE HARO, J.M., "Aspectos Económicos del Funcionamiento Competitivo de los Mercados", vol. I, Sevilla, Agencia de Defensa de la Competencia de Andalucía, 2009.

ORDÓÑEZ DE HARO, J.M., "Aspectos Económicos del Funcionamiento Competitivo de los Mercados", vol. II, Sevilla, Agencia de Defensa de la Competencia de Andalucía, 2009.

ORTIZ BLANCO, L. / MAÍLLO GONZÁLEZ-ORÚS, J. / IBÁÑEZ COLOMO, P. / LAMADRID DE PABLO, A., *Manual de Derecho de la Competencia*, Tecnos, Madrid, 2008.

OTERO COBOS, M.T., "El uso de información por los guardianes de acceso sobre transacciones de terceros", en OLMEDO PERALTA, E. / ROBLES MARTÍN-LABORDA, A. (dirs.), *Estudios de la Red Académica de Defensa de la Competencia (RADC)*, Aranzadi, Cizur Menor, 2022, pp. 319-338.

PADILLA, J. / PERKINS, J. / PICCOLO, S., "Self-Preferencing in Markets with Vertically Integrated Gatekeeper Platforms", *The Journal of Industrial Economics*, 2022, pp. 371-395.

PALOMAR OLMEDA, A., "La restricción por objeto de la competencia y el concepto de cartel en la STS de 17 de septiembre de 2021", *Diario la Ley*, nº9943, 2021, LA LEY 10238/2021.

PASTRANA ESPÁRRAGA, M., "La determinación del precio en los contratos e instrumentos flexibles para su definición", en MIRANDA SERRANO, L.M. / PAGADOR LÓPEZ, J. (dirs.), *Contratación mercantil: digitalización y protección el cliente/consumidor*, Marcial Pons, Madrid, 2023, pp. 283-296.

PASTRANA ESPÁRRAGA, M., "Riesgos derivados de las killer acquisitions: La protección de la innovación en los mercados digitales", *Actas de Derecho industrial y Derecho de Autor*, nº43, 2023, pp. 207-230.

PEINADO GRACIA, J.I., "Las juntas generales en blockchain: un apunte de gobierno corporativo", en ALONSO LEDESMA, C. / MUÑOZ PÉREZ, A.F. / DE RÁBAGO MARÍN, J. / MARTÍNEZ GARRIDO, S. / IBERDROLA. / INSTITUTO CATÓLICO DE ARTES E INDUSTRIAS, *Digitalización de Sociedades*, Wolters Kluwer, Madrid, 2021, pp. 69-87.

PEINADO GRACIA, J.I., "Economía colaborativa, economía informal y mercado", en PEINADO GRACIA, J.I. (coord.), *Cuadernos de Derecho para ingenieros. Economía colaborativa*, La Ley, Madrid, 2018, pp. 57-74.

PEINADO GRACIA, J.I. / BEDNARZ, Z., "Cuestionando las bondades de la «blockchain» en las juntas generales", *Revista de Derecho de sociedades*, nº61, 2021, pp. 135-189.

PEITZ, M., "How to apply the self-preferencing prohibition in the DMA", *Journal of European Competition Law & Practice*, vol. 14, nº5, 2023, pp. 310-315.

PERARNAUD, C. / FANNI, R., "The EU Data Act. Towards a new European data revolution?", *CEPS Policy Insights*, nº 5, marzo 2022, pp. 1-8.

PÉREZ FERNÁNDEZ, P., "La importancia de los programas de cumplimiento -compliance programmes- en las políticas sancionadoras de las autoridades de competencia", *Revista de Derecho Mercantil*, nº292, 2014, pp. 297-332.

PÉREZ FERNÁNDEZ, P., "Competition law compliance", *Cuaderno electrónico de estudios jurídicos*, nº1, 2013, pp. 151-176.

PÉREZ HERNÁNDEZ, A., "Algoritmos y Derecho de la competencia: un estudio sobre la alineación automática de precios", *Revista de Derecho Mercantil*, nº311, 2019, BIB 2019\708.

PETIT, N., "Understanding Market Power", *Robert Schuman Centre for Advanced Studies Research*, nº RSC_14, marzo 2022, pp. 1-73.

PETIT, N., "The proposed Digital Markets Act (DMA): a legal and policy review", *Journal of European Competition Law & Practice*, vol. 12, nº7, 2021, pp. 529-541.

PETIT., N. / LEONARD, A., "Frand royalties: rules v standars?", *Chigago-Kent Journal of Intellectual Property*, vol. 22, nº1, 2023, pp.1-43.

PICHT, P.G. / FREUND, B., "Competition (Law) in the Era of Algorithms", *European Competition Law Review*, nº9, 2018, pp. 403-410.

PLATERO ALCÓN, A., "Breves notas sobre el régimen de responsabilidad civil derivado de los sistemas de inteligencia artificial: especial referencia al algoritmo de recomendaciones de Netflix", *US ET SCIENTIA*, vol. 7, nº1, 135–154.

PLAZA PENADÉS, J., "El nuevo Reglamento europeo sobre "gobernanza de los datos" o "DGA" y la futura "Ley de datos"", *Revista Aranzadi de Derecho y Nuevas Tecnologías*, nº59, 2022, BIB 2022\2496.

PODSZUN, R. / BRAUCKMANN, F., "Germany´s Pressing Ahead: The Proposal for a Reformed Competition Act", *Competition Policy International*, noviembre 2019, pp. 1-9.

PODSZUN, R. / BONGARTZ, P. / LANGENSTEIN, S., "Proposals on How to Improve the Digital Markets Act", February 18, 2021, pp. 1-11.

PODSZUN, R., "The arbitrariness of market definition and an evolutionary concept of markets", *The Antitrust Bulletin*, vol. 61, nº1, 2016, pp. 121-132.

POSNER, R., "Oligopoly and the *Antitrust* Laws: A Suggested Approach", *Stanford Law Review*, nº21, 1968, pp. 1562-1606.

PRIETO KESSLER, E., "Principales problemas de la regulación del abuso de posición de dominio", *Gaceta Jurídica de la Competencia y la Unión Europea*, nº205, 2000, pp. 22-32.

PUYOL MORENO, J., "Una aproximación a Big Data", *Revista de Derecho UNED*, nº14, 2014, pp. 471-505.

RIBERA MARTÍNEZ, A., "The Requisite Legal Standard of the Digital Markets Act's Designation Process", 2024, disponible en https://ssrn.com/abstract=4681963.

RIBERA MARTÍNEZ, A., "The Digital Markets Act Is More Intricate Than Regulators and Detractors Give It Credit For", 2024, disponible en https://www.promarket.org/2024/01/08/the-digital-markets-act-is-more-intricate-than-regulators-and-detractors-give-it-credit-for/.

RIBERA MARTÍNEZ, A., "The Circularity of Consent in the DMA: A Close Look into the Prejudiced Substance of Articles 5(2) and 6(10)", *Rivista Concorrenza e Mercato*, vol. 29, 2022, pp. 191-212.

RIBERA MARTÍNEZ, A., "The Facebook/Giphy divestiture: the (new) first of many?", *Journal of Law, Market & Innovation*, vol.1. nº2, 2022, pp. 95-123.

RICHARDS T. J. / LIAUKONYTE, J. / STRELETSKAYA, N.A., "Personalized pricing and price fairness", *International Journal of Industrial Organization*, vol. 44, 2016, pp. 138-153.

RINCÓN GARCÍA LOYGORRI, A., "El nuevo concepto de cártel de la LDC a la luz de la práctica de la CNMC", en BENEYTO PÉREZ, J.M. / MAÍLLO GONZÁLEZ-ORÚS, J. (dirs.), *Novedades y retos en la lucha contra los cárteles económicos*, Aranzadi, Cizur Menor, 2019, pp. 37-82.

RINCÓN GARCÍA LOYGORRI, A., "¿Qué es un cártel para la CNMC?", en BENEYTO PÉREZ, J.M. / MAÍLLO GONZÁLEZ-ORÚS, J. (dirs.), *La lucha contra los cárteles en España*, Aranzadi, Cizur Menor, 2015, pp. 69-108.

ROBERTSON, V. H. S. E., "A new era for *antitrust* market definition", *Competition Law Review*, nº1, 2021, pp. 84-92.

ROBERTSON, V. H. S. E., "Excessive Data Collection: Privacy Considerations and Abuse of Dominance in the Era of Big Data", *Common Market Law Review*, 2019, pp. 161–189.

ROBLES MARTÍN-LABORDA, A., "Cuando el cartelista es un robot: colusión mediante algoritmos de precios", *Almacén de Derecho,* 2018, disponible en: https://almacendederecho.org/cuando-el-cartelista-es-un-robot-colusion-mediante-algoritmos-de-precios.

ROBLES MARTÍN-LABORDA, A., "Cuando el cartelista es un robot. Colusión en mercados digitales mediante algoritmos de precios", *Actas de Derecho Industrial y Derecho de Autor,* nº38, 2018, pp.1-32.

ROBLES MARTÍN-LABORDA, A., "Sanciones y remedios contra las restricciones de la competencia y principio de efectividad", en ROBLES MARTÍN-LABORDA, A. (dir.), *La lucha contra las restricciones de la competencia. Sanciones y remedios en el ordenamiento español,* Comares, Granada, 2017, pp. 1-10.

ROBLES MARTÍN-LABORDA, A., "La función normativa de la responsabilidad por daños derivados de infracciones del Derecho de la competencia", en *Estudios sobre el futuro Código Mercantil: libro homenaje al profesor Rafael Illescas Ortiz,* Universidad Carlos III de Madrid, Getafe, 2015, pp. 1110-1126.

ROBLES MARTÍN-LABORDA, A., *Libre competencia y competencia desleal: examen del artículo 7 de la ley de Defensa de la competencia,* La Ley, Madrid, 2001.

ROCHET, J.C. / TIROLE, J., "Two-Sided Markets: A Progress Report", *The RAND Journal of Economics,* vol. 37, nº 3, 2006, pp. 645-667.

RODILLA MARTÍ, C., "Los mercados de plataformas digitales: entre el derecho de la competencia y la regulación", *Revista General de Derecho de los Sectores Regulados,* nº8, 2021, pp. 1-23.

RODILLA MARTÍ, C., *Los precios excesivos por explotación como ilícito del Derecho de la Competencia,* Aranzadi, Cizur Menor, 2018.

RODILLA MARTÍ, C, "La inclusión de las cláusulas Frand en los consorcios de estandarización", *Actas de Derecho Industrial y Derecho de Autor,* nº35, 2014-2015, pp. 321-331.

RODRÍGUEZ AYUSO, J.F. / MONTERO PASCUAL, J.J., La nueva regulación de los datos, Aranzadi, Cizur menor, 2023.

RODRÍGUEZ DE LAS HERAS BALLEL, T., "Las plataformas: nuevos actores (y reguladores) de la actividad económica", *Anuario de la Facultad de Derecho de la Universidad Autónoma de Madrid,* 2021, pp. 403-417.

RODRÍGUEZ RODRIGO, J., "Big data, poder de mercado y abuso de posición de dominio", en GARCÍA VIDAL, A. (dir.), *Big data e internet de las cosas: nuevos retos para el Derecho de la competencia y de los bienes inmateriales,* Tirant lo Blanch, Valencia, 2020, pp. 306-357.

ROMÁN, B. / SUDEROW, J., "Antritust and design: los algoritmos y la libre competencia", *Antitrust enforcement,* octubre, 2017, disponible en https://www.osservatorio*antitrust*.eu/es/*antitrust*-by-design-los-algoritmos-y-la-libre-competencia/.

RUIZ PERIS, J.I., "El Reglamento de mercados digitales (Reglamento (UE) 2022/1925) y la acción de las Autoridades nacionales de competencia (ANCs) de los Estados miembros", *Revista de Derecho de la Competencia y la Distribución,* nº33, 2023, LA LEY *13978/2023.*

RUIZ PERIS, J.I., "La nueva digital market act, una respuesta híbrida de la Unión Europea a los "gatekeepers" GAFA", *Revista Aranzadi de Derecho y Nuevas Tecnologías,* nº57, 2021, BIB 2021\5357.

RUIZ PERIS, J.I., "Gatekeepers, discriminación autopreferente exclusionaria y reforzamiento de la posición de dominio: La nueva propuesta europea de Digital Market Act", en MARTÍ MIRAVALLS, J. (dir.), *Competencia en mercados digitales y sectores regulados,* Tirant lo Blanch, Valencia, 2021, pp. 29-64.

SAHUGHET, N. / WALCKIERS, A., "Selling to a cartel of a retailers: a model of hub-and-spoke collusion", *CEPR Discussion Paper,* julio 2013, pp. 1-18.

SANJUÁN Y MUÑOZ, E. "Artificial Intelligence (AI) and Algorithms Collusion", en RUIZ PERIS, J.I. (dir.), *Competencia, compensación de daños y mercados digitales,* Tirant lo Blanch, Valencia, 2023, pp.101-136.

SANJUÁN Y MUÑOZ, E., "La estimación judicial del daño desde la teoría económica del derecho", en OLMEDO PERALTA, E. / ROBLES MARTÍN-LABORDA, A. (coords.), *Estudios de la red académica de defensa de la competencia (RADC),* Aranzadi, Cizur Menor, 2022, pp. 223-246.

SANJUÁN Y MUÑOZ, E., "La determinación y distribución de los daños en infracciones del derecho de la competencia, en supuestos de dificultad de cuantificación e individualización con múltiples afectados", en OLMEDO PERALTA, E. (dir.), *La aplicación del derecho de la competencia en la economía de los datos,* Aranzadi, Cizur Menor, 2021, pp. 343-372.

SANJUÁN Y MUÑOZ, E., "The Digital Market Act and Market Failures in Digital Platforms–A Brief Reflection on Its Relevance", 2021, disponible en https://ssrn.com/abstract=3875158.

SANJUÁN Y MUÑOZ, E., "Competition Based on Merit and Predatory Practices in Dominant Positions (on the Analysis of Costs of the Dominant Undertaking and Predatory Practices)", *Concurrences series,* WP (6), 2020, pp. 1-8.

SANJUÁN Y MUÑOZ, E., "El plazo para la reclamación privada de daños en supuestos "*antitrust*"", *Responsabilidad civil, seguro y trafico: cuaderno jurídico,* nº66, 2019, pp. 15-25.

SCHALLBRUCH, M. / SCHWEITZER, H. / WAMBACH, A., "A new competition framework for the digital economy", *The Antitrust Chronicle,* vol. 3, nº2, 2019, pp. 33-38.

SCHREPEL, T., "Collusion by Blockchain and Smart Contracts", *Harvard Journal of Law and Technology,* nº33, 2019, pp. 117-166.

SCHREPEL, T., "Is Blockchain the Death of Antitrust Law? The Blockchain Antitrust Paradox", *Georgetown Law Technology Review,* nº281, 2019, pp. 281-338.

SCHWAB, K., *The Fourth Industrial Revolution: what it means, how to respond,* disponible en https://www.weforum.org/agenda/2016/01/the-fourth-industrial-revolution-what-it-means-and-how-to-respond/.

SCHWALBE, U., "Algorithms, machine learning, and collusion", *Journal of Competition Law & Economics,* vol.14, nº4, 2019, pp. 568-607.

SEARS, A.M., "The limits of online price discrimination in Europe", *The Columbia Science & Technology Law Review,* vol. 21, 2019, pp. 1-52.

SOLEK, L., "Need to Revise or Apply the Concept of Market Definition with a View to `Zero-Price´ and Overarching Markets", *Journal of European Competition Law & Practice,* vol. 12, nº8, 2021, pp. 1-11.

SOLERNOU SANZ, S., "La colusión en el contexto de los algoritmos", *Revista de Estudios Europeos,* nº78, julio-diciembre, 2021, pp. 138-153.

SOUSA FERRO, M., *Market definition in EU Competition law,* Edward Edgar, 2019.

STIGLER, G.J., "A theory of oligopoly", *The journal of political economy,* vol. 72, nº1, 1964, pp. 44-61.

STUCKE, M., "What Can Policymakers Do About Algorithmic Collusion and Discrimination?", 2023, disponible en https://www.promarket.org/2023/06/27/what-can-policymakers-do-about-algorithmic-collusion-and-discrimination/.

STUCKE, M. / EZRACHI, A., "When competition fails to optimize quality: a look at search engines", *Yale Journal of Law and Technology,* vol. 18, nº1, 2016, pp. 70-107.

SUDEROW J. / SIGUAN CERVERA, V. / AGUIRRE DE LA CAVADA, I., "La nueva guía de compliance de la CNMC: contexto y análisis", *La Ley compliance penal,* nº4, 2021, LA LEY 3356/2021.

TAMAYO VELASCO, J., "Big data, competencia y protección de datos: el rol del reglamento general de protección de datos en los modelos de negocio basados en la publicidad personalizada", *Revista de Estudios Europeos,* nº78, julio-diciembre, 2021, pp. 183-202.

TECHAMERICA FOUNDATION'S FEDERAL BIG DATA COMMISSION, "Demystifying big data: A practical guide to transforming the business of Government", 2012. Disponible en: http://www.techamerica.org/Docs/fileManager.cfm?f=techamericabigdatareport-final.pdf.

THE ECONOMIST, "Flexible Figures, A Growing Number of Companies are Using `Dynamic´ Pricing", 2016, disponible en https://www.economist.com/business/2016/01/28/flexible-figures.

TOBÍO RIVAS, A.M., "Los acuerdos de servicios de intermediación en línea y la nueva regulación de las restricciones verticales en el Derecho europeo de la competencia", en GARCÍA-CRUCES, J.A. (dir.), *De Iure Mercatus. Libro Homenaje al Prof. Dr. Dr.h.c. Alberto Bercovitz Rodríguez-Cano,* Tirant lo Blanch, Valencia, 2023, pp. 1597-1633.

TOWNLEY, C. / MORRISON, E. / YEUNG, K., "Big Data and Personalised Price Discrimination in EU Competition Law", *King's College London Law School Research Paper,* nº38, 2017.

TUCKER, C., *Digital data as an essential facility: control,* 2020, disponible en https://www.competitionpolicyinternational.com/wp-content/uploads/2020/02/CPI-Tucker.pdf.

TURNER, D.F., "The Definition of Agreement under the Sherman Act: Conscious Parallelism and Refusals to Deal", *Harvard Law Review,* vol. 75, nº4, 1962, pp. 655-706.

VAN TIL, H. / VAN GORP, N. / PRICE, K., "Big data and competition", *Ecorys Study for the Dutch Ministry of Economic Affairs, Ecorys, Rotterdam,* 2017.

VARELA GONZÁLEZ, J.A., "Características y situación actual de la política de clemencia", *Cuadernos Europeos de Deusto,* nº38, 2008, pp. 203 -247.

VÁZQUEZ RUANO, T., "La tutela del consumidor en la fase previa de la contratación a distancia: Referencia al deber de información y a la remisión comercial", *Revista de derecho mercantil,* nº309, 2018, BIB 2018\12373.

VÁZQUEZ RUANO, T., "Economía colaborativa» y el transporte de personas", *CIRIEC–España. Revista jurídica de economía social y cooperativa,* N°31, 2017, pp. 325-355.

VEGA, P., "La utilización del big data y la inteligencia artificial para la. Detección de ilícitos de competencia", en COTINO HUESO, L. (coord.), *Explotación y regulación del uso del big data e inteligencia artificial para los servicios públicos y la ciudad inteligente,* Tirant lo Blanch, Valencia, 2022, pp. 217-235.

VELASCO SAN PEDRO, L., "El papel del Derecho de la competencia en la era digital", *Revista de Estudios Europeos,* n°78, julio-diciembre, 2021, pp. 93-110.

VEZZOSO, S., "Next-Generation Antitrust Policy in an AI-Driven World", 2023, disponible en https://www.promarket.org/2023/07/25/next-generation-antitrust-policy-in-an-ai-driven-world/.

VEZZOSO, S., "Competition policy in transition: exploring data portability's roles", *Journal of European Competition Law & Practice,* vol. 12, n°5, 2021, pp. 357-369.

VILLALOBOS PORTALÉS, J., "La propuesta comunitaria de ley de inteligencia artificial y la defensa de la competencia: ¿oportunidad o riesgo de un "invierno legislativo"?", en ROBLES MARTÍN-LABORDA, A. / ZURIMENDI ISLA, A. (dirs.), *Estudios de la Red Académica de Defensa de la Competencia (RADC) 2022,* Aranzadi, Cizur Menor, 2022, pp. 217-237.

VILLAR ROJAS, F.J., *Las instalaciones esenciales para la competencia: un estudio de Derecho público económico,* Comares, Granada, 2004.

VON MOUCHE, P. / QUARTIERI, F. (eds.), *Equilibrium Theory for Cournot Oligopolies and Related Games,* Springer, 2015.

WILSON, R.A. / KEIL, F.C., *The MIT Encyclopedia of the Cognitive Sciences,* MIT Press, 1999.

XIE, J. / ZHU, W. / WEI, L. / LIANG, L., "Platform competition with partial multi-homing: when both same-side and cross-side network effects exist", *International Journal of Production Economics,* n°233, 2021, pp. 1-17.

YOO, C., *Unpacking data portability,* 2020. Disponible en https://www.competitionpolicyinternational.com/unpacking-data-portability/.

ZURIMENDI ISLA, A., "El abuso de posición de dominio en mercados digitales", *Revista de Derecho Mercantil,* n°330, 2023, BIB 2023\3036.

ZURIMENDI ISLA, A., "La sentencia del caso Intel o cómo el Derecho de la competencia no responde a la realidad actual", *Cuadernos de Derecho Transnacional,* octubre 2022, vol. 14, nº2, pp. 900-914.

ZURIMENDI ISLA, A., *Gigantes tecnológicos, distribución online y Derecho de la competencia,* Aranzadi, Cizur Menor, 2021.

ZURIMENDI ISLA, A., "La desconcentración como medida de actuación contra los gigantes tecnológicos: riesgos y eficacia", *Revista de Estudios Europeos,* nº78, 2021, pp. 125-137.

ZURIMENDI ISLA, A., "¿Necesitamos otro derecho de la competencia?", *Revista de Derecho de la Competencia y la Distribución,* nº26, 2020, LA LEY *9191/2020.*

ZURIMENDI ISLA, A. / FERNÁNDEZ GARCÍA DE LA YEDRA, A., "Naturaleza jurídica de las plataformas digitales", *Revista General de Derecho de los Sectores Regulados,* nº6, 2020, pp. 1-54.

DOCUMENTACIÓN OFICIAL

AUTORITAD CATALANA DE LA COMPETENCIA, *Programa anual de actuaciones de promoción de la competencia,* 2022.

AUTORIDAD CATALANA DE LA COMPETENCIA, *La economía de los datos. Retos para la competencia,* 2016.

AUTORIDAD CATALANA DE LA COMPETENCIA, *Condiciones de mercado que facilitan la colusión entre empresas: el sector de la instalación y el mantenimiento de ascensores en Catalunya,* 2010.

AUTORIDADE DA CONCORRÊNCIA, "The AdC warns that using algorithms to coordinate market prices is incompatible with the Portuguese Competition Law", *Issues Paper on Digital Ecosystems, Big Data and Algorithms,* Julio, 2019.

AUTORITÉ DE LA CONCURRENCE AND BUNDESKARTELLAMT, *Competition Law and Data,* 2016.

CENTER STIGLER, *Stigler Committee on Digital Platforms: Final Report. Stigler Cente,* 2019.

CNMC, *La CNMC refuerza el uso de algoritmos y del "big data" en la detección de cárteles y conductas anticompetitivas* (nota de prensa). Disponible en https://www.cnmc.es/prensa/sistema-informantes-competencia-anonimos-sica-chat-cifrado-cnmc-20210301.

COMISIÓN EUROPEA, *Comunicación de la Comisión relativa a la definición de mercado de referencia a efectos de la normativa de la Unión en materia de competencia,* DOUE-Z-2024-70010.

COMISIÓN EUROPEA, *Directrices sobre la aplicabilidad del artículo 101 del Tratado de Funcionamiento de la Unión Europea a los acuerdos de cooperación horizontal* (2023/C 259/01), DOUE-Z-2023-70032.

COMISIÓN EUROPEA, *Commission Staff Working Document. Evaluation of the Commission Notice on the definition of relevant market for the purposes of Community competition law of 9 December 1997,* Bruselas, Julio, 2021, SWD/2021/0199 final.

COMISIÓN EUROPEA, *Libro Blanco sobre la inteligencia artificial – un enfoque europeo orientado a la excelencia y la confianza,* Bruselas, 2020, COM(2020) 65 final.

COMISIÓN EUROPEA, *Communication from the Commission to the European Parliament, the European Council, the Council, the European Economic and Social Committee and the Committee of the Regions – Artificial Intelligence por Europe,* Bruselas, 2018, COM/2018/237 final.

COMISIÓN EUROPEA, *Antitrust: Commission opens three investigations into suspected anticompetitive practices in e-commerce,* Bruselas, 2017.

COMISIÓN EUROPEA, *Informe de la Comisión al Consejo y al Parlamento Europeo. Informe final de la investigación sectorial sobre el comercio electrónico,* Bruselas, 2017, COM/2003/0702 final.

COMISIÓN EUROPEA, *Comunicación de la Comisión al Parlamento Europeo, al Consejo, al Comité Económico y Social Europeo y al Comité de las Regiones. Las plataformas en línea y el mercado único digital. Retos y oportunidades para Europa,* Bruselas, 2016, COM/2016/0288 final.

COMISIÓN EUROPEA, *Las plataformas en línea y el mercado único digital. Retos y oportunidades para Europa,* Bruselas, 2016, COM/2016/0288 final.

COMISIÓN EUROPEA, *Directrices relativas a la aplicación del apartado 3 del artículo 81 del Tratado,* DO C 101 de 27.4.2004.

COMISIÓN EUROPEA, *Directrices sobre la evaluación de las concentraciones horizontales con arreglo al Reglamento del Consejo sobre el control de las concentraciones entre empresas,* Bruselas, 2004, DO C 31 de 5.2.2004.

COMISIÓN EUROPEA, *Comunicación de la Comisión relativa a la definición de mercado de referencia a efectos de la normativa comunitaria en materia de competencia (97/C 372/03),* 1997, DO C 372 de 9.12.1997.

COMISIÓN EUROPEA, *Comunicación relativa a la dispensa del pago de las multas y la reducción de su importe en casos de cártel* (2006/C 298/11).

COMISIÓN EUROPEA, Informe anual de actividades, período 2017-2022.

COMPETITION MARKETS AUTHORITY (CMA), "Pricing algorithms: Economic working paper on the use of algorithms to facilitate collusion and personalised pricing", *Crown, Retrieved July,* 2018, vol. 25, 2019.

CRÉMER, J. / DE MONTJOYE, Y.A. / SCHWEITZER, H., *Competition policy for the digital era,* Bruselas, 2019.

Decisión (UE) 2022/2481 del Parlamento Europeo y del Consejo de 14 de diciembre de 2022 por la que se establece el programa estratégico de la Década Digital para 2030, DOUE-L-2022-81885.

Declaración Europea sobre los Derechos y Principios Digitales para la Década Digital (2023/C 23/01).

Dictamen del Comité Económico y Social Europeo sobre la «Inteligencia artificial: las consecuencias de la inteligencia artificial para el mercado único (digital), la producción, el consumo, el empleo y la sociedad» (2017/C 288/01).

FURMAN, J. / COYLE, D. / FLETCHER, A. / MCAULEY, D. / MARSDEN, P., "Unlocking digital competition: Report of the digital competition expert panel", *UK government publication,* HM Treasury, 2019.

JUDICIARY COMMITTEE, *Investigation of Competition in Digital Markets: Majority Staff Report and Recommendations,* US House of Representatives, 2020.

Memorando de Entendimiento entre la Autorità Garante della Concorrenza e del Mercato italiana de la República de Italia y la Comisión Nacional de los Mercados y la Competencia del Reino de España, disponible en: https://www.cnmc.es/sites/default/files/editor_contenidos/Competencia/20211027_MoU%20CNMC_AGCM.pdf.

OBSERVATORY ON THE ONLINE PLATFORM ECONOMY (EUROPEAN COMMISSION), *Study on `Support to the Observatory for the Online Platform Economy´, Analytical Paper #4: Online platforms with significant/strategic market status,* RAND Europe, enero, 2021.

OECD, *Algorithmic Competition,* OECD Competition Policy Roundtable Background Note, 2023.

OECD, *Data Portability, Interoperability and Competition* – Note by BIAC, 2021.

OECD, *Competition and the digital economy,* Paris, Conference 3 June 2019.

OECD, *Hub-and-spoke arrangements*,–Note by the European Union, diciembre, 2019.

OECD, *Personalised pricing in the digital era*,–Note by Portugal, Portugal, 28 November 2018.

OECD, *The regulation of personalized pricing in the digital era* – Note by Marc Bourreau and Alexandre de Streel, 21 de noviembre de 2018, DAF/COMP/WD(2018)150.

OECD, *Algorithms and Collusion* – Note from the United Kingdom, Reino Unido, 2017.

OECD, *Algorithms and Collusion*- Note from the European Union, 2017.

OECD, *Algortithms and Collusion. Competition Policy in the Digital Age*, 2017.

OECD, *Bringing Competition Policy to the Digital Era*,–Background note by the Secretariat, 2016.

OECD, "Exploring the Economics of Personal Data: A Survey of Methodologies for Measuring Monetary Value", *OECD Digital Economy Papers*, nº 220, abril, 2013.

OECD, *The Digital Economy*, 2012.

PARLAMENTO EUROPEO, informe de 27 de enero de 2017, con recomendaciones destinadas a la Comisión sobre normas de derecho civil sobre robótica, 2015/2013(INL).

Plantilla relativa a la descripción auditada independientemente de las técnicas para elaborar perfiles de los consumidores, conforme a lo establecido en el art. 15 DMA.

NORMATIVA

Directiva (UE) 2019/2161 del Parlamento Europeo y del Consejo de 27 de noviembre de 2019 por la que se modifica la Directiva 93/13/CEE del Consejo y las Directivas 98/6/CE, 2005/29/CE y 2011/83/UE del Parlamento Europeo y del Consejo, DOUE-L-2019-81968.

Directiva 2011/83/UE del Parlamento Europeo y del Consejo de 25 de octubre de 2011 sobre los derechos de los consumidores, por la que se modifican la Directiva 93/13/CEE del Consejo y la Directiva 1999/44/CE del Parlamento Europeo y del Consejo y se derogan la Directiva 85/577/CEE del Consejo y la Directiva 97/7/CE del Parlamento Europeo y del Consejo (TOL2.276.204).

Ley 15/2007, de 3 de julio, de Defensa de la Competencia (TOL1.082.683).

Ley 3/1991, de 10 de enero, de Competencia Desleal (TOL257.367).

Ley 110/63, de 20 de julio, de Represión de Prácticas Restrictivas de la Competencia, BOE-A-1963-14051.

Ley 16/1989, de 17 de julio, de Defensa de la competencia (TOL1.179.313).

Ley alemana de Defensa de la Competencia (Gesetz Gegen Wettbewerbsbeschränkungen, Gwb). Disponible en: https://www.gesetze-im-internet.de/gwb/.

Ley Orgánica 3/2018, de 5 de diciembre, de Protección de Datos Personales y garantía de los derechos digitales (TOL6.933.570).

Propuesta de Reglamento del Parlamento Europeo y del Consejo por el que se establecen normas armonizadas en materia de Inteligencia Artificial (Ley de Inteligencia Artificial) y se modifican determinados actos legislativos de la Unión, Bruselas, 2021, COM/2021/206 final.

Propuesta de Reglamento del Parlamento Europeo y del Consejo relativo a un Mercado Único de Servicios Digitales (Ley de Servicios Digitales) y por el que se modifica la Directiva 2000/31/CE, COM/2020/825 final.

Propuesta de Reglamento del Parlamento Europeo y del Consejo sobre mercados competitivos y justos en el sector digital (Ley de Mercados Digitales), COM/2020/842 final.

Propuesta de Reglamento del Parlamento Europeo y del Consejo relativo a la gobernanza europea de datos (Ley de Gobernanza de Datos), COM/2020/767 final.

Propuesta de Reglamento del Parlamento Europeo y del Consejo sobre normas armonizadas para un acceso justo a los datos y su utilización, y por el que se modifican el Reglamento (UE) 2017/2394 y la Directiva (UE) 2020/1828 (Reglamento de Datos), PE 49 2023 INIT.

Proyecto de Ley de Responsabilidad Algorítmica (*Algorithmic Accountability Act of 2019*), Estados Unidos, 2019.

Reglamento (CE) n°1/2003 del Consejo, de 16 de diciembre de 2002, relativo a la aplicación de las normas sobre competencia previstas en los artículos 81 y 82 del Tratado (TOL231.199).

Reglamento (CE) nº139/2004 del Consejo, de 20 de enero de 2004, sobre el control de las concentraciones entre empresas ("Reglamento comunitario de concentraciones") (TOL339.742).

Reglamento (UE) 2016/679 del Parlamento Europeo y del Consejo de 27 de abril de 2016 relativo a la protección de las personas físicas en lo que respecta al tratamiento de datos personales y a la libre circulación de estos datos y por el que se deroga la Directiva 95/46/CE (Reglamento general de protección de datos) (TOL5.703.078).

Reglamento (UE) 2022/1925 del Parlamento Europeo y del Consejo de 14 de septiembre de 2022 sobre mercados disputables y equitativos en el sector digital y por el que se modifican las Directivas (UE) 2019/1937 y (UE) 2020/1828 (Reglamento de Mercados Digitales) (TOL9.248.680).

Reglamento (UE) 2022/2065 del Parlamento Europeo y del Consejo de 19 de octubre de 2022 relativo a un mercado único de servicios digitales y por el que se modifica la Directiva 2000/31/CE (Reglamento de Servicios Digitales) (TOL9.264.851).

Reglamento (UE) 2022/720 de la Comisión de 10 de mayo de 2022 relativo a la aplicación del artículo 101, apartado 3, del Tratado de Funcionamiento de la Unión Europea a determinadas categorías de acuerdos verticales y prácticas concertadas, DOUE-L-2022-80724.

Reglamento (UE) 2022/868 del Parlamento Europeo y del Consejo de 30 de mayo de 2022 relativo a la gobernanza europea de datos y por el que se modifica el Reglamento (UE) 2018/1724 (Reglamento de Gobernanza de Datos) (TOL9.000.577).

Reglamento (UE) 2023/1066 de la Comisión de 1 de junio de 2023 relativo a la aplicación del artículo 101, apartado 3, del Tratado de Funcionamiento de la Unión Europea a determinadas categorías de acuerdos de investigación y desarrollo, DOUE-L-2023-80752.

Reglamento (UE) 2023/2854 del Parlamento Europeo y del Consejo, de 13 de diciembre de 2023, sobre normas armonizadas para un acceso justo a los datos y su utilización, y por el que se modifican el Reglamento (UE) 2017/2394 y la Directiva (UE) 2020/1828 (Reglamento de Datos) (TOL10.307.048).

Reglamento (UE) 2024/1689 del Parlamento Europeo y del Consejo, de 13 de junio de 2024, por el que se establecen normas armonizadas en materia de inteligencia artificial y por el que se modifican los Reglamentos (CE) nº 300/2008, (UE) nº 167/2013, (UE) nº 168/2013, (UE) 2018/858, (UE) 2018/1139 y (UE) 2019/2144 y las Directivas 2014/90/UE, (UE) 2016/797 y (UE) 2020/1828 (Reglamento de Inteligencia Artificial) (TOL10.092.026).

Resolución del Parlamento Europeo, de 20 de octubre de 2020, con recomendaciones destinadas a la Comisión sobre un régimen de responsabilidad civil en materia de inteligencia artificial (2021/C 404/05).

Tratado de Funcionamiento de la Unión Europea (TFUE) (TOL3.711.558).

RESOLUCIONES ADMINISTRATIVAS

Decisión de la Comisión Europea, de 17 de diciembre de 2020, asunto M.9660, *Google/Fitbit.*

Decisión de la Comisión Europea, de 16 de junio de 2020, asunto AT.40437, *Apple Store/music.*

Decisión de la Comisión Europea, de 20 de marzo de 2019, asunto AT.40411, *Google Search (AdSense).*

Decisión de la Comisión Europea, de 18 de julio de 2018, asunto AT.40099, *Google Android.*

Decisión de la Comisión Europea, de 4 de mayo de 2017, asunto AT.40153, *E-book MFNs and related matters.*

Decisión de la Comisión Europea, de 17 de mayo de 2017, asunto M.8228, *Facebook/WhatsApp.*

Decisión de la Comisión Europea, de 27 de junio de 2017, asunto AT.39740, *Google Search (Shopping).*

Decisión de la Comisión Europea, 26 de junio de 1999, asunto IV/36.253, *P&O Stena Line.*

Decisión de la Comisión, de 24 de julio de 1991, asunto IV/ 31 .043, *Tetra Pak II.*

Resolución del Tribunal de Defensa de la Competencia, de 16 de septiembre de 2003, asunto *Tanatorios Huesca,* Exp. 550/02.

Resolución del Tribunal de Defensa de la Competencia, de 4 de junio de 2001, *Hormigón Gerona,* Exp. 492/00.

Resolución del Tribunal de Defensa de la Competencia, de 12 de febrero de 2001, *Laboratorios Farmacéuticos,* Exp. R 437/00.

Resolución del Tribunal de Defensa de la Competencia, de 7 de abril del año 2000, *Colegio de Farmacéuticos de Valencia,* Exp. 472/99.

Resolución del Tribunal de Defensa de la Competencia, de 6 de marzo de 1992, *Henkel Ibérica,* Exp. 306/91.

Resolución de la Comisión Nacional de los Mercados y la Competencia, de 25 de noviembre de 2021, *PROPTECH,* Expte. S/0003/20.

Resolución de la Comisión Nacional de los Mercados y la Competencia, de 28 de abril de 2016, *Concesionarios CHEVROLET,* Expte. S/ DC/0505/14.

Resolución de la Comisión Nacional de los Mercados y la Competencia, de 28 de mayo de 2015, *Concesionarios AUDI/Seat/VW,* Expte. S/0471/13.

Resolución de la Comisión Nacional de los Mercados y la Competencia, de 5 de marzo de 2015, *Concesionarios Toyota,* Expte. S/0486/13.

Conseil de la Concurrence, Décision nº 2018-FO-01, du 7 juin 2018, concernant une procédure au fond mettant en cause Webtaxi S.à.r.l.

Decision of the Competition and Markets Authority, de 12 de agosto de 2016, asunto 50223, *Online sales of posters and frames.*

Resolución de la Autorità Garante della Concorrenza e del Mercato, de 30 de noviembre de 2021.

Resolución del Bundeskartellamt, de 6 de febrero de 2019, asunto B6-22/16, *Facebook.*

JURISPRUDENCIA

Sentencia del Tribunal General de la Unión Europea (Sala Novena ampliada), de 10 de noviembre de 2021, asunto T-612/17, *Google and Alphabet c. Commission* (*Google Shopping*) (TOL8.635.586).

Sentencia del Tribunal de Justicia de la Comunidad Europea (Sala Tercera), de 13 de julio de 2006, asuntos acumulados C-295/04 a C-298/04, *Manfredi y otros* (ECLI:EU:C:2996:461).

Sentencia del Tribunal de Justicia de la Comunidad Europea (Pleno), de 6 de enero de 2004, asuntos acumulados C-2/01 P y C-3701 P, *Bundesverband der Arzneimittel-Importeure ev et altri c. Comisión* (TOL9.922.687).

Sentencia del Tribunal de Justicia de la Comunidad Europea, de 20 de septiembre de 2001, asunto C-453/99, *Courage c. Crehan, MP M Wathelet* (TOL105.826).

Sentencia del Tribunal de Justicia de la Comunidad Europea (Sala Sexta) de 26 de noviembre de 1998, asunto C-7/97, *Oscar Bronner* (TOL103.693).

Sentencia del Tribunal de Justicia de la Comunidad Europea (Sala Quinta), de 28 de mayo de 1998, asunto c-7/95 P, *Jonh Deere c. Comisión* (TOL4.622.999).

Sentencia del Tribunal de Justicia de la Comunidad Europea, de 6 de abril de 1995, asuntos acumulados C-241/91 P y C-242/91 P, *Radio Telefis Eireann (RTE) e Independent Television Publications Ltd (ITP) c. Comisión* (ECLI:EU:C:1995:98).

Sentencia del Tribunal de Justicia de la Comunidad Europea (Sala Quinta), de 31 de marzo de 1993, asuntos acumulados C-89/85, C-104/85, C-114/85, C-116/85, C-117/85, C-125/85 a C-129/85, *A. Ahlström Osakeythtiö y otros c. Comisión* (ECLI:EU:C:1993:120).

Sentencia del Tribunal de Justicia de la Comunidad Europea (Sala Quinta,) de 3 de Julio de 1991, asunto C-62/86, *AKZO Chemie BV c. Comisión* (TOL4.624.175).

Sentencia del Tribunal de Justicia de la Comunidad Europea, de 5 de octubre de 1988, asunto C-238/87, *AB Volvo c. Erik Veng (UK) Ltd* (ECLI:EU:C:1988:477).

Sentencia del Tribunal de Justicia de la Comunidad Europea (Sala Quinta), de 3 de octubre de 1985, asunto C-311/84, *CBEM c. CLT e IPB* (ECLI:EU:C:1985:394).

Sentencia del Tribunal de Justicia de la Comunidad Europea, de 13 de febrero de 1979, asunto C-85/76, *Hoffmann-La Roche & Co. AG c. Comisión* (ECLI:EU:C:1979:36).

Sentencia del Tribunal de Justicia de la Comunidad Europea, de 14 de febrero de 1978, asunto C-27/76, *United Brands Company y United Brands Continental c. Comisión* (ECLI:EU:C:1978:22).

Sentencia del Tribunal de Justicia de la Comunidad Europea, de 6 de marzo de 1974, asuntos acumulados C-6 y 7/73, *Istituto Chemioterapico Italiano SpA y Commercial Solvents Corporation c. Comisión* (ECLI:EU:C:1974:18).

Sentencia del Tribunal de Justicia de la Comunidad Europea, de 21 de febrero de 1973, asunto C-6/72, *Europemballage Corporation y Continental Can Company Inc. c. Comisión* (ECLI:EU:C:1973:22).

Sentencia del Tribunal de Justicia de la Comunidad Europea, de 14 de julio de 1972, asunto 48/69, *Imperial Chemical Industries Ltd. c. Comisión* (TOL4.620.211).

Sentencia del Tribunal de Justicia de la Comunidad Europea, de 13 de julio de 1966, asuntos acumulados 56 y 58/64, *Établissements Consten S.à.R.L. y Grundig-Verkaufs-GmbH c. Comisión* (ECLI:EU:C:1966:41).

Sentencia del Tribunal de Justicia de la Unión Europea (Gran Sala), de 4 de julio de 2023, asunto C252/21, *Meta c. Bundeskartellamt* (TOL9.648.360).

Sentencia del Tribunal de Justicia de la Unión Europea (Sala Primera), de 22 de junio de 2022, asunto C267/20, *Volvo AB y DAF Trucks NV c. RM* (TOL9.042.586).

Sentencia del Tribunal de Justicia de la Unión Europea (Sala Tercera), de 25 de marzo de 2021, asunto c-165/19-P, *Slovak Telekom* (TOL9.908.031).

Sentencia del Tribunal de Justicia de la Unión Europea (Sala Cuarta), de 30 de enero de 2020, asunto C-307/18, *Generics (UK) Ltd c. CMA* (TOL7.829.213).

Sentencia del Tribunal de Justicia de la Unión Europea (Sala Segunda), de 14 de marzo de 2019, asunto C-742/17, *Vantaan Kaupunki c. Skanska Industrial Solution O y otros* (TOL7.105.638).

Sentencia del Tribunal de Justicia de la Unión Europea, 19 de abril de 2018, asunto C-525/16, *MEO Serviços de Comunicações e Multimédia SA c. Autoridade da Concorrência* (TOL6.573.835).

Sentencia del Tribunal de Justicia de la Unión Europea (Gran Sala), de 6 de septiembre de 2017, asunto c-413/14P, *Intel Corporation Inc. c. Comisión* (TOL9.742.775).

Sentencia del Tribunal de Justicia de la Unión Europea, de 21 de julio de 2016, asunto C-542/14, *SIA VM Remonts* (TOL5.778.954).

Sentencia del Tribunal de Justicia de la Unión Europea (Sala Quinta), de 21 de enero de 2016, asunto C-74/14, «*Eturas*» UAB, y Otros c. *Lietuvos Respublikos konkurencijos taryba* (TOL5.615.152).

Sentencia del Tribunal de Justicia de la Unión Europea (Sala Cuarta), de 26 de noviembre de 2015, asunto C-345/14, *SIA «Maxima Latvija»* c. *Konkurences padome* (TOL5.564.924).

Sentencia del Tribunal de Justicia de la Unión Europea (Sala Segunda), de 22 de octubre de 2015, asunto C-194/14 P, *AC-Treuhand AG c. Comisión Europea* (TOL5.511.044).

Sentencia del Tribunal de Justicia de la Unión Europea, de 3 de septiembre de 2015, asunto C-110/14, *Horaţiu Ovidiu Costea c. SC Volksbank România SA* (TOL5.408.350).

Sentencia del Tribunal de Justicia de la Unión Europea (Sala Quinta), de 16 de julio de 2015, asunto C-170/13, *Huawei Technologies Co. Ltd c. ZTE Corp., ZTE Deutschland GmbH* (TOL9.742.147).

Sentencia del Tribunal de Justicia de la Unión Europea (Sala Quinta), de 5 de junio de 2015, asunto C557/12, *Kone AG y otros c. ÖBB Infrastruktur AG* (TOL9.914.718).

Sentencia del Tribunal de Justicia de la Unión Europea (Sala Segunda), de 19 de marzo de 2015, asunto C-286/13 P, *Dole Food Company, Inc. y Dole Fresh Fruit Europe c. Comisión* (TOL4.769.891).

Sentencia del Tribunal de Justicia de la Unión Europea (Sala Quinta), de 10 de julio de 2014, asunto C-295/12 P, *Telefónica, SA c. Comisión* (TOL9.914.946).

Sentencia del Tribunal de Justicia de la Unión Europea (Gran Sala), de 6 de noviembre de 2012, asunto C-199/11, *Europese Gemeenschap c. Otis NV y otros* (TOL9.915.845).

Sentencia del Tribunal de Justicia de la Unión Europea, de 27 de marzo de 2012, asunto C-209/10, *Post Danmark A/S c. Konkurrencerådet* (TOL9.916.569).

Sentencia del Tribunal de Justicia de la Unión Europea (Sala Segunda), de 8 de diciembre de 2011, asunto C-272/09 P, *KME Germany AG, KME France SAS y KME Italy SpA. c. Comisión* (TOL9.918.625).

Sentencia del Tribunal de Justicia de la Unión Europea (Sala Primera), de 17 de febrero de 2011, asunto C-52/09, *Konkurrensverket c. TeliaSonera Sverige AB* (TOL9.918.778).

Sentencia del Tribunal de Justicia de la Unión Europea (Sala Segunda), de 14 de octubre de 2010, asunto c-280/08 P, *Deutsche Telekom AG c. Comisión* (TOL9.918.653).

Sentencia del Tribunal de Justicia de la Unión Europea (Sala Tercera), de 6 de octubre de 2009, asuntos acumulados C 501/06 P, C 513/06 P, C 515/06 P y C 519/06 P, *GlaxoSmithKline c. Comisión* (TOL9.920.783).

Sentencia del Tribunal de Justicia de la Unión Europea (Sala Tercera), de 4 de junio de 2009, asunto c-8/08, *T-Mobile Netherlandese* (TOL9.920.391).

Sentencia del Tribunal de Justicia de la Unión Europea (Sala Tercera), de 15 de marzo de 2007, asunto C-95/04 P, *British Airways plc c. Comisión* (TOL9.929.881).

Sentencia del Tribunal de Justicia de la Unión Europea (Sala Segunda), de 20 de enero de 2005, asunto C-464/01, *Johann Gruber c. Bay Wa AG* (TOL4.625.934).

Sentencia del Tribunal de Justicia de la Unión Europea (Sala Quinta), de 29 de abril de 2004, asunto C-418/01, *IMS Health GmbH & Co. OHG c. NDC Health GmbH & Co. KG* (TOL393.462).

Sentencia del Tribunal de Justicia de la Unión Europea (Sala Sexta), de 3 de julio de 1997, asunto C-269/95, *Francesco Benincasa c. Dentalkit Srl.* (TOL4.622.849).

Sentencia del Tribunal de Justicia de la Unión Europea, de 28 de febrero de 1984, asuntos C-228/82 y 229/82, *Ford of Europe Incorporated y Ford Werke Aktiengesellshaft c. Comisión* (ECLI:EU:C:1984:80).

Sentencia del Tribunal de Justicia de la Unión Europea, de 25 de octubre de 1983, asunto 107/82, *AEG Telefunken c. Comisión* (ECLI:EU:C:1983:293).

Sentencia del Tribunal de Justicia de la Unión Europea, de 14 de julio de 1981, asunto C-172/80, *Gerhard Züchner c. Bayerische Vereinsbank AG* (ECLI:EU:C:1981:178).

Sentencia del Tribunal de Primera Instancia (Gran Sala), de 17 de septiembre de 2007, asunto T201/04, *Microsoft Corp. c. Comisión* (TOL4.628.847).

Sentencia del Tribunal de Primera Instancia (Sala Cuarta ampliada), de 27 de septiembre de 2006, asunto T-168/01, *GlaxoSmithKline Services Unlimited c. Comisión* (TOL9.931.983).

Sentencia del Tribunal de Primera Instancia (Sala Quinta ampliada), de 26 de octubre de 2000, asunto T-41/96, *Bayer AG c. Comisión* (TOL105.517).

Sentencia del Tribunal de Primera Instancia de la Comunidad Europea (Sala Segunda), de 6 de octubre de 1994, asunto T-83/91, *Tetra Pak c. Comisión* (ECLI:EU:T:1994:246).

Sentencia del Tribunal de Primera Instancia (Sala primera), de 23 de febrero de 1994, asuntos acumulados T-39/92 Y T-40/92, *Groupment des Cartes Bancaries CB Europay c. Comisión* (ECLI:EU:C:2014:2204).

Sentencia del Tribunal de Primera Instancia (Sala Primera), de 10 de marzo de 1992, asuntos acumulados T-68/89, T-77/89 Y T-78/89, *Società Italiana Vetro SpA, Fabbrica Pisana SpA y PPG Vernante Pennitalia SpA c. Comisión* (ECLI:EU:T:1992:38).

Sentencia del Tribunal Supremo, Sala de lo Contencioso, de 6 de noviembre de 2013, recurso 2736/2010 (ECLI:ES:TS:2013:5343).

Sentencia de la Audiencia Nacional, Sala Contencioso Administrativo (Sección 6ª), de 19 de junio de 2013, recurso 394/2011 (ECLI:ES:AN:2013:2535).

Sentencia de la Audiencia Nacional, Sala Contencioso Administrativo (Sección 6ª), de 5 de febrero de 2013, recurso 378/2011 (ECLI:ES:AN:2013:471).

Decisión de la Corte Suprema de Estados Unidos, de 25 de junio de 2018, asunto *Ohio c. American Express Co.*, 138 S. Ct. 2274.

England and Wales High Court, de 12 de febrero de 2016, *Steetmap.Eu LTD c. Google Inc. and others.*

Sentencia del Tribunal Ordinario de Bolonia, de 31 de diciembre de 2020, nº 2949/2019, asunto Deliveroo.